镇江公路交通科技论文选萃
2012

江苏省镇江市公路学会　编

江苏大学出版社
JIANGSU UNIVERSITY PRESS
镇　江

▲ 江苏省省长李学勇(右一)视察泰州大桥建设

镇江市委书记张敬华▶
陪同副省长史和平视
察泰州大桥建设

▲ 镇江市委常委、常务副市长秦景安(中)视察泰州大桥镇江段建设

▲ 江苏省交通厅副厅长钱国超(中)调研农村公路升级改造

▲ 公路系统法制培训

▲ 农村公路建设养护座谈会

◀ 公路建设工程工地
试验室技能竞赛

工程建设

泰州长江公路大桥

2012.11.25

▲ 泰州长江公路大桥通车典礼

▲ 2012 年 11 月 25 日建成通车的泰州长江公路大桥

▲ 泰州大桥南收费站

▲ 泰州大桥南接线

▲ 泰州大桥南接线施工

▲ 路面检测

▲ 扬溧高速镇江段西出入口道路整治

▲ 泰州大桥镇江段沥青路面精细化施工推进会

▲ 项目质量、安全管理双保体系推进会

▲ 工程测验

科技活动

▲ 官塘新城低碳交通建设研讨会

▲ 镇江市区公交线网优化布局结题报告会

▲ 冰雪灾害天气分级预警处置研究会

▲ 学会举办科技论文写作专题讲座

▲ 镇江市公路交通现代化评价指标体系结题验收会

▲ 系杆拱桥评价方法科技成果鉴定会

▲ 泰州大桥南接线"EPS 颗粒混合轻质路堤填筑技术"获中国公路学会科学技术三等奖

▲ 江苏省交通运输厅工程混凝土质量通病治理和"两创三比"活动奖

▲ 鲁班奖(苏通长江公路大桥)

▲ 扬子杯(S238 镇大路 A2 标京杭运河大桥)

江苏润通交通工程监理咨询有限公司

江苏润通交通工程监理咨询有限公司组建于 1992 年,并于 1997 年正式挂牌,是一家主要从事工程监理、工程项目建设管理、工程质量检测等业务的监理咨询企业。目前,公司持有交通运输部颁发的公路工程、水运工程双甲级监理资质,其母体试验检测中心为交通运输部核定的公路、水运工程等综合乙级试验检测资质,已具备了为交通基础设施建设提供全方位服务的能力。

公司坚持以人为本的发展战略,现有各类专业技术人员 500 余名,拥有中、高级职称的技术人员 200 余名,持有各类监理证书的人员高达 97%以上,涉及公路、桥梁、隧道、港航、交通工程、机电、建材、工民建、园艺、测量、造价、桥梁、合同管理、工程管理等交通基础设施建设需要的专业项目。经过多年的发展,公司已逐步建成了一支业务能力强、专业素质高、工作作风优良的精英团队。

20 多年来,润通公司先后承接并参与了省内外数百项道路工程的监理咨询及项目管理任务。在省内,公司承担了如沪宁、淮江、苏嘉杭、苏州绕城、扬溧、宁杭、南京绕越、(江阴、润扬、泰州)大桥北接线、常州西绕城、常溧、高芜等多项高速公路监理工作。在省外,监理咨询服务拓宽到了深圳、新疆、宁夏、陕西、河北、福建、河南、湖南、贵州、安徽等十多个省市,公司承接的监理项目仅高等级公路就超过了 2000 千米;水运工程监理项目,如锡溧漕河、芜申运河、苏南运河四改三航道整治、江苏新韩通和泰州联成化学码头、泰州口岸和丹金船闸等 30 多项;扬中夹江二桥、江阴及润扬长江公路大桥、泰州长江公路大桥引桥、金港大道运河大桥、常州常金大桥等 200 多座大桥、特大桥梁的监理任务也由润通公司负责。公司还承接了镇江、常州、无锡、苏州、扬州、南通、淮安、宿迁等地一大批城市的主干道、干线公路、城市立交、互通工程的监理任务。润通公司多项工程获省部级表彰,其中数项工程获得中国土木工程詹天佑奖,茅以升科学技术奖,中国公路建设交通优质工程一、二等奖,"扬子杯"优质工程等奖。

公司始终以"守信、团结、奉献、清廉、争先"的企业精神为指导,坚持以质量求生存、以信誉促发展、以技术创优势、以管理创效益,"企业增效、职工增收"的理念深入人心,经营业绩持续稳固发展,始终做到"让客户满意是我们的永恒"。

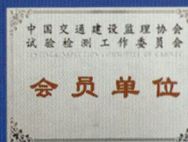

编 辑 说 明

　　2012 年,公路交通行业涌现出一批优秀成果,镇江市公路学会共收集了 140 篇科技与管理论文。在广泛听取行业管理部门意见和专家学者认真评审、严格筛选的基础上,选取 60 篇论文编辑成该论文集,它们集中反映了镇江公路交通科技工作者在科技研究、成果应用、管理创新等方面的经验总结和最新成果。

　　本论文集可供广大从事公路、桥梁、船闸、汽车运输等方面的规划设计、施工建设、行业管理、科研等人员交流与参考。

序

科学技术是第一生产力。镇江交通坚持"科技强交",注重科研转化和成果应用,给交通发展带来了积极变化和重大变化。公路学会作为镇江交通重要的科研组织和学术平台,以服务公路现代化建设为宗旨,带领广大公路科技和工程人员,有针对性地开展课题研究、学术探讨、技术攻关,并撰写了一批理论水平高、实践效果好、可操作性强的科技和管理论文。其中,《系杆拱桥安全监测与评估方法研究》获市科技进步二等奖,取得了可喜成绩。

党的十八大指出,科技创新是提高社会生产力和综合国力的战略支撑,必须摆在国家发展全局的核心位置。镇江交通坚定不移地走现代化发展道路,更需要科技创新来支撑。我们着力推进"智慧交通""智慧公路"建设,这为广大公路科技和工程人员提供了一个创新创业、施展才华的舞台。

青山座座巍峨,壮心上下勇求索。希望广大公路科技和工程技术人员,紧紧围绕交通发展需求,在公路建设、管理养护、绿色公路、智慧公路等方面开展研究、吸纳新知、转化应用,并及时总结,撰写出更多质量高、指导性强的论文,服务镇江交通现代化建设。

目　录

桥 梁 工 程

道路、工程管理

经济、行业管理

附　　录

桥梁工程

横拉闸门轨道更换及门体调试要点

束荣

（江苏省交通工程集团有限公司 镇江 212003）

摘 要 闸门是船闸的重要组成部分，船闸大修中横拉门顶底轨道安装调整是关键内容，本文结合刘山一线船闸 2011 年大修工程，提出了船闸横拉顶底轨道更换及门体调试要点。

关键词 船闸 轨道更换 调试要点

1 概 述

刘山一线船闸为Ⅱ级通航建筑物，位于邳州市宿羊山镇，建成于 1961 年 11 月，设计货物年通过量为 2 100 万吨，船闸基本尺度（长×宽×门槛）为 230 m×20 m×5 m，闸门为钢质横拉门，运行至今已经历了 1972 年、1978 年、1989 年、2000 年、2011 年 5 次大修。作为船闸重要的挡水设施，船闸闸门是船舶安全过闸的保证，而横拉闸门运行状态的好坏取决于顶底轨道的安装精度。由于该船闸闸门机电设备已使用多年，目前船闸技术状况较差。笔者曾负责对这座老化严重的船闸进行修理调试，现结合 2011 年大修提出横拉门顶底轨道更换及门体调试要点。

2 顶轨道更换及齿条拆检

2.1 悬空脚手搭设

因闸门门库空箱顶距闸底板较高，作业面狭窄，无法利用机械进行施工。为保证安全、优质、高效施工，在总结以往船闸大修施工经验后，对顶轨道更换及齿条拆检等工作采用搭设悬空脚手的方法创建施工平台。悬空脚手搭设的思路是在门库空箱顶部钻孔，加工两头均有螺纹的 φ30 圆钢作为吊杆，空箱顶作为支撑，下设双拼钢管铺设脚手板以便于工人操作。

悬空脚手搭设需具备的条件：闸门运行至关门位置，用铁墩抄平闸门，拆除闸门吊杆和顶推装置，顶平车吊离门库。以顶轨床的外边缘为样点在空箱顶按 1.5 m 间距布孔，用钻头直径大于 φ30 mm 的风钻钻透空箱砼顶部，在钻好孔的位置用 30 cm×30 cm 木方作为顶部吊点，穿入吊杆并用双螺帽拧紧。吊杆的长度需事先计算好，总长度从空箱顶至顶轨床高程以下 1.5 m 为准（现场按实测量计算），便于施工人员在悬空脚手上更换轨道及调整齿条。悬空脚手架底部采用纵横向 φ48 双拼钢管将吊杆夹于中间，使其形成整体，吊杆底部采用扣件与钢管连接并用双螺帽拧紧。悬空脚手上顺门库方向铺设 5 cm 厚木板并用铅丝固定，脚手板不得有翘头板，并在中间空隙部位布设密目安全网。

2.2　测量放样

悬空脚手搭设完成后,在门库尾部搭设顶轨道安装的测量放样平台。放样平台设置在门库尾部墙体的中间部位,平台面略低于顶轨道顶面高程,并且与悬空脚手平台独立,防止测量过程中受到外界干扰。拆除轨道前,在上下游面轨床间两头各焊接一根钢管,找出顶轨道中心点,并用细钢丝拉好此中心线,与后续放样的底轨道中心线用全站仪进行校核,顶底轨道中心线必需重合,如有偏差则应进行调整。

2.3　顶轨道更换

拆除旧轨道,顶轨床清理干净并经监理验收合格后方可将新轨道就位。新轨道采用 43 kg/m 热扎钢轨,轨道长 12.5 m,每边两根,安装时需整根就位。为了便于将轨道移至门库内,在紧贴门库顶部轨床的上方拉一道钢丝绳作为轨道入库的滑道,钢丝绳两端用花兰螺丝收紧,从闸门上将轨道移至门库,手拉葫芦悬挂在钢丝绳上,利用手拉葫芦将轨道起吊超过轨床高度,然后将轨道向前滑动,放置到指定位置。新轨道就位后根据顶轨道中心线定位安装调整,并用钢尺量距,调整后的两轨道间距应满足设计要求,将所有的轨道压板螺栓拧紧。

轨道高程控制:旧轨道拆除后,用 S1 水准仪测量顶轨床顶面高程,记录原始数据,作为新轨道安装依据。新轨道安装调整固定后,测量轨道顶高程,测量数据应同轨床顶面高程一致,并符合规范要求。如有误差,应检查压板偏高点的螺栓是否拧紧,再重新拧紧压板螺栓。整条轨道均调整无误后,上紧两根轨道的夹板,并用旧轨道将轨道两头与墙体顶牢,防止轨道在轨床上产生窜动现象。

2.4　齿条拆检

因此次大修齿条不更换,故不需整体拆除。首先清洗干净齿槽内的油污,按照齿轮的齿距制作一只样板,以此样板测量齿条的齿距,轨道调整过程中,需割除两根齿条间原有的焊点。齿条的顶部因长期使用导致磨损,故调整齿条的齿距应以齿条的根部为准。

齿条调整依据如下:

（1）与轨道中心线一致,以轨道中心线找出齿条中心线;

（2）检查每相邻两根齿条齿距,需与样板齿距一致,然后用电焊将两根齿条点焊牢固。

3　底轨道更换

3.1　测量放样

在顶轨道更换调整完毕、顶平车拆检后,将闸门运行至门库段,顶高闸门后用铁墩子在门底抄平、抄实,移出底平车,用全站仪放出底轨中心线的样点,并与顶轨中心线进行校核,保证顶底轨中心线一致。

3.2　底轨道更换

拆除旧轨道,对原底轨床进行清理。在底轨床内的积水清理干净后,清理方孔螺孔内的杂质。经过 10 多年的使用,底轨道压板的方孔内留有很多杂质,需使用专用工具对孔内杂质进行清理,以保证方头螺栓在孔内可自由转动 45°。底轨道调整方法与顶轨道调整相同,主要是控制好轨道间距及轨顶高程。一根轨道安装后,需将两根轨道结合顶端面进行打磨处理,保证两根轨道安装后相互顶紧,并用夹板夹紧两根轨道。

4 闸门调试

4.1 闸门调试的条件

待顶、底轨道安装调整完毕,顶、底平车正确就位且与门体联接后,接临时电源将闸门运行至闸室段,对闸门进行调试。

4.2 确定关门位置

4.2.1 沿船闸中心线方向

首先可以借助顶平车动力,将闸门关到大概的位置,用 30 m 长卷尺量取墙上支承包铁的距离并取中,用石笔在门槛上确定一条船闸中心线;再量取门上两侧端柱底部的距离并取中,在门上确定一条门体沿船闸方向中心线;然后通过转动顶平车上传动皮带的方法微动门体,使两条中心线重合,误差不超过 2 mm。由于该闸门是双面板,还要考虑在上下游面同时测量,以保证准确。

4.2.2 沿轨道中心线方向

在门头、门尾放出底横梁中心线及底轨道中心的样线,并在门上挂垂球,观察两条中心线是否重合,若不重合,则用螺旋顶在门体侧面进行调节,保证底横梁中心线与轨道中心线重合,偏差不超过 2 mm。同时也应放出顶横梁中心线,观察其是否与轨道中心线重合。长期使用的闸门因受船舶撞击、水位差过大等因素影响产生变形,顶、底横梁中心线存在一定偏差,此时对顶横梁可不作要求,但底横梁中心线应确保满足要求。

4.3 复核和调整顶、底平车的位置

检查底平车滚轮中心线、门体中心线与轨道中心线是否重合,如不一致,应加以调整。

检查顶平车两边滚轮中心线与顶轨中心线是否重合,用钢尺测量每个滚轮两边轮缘的中心与顶轨道中心的距离,再比较 4 组数据,如存在偏差,应加以调整。

4.4 底横梁水平度调整

在安装底轨道时应测量底平车在关门位置上的轨道高差,如果不能满足小于 5 mm 的要求,可在轨道下面垫铁皮调整,这是调门前一个必不可少的操作。在闸门门头、门尾底横梁节点板处分别选取上游面、下游面共 4 个点,用 S1 水准仪测量其高差,然后在门尾各放一台 50 t 千斤顶,借助千斤顶,通过调节吊杆座楔块来提升或下降门体底横梁高程,以达到这 4 个点的最大高差小于 5 mm 的目的。

4.5 端柱垂直度调整

底横梁水平调整后,测量闸门端柱垂直度。在闸门 4 个端柱上方焊一圆钢,再挂垂球,量取每道横梁处与垂球线的距离,要求其最大差值小于 10 mm。如不符要求,则需重复上述操作。闸门底横梁水平度有 5 mm 的调节量,就是用来调整闸门端柱垂直度使其符合要求的。

闸门的关门止水效果是依靠门上支承、止水完成的,因此使底横梁水平、端柱垂直非常重要。

5 结 语

在刘山一线船闸大修中,笔者按照上述要点进行操作,取得了令人满意的效果。大修验收委员会评价认为:上下游顶底轨道更换、安装平直,轨道之间的中心间距、同一截面高

差、通长高程、对角线差及顶底中心偏差均符合要求,连接件紧固;顶齿板及顶平车转动部分,及齿轮齿条啮合良好,滚轮在运行全过程中均与轨道接触,无异常响声。船闸大修验收放水后经过一段时间的通航运行,闸门运行平稳、无异常响声,达到了预期的效果。

参考文献

［1］王作高:《船闸设计》,水利电力出版社,1992年。

［2］江苏省交通厅航道局:《船闸大修工程质量检验评定标准》,江苏省交通厅航道局,1994年。

高桩码头钢管桩桩位的测量控制方案

蒋 凯

（江苏省交通工程集团有限公司 镇江 212003）

摘 要 桩基准确的测量定位是保证桩基施工质量的重要环节。本文结合印度尼西亚巴齐丹码头项目的实际情况,简要阐述桩位的测量控制方案。

关键词 码头桩位 测量控制 方案

1 工程概况

本工程位于印度尼西亚的南边,直接面对印度洋,施工海域正常情况时浪高 1~2 m,海况较差时浪高接近 5~6 m。码头位于防波堤内侧,成南北走向,属于离岸型码头,全长 195 m,26 排横梁,共 174 根钢管桩。其中,ϕ1.2 m 嵌岩钢管桩 102 根,桩顶设计标高 3.0 m;ϕ1.0 m 打入型钢管桩 28 根,桩顶设计标高 3.1 m;打入型斜桩 44 根,桩顶设计标高 3.2 m,斜率为 5∶1,扭角为 20°和 25°两种。码头概貌如图 1 所示。

图 1 码头概貌

2 施工前的准备工作

2.1 布设控制网

为保证桩位控制精确,提前布设了两条呈 90°角的基线。基线 1 垂直于码头,布设在后方堤坝,共 6 个点,分别对应 A~F 排桩。基线 2 平行布置于防波堤堤身,共 26 个点,对应 1~26 排架。控制网布设如图 2 所示。

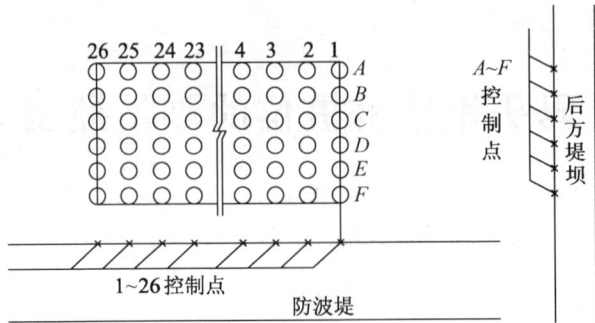

图 2　控制网布设

2.2　业内计算

根据控制点与设计桩位坐标反算出切线方位角和距离。

方位角为

$$\alpha = \arctan(Y_{桩} - Y_{控} / X_{桩} - X_{控})$$

距离为

$$D = \sqrt{(X_{桩} - X_{控})^2 + (Y_{桩} - Y_{控})^2}$$

切线方位角为

$$\beta = \alpha \pm \sin^{-1}(r/D),$$

左为－，右为＋。

斜桩的斜率为 5∶1，桩径 1 m，截面为椭圆形，根据椭圆形短轴长轴公式

$$\begin{cases} a = r = 0.5 \text{ m} \\ b = r \times \sqrt{n^2 + 1}/n = 0.51 \text{ m}(n \text{ 为斜率}) \end{cases}$$

计算得出斜桩的短轴与长轴之差只有 1 cm，故采用近似法，按照圆截面计算切线方位角。

计算完成后采用两种方法复核计算结果的准确性，一是利用 CAD 软件画图方法复核，二是采用传统的两人平行计算并对比结果的方法复核。

2.3　钢管桩上的刻度线

为了便于在施打过程中控制管入度，应在桩身用油漆标示出长度标志线。在一般位置每 0.5 m 标示一刻度线，在接近桩顶 8～10 m 处每 0.05 m 标示一刻度线。

3　现场控制

3.1　平面位置

沉桩控制时拟采用两台全站仪前交，另架设第三台仪器进行校核，如图 3 所示。

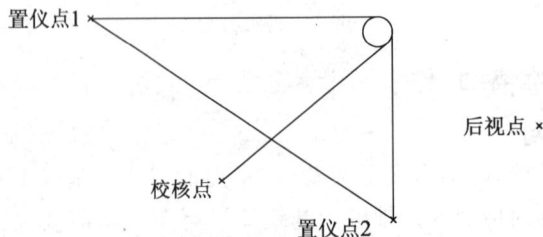

图 3　全站仪放置位置

在后视时,反测后视点坐标、距离、高程,以检查控制点点位是否有异常情况发生,如位移、沉降等。谨慎起见,在现场再次复核已计算好的切线方位角,做到万无一失。

对于直桩而言,控制比较简单,只要按照事先计算好的切线方位角指挥打桩船移动,将桩移到3台仪器的切线处即可。直桩定位如图4所示。

图4　直桩定位中

而斜桩比较麻烦,随着桩身标高的变化,相应的坐标也不同。在本工程中,因两条基线布设的位置较高,以及通视情况良好,在控制时都以设计坐标的切线和设计桩顶标高为准指挥船移动,直到将桩移到3台仪器的切线处。斜柱定位如图5所示。

图5　斜桩定位中

由于波浪和海底地形的影响,在沉桩初期以及施打的过程中桩位会有一定的位移,在定位时需要反方向设置一定的偏移量。在本工程中,对于直桩一般向东移动10 cm,向北移动5 cm;斜桩俯打时向东移动15 cm,向南移动10 cm,仰打时与俯打相反。沉桩结束后偏移量基本消除，桩身偏位在规范允许范围内。

3.2 高程控制

用 5 m 长卷尺量出仪器高度，通过三角高程的原理计算出桩顶设计标高处的垂直角度。当桩施打至设计标高 $+0.5$ m 时，应时刻注意观测标高的变化，每下降 10 cm 告知船上施工人员，在达到设计标高时及时叫停，以防将桩打低。

3.3 桩身倾角及垂直度的控制

桩身吊起就位后，用全站仪从桩顶到桩底进行观测，通知船上施工人员调整打桩架以达到设计要求的垂直度。

码头斜桩设计斜率为 5:1，通过计算得出倾角为 11°。倾角一般通过垂球和钢尺测量，调整桩架达到设计要求。

3.4 斜桩扭角的控制

在打桩船上选择一个固定的参照物旗杆，已知桩身中心到旗杆的距离为 44.75 m，扭角为 β，码头方位角为 α，计算旗杆处的坐标为 (X, Y)。船在施打时成东西走向，船头朝东。

顺时针扭角旗杆坐标：$X = \cos(\alpha + 90° + \beta) \times 44.75 + X_{桩心坐标}$

$$Y = \sin(\alpha + 90° + \beta) \times 44.75 + Y_{桩心坐标}$$

逆时针扭角旗杆坐标：$X = \cos(\alpha + 90° - \beta) \times 44.75 + X_{桩心坐标}$

$$Y = \sin(\alpha + 90° - \beta) \times 44.75 + Y_{桩心坐标}$$

根据坐标反算得出控制方位角，用两台全站仪前交，将船移到设计的扭角位置即可，如图 6 所示。

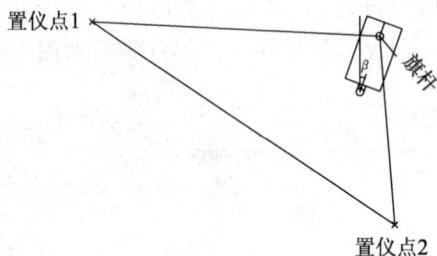

图 6 控制斜桩扭角

3.5 贯入度的控制

嵌岩钢管桩桩尖达到设计标高且最后 10 击的贯入度不大于 20 cm（平均每击不大于 2 cm）时即可停锤。

打入型钢管桩沉桩停锤标准以标高控制为主，贯入度控制为辅。如果采用 D100 桩锤进行沉桩：

（1）钢管桩桩尖达到设计标高。

① 平均每击贯入度 ≤15 mm（最后 10 击）即可停锤；

② 平均贯入度 >15 mm（最后 10 击），应先停锤做大应变试验，根据大应变试验结果重新调整停锤标准。

（2）钢管桩桩尖标高未达到设计标高。

① 相差不超过 2 m，平均每击贯入度 ≤3 mm（最后 30 击）即可停锤；

② 相差超过 2 m,与设计单位联系进行处理。

4 沉桩结束后桩位和高程计算

(1)沉桩结束后,等桩帽安全脱离,分别从两个方向观测桩在自由状态下的切线方位角,反推出桩心方位角 α 和 β(如图 7 所示),根据下列公式计算得出沉桩坐标(X,Y)。

$$c=\sqrt{(X_1-X_2)^2+(Y_1-Y_2)^2}, \quad \gamma=180-(\alpha+\beta)$$

$$a/\sin\alpha=c/\sin\gamma, \quad a=c\times\sin\alpha/\sin\gamma$$

$$X=\cos(\alpha_{1-2}+\beta)\times a+X_2, \quad Y=\sin(\alpha_{1-2}+\beta)\times a+Y_2$$

图 7 方位角 α 和 β

(2)根据实测桩顶垂直角度,通过三角高程反算,就可推出实际桩顶标高。

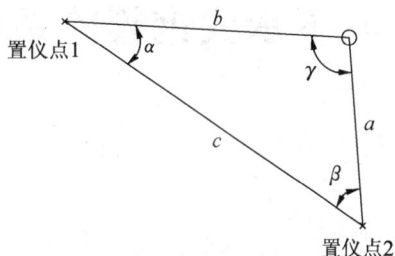

5 注意事项

(1)在施工前对每个测量人员进行技术交底。每个测量人员应充分熟悉图纸、掌握图纸设计内容和施工工艺;了解作业步骤,熟悉使用仪器和计算程序,以提高工作效率;施工过程中服从指挥,冷静沉着,定位准确。

(2)作业前测量人员要对数据和仪器勤检查、勤校核,保证数据的正确性。在沉桩过程中要勤测量,随时掌握施打状况,如有意外情况发生,可以及时与船上施工人员联系。

(3)在现场对后视确认方位角时,宜采用坐标法,以便反测,保证起边方位角的准确。

(4)随着标高、斜率的变化,斜桩所对应的平面坐标也跟着变化,因此在控制斜桩定位时,一定要做到垂直角和水平角的双控,保证定位准确。

(5)前方交会的角度控制在 60°~120°之间,如条件允许,最好做成两条垂直的基线,以便将交会角度控制在 90°左右,减少误差,提高沉桩定位的精确度。

(6)在"压锤"后,实时观测桩位偏位情况,若偏差较大,则应拔起重新定位。一旦开打,严禁对桩身强制纠偏,以免造成桩身损坏。

(7)顺着码头延长线的基线控制点到桩位之间的距离不要超过 200 m,距离较远时,在估测提前量时会人为地造成较大误差。如果条件允许,可以反向布设一条基线以控制最后几排桩位。

6 结 语

高桩码头桩位的测量控制相对于路上沉桩而言比较复杂,控制要素较多,只有通过反复细心的计算,沉着冷静的现场判断,严谨的工作态度,凭借测量人员自身较高的业务水平,才能保证定位的准确度,满足控制结果的精度要求。

参考文献

[1] 陈燕然:《港口及航道工程测量》,人民交通出版社,2001 年。

[2] 中华人民共和国交通运输部:《JTS 257—2008 水运工程质量检验标准》,人民交通出版社,2008 年。

[3] 刘家豪:《水运工程施工技术》,人民交通出版社,2000 年。

[4] 施国道,李秉实:《港口工程施工手册》,人民交通出版社,1997 年。

下承式钢管砼系杆拱拱梁组合体吊装施工工艺

曹 增 陆 均

（江苏省交通工程集团有限公司 镇江 212003）

摘 要 国内涉及钢管砼混凝土拱桥架设施工的工艺有：门式吊机半拱整体吊装钢管拱工艺、整体滑移施工方法、钢管混凝土软索拱桥整体吊装方法和专用吊具的发明、钢管混凝土系杆拱人行桥无支架安装设计、系杆拱桥拱肋施工技术、无支架施工钢管混凝土系杆拱桥施工控制研究等。本项目采用的整体吊装施工钢管混凝土拱桥的研究可借鉴的资料不多，对其工艺流程和受力性能进行分析研究总结，对确保施工过程安全有重要意义。

关键词 下承式钢管砼系杆拱 拱梁组合体吊装施工 工艺流程 受力性能

1 工程概况

洛社大桥主桥采用下承式钢管混凝土系杆拱，计算跨径 109.2 m，矢跨比为 1：4.55，矢高 24.0 m，拱轴线为二次抛物线，主桥全宽 22.8 m，拱肋横向间距 17.4 m，两侧人行道挑在系杆外侧。混凝土系杆采用箱形截面，系杆高 2.4 m，宽 1.4 m，拱脚处局部加高、加宽，拱肋采用哑铃型钢管混凝土，截面高 2.8 m，每个钢管外径 1.2 m，钢管及腹板壁厚 18 mm，内充 C40 微膨胀混凝土。每片拱肋设间距 5.35 m 的吊杆 19 根，吊杆采用钢绞线整束挤压成品索。拱肋横向设 4 道 K 撑，2 道一字撑，K 撑由外径 120 cm 和 90 cm 钢管焊接而成。主桥桥梁竖曲线由系杆的成桥线形来实现，桥面横坡由横梁高度调整。

2 主要施工工艺与关键部位质量控制要点

下承式钢管砼系杆拱拱梁组合体吊装施工工艺流程如图 1 所示。

关键部位质量控制要点如下：

(1) 拱梁组合体预拱度设置、吊点位置设置。

(2) 拱梁组合体水上吊装移位、快速定位施工技术。

(3) 成拱过程中附加水平力控制措施。

3 施工方法

3.1 水上支架布置

水上支架采用钢管桩和贝雷梁等搭设，布置方式如图 2 所示。

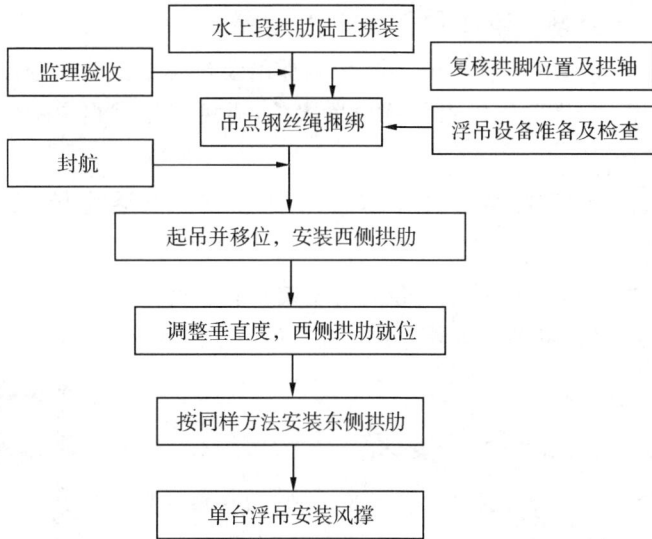

图 1　工艺流程

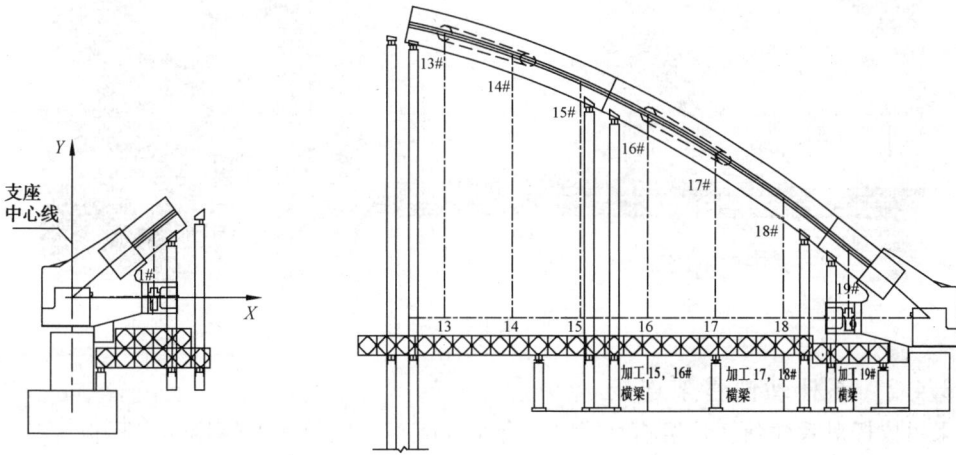

图 2　水上支架布置

3.2　拱梁组合体岸边预拼装

采用钢管支架竖拼拱肋和系梁,拼装场地在运河沿岸就近设置。为保证拱肋在拼装中的强度、刚度和稳定性满足规范要求,陆上支架的布置如图3所示。

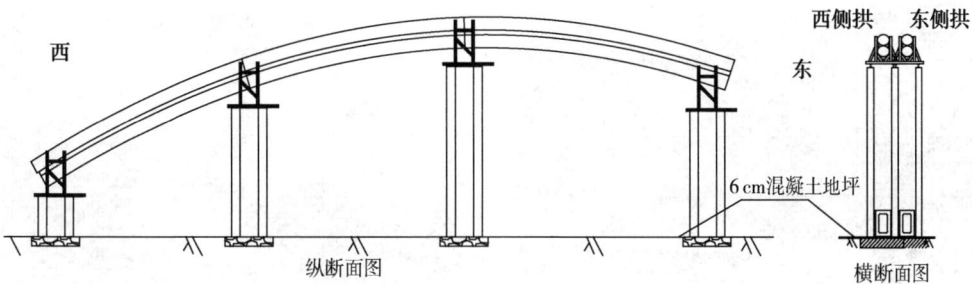

图 3　陆上支架总体布置

3.3 主要起吊设备、拱梁组合体吊点设置

根据起重吨位合理选用浮吊进行抬吊,为确保吊装过程中拱肋的强度和刚度满足规范要求,合理设置吊点。在拱肋的吊点位置设置限位,避免起吊过程中钢丝绳滑动影响浮吊的作业安全。

3.4 在限航时段内拱梁组合体水上吊装移位、快速定位技术

3.4.1 吊装

浮吊吊起岸上拱梁组合体,移至桥位处待安装位置。在拱肋靠近水中支墩支点上方适宜高度时,待浮吊稳定后,将拱肋缓慢下放。水上吊装如图 4 所示。

图 4 水上吊装作业

3.4.2 系杆劲性骨架连接

采用拉杆对系杆劲性骨架临时锁定。合龙口两端劲性骨架上焊接连接耳板,在系梁定位后,穿入拉杆临时锁紧劲性骨架合龙口,然后焊接接头。

3.4.3 拱肋连接

在拱肋合龙段端接头拱肋钢管内设置内衬管,吊装前将内衬管布置到位。拱肋调整定位后,将合龙段拱肋内的内衬管伸入岸侧拱肋内进行临时锁定,然后把拱肋与内衬管焊接。内衬管的定位与焊接如图 5、图 6 所示。

图 5 内衬管定位

图 6 内衬管焊接

3.5　拱肋水平推力平衡措施

拱梁组合体就位后,采用两种措施抵抗水平推力:一种是采用拉杆连接系杆劲性骨架,使系梁劲性骨架承拉;另一种是在墩顶处设置止推挡块。

3.6　拱梁组合体吊装过程受力分析

(1)拱肋吊装受力分析。

(2)拱脚水平推力平衡措施。

(3)水上段拱肋安装时受风力作用横向稳定性验算。

3.7　施工过程的受力分析计算及控制措施

针对施工过程的各个阶段,对结构受力情况进行分析研究,制定相应的技术措施,并对所采用的临时辅助设施进行力学分析计算。对现场监控数据进行采集,及时与计算结果进行比对、分析,加强施工过程控制。

4　结　语

洛社大桥系杆拱拱梁组合体的整体吊装施工,充分体现出在系杆拱桥吊装施工过程中,采用大型浮吊将拱梁组合体整体吊装,方便快捷,施工迅速,还能有效降低施工成本,减少施工安全风险及施工期间对航道通行的影响。

参考文献

[1] 郭金琼,毛承忠,陈宝春,郑振飞:《钢管砼结构在城市桥梁上的应用》,《福州大学学报》,1996年4期。

[2] 向中富,邹义:《钢管砼拱桥的现状与发展》,四川省公路学会桥梁专委会97年桥梁学术讨论会论文集。

[3] 钟善桐:《钢管混凝土结构》,黑龙江科学技术出版社,1994年。

桥梁体外预应力施工技术要点

庄晓波　邵伯贤

（江苏省镇江市路桥工程总公司 镇江 212017）

摘　要　在桥梁预应力技术发展历程中，体外预应力和体内预应力最初是平行发展的，体内预应力的优势在于充分利用原有混凝土结构截面，而不用附加其他结构截面。我国对无黏结预应力的研究始于 20 世纪 70 年代，但在随后的几十年里，体外预应力在桥梁结构中的应用屈指可数。近十年来，因体内预应力的压浆不饱满造成钢绞线腐蚀、密集体内预应力管道导致混凝土浇筑出现蜂窝状等问题带来的桥梁质量隐患逐渐暴露，从桥梁结构日益重视耐久性和结构性能设计的长远趋势来看，体内预应力将逐渐丧失优势，而体外预应力的防腐技术得到彻底解决，体外预应力独具的配束"自由"以及钢束可检测、可更换的优势，使得体外预应力技术发展空间更加广阔。本论文结合实际施工中的运用，阐述桥梁体外预应力施工技术工艺及要点。

关键词　桥梁　体外预应力　施工技术要点

1　体外预应力优点及发展空间

（1）避免体内预应力筋因管道压浆不饱满造成钢绞线腐蚀、损伤而造成的质量隐患。体外预应力技术不需在混凝土的内部设置预应力管道，可减小腹板厚度，减轻结构自重。

（2）采用体外预应力体系，增强了连续状态下桥梁抵抗二期恒载和活载的性能。

（3）体内预应力钢束在现有技术下无法进行检测和调换，而体外预应力独具的配束"自由"及后期钢绞线检测与更换优势，使体外索二次更换成为可能，消除了桥梁质量隐患，延长了使用寿命。

（4）体内预应力是与混凝土材料相伴的，而体外预应力索是布置在混凝土箱梁外部的体外索，只在锚固区和转向块处与梁体混凝土接触，预应力筋的摩擦损失小。

（5）体外预应力钢束耐久性好，应用灵活，不受截面尺寸约束，不用考虑与桥梁结构采用的材料之间的联系与匹配，发展空间广阔。

2　体外预应力体系基本组成

一套完整的体外预应力体系由钢束体、锚固装置、转向装置和减震装置组成。体外预应力主要有两种主要形式——不带防护的光面钢绞线和自带防护的钢绞线，后者可以是镀锌钢绞线、环氧钢绞线或单根无黏结钢绞线。体外预应力钢束的管道主要为 HDPE 管和钢制管道，体外预应力结构体系的基本组成和现场实景如图 1 和图 2 所示。直线段部分通常采用 HDPE 管,曲线段部分通常采用钢制管道(俗称"转向器")。

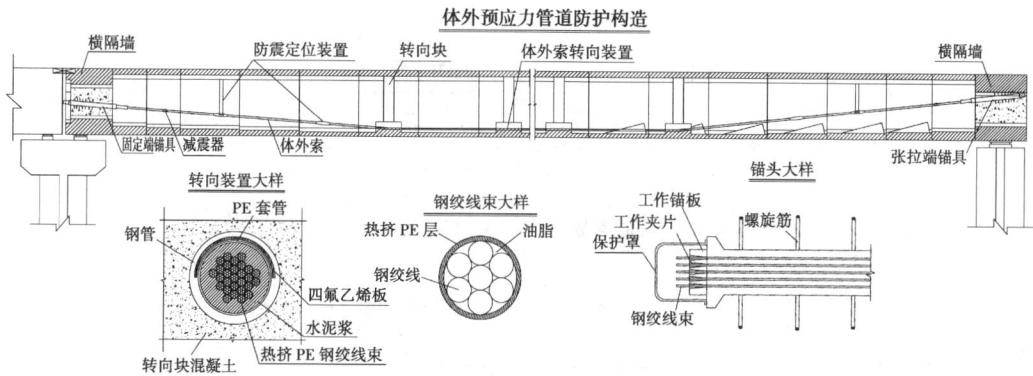

图 1　体外预应力结构体系的基本组成

图 2　体外预应力结构体系现场实景

3　体外预应力施工工艺流程

体外预应力的工艺流程如下:

准备施工机具→安装转向器→固定转向器(采用橡胶封堵方式)→转向其他外套进行管间灌浆→预应力体外索进行穿索→张拉→在索体与转向器之间填充橡胶→向锚头区预埋管内部注入环氧树脂浆→安装减震装置→安装防腐装置,如图 3 所示。

```
                          ┌──────────┐
                          │ 转向块施工 │
                          └─────┬────┘
                                │
                          ┌─────▼──────┐
                          │ HDPE管焊接  │
                          └─────┬──────┘
                                │
┌──────────────┐   ┌─────────┐ ┌─▼────────┐  ┌──────────────┐
│ 热挤PE钢绞线施工 │──▶│ 体外索分盘 │─│ 体外索下料 │◀─│ 软质保护材料  │
└──────────────┘   └─────────┘ └─┬────────┘  └──────────────┘
                                │
┌──────────────┐              ┌─▼────────┐
│ 临时支撑安装    │─────────────▶│ HDPE管安装 │
└──────────────┘              └─┬────────┘
                                │
                              ┌─▼────────┐  ┌──────────────┐
                              │ 体外索穿索 │◀─│ 2轮滑车布置   │
                              └─┬────────┘  └──────────────┘
                                │
┌──────────────┐              ┌─▼────────┐
│ 锚环、千斤顶安装 │─────────────▶│ 体外索张拉 │
└──────────────┘              └─┬────────┘
                                │
                              ┌─▼────────┐
                              │ 保护罩安装 │
                              └─┬────────┘
                                │
                              ┌─▼────────┐
                              │ 管道压浆   │
                              └─┬────────┘
                                │
                          ┌─────▼──────────┐
                          │ 防震定位装置安装  │
                          └────────────────┘
```

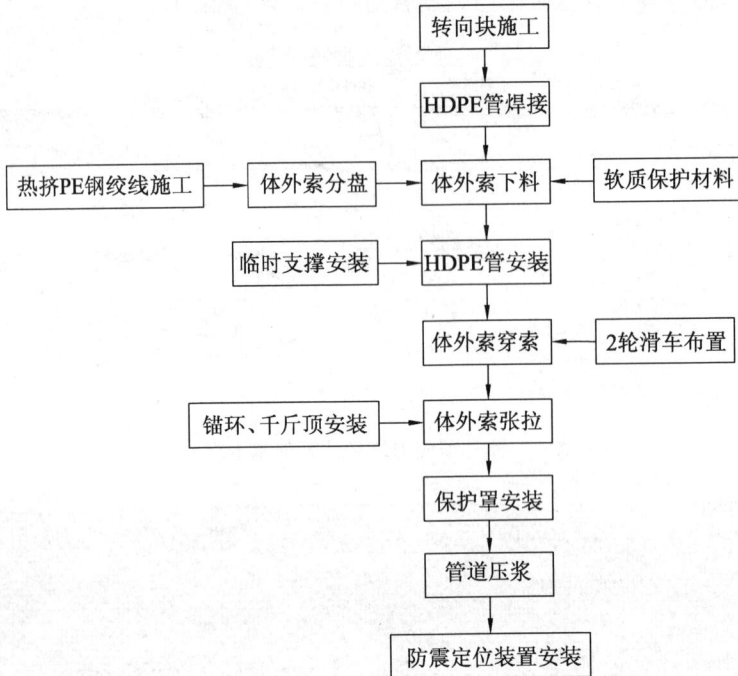

图 3　体外预应力施工工艺流程

4　工程应用

南京绕越公路东北段江山天桥预应力采用体内体外相结合体系,增强了连续状态下桥梁抵抗二期恒载和活载的能力。其纵向体外预应力钢束采用 TSK 15 - 19 环氧涂层钢绞线成品索,符合国家标准《环氧涂层七丝预应力钢绞线》的规定,外包 HDPE 护套,张拉控制应力 1 116 MPa,索弹性模量体 $E_p = 1.95 \times 10^5$ MPa。锚具采用可调换式体外束专用夹片式锚具。体外束在全桥现浇养生后张拉,待二期恒载施工后再次调整张拉,以使梁的受力达到最佳状态。同时,为使索体自由段的振动频率不与整体振动频率接近,在适当距离安装减震装置,以避免索体产生不利振动。

4.1　体外预应力索的转向装置

体外预应力索的转向装置构造特殊,除锚固构造外,转向块是体外预应力索在跨内唯一与梁体有联系的构件,承担着体外索的转向任务,是体外预应力混凝土结构中最重要、最关键的结构构造。转向装置设在箱梁内,有横隔板式、肋板式、转向块式 3 种形式,本桥采用转向块式,转向块布置在箱梁腹板和底板相交的位置,通过特别设计的钢筋与箱梁顶板、底板连成整体,如图 4 所示。张拉体外索时,转向块与腹板和底板相连的部分会产生较大的剪力和应力集中,局部应力相当大,因此转向块的施工质量须引起高度重视。

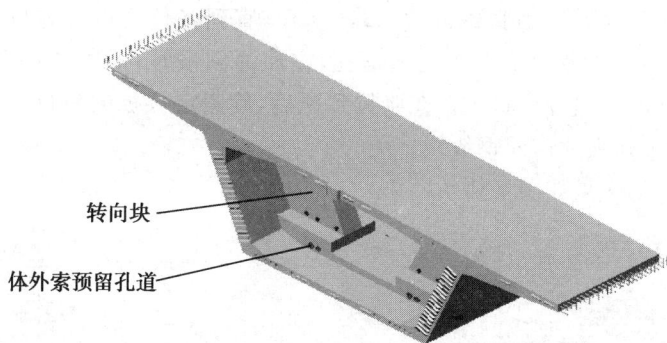

图 4　转向块示意图

4.2　体外索穿束

在工厂内制作完成的成品索卷制成盘运抵工地就位,成品索的端头均设有便于与钢丝绳连接的连接装置——"牵引头"。在墩端头放置放线架固定索盘,利用 5 t 卷扬机牵引成品索缓慢解盘放索并穿过对应的预留索孔。牵引过程中,采用可靠的保护措施防止索体表面的 HDPE 护套受到机械损伤。

具体的保护措施为:在地面铺垫一定厚度的软垫层,每隔一定距离设置支撑架。在体外索进入锚固端的预埋管之前,根据精确测量的索两端锚固的实际距离,剥除两端 PE 层,确保在张拉后索的 PE 层进入密封筒的长度在 200～400 mm 之间。在穿越转向器、支架、钢管等铁件时,需要在接触部位设置橡胶板防护垫。

4.3　体外索张拉及锚固

在张拉预应力体外索之前需要做好充分的准备工作:校验千斤顶、确定油表读数、确定体外索同转向装置及锚固段的摩擦阻力系数、计算体外索理论伸长值。

现场由具备预应力施工专业技术的施工人员操作设备。将预埋管端部的密封装置及锚头内密封筒、锚垫板安装好,分别在体外索两端装上工作锚板及夹片。安装前用棉纱将锚板孔和夹片外锥及夹片齿擦洗干净。专用千斤顶安装就位,上好工具锚,工具锚板孔和工具夹片表面均匀涂上退锚灵。工作锚板、千斤顶、工具锚安装要同轴紧贴,张拉面要平整。

本桥采用"悬浮"张拉施工方案,在 YCW500B 千斤顶增加一套工具锚及支架,在千斤顶与锚板间设限位板,如图 5 所示。每次张拉后,自动工具锚夹片处于放松状态,在完成一个

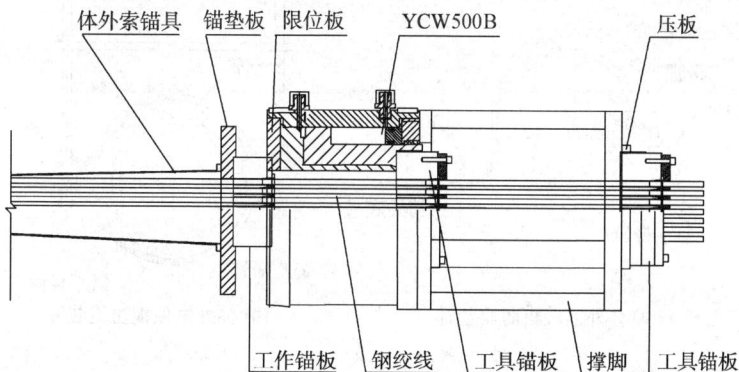

注:张拉过程中注意对环氧涂层保护。

图 5　体外索张拉示意图

行程回油时自动工具锚夹片锁紧钢绞线,多次倒顶,直到张拉到设计吨位。由于限位板的作用,在张拉过程中工作夹片不至于退出锚孔,在回油倒顶时,工作夹片不会咬住钢绞线,因此工作夹片始终处于"悬浮"状态。在张拉到位后,旋紧定位板的螺母,压紧夹片,随后千斤顶回油放张,使工作夹片锚固钢绞线。

体外索张拉现场实景如图6所示。

图6　体外索张拉现场实景

4.4　切束、注浆及安装减震装置

体外索张拉完毕后,在张拉端预埋管长度范围内注实环氧浆体,用手提砂轮机平整地切除锚头两端的多余钢绞线,安装保护罩及减震装置。

体外索减震定位装置如图7所示。

体外索减震定位装置现场实景如图8所示。

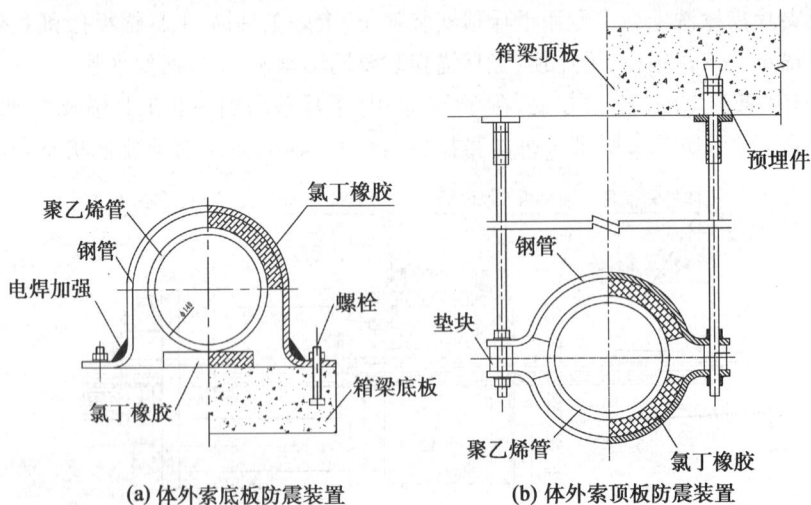

(a) 体外索底板防震装置　　(b) 体外索顶板防震装置

图7　体外索减震定位装置

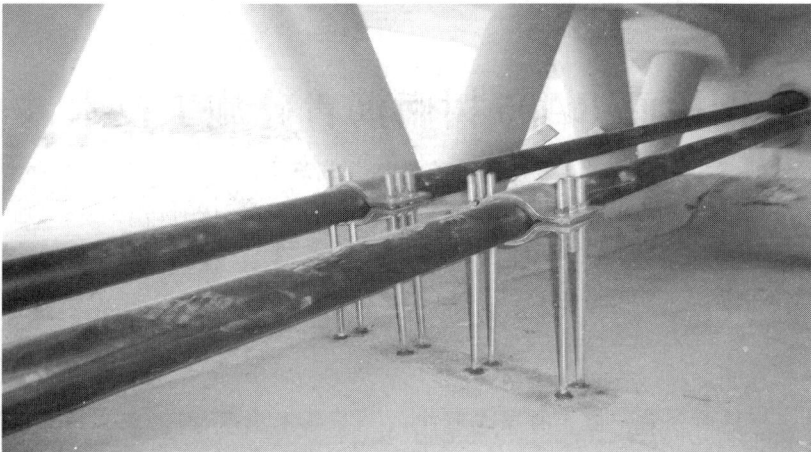

图 8　体外索减震定位装置现场实景

5　施工要点分析

（1）现今体外预应力一般采用成品组合钢束，其张拉控制应力比体内钢束大很多，因此对张拉设备的选择、校验以及张拉过程控制、伸长量的计算要求更加严格。

（2）由于体外预应力使用无黏结钢束，预应力的建立完全依靠锚固点的锚具，一旦锚固组件出现质量问题，将导致灾难性的后果。因此体外预应力结构的锚具组件比体内预应力具备更高的可靠性和安全性，还要进行严格、周密的计算和相关静、动载试验。

（3）转向块是体外预应力索在跨内唯一与梁体有联系的构件，承担着体外索的转向任务，承受较大的集中力及与预应力筋的摩擦力，是体外预应力混凝土结构中最重要、最关键的结构构造，其施工中配筋及砼浇筑质量相当重要。

（4）体外预应力转向器一般采用钢制管道，其直接控制体外钢束的角度走向，因此施工中转向器的预埋必须进行支撑加固，确保位置准确，其管壁边缘须铺垫软质材料保护HDPE 层，防止划伤体外钢束。

6　结　语

目前，体外预应力体系在国内桥梁中应用较少，但随着各种新型施工工艺和材料的发展，从桥梁结构日益重视耐久性和结构性能设计的长远趋势来看，体内预应力的优势将逐渐丧失，而体外预应力的防腐技术得到了彻底解决，体外预应力独具的配束"自由"以及钢束可检测、可更换，且不用考虑与桥梁结构采用的材料之间的联系与匹配等优势，使得体外预应力技术发展空间更加广阔，体外预应力将越来越多地应用到我国各种桥梁结构中。

参考文献

［1］徐栋：《桥梁体外预应力设计技术》，人民交通出版社，2008 年。

［2］熊学玉：《体外预应力结构设计》，中国建筑工业出版社，2005 年。

［3］中交公路规划设计院：《JTG D62—2004 公路钢筋混凝土及预应力混凝土桥涵设计规范》，人民交通出版社，2004 年。

钢桥面 RA05 树脂沥青砼施工技术

汤银亭　陈鹏辉　戴海文

（江苏省镇江市路桥工程总公司 镇江 212017）

摘　要　钢桥面铺装一直是桥梁工程中的一项技术难题,与混凝土桥面铺装相比,钢桥面铺装容易产生无法满足设计要求、应变过大、成品后早期损坏大等现象,因此钢桥面铺装一方面要解决铺装材料的防水问题,另一方面要解决在钢板界面处高应变、高温及光滑表面情况下,铺装材料的界面稳定性问题。围绕上述核心问题的处理,产生了环氧沥青混凝土和 ERS 两种不同理念的钢桥面铺装技术。本文结合宁波象山港某项目桥面 RA05 树脂沥青砼的施工,简要介绍钢桥面 RA05 树脂沥青砼施工技术要点。

关键词　钢桥面铺装　沥青混凝土　RA05 树脂沥青砼

1　前　言

大跨径钢桥面目前多采用环氧沥青混凝土和树脂沥青混凝土进行铺装。

1.1　环氧沥青混凝土钢桥面铺装

环氧沥青混凝土是一种匀质铺装体系,即整个铺装结构由一种材料组成,这种铺装体系认为传统用于混凝土桥面的铺装材料不适用于钢桥面,因而需寻求一种完全替代的铺装材料,这种材料就是环氧沥青混凝土。环氧沥青混凝土以其优异的材料性能,完全满足了钢桥面板对铺装材料性能的所有要求,即与钢板具有良好的粘结性,温度适应性以及和钢板变形的追随性。环氧铺装体系源于美国,实际施工时将环氧混凝土分为两层施工,第一层 20 mm,第二层 25 mm。钢板表面要求进行防腐涂装,钢板与第一层沥青混凝土之间刷涂沥青粘结层,第一、二层沥青混凝土之间刷涂沥青结合层。

1.2　树脂沥青组合体系(ERS)钢桥面铺装

树脂沥青组合体系(ERS)采用一种完全不同于环氧沥青混凝土体系的理念。ERS 认为钢桥面铺装的核心问题是钢板与铺装材料界面的处理,它首先把钢板表面"改造"成类似混凝土桥面的界面,"改造"成功后,传统改性沥青混凝土(SMA)仍可适用于钢桥面铺装。ERS 是一种非匀质铺装材料铺装体系。ERS 改造钢板的过程分为两步:第一步在钢板表面涂刷 EBCL 材料,并在上面撒布碎石,利用 EBCL 与钢板的强粘结性能,将碎石粘附在钢板表面,形成一个极为粗糙且牢固的表面,提高了整个钢桥面铺装界面的抗剪强度,同时也达到了防水防腐的目的;第二步在 EBCL 层上铺设 20 mm 厚的树脂沥青(RA05),树脂沥青具有较高的弹性模量,能适应较大的材料应变,从而起到将钢板刚度进行过渡的作用,同时树脂沥青具有较好的高温适应性和耐疲劳性能,RA05 层与 EBCL 层共同将钢板改造成类似混凝土桥面的铺装工作界面。RA05 施工完成后,就可以按照传统混凝土桥面的做法采用普通铺装材料,即首先施一层防水层,上层采用改性沥青混凝土 SMA 进行铺装。下面就结合宁波象山港某项目桥面 RA05 树脂沥青砼的施工,对树脂沥青的施工过程加以阐述。

2 材料要求

2.1 集料

RA05 树脂沥青混凝土应采用洁净、干燥、无风化、无杂质的集料,集料规格有 0～3 mm,3～5 mm 两种,集料技术指标要求见表 1、表 2。

表 1 0～3 mm 细集料的技术要求

检查项目	技术要求	检查项目	技术要求
表观相对密度/(t/m³)	≥2.60	含水量/%	≤0.5
坚固性(> 0.3 mm 部分)/%	≥12	吸水率/%	≤2.0
砂当量/%	≥60	亚甲蓝值/(g/kg)	≤5
棱角性(流动时间)/s	≥30		

表 2 3～5 mm 碎石的技术要求

检查项目	技术要求	检查项目	技术要求
表观相对密度/(t/m³)	≥2.60	棱角性(流动时间)/s	≥30
坚固性(> 0.3 mm 部分)/%	≥12	小于 0.075 mm 的含量(水洗法)/%	≤1
砂当量/%	≥60	吸水率/%	≤2.0

2.2 填料

填料宜采用石灰岩中的强基性、憎水性石料经磨制后的矿粉,其质量应符合表 3 的技术要求。

表 3 矿粉技术要求

检查项目		技术要求
表观相对密度/(t/m³)		≥2.50
含水量/%		≤0.5
粒度范围/%	<0.6 mm	100
	<0.15 mm	90～100
	<0.075 mm	75～100
外观		无团粒结块
亲水系数		<1
塑性指数		<4
加热安全性		实测

2.3 RA 胶料

RA 胶料的技术要求应符合表 4。

表 4　RA 胶料技术要求

试验项目	技术要求	试验方法
指干时间(25 ℃)/h	≥1.0	指干法
固化时间(25 ℃)/h	≤72	
断裂伸长率(25 ℃)/%	≥30	直接拉伸试验

3　施工准备

3.1　施工设备及材料

RA05 主体施工准备工作要求：主要人员全部到位，工作任务安排定岗定位；0～3 mm，3～5 mm 碎石进行袋装，并堆放在料棚内，RA 胶料储存在拌和站的 A，B 罐内，10～13 mm 碎石水洗，每袋重量按 20 kg 包装，堆放在料棚内，保持材料干燥。所有原材料经检测合格，并经监理单位审批；RA05 拌和站已标定，摊铺机、胶轮压路机已经进场。

3.2　钢桥面的抛丸及清理

RA05 施工前钢桥面要进行钢砂抛丸处理，采用带吸尘装置的移动式自动真空无尘打砂机，彻底去除钢板的表面锈蚀、油污、尘土等。除锈产出的垃圾用编织袋装好，统一用运输车运走。钢桥面在抛丸后表面光洁度达到 Sa2.5 级，粗糙度达到 60～100 μm 的技术要求。

3.3　EBCL 防水抗滑粘结层施工

抛丸施工结束后用吹风机将钢板界面吹干净(清扫人员在打砂过后工作时必须穿鞋套)，然后立即开始 EBCL 层施工，防止抛丸处理后钢板表面再次发生锈蚀。

EBCL 层施工时要求天气干燥、气温不得低于 10 ℃，有雾、下雨或相对湿度大于 90% 时不得施工。

EBCL 胶料涂布量按照方格网控制，用量为 0.9～1.1 kg/m²，然后立即撒布一层 3～5 mm 的单粒径石子，使之与 EBCL 胶料一起固化。石子要求干燥、清洁，洒布量为 2.5～3.5 kg/m²。撒布碎石要求均匀、满布不重叠、无堆积，以形成牢固的抗滑表层。

EBCL 施工要详细记录当时的钢板温度、大气温度和胶料拌和温度，参照实验室确定的温度、时间及时调整施工的时间。实验室常温 25 ℃ 的指干时间需 6～8 h 左右，EBCL 胶料应在固化前涂刷完毕。

施工结束后，立即用专用清洗液将各种量具和涂刷工具清洗干净。

防水抗滑粘结层由 EBCL 胶料和在其上撒布的 3～5 mm 粒径的碎石共同组成，EBCL 胶料指标见表 5。碎石采用洁净、无风化的岩石。

表 5　EBCL 胶料技术要求

试验项目	技术要求	试验方法
拉拔强度(70 ℃)/MPa	≥3	ASTM D 638
拉拔强度(25 ℃)/MPa	≥8	ASTM D 638
拉剪强度(70 ℃)/MPa	≥1	抗剪试验

试验项目	技术要求	试验方法
拉剪强度(25 ℃)/MPa	≥3	抗剪试验
指干时间(25 ℃)/h	1≤t≤10	指干法
固化时间(25 ℃)/h	≤72	拉拔试验
断裂伸长率(25 ℃)/%	≥5	直接拉伸试验
粘度	适于刮除,不流淌	

4 配合比

RA05 混合料由 0～3 mm,3～5 mm 集料、矿粉、树脂沥青(胶料)和聚酯纤维一起冷拌而成。RA05 混合料级配及用油量必须满足表 6 要求,并且混合料的马歇尔空隙率、稳定度、流值、残留稳定度、冻融劈裂、低温弯曲等都必须符合表 7 的要求。

表 6 RA05 混合料级配及用油要求

通过率范围	筛孔尺寸/mm								油石比/%
	9.5	4.75	2.36	1.18	0.6	0.3	0.15	0.075	
上限	100	100	72	55	43	30	22	16	8～18
下限	100	90	55	35	25	16	12	8	

表 7 混合料性能技术指标

试验项目	技术要求	试验方法
3 天马歇尔稳定度(70 ℃)/kN	≥30	双面击实 50 次
流值/0.1 mm	20～40	T0702—2000
击实空隙率/%	0～2	T0702—2000
车辙动稳定度(70 ℃)/(次/毫米)	≥10 000	T0719
水稳定性:残留马歇尔稳定度/%	≥85	T0729
冻融劈裂试验残留强度比/%	≥80	T0729
−10 ℃低温弯曲极限应变/10^{-6}	≥2 500	T0728

宁波象山港某项目 RA05 配合比如表 8 所示。

表 8 宁波象山港某项目 RA05 配合比

混合料类型	矿料所占比例/%			油石比/%	聚酯纤维掺量/%
	1♯料(3～5mm)	2♯料(0～3mm)	矿粉		
RA05	28	69	3	8.0	0.1

5 机械设备

RA05 施工需要 RA 专用拌和站、沥青摊铺机、胶轮压路机和装载机。

宁波象山港某项目 RA05 施工机械见表 9。

表 9　宁波象山港某项目 RA05 施工机械

序号	机械设备名称	型号规格	产地	容量/t	数量	备注
1	RA 专用拌和站	3000 型	江苏	110	1	
2	沥青摊铺机	福格勒 2100			1	
3	胶轮压路机	徐工 301	徐州	30	1	
4	装载机	徐工	徐州	3	1	
5	水准仪	拓普康	宁波		1	

6　施工技术方案

6.1　RA05 施工工艺

6.1.1　EBCL 界面涂 RA 胶料

为保证 EBCL 和 RA05 之间的粘结可靠,在施工 RA05 前,应对已固化的 EBCL 层顶面进行清洁,去除可能的油污、灰尘等杂物,然后在 EBCL 顶面涂刷一层 RA 胶料,之后再进行 RA05 混合料的摊铺。RA 胶的涂布量约为 $0.3\sim0.5$ kg/m²,用刷子涂刷均匀。

6.1.2　一般要求

RA05 施工前应详细调查施工期间的天气情况,只有在晴好天气才能安排施工。首先应清除 EBCL 表面的杂物和油污,扫除 EBCL 表面松动的石子;然后对到场 RA05 拌和用胶料进行检测,成型标准马歇尔试件,并测试完全固化后 RA05 马歇尔试件的相应指标。

6.2　RA05 拌和

6.2.1　拌和机、场地

拌和场地全部采用水泥硬化,集料堆放在搭建料棚里,RA05 混合料采用树脂沥青混凝土专用 3000 型拌和机进行生产。拌和站采用全自动电脑控制,拌和油石比依据室内试验配比的结果选用,并验证 RA05 马歇尔试件的性能指标。

6.2.2　拌和生产

RA05 包括 $0\sim3$ mm 和 $3\sim5$ mm 两种集料,两种集料都采用袋装,施工前保持干燥。矿粉采用矿粉罐,容量为 100 t,两种集料分别置于树脂沥青混凝土专用拌和机的两个斗中,将 RA05 混合料配合比设计中矿粉和两种集料所占重量比分别输入电脑。RA05 混合料每一盘的拌和量应事先确定,以保证油石比精确。

RA05 胶料由 A 和 B 两组分组成,分别置于 A 和 B 两个大罐容器内并保持均匀搅拌。RA05 拌和生产时,分别泵送 A,B 胶料至各自称量斗进行称重,然后将称量好的 A,B 料放入混合锅进行 A+B 的搅拌,预计 A+B 胶料搅拌时间不少于 30 s。当称量好的石料和矿粉及纤维等进入拌和锅并干拌均匀后放入搅拌好的 A+B 胶料,进行 RA05 混合料的拌和生产,预计湿拌搅拌时间不少于 60 s,需以 RA05 混合料的拌和均匀度判定需要的拌和时间。纤维按混合料 0.1% 的重量比添加,与矿质集料一起干拌。

6.2.3 卸料、运输及时间控制

拌和完毕的 RA05 混合料直接放入运料卡车,装运混合料时应注意先装卡车的后端再装前端,争取先拌和完毕的混合料先摊铺。室内的研究结果表明,新研制的 RA05 混合料有比较充裕的施工时间,一般在 6 h 内不会固结,因而运输、摊铺碾压的时间比较从容。施工现场要根据试验段实地测得的 RA05 混合料的表干固化时间来安排在实际桥梁上的运输和摊铺作业时间。

6.3 RA05 摊铺和碾压

(1)摊铺控制

摊铺机行走速度一般为 2~3 m/min,主要取决于拌和的产量。摊铺一车料的时间一般不超过 1 h。

(2)厚度控制

根据经验暂定松铺系数为 1.2,以保证实际压实后的厚度满足设计要求。试验段应通过测量摊铺前和碾压完成后的标高差计算得到实际的松铺系数。

(3)RA05 摊铺宽度

RA05 摊铺宽度依据拌和机产量和试验段宽度等现场实际情况确定。

(4)碾压方式

通过钻芯检测压实度来确定碾压遍数,一般初压需胶轮静压 4~6 遍,复压需胶轮静压 1~3 遍。

当 RA05 混合料碾压达到密实度要求后,应立即安排专人在 RA 表面均匀撒布一层 10~13 mm 粒径的石子,碎石撒布量按满布面积的 30%~40% 控制,然后采用胶轮压路机进行碾压,要求将撒布石料粒径的一半以上嵌入 RA 表层,增加 RA05 顶面的抗剪能力。RA 层完全固化后,安排专人将 RA 层表面粘结不牢固的石子扫除,在 RA05 顶面形成凹凸不平的表面状态。在防水沥青层洒布之前对 RA05 表面进行抛丸作业,使 RA05 表面露出干净的粗糙界面,有利于防水沥青对 RA05 表面的粘结。

(5)摊铺、碾压注意事项

严禁压路机在已碾压完毕的 RA05 上停放;RA05 碾压过程中严禁洒水。若发生碾压粘轮现象,可用少量菜籽油涂刷在路机轮胎表面。

摊铺、碾压过程中应安排专人及时将已结团硬化的 RA05 混合料清除。摊铺碾压结束后应及时清理摊铺机和压路机上粘连的 RA05 混合料,避免 RA 胶料固化后清理困难,影响下次的正常使用。

RA05 施工结束后,做好 RA05 混合料的养生和防护工作,禁止一切人员和车辆进入 RA05 的施工区域。

7 检测标准要求及手段

在现场施工过程中,试验室同时成型马歇尔试件,置于桥上进行同步养生,通过检测 RA05 试件不同龄期的马歇尔强度,判定 RA05 的实际强度和强度增长规律。当 RA05 的马歇尔强度达到 40 kN 后,下一道工序方可开始。马歇尔稳定度试验采用 100 kN 大型稳定度仪检测。

8 RA05 层施工工艺流程

RA05 层施工工艺流程如图 1 所示。

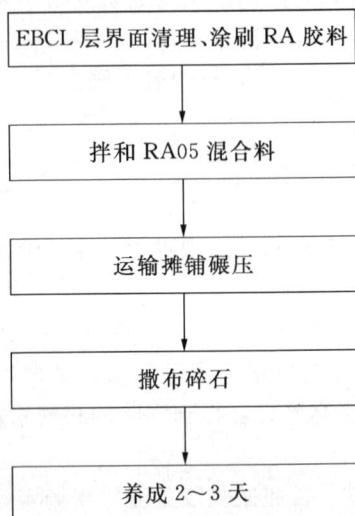

```
┌─────────────────────────────────┐
│ EBCL 层界面清理、涂刷 RA 胶料      │
└─────────────────────────────────┘
                 │
                 ▼
┌─────────────────────────────────┐
│        拌和 RA05 混合料           │
└─────────────────────────────────┘
                 │
                 ▼
┌─────────────────────────────────┐
│         运输摊铺碾压              │
└─────────────────────────────────┘
                 │
                 ▼
┌─────────────────────────────────┐
│          撒布碎石                │
└─────────────────────────────────┘
                 │
                 ▼
┌─────────────────────────────────┐
│        养成 2~3 天               │
└─────────────────────────────────┘
```

图 1 RA05 施工工艺流程

9 结 语

树脂沥青组合体系铺装技术是我国技术人员在实践中探索出来的,是具有中国自主知识产权的钢桥面铺装技术。经过不断的实践和完善,其目前已经逐渐被行业认可,并在越来越多的钢桥中应用,如杭州江东大桥、宁波庆丰桥、青林湾大桥、外滩大桥、湖北宜昌长江大桥、广东猎德大桥等。在实际应用中,树脂沥青组合体系能充分发挥树脂沥青砼高强度、与钢板结合良好的特点,是比较理想的钢桥面铺装方案。

参考文献

[1] 中华人民共和国交通部:《JTG F40－2004 公路沥青路面施工技术规范》,人民交通出版社,2004 年。

[2] 吕忠达:《杭州弯跨海大桥施工技术规范》,人民交通出版社,2008 年。

预应力智能张拉系统在 T 型梁施工中的应用

陆 建　丰荣良　王耀锋

（江苏省镇江市路桥工程总公司 镇江 212017）

摘　要　在桥梁工程中，T 型梁连续结构被广泛应用，而预应力施工质量是 T 型梁质量及使用寿命的决定性因素。通过技术革新，采用预应力智能张拉系统使预应力张拉施工质量得到了有效控制，从而保证了 T 型梁的施工质量和结构物的使用寿命。

关键词　T 型梁　预应力　智能张拉

1　前　言

随着现代桥梁建筑技术的不断发展，大跨度高预应力砼梁得到越来越深广的应用，预应力钢绞线的张拉施工作是后张法预应力 T 梁施工中的关键技术，对控制 T 梁的质量起着至关重要的作用。为了确保 T 梁的预应力施工质量，特引进了预应力智能张拉系统。本文试论述预应力智能张拉系统在后张法预应力 T 型梁施工中的运用对预应力的质量控制所起的作用。

2　预应力张拉不合格造成危害桥梁安全的原因

在使用的预应力桥梁中发现，有相当数量的梁体在顶板、腹板、底板、横隔板以及齿块等部位出现了各种不同形式的裂缝，其中梁体腹板裂缝最为普遍和严重。同样，预应力简支梁板在运行中大量出现底板、腹板裂缝，承载能力下降。图 1 所示为大桥坍塌实景。

图 1　2011 年 7 月 11 日，建于 1997 年的盐城通榆河大桥坍塌

2.1 施加张拉力不准确

由于传统的预应力张拉施工是由人工控制油泵,通过压力表读数来控制施加预应力的,在施工过程中由于施工人员的素质存在差异,两端对称张拉时,两边的操作人员控制的油阀进油速度不一致,易造成在施加预应力时有效预应力精度不够且不均匀。

2.1.1 有效预应力精度不够

(1)有效预应力偏小时因施加的预应力度不足,导致 T 型梁梁体过早地出现裂缝,下挠超限。

(2)有效预应力偏大时可能导致预应力筋安全储备不足,结构过大变形或裂纹,甚至脆性破坏。

2.1.2 有效预应力不均匀

施加的有效预应力不均匀时将导致预应力筋的早期疲劳,危及桥梁使用寿命。有效预应力大的钢筋承受了本应由所有预应力筋承受的力,这样有效预应力大的钢筋在使用阶段逐渐屈服,梁体也随之下挠。

2.2 张拉过程中预应力的损失过大

(1)当采用人工张拉时,施加预应力到位后,在持荷时间内会因为预应力钢筋与管道壁间摩擦、锚具变形、预应力筋回缩和接缝压缩、弹性压缩等造成应力损失,而人工张拉无法做到随时补张,无法保证张拉力符合设计计算要求。

(2)在卸载时,因是人工操作,受到人员素质差异的影响而无法做到同步、均匀卸载,会因预应力筋松弛而引起应力损失。如果瞬时卸载,钢绞线在回缩时会对夹片造成冲击,因回缩量大,易造成应力损失,同时影响夹片的使用寿命,严重时有可能会造成夹片破裂,发生安全事故。

3 预应力智能张拉系统的实际运用和质量控制

3.1 系统结构及工作原理

3.1.1 系统结构组成

预应力智能张拉系统的结构组成如图 2 所示。

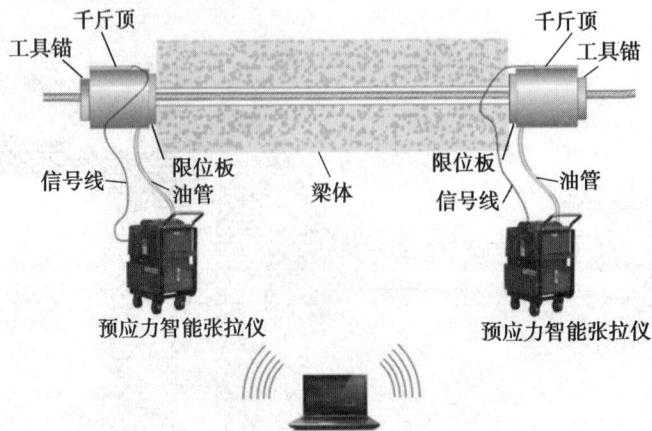

图 2　预应力智能张拉系统结构

3.1.2 工作原理

智能张拉系统由系统主机、油泵、千斤顶3大部分组成。预应力智能张拉系统以应力为控制指标，伸长量误差作为校对指标。系统通过传感技术采集每台张拉设备（千斤顶）的工作压力和钢绞线的伸长量（含回缩量）等数据，并实时将数据传输给系统主机进行分析判断，同时张拉设备（泵站）接收系统指令，实时调整变频电机工作参数，从而实现高精度实时调控油泵电机的转速，实现张拉力及加载速度的实时精确控制。系统根据预设的程序，由主机发出指令，同步控制每台设备的每一个机械动作，自动完成整个张拉过程。

3.2 主要功能与特点

3.2.1 施工自动监督

预应力智能施工技术的精髓是智能化，施工过程中，仪器就能监督判定施工是否规范。只需把仪器接好，在控制台电脑上输入预设数据，系统会自动完成剩下的工作，完全避免了传统施工中人为因素带来的负面影响。智能张拉力系统如图3所示。

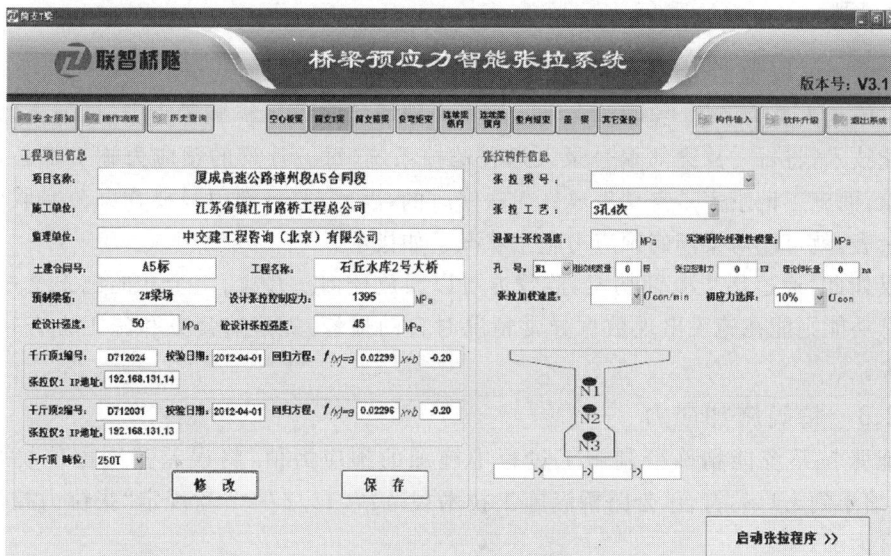

图3 桥梁预应力智能张拉系统

除了施工过程自动规范，对于前期准备工作是否到位，该系统也能予以监督：张拉过程中，压力、位移数据会实时反映在控制台电脑屏幕上，观察数据曲线是否异常，很容易就能检查出钢绞线安装是否到位；张拉时，该系统会自动补压，弥补钢绞线松弛的缺陷，并根据规范要求保持5 min，充分检查锚具是否存在质量问题。张拉时，智能系统实时界面如图4所示。

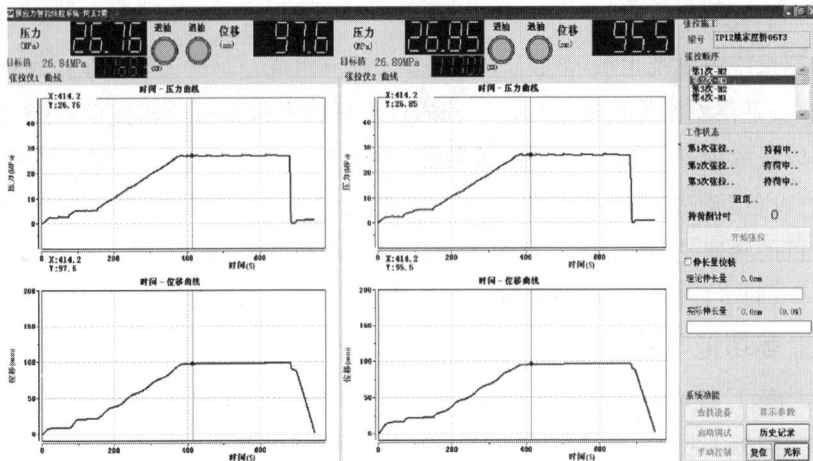

图 4　张拉实时界面

注：这是张拉过程再现，张拉加载力、伸长量、加载速率、停顿点、持荷时间等张拉要素真实记录，一览无余，永久追溯。

3.2.2　远程监控信息一应俱全

如果施工人员为了偷工减料，在实际施工中把智能张拉系统搁置一旁，该怎么监督呢？通过智能技术，将每一片梁都编号录入远程监控系统，每一片梁的预应力施工都必须在系统中记录，而施工记录表是自动生成且无法修改的，因此，监督部门只要在办公室联网查看施工记录表，就可以对梁场的预应力施工状况了如指掌。

不仅如此，通过历史查询功能，监督方可以回放任何一片梁、一个孔的施工全过程，而预警信息功能则能在施工出现数据异常情况时自动报警，提醒监督方和施工方查找原因，避免损失。

3.2.3　精确施加应力

智能张拉系统能精确控制施工过程中施加的预应力值，将误差范围由传统张拉的 $\pm1.5\%$ 缩小到 $\pm1\%$，符合《公路桥涵施工技术规范》7.12.2 第 2 款规定"张拉力控制应力的精度宜为 $\pm1.5\%$"。

3.2.4　及时校核伸长量，实现"双控"

系统传感器实时采集钢绞线数据，反馈到计算机，自动计算伸长量，及时校核伸长量误差是否在 $\pm6\%$（《公路桥涵施工技术规范》7.6.3 款规定"预应力筋采用应力控制方法进行张拉时，应以伸长量进行校核，其偏差应控制在 $\pm6\%$"）以内，实现应力与伸长量的"双控"。

3.2.5　对称同步张拉

一台计算机控制两台千斤顶同时、同步对称张拉，实现"多顶同步张拉"（《公路桥涵施工技术规范》7.12.2 第 1 款规定"各千斤顶之间同步张拉力的允许误差为 $\pm2\%$"）工艺。

3.2.6　规范张拉过程，减少预应力损失

智能张拉系统实现了张拉程序智能控制，不受人为、环境因素影响；停顿点、加载速率、持荷时间（《公路桥涵施工技术规范》7.12.2 第 2 款规定"保证千斤顶具有足够的持荷时间（5 分钟）"）等张拉过程要素完全符合桥梁设计和施工技术规范要求，避免或大幅减少了张

拉过程中预应力的损失。

3.2.7 自动生成报表杜绝数据造假

张拉结束后系统会自动生成张拉记录表，杜绝了人为造假的可能，可进行真实的施工过程还原。同时还省去了张拉力、伸长量等数据的计算、填写过程，提高了工作效率。

张拉结束后系统自动生成的张拉记录表如图 5 所示。

厦成高速公路漳州段 A5 合同段　　ZJ636

预张拉力张拉记录表

承包单位：江苏省镇江市路桥工程总公司　监理单位：中交建工程咨询（北京）有限公司　土建合同号：A5标　编号：

工程名称	于山尾大桥		预制梁场	1#梁场	张拉顺序示意图
构件编号	左4-1		张拉时间	2012年5月5日9时40分	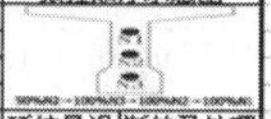
砼设计强度	50 MPa	砼试块强度 46.8 MPa	弹性模量	1870 MPa　控制张拉力 1395 MPa	
张拉仪1编号	D712024		标定日期	2012年4月1日	
张拉仪2编号	D712031		标定日期	2012年4月1日	

钢束编号	张拉断面	记录项目	初始行程 10%	第一行程 20%	第二行程 50%	第三行程 50%	第四行程 100%	设计张拉控制力(KN)	总伸长量(mm)	理论伸长量(mm)	延伸量误差(%)	断丝及处理情况
N2	张拉仪1	张拉力	152.70	306.20	777.70	783.80	1555.50	1551.20	183.20	177.50	3.21	
		伸长量	20.20	31.90	59.00	13.40	58.70					
	张拉仪2	张拉力	152.90	306.60	776.10	777.90	1544.90	1551.20				
		伸长量	20.00	31.10	60.00	12.20	60.50					
N3	张拉仪1	张拉力	157.90	305.80			1553.70	1551.20	184.00	175.40	4.90	
		伸长量	21.10	32.90			108.40					
	张拉仪2	张拉力	151.10	306.20			1548.80	1551.20				
		伸长量	23.10	33.10			110.00					
N1	张拉仪1	张拉力	170.90	352.30			1743.80	1745.10	179.20	178.80	0.22	
		伸长量	28.70	39.10			116.30					
	张拉仪2	张拉力	172.00	345.40			1745.60	1745.10				
		伸长量	28.00	38.40			110.80					
	张拉仪1	张拉力										
		伸长量										
	张拉仪2	张拉力										
		伸长量										
	张拉仪1	张拉力										
		伸长量										
	张拉仪2	张拉力										
		伸长量										
	张拉仪1	张拉力										
		伸长量										
	张拉仪2	张拉力										
		伸长量										
备注									起拱度	16 mm		

自检意见：	监理意见：
质检人员：　　年　月　日	监理员或专业监理工程师：　　年　月　日

图 5　张拉结束后系统自动生成表格

3.2.8 远程监控功能

智能张拉系统还可以实现远程监控功能，方便质量管理，提高管理效率。智能张拉系统将业主、监理、施工、检测单位统一于同一互联网平台，实时进行交互，突破了地域的限制，及时掌握预制梁场和桥梁预应力施工质量情况，实现“实时跟踪、智能控制、及时纠错”。

3.2.9 技术经济比较表

传统手工张拉与智能张拉系统的技术经济比较见表 1。

表 1　传统手工张拉与智能张拉系统的技术经济比较

比较内容		传统手工张拉	智能张拉系统
1	张拉力精度	±1.5%	±1%
2	自动补张拉	无此功能	张拉力下降 1%时，锚固前自动补拉至规定值
3	伸长量测量与校核	人工测量，不准确，不及时，不能及时校核，未实现规范规定“双控”	自动测量，及时、准确，能及时校核，与张拉力同步控制，实现 真正“双控”
4	对称同步	人工控制，同步精度低，无法实现多顶对称张拉	同步精度达±2%，计算机控制实现多顶对称同步张拉
5	加载速度与持荷时间	随意性大，加载过快，持荷时间过短	按程序设定速度加载和持荷，排除人为影响
6	卸载锚固	瞬时卸载，回缩时对夹片造成冲击，回缩量大	可缓慢卸载，避免冲击损伤夹片，减少回缩量

续表

	比较内容	传统手工张拉	智能张拉系统
7	回缩量测定	无法准确测定锚固后回缩量	可准确测定实际回缩量
8	预应力损失	张拉过程预应力损失大	由于张拉过程规范,损失小
9	张拉记录	人工记录,可信度低	自动记录,真实再现张拉过程
10	安全保障	边张拉边测量延伸量,有人身安全隐患	操作人员远离非安全区域,人身安全有保障
11	质量管理与远程监控	真实质量状况难以掌握,缺乏有效的质量控制手段	便于质量管理、质量追溯,提高管理水平、质量水平,实现质量远程监控
12	经济效益	张拉过程需要 4 人同时作业	张拉过程只需要 2 人同时作业

4 结 语

和传统张拉相比,预应力智能张拉系统,能让混凝土构件形成牢固的有效预应力体系,显著延长预应力结构生命,保证桥梁结构安全和耐久性,有利于保障人民生命财产安全,降低桥梁全寿命周期成本。通过引进预应力智能张拉系统技术,能满足项目推进精细化施工的要求,是在现行技术条件下保证桥梁结构的设计预应力度,防止预应力桥梁开裂和超限下挠,保证桥梁结构的安全性和耐久性的有效途径。

参考文献

[1] 中华人民共和国交通运输部,中交第一公路工程局有限公司:《JTG/T F50—2011 公路桥涵施工技术规范》,人民交通出版社,2011 年。

混凝土钢筋保护层的控制与检测技术研究

戴正赟[1] 柏俊华[2] 刘芳[2]

（1. 镇江市交通工程建设管理处 2. 江苏润通交通工程监理咨询有限公司 镇江 212000）

摘　要　本文以常熟市三环路快速化改造工程为例,从结构的钢筋保护层的现场控制及现场检测等方面,浅谈对混凝土钢筋保护层厚度的控制,并就钢筋保护层在现场施工过程中可能产生的问题进行探讨。

关键词　混凝土结构　钢筋保护层厚度　控制　检测

1　前　言

常熟市三环路快速化改造工程是对现有的三环路进行的快速化改造。现有常熟市三环路是由干线公路逐步演变而来,其中北环及东环北段是原 204 国道的组成部分,东环南段和南环是省道 227 的组成部分,而西环则是 206 县道,也是至尚湖风景区的连接道路。随着常熟市的城市发展及干线公路的改造,三环路在地理位置上已经处于城市发展区内,三环路作为城市环线的功能日益显著。三环路的建设对推动常熟市城市发展、完善城市快速路网、缓解目前严重的交通瓶颈、提升城市形象及交通安全有着十分重要的作用。常熟市三环路采用"快速系统＋辅导系统"的城市快速路设计标准,高架系统和辅路系统采用了六车道标准,标准段为"高架＋地面"的形式,其中高架桥宽 25.5 m,地面道路路基宽 53.5 m。主线设计车速 80 km/h,地面辅道设计车速 40 km/h,上下匝道设计车速 40 km/h。目前已开工标段为东南环 S8－S14 标,桩号 K12＋854.5—K26＋040,全长约 13.2 km,工程造价约 25.5 亿元。

本文通过常熟市三环路快速化改造的工程实例,从钢筋加工及垫块设制、模板制作及安装、钢筋绑扎及垫块定位、混凝土浇筑、工后检查 5 个方面浅谈钢筋保护层厚度的现场控制,对于真实反映保护层厚度检测中可能存在的问题进行较为深入的探讨,阐明了规范对保护层厚度的要求及现场有效控制的对策。

2　钢筋保护层现场控制要点

工程主要通过钢筋加工及垫块设置、模板制作及安装、钢筋绑扎及垫块定位、混凝土浇筑、工后检查 5 个关键环节来加强钢筋保护层的控制。通过现场施工的不断摸索与总结,得到如下体会:

（1）钢筋加工及垫块设置是保护层控制的基础。钢筋在制作车间用专用器具加工成半成品,并分类编号堆放。在墩身钢筋加工过程中,严格控制钢筋骨架的内箍尺寸,保证内箍

图1　梅花形垫块

准确。弯曲内箍钢筋时，符合设计尺寸和形状的作为样板使用，然后再进行加工使用。在预制和现浇箱梁施工过程中，严格控制构造筋和拉钩筋的加工制作，保证半成品的尺寸。保护层垫块的选择是钢筋保护层厚度控制的关键之一，根据不同部位图纸的不同要求设置不同的梅花形状垫块（如图1所示），用高强砂浆制作成型，有效控制砂浆垫块的几何尺寸和自身强度，为保护层厚度的控制创造条件。同时垫块本身以点接触替代了传统的面接触，大大提高了混凝土的外观质量。

（2）模板安装与制作精度是保护层厚度控制的前提。由专业厂家加工生产的钢模，进场后均需进行预拼装，以保证模板制作与安装精度。现场通过测量仪器和垂钓法进行竖直度修正，保证墩身中心位置与设计位置吻合，确保竖直度符合规范要求。模板安装后，加强对垫块复查，如有损坏应及时进行更换。

（3）钢筋绑扎及垫块定位是保护层控制的保证。在墩身施工过程中首节墩身钢筋预埋牢固及准确是保证钢筋保护层的另一关键。为了保证首节墩身钢筋定位牢固准确，在墩身施工时，根据预埋主筋位置进行精确测量定位，为保证墩身钢筋保护层合格率，在钻孔灌注桩施工时就严格控制钢筋笼下笼过程中的工作，保证其中心不偏位。墩身施工时根据其中心准确调整好钻孔桩伸出钢筋，保证调整后的钢筋笼中心偏差在允许范围内，同时为了增强墩身钢筋骨架的刚度，增加了箍筋并将钢筋和箍筋焊接成整体，以便更好地控制保护层。现浇箱梁钢筋绑扎中，提前在底模上按各种钢筋的设计位置放线，照线绑扎。在腹板钢筋安装时，通过预先制作好的标准木条来固定腹板保护层位置。钢筋保护层垫块定位是整个保护层控制的重中之重。墩身施工时垫块用2根铁丝绑扎，将其牢牢固定在主筋上，绑扎扎丝必须绞紧，垫块不得出现倾斜下垂现象，并保证每个垫块与模板结合紧密，确保垫块处于最佳受力点，从而最大程度地发挥垫块的作用，确保保护层厚度。同时要特别注意，垫块绑扎完，垫块绑扎尾丝要朝钢筋骨架内侧按倒，严禁向外深入保护层内。墩身、预制箱梁、现浇箱梁在施工过程中要严格按照自检、监理抽检的方式进行控制，采用钢尺对各构件主筋保护层厚度进行检测，逐根进行测量，发现保护层偏大或偏小的情况时，立即现场调整，确保保护层工前合格率达到100%。垫块的设置如图2所示。

图2　垫块的设置

（4）混凝土浇筑是混凝土钢筋保护层控制不可忽视的因素。在混凝土浇筑振捣过程中，应注意对垫块的保护，避免振捣棒触到钢筋、模板及垫块。另外在浇筑中，安排专人观察,如果发现模板跑位,应及时进行加固调整。

(5)工后检查是保护层控制的必要手段。每一个构件浇筑结束后,试验检测人员都要对构件的保护层厚度进行检查,分析总结,整改完善。根据工程特点,三环快速化改造工程中,主要以 DJGW—1A 钢筋位置测定仪和钢尺进行钢筋保护层厚度工后检查。

3 混凝土钢筋保护层现场检测技术的研究

(1)《GB50204—2002 混凝土结构工程施工质量验收规范》(2011 年版)将钢筋保护层厚度作为强制性验收的检测项目之一。在 2008 年 10 月 1 日我国实施了《JGJ/T 152—2008 混凝土中钢筋检测技术规程》,进一步规范了检测手段及检测结构的评价方法,提高了检测结果的可靠性。

钢筋保护层变小时,较薄的混凝土层对钢筋的握裹力减弱,会引起锚固受力和预应力传递性能不足,影响结构抗力,长远看会影响混凝土的耐久性和使用年限。混凝土的保护层过大,则意味着截面有效高度的减少,对受弯构件的承载力、刚度和裂缝控制性能影响极大。保护层检测作为工后检测的手段之一,对于强化验收、加强工程质量控制、保证结构安全起到了积极作用。

钢筋保护层检测的方法主要有电磁感应法、雷达法和半电池电位法。钢筋保护层厚度现场检测多用电磁感应法。电磁感应法的原理是在构件混凝土表面向内部发射电磁波,形成电磁场,混凝土内部的钢筋切割磁感线产生感应电磁场。由于感应电磁场的强度及空间梯度变化与钢筋位置、直径、保护层厚度有关,通过测量感应电磁场的梯度变化并分析处理,就能确定钢筋位置与保护层厚度。

在现场检测过程中,首先应对主筋进行定位,对于选定的梁类构件,应对全部纵向受力钢筋的保护层厚度进行检验;对于每根钢应在有代表性的部位测量一点。

(2)在现场检测过程中要注意以下 4 个方面:

① 要注意选择表面清洁、平整、无污物的构件,且应避开电磁场;应确定被测受力钢筋的排列方向,在垂直于受力钢筋的走向布置测线;测试应位于间距较大的相邻两根钢箍筋之间。

② 检测过程中应避开钢筋接头绑丝,同一处读取的 2 个混凝土保护层厚度检测值相差大于 1 mm 时,该组检测数据无效,应查明原因,在该处重新检测。仍不满足要求时,应更换钢筋探测仪或采用钻孔、剔凿的方法验证。

③ 探头移动速度不得大于 2 cm/s,尽量保持匀速移动,避免在找到钢筋前向相反方向移动,否则会造成较大的检测误差,甚至漏筋。

④ 如果连续工作时间较长,为了提高检测精度,应注意每隔 5 min 将探头拿到空气中,远离金属,按确认键复位。对检测结果有异议时,也可按此操作。

4 结　语

混凝土钢筋保护层厚度的控制与检测技术研究是保证混凝土耐久性与使用年限的重要手段之一,在工程中只要严格按照图纸和施工技术规范的要求操作,就可以最大限度的控制好保护层厚度。作为工程一线技术人员,应充分认识到合理的混凝土钢筋保护层厚度对工程结构的重要性,在施工的每一个分项工程中,都应认真对待这个问题,保证构件的正常使用,从而达到提高工程质量的目的,使得三环路快速化改造工程成为优良工程。

参考文献

[1] 中华人民共和国建设部,中华人民共和国国家质量监督检验检疫总局:《GB50204—2002 混凝土结构工程施工质量验收规范》(2011 年版),中国建筑工业出版社,2011 年。

[2] 中国建设科学研究院:《JGJ/T 152—2008 混凝土中钢筋检测技术规程》,中国建筑工业出版社,2008 年。

[3] 杨蓉:《钢筋保护层厚度质量控制对策分析》,《山西建筑》,2009 年第 10 期。

[4] 中华人民共和国交通运输部,中交第一公路工程局有限公司:《JTG/T F50—2011 公路桥涵施工技术规范》,人民交通出版社,2011 年。

预应力管道真空辅助压浆的应用

张萍　田喜东

（江苏润通交通工程监理咨询有限公司 镇江 212005）

摘　要　常熟市三环路快速工程是为完善城市快速路网、缓解目前严重的交通压力、提升城市形象和交通安全的项目，全线采用高架系统加辅助系统结构。其中现浇箱梁施工是重点，且预应力孔道压浆是后张法预应力混凝土结构施工中最重要的环节之一，压浆的质量不仅影响预应力力筋的防腐保护，更影响结构在使用寿命内的安全性和耐久性，并且不饱满的压浆会改变结构的受力形式。根据设计图纸要求，压浆必须采用真空辅助工艺压浆方法，才能够很好地达到技术规范要求。本文简要介绍常熟三环路快速通道大型现浇箱梁的真空辅助压浆的压浆原理及注意要点。

关键词　预应力管道　真空辅助压浆　原理

1　工程简介

常熟市三环路快速工程采用快速系统加辅助系统的城市快速路标准，"高架＋地面"的断面形式，高架桥宽 25.5 m，地面道路路基宽 53.5 m。

以 S14 标第 16 联等宽预应力连续箱梁首件为例，上部结构采用 3 m×31 m 预应力连续箱梁，箱梁断面采用单箱四室斜腹板形式，桥梁横坡采用顶底板平行的方式实现，顶板宽 5.5 m、底宽 15.75 m、悬臂长度为 3.5 m，腹板斜率为 1∶1，梁高度为 2.0 m，中横梁 2.3 m、端横梁宽度 1.5 m。

中腹板纵向预应力均采用 9 束 13Φ^s15.2 钢绞线束，底板纵向预应力均采用 12 束 12Φ^s15.2 钢绞线束，顶板纵向预应力均采用 9 束 7Φ^s15.2 钢绞线束，横梁横向预应力均采用 14 束 13Φ^s15.2 钢绞线束，顶板扁锚预应力均采用 184 束 3Φ^s15.2 钢绞线束，其中纵向管道最长束为 95 m 多。预应力管道采用塑料波纹管，材料的环刚度必须大于 6 kN/m²，其局部横向荷载残余变形量不得超过管材外径的 10%，管材在荷载下不应破裂。塑料波纹管具有较小的孔道摩阻力及电绝缘性能的优点，预应力筋在张拉后，基本上是紧贴孔道的。已压注水泥浆的预应力筋的腐蚀主要由电化学腐蚀要素引起，除外电、感应电等存在的电流影响外，还有有害气体，而真空压浆技术恰恰在这方面从工艺上最大限度地使孔道密实、减少气泡、填充预应力筋间隙、减少硬化浆液的自由水，也就基本杜绝了形成电化学腐蚀的条件，从而保证了浆体与预应力筋的牢固结合和预应力筋的耐久性。

2　真空辅助压浆原理

根据 2011 年版的《公路桥涵施工技术规范》的规定，真空压浆技术是采用真空吸浆法和常规压浆法相结合,即在常规压力压浆泵设备系统的基础上进行改进,增加抽真空的真空泵设备系统。整个预应力孔道系统封闭,一端用真空泵对孔道进行抽真空,使之产生$-0.06\sim-0.10$ MPa负压,然后用压浆泵将优质水泥浆从孔道的另一端压入,当水泥浆从抽真空端流出且颜色和稠度与压浆端相同时,再经过特定位置的排水及微泡沫,并加以 $0.5\sim0.7$ MPa 的正压力,并持续保压 3 min,以保证预应力孔道压浆的饱满度。

3 真空辅助压浆所需材料及设备

3.1 压浆材料及性能指标

压浆材料为台泥水泥厂生产的 P.Ⅱ 52.5R 水泥和博斯特 BST-4 无收缩高强灌浆剂及水。根据当地的气候条件配制水泥浆配合比,确定水泥浆的水灰比,且泌水性、流动性必须达到桥涵技术规范要求。

浆体配合比	水泥:水:外加剂=1 461:481:258;
水灰比	W/C=0.28;
水泥浆强度	M50;
水泥浆稠度	$10\sim17$ s;
泌水率	24 h 自由泌水率为 0%;
自由膨胀率	3 h 为 $0\sim2\%$,24 h 为 $0\sim3\%$;
凝结时间	初凝时间$\geqslant5$ h,终凝时间$\leqslant24$ h。

3.2 施工设备

根据 2011 年版《公路桥梁施工技术规范》的要求,真空辅助压浆的真空泵应能达到 0.10 MPa 的负压力。施工设备采用合肥中伟预应力工程有限公司生产的真空压浆泵,型号为 SK-1.5。SK-1.5 型真空泵为单级水环式抽气泵,是真空压浆工艺中用于孔道形成负压的主要设备,利用偏心叶轮带动工作液,通过截止阀和调节阀直接进入泵的工作室,同时泵工作时的工作液随气体一起排出,这种连接可使泵获得较高的极限真空。

压浆机应采用活塞式可连续作业的压浆机,其压力表的最小分度值应不大于 0.1 MPa,最大量程为实际工作压力的 $25\%\sim75\%$。施工中采用南通市远中电机制造有限公司生产的压浆机(型号 Y112M-4),在压浆过程中,水泥浆在密封腔内被活塞匀速推进,故输送量均匀,压力平稳,无空气渗入,且停止输送后可保持压力,这些保证了匀速连续压浆的质量。

搅拌机的转速应不低于 1 000 r/min,搅拌叶的形状应与转速相匹配,其叶片的线速度不宜小于 10 m/s,最高线速度宜控制在 20 m/s。临时储存浆液的储料灌应具备搅拌功能,并设置网格尺寸不大于 3 mm 的过滤网。搅拌机设备型号为 Y90L,转速为 1 400 r/min,以保证水泥浆的拌和均匀,满足桥涵技术规范要求。

4 注意要点

(1)张拉施工完成后切除外露多余钢绞线,清水冲洗,清洗后采用无收缩水泥砂浆封锚,封锚砂浆必须将外露钢绞线、夹片、锚具全部包裹,且覆盖层厚度满足大于 15 mm 的要求。

(2)试抽真空:启动真空泵,使系统达到$-0.06\sim-0.10$ MPa 负压,当孔道内的真空度保持稳定时,停泵 1 min,若压力降低至小于 0.02 MPa,即可认为孔道基本达到真空;如果不满足此要求,则表示孔道未能完全密封,需在灌浆前进行检查及更正。

(3)拌浆:拌浆前先加水空转数分钟,使搅拌机内壁充分湿润,将积水倒干净,将称量好的水倒入搅拌机,之后边搅拌边倒入水泥,再搅拌 3～5 min 直至均匀;将溶于水的外加剂倒入搅拌机,搅拌 5～15 min,然后倒入盛浆筒;倒入盛浆筒的水泥浆应马上泵送,搅拌机不得中途停止搅拌。

(4)压浆:启动真空泵,当真空度达到并维持在负压 0.06 MPa 左右时,打开阀门,启动压浆泵,开始压浆;当浆体经过透明高压管即将到达三通接头时,打开排浆阀门并关闭负压容器阀门,关闭真空泵。透明高压管长度应超过 10 m,以便控制。观察废浆筒处的出浆情况,当出浆流畅、稳定,且稠度与盛浆筒浆体基本一样时,关闭真空泵,并关闭阀门,宜保持一个不小于 0.5 MPa 的稳压期 3～5 min。最后关掉灌浆泵,关闭压浆端的阀门;压浆的最大压力不宜超过 1.0 MPa。接通水,打开阀门清洗,拆下透明高压管;水泥浆搅拌结束至压入管道的时间间隔不应超过 40 min。

(5)当气温高于 35 ℃时,压浆操作应在夜间或清晨气温较低时进行。

(6)水泥浆在压浆过程中要经常搅动;延迟使用流动度下降的浆体时,严禁通过加水来增加其流动性;搅拌好的浆体每次应用完卸尽,在水泥浆未全部卸出的情况下,不能加入压浆材料另行搅拌。

(7)孔道压浆需一气呵成,同一管道压浆应均匀、连续进行且一次完成,压浆速度不宜过高,较高的速度会在孔道内产生过大的压力,造成泛浆。

5 结 语

真空辅助压浆要求施工现场具有高水平的条件,包括高水平的管理人员和操作队伍,这种方法本身的性质决定了它具有高水平的质量控制。正确的工艺是使用此项技术的前提条件,采用配套的锚具组件、性能良好的塑料波纹管,使用专用设备、专用浆体外加剂、标准化的施工规程以及专业施工人员不仅是保证工艺得以正确实施必不可少的条件,更能够改善传统压浆施工中浆体不饱满等问题,保证了预应力混凝土结构施工的质量,有效预防预应力筋锈蚀,提高箱梁的使用寿命、安全性和耐久性。该段首件箱梁的真空辅助压浆技术的使用取得了良好的效果,保证了工程质量,为以后预应力压浆施工提供了有益的借鉴。

参考文献

[1] 中华人民共和国交通运输部,中交第一公路工程局有限公司:《JTJ/TF50—2011 公路桥涵施工技术规范》,人民交通出版社,2011 年。

桥梁伸缩缝的安装

王建波

（江苏省交通工程集团有限公司 镇江 212003）

摘　要　本文主要对模数式桥梁伸缩缝的施工工艺特点、实施方法等进行了阐述，并对施工中常见的问题以及取得的经验做了介绍，同时对伸缩缝安装及维修中的个别问题进行了初步探讨。

关键词　高速公路　伸缩缝　安装工艺　探讨

在桥梁工程中有一个影响桥梁耐久性及行车安全性、舒适性的重要部件——桥梁伸缩缝。桥梁伸缩缝种类众多，目前应用最广泛的是模数式伸缩缝，其中非常著名的是毛勒或仿毛勒式桥梁伸缩缝。它是由异形钢梁与单元橡胶密封带组合而成的伸缩装置，适用于伸缩量为 60～1 200 mm 的公路桥梁工程，适用范围相当广泛，而且实践证明其安全性、舒适性、耐久性良好，因此受到普遍欢迎。现对伸缩缝的安装做一阐述。

1　前期准备

1.1　选择专业安装队伍

伸缩缝安装工程的特点是工程量不大、工期短、施工质量要求高，这就要求安装队伍必须熟练、精干、专业。由于伸缩缝产品市场需求量很大，因此国内生产伸缩缝的厂家众多，这些单位生产能力雄厚，但在安装能力上则显得比较薄弱，只能厂家仅提供产品，本身不具备安装能力，只能委托劳务分包队伍安装，而这些安装队伍水平参差不齐，安装质量差异很大，有些队伍的粗糙施工给通车后的公路留下了不同程度的隐患。因而笔者认为，确定专业安装队伍非常重要，务必引起各级业主的高度重视。

1.2　预留槽口的先期调查

（1）伸缩缝预留槽口由土建造桥单位预留施工，各施工单位水平各异，重视程度也不同。由于伸缩缝的安装是在路面上面层摊铺完成后进行的，如果预留槽口有较大缺陷，处理起来将费时费力，严重影响伸缩缝施工进度，因此对槽口预留情况进行先期调查非常重要。

（2）先期调查后应将结果及时上报业主，由业主责成相关单位尽快处理，争取能在伸缩缝安装前做好缺陷修复工作。但是，目前伸缩缝合同的招标一般在路面层开始摊铺时才开始，这时桥梁施工单位多数已施工结束，有的已经撤场，现场槽口已被覆盖，很难发现问题，因此缺陷通常是在安装过程中被发现的，而业主一般都委托伸缩缝安装单位对缺陷进行修正。这是一个极其重要的环节,更是对安装队伍责任心、安装能力的考验,遗憾的是不少安装队伍没有或不完全具备这个能力,这也是笔者认为伸缩缝的安装应由专业安装队来施工的原因。

2 施工要点

2.1 放样切缝

首先应根据设计图纸,确认缝位,然后以梁体间构造缝中心线放样,达到设计宽度。根据笔者多年的施工经验,如果能在摊铺路面中面层之前完成伸缩缝的招标,确定施工队伍,可安排专人到现场将预留槽口用油漆画出预留边界线,以避免日后施工时超切或漏切槽口。

此环节有 4 个要点:一是缝的位置要准确,二是深度要切深,三是缝要切直,四是防止污染。位置准确是前提;切深是为了将槽区与路面很好的分离,在开槽时不至于把槽口边翘起;切直是为了美观。这里重点说一下防止污染,沥青砼是由矿料及沥青混合而成,切缝时将产生大量的矿粉,这些粉末会不可避免的嵌入周边沥青砼表面空隙中,虽然并不影响路面的内在质量,但路面是黑色的,矿粉是白色的,非常难看,不符合文明施工要求。解决办法是施工前将槽口两侧 50 cm 内先洒水湿润,另配置高压水枪,随切随冲洗,这样做效果很好。部分施工单位采用干切缝是不可取的。

2.2 清槽及缺陷修复

清槽工作主要是将槽区的沥青砼、填料垃圾、构造缝内杂物清理干净,基本上没有技术含量,但需要较多的人力和时间。清槽时要注意保护好槽口边沿,不要翘起,保证槽口边沿的平整,可为安装提供良好的基准面。本环节最重要的是清槽后对槽口的检查以及严重缺陷的修复,这是整个伸缩缝安装工程中的关键工序,因为没有合格的槽口,安装则无从谈起,严重影响进度;如果槽口有较大缺陷,不处理则必将严重影响安装质量。现将预留槽口通常存在的缺陷以及处理方法简述如下。

2.2.1 槽口过浅

槽口深度不够直接导致伸缩缝难以正常入槽就位,无法安装。槽口过浅的情况有两种:一是造桥单位施工马虎,把梁体铺装层浇进了槽区,此种情况处理起来较简单,可用风镐将多余砼凿除即可;二是设计失误,在设计相应型号伸缩缝时,未考虑到伸缩缝所要求的最小槽口深度,这种情况处理起来就相对复杂了。例如,锡宜高速某特大桥主跨墩台处设计安装 D160 型伸缩缝,该型伸缩缝一般要求槽口深度不小于 36 cm,但现场情况是槽口一侧梁型为预应力 T 梁,另一侧为预应力空心板梁,梁梁间构造缝宽 15 cm,T 梁侧深度 40 cm,板梁侧深度仅 20 cm,板梁侧深度不够,伸缩缝无法安装。当时工期很紧张,市场上也没有相应型号的浅埋式伸缩缝,更换型号小一点的伸缩缝则更不允许,因为那样会使大梁顶死,影响桥梁寿命。经过各方协商,最终的处理方案是将板梁一侧上顶面砼凿除,将板梁端部 50 cm 范围内支模,重新浇注高标号砼,重新预埋钢筋使槽口深度达到安装要求,待砼形成 60% 强度后再正常安装伸缩缝,实践证明此方法有效可靠。

2.2.2 无预埋钢筋或预埋钢筋松动不牢

(1) 无预埋钢筋或预埋钢筋松动不牢是伸缩缝安装工程的灾难,因为伸缩缝安装没有合格的预埋筋那就如无根之木,基础不牢、隐患重重。产生的原因也有两种:一是施工原因,本该嵌入梁体的预埋钢筋都未按要求施工,仅仅是按图纸做了形式上的布置,没有细致深入的领会设计图纸;二是旧有桥梁伸缩缝改造,一般是指 20 世纪 90 年代以前施工或二级公路及以下的公路桥梁,这些桥梁多采用当时常用的橡胶板伸缩缝,槽口浅且没有预留钢筋。

（2）以上情况的一般处理方法

对于 T 梁、箱梁、工字梁处理步骤为:① 确定梁体内预应力孔道及锚具的位置,以便钻孔时避让;② 用冲击钻在槽口打孔,打孔深度不宜过浅,并清除孔内尘屑;③ 加工制作"∩"形 $\phi 16$ 钢筋;④ 将"∩"形钢筋插入孔内,部分预先涂满环氧树脂或其他强力粘结材料;⑤ 将"∩"钢筋插入孔内,做好所插钢筋的保护工作。

若为空心板梁,则不必钻孔,处理步骤为:① 可将板梁绞缝处砼凿除;② 加工制作"∩"形 $\phi 16$ 钢筋;③ 将"∩"钢筋插入绞缝内,每绞缝处插 2 根;④ 在绞缝处浇注高标号砼(一般为 C40 以上);⑤ 待砼有一定强度后,用两根与槽口通长的 $\phi 16$ 钢筋穿入"∩"钢筋内,并与之焊连。

2.2.3　构造缝过宽

构造缝过宽,将导致伸缩缝锚环端部部分裸露,没有混凝土将其包裹,或者会出现预埋筋与锚环无法进行搭焊的情况。伸缩缝锚环端部部分外露,使得车辆荷载及冲击力集中在锚环端部部位,并最终使得锚环与缝体过早脱离损坏,大大缩短了伸缩缝的使用寿命。这种槽口缺陷,并不影响伸缩缝缝体的正常安装,可在伸缩缝缝体安装完毕后,在槽口底端设置吊模,模板中间设置泡沫板,必要时可在模内配置钢筋,最后整体浇筑混凝土。构造缝过宽使得预埋筋与锚环无法进行搭焊时,需在沥青面层摊铺之前对槽口进行整改。整改方案主要是设置托梁,重新按设计预埋钢筋,然后再安装。

2.3　安装

槽口合格了,即可进行安装。安装中应控制的环节有安装温度及伸缩缝间隙、焊接质量、与桥面高差、直线度、橡胶防水带性能等。一般要求每米有两处焊缝,每处焊缝长度不小于4 cm,要求焊缝饱满、无明显外观缺陷;与桥面高差为 2 mm,即比路面低 2 mm,且只许低不许高,高出路面必然跳车,影响行车舒适性;橡胶防水带性能必须良好,无渗漏、阻塞、变形等。限于篇幅,这里着重谈一下安装温度及伸缩缝安装间隙。安装气温与工厂预设置温度一致时,不需进行缝口间隙的调整,气温不符时则需计算缝口间隙,看其是否能满足设计要求。伸缩缝安装时的间隙与温度的关系可按如下公式进行换算:

$$S=\left[S_0+L\times\alpha\times(t_0-t)\right]\times|\cos\beta|$$

式中:S——现场安装时间隙;

S_0——江苏地区平均环境温度下的推荐间隙值(40 mm);

L——桥梁计算长度(桥面连续时为桥面系的长度);

α——桥梁受温度影响时砼的线性膨胀系数(取 0.011 mm/℃);

t_0——江苏地区平均温度(15 ℃);

t——现场安装温度;

β——桥梁轴线与缝体中心线的交角。

例　某桥两伸缩缝间梁长 80 m,安装温度为 30 ℃,桥梁轴线与缝体中心线的交角为

20°,试计算安装时的间隙。

解 $S=[40+80\times0.011\times(15-30)]\times|\cos 20°|=25.2$ mm

缝口间隙的调整可分为在低温安装伸缩缝时需放大间隙宽度和高温安装伸缩缝时需缩小间隙宽度。调整间隙的速度和质量将会制约安装的速度和质量。安装前,可预先制作多套弓形夹具和多组多种规格的铁块。利用弓形夹具和固定塞块并根据温度情况来调整间隙宽度,调整好间隙后缝体就位,保证缝体与梁体中心线一致,

2.4 浇注砼及养生

伸缩缝砼一般为 C50,应认真进行配合比设计,严控水灰比和水泥用量,目的是减少砼收缩裂纹。伸缩缝施工多在一年中 6—9 月份进行,天气炎热,蒸发较快。施工中特别要重视砼的及时养生,实践证明,在砼终凝后第一时间洒水保养非常重要。

3 个别问题的探讨

3.1 槽区填料的选择

目前,江苏省内伸缩缝槽区填料多为沥青砼,填沥青砼是为了追求更高的沥青面层平整度质量,但笔者以为此种做法弊大于利。弊端在于:① 沥青砼堆积在槽区,会不可避免的遗落在构造缝内,堵塞构造缝,影响梁体自由伸缩,且极难清理;② 沥青砼粘附在预埋钢筋表面,安装时于焊接不利。在施工中笔者遇到过类似情况,整个构造缝内填满了沥青砼,构造缝宽些尚好,若是窄小再加之槽区工作面狭小,清理起来费时费力,并且难以清理彻底,严重影响进度及质量。因此,笔者建议构造缝内最好采用泡沫板填塞,槽区内用沙袋垫平夯实,既不影响路面摊铺质量,又保护了构造缝与预埋钢筋,为伸缩缝安装施工提供极大便利。

3.2 与桥面高差值

部颁验收规范伸缩缝安装工程中与桥面高差检测项目规定值为 2 mm,即高差范围是 (0,-2) mm,由于与桥面高差直接影响到行车的舒适性,因此大家都很重视此项指标。但笔者认为该控制值对于单缝(伸缩量小于 D160 型的)来说是合适的,对于 D160 型及其以上的伸缩缝效果则未必好。从伸缩缝受力分析来看,伸缩缝要承受车辆荷载水平方向的冲击力和垂直方向的碾压力。沥青面层在长期大量车辆荷载碾压磨耗作用下,在最初的 1~2 年内表面层极易被磨光磨低,有资料显示沥青路面通车后 1~2 年,沥青面层可减薄 2~3 mm。如果按通车前的低于路面 2 mm 控制,在通车时行车舒适性是很好的,此时伸缩缝主要承受荷载的碾压力;但通车 1~2 年后,由于沥青面层的磨耗,伸缩缝与路面的相对高差变为 0 甚至高出路面 1 mm,那么此时的受力主要是冲击力,特别是 D160 及以上型号伸缩缝伸缩量很大,构造缝也很宽(一般 15~160 cm),伸缩缝缝体下部完全是空的,对承受冲击力极为不利,严重影响伸缩缝使用寿命以及行车的安全性。因为单缝构造缝宽仅 5~8 cm,所以不存在此问题。不能因为片面追求行车的舒适性,而忽视行车的安全性。因而大型伸缩缝安装,其与桥面高差检测项目应以 3~4 mm 为宜,这样做能够保证安全性,也能体验到行车舒适性,特别是通车 1~2 年后舒适性更佳。

3.3 伸缩缝损坏的原因分析及其维修

在桥梁营运过程中,伸缩缝装置是承受最大动力载荷的附件,桥面很小的不平整就会

使它承受很大的冲击力,造成伸缩缝损坏。由于伸缩缝装置损坏至一定程度即会引起桥面跳车,从而影响桥梁的结构安全以及行车安全。因此对于局部损坏的伸缩缝应及时进行修复,做到经常性、不间断的维修,确保伸缩缝装置处于正常工作状态。

作为伸缩缝专业制造施工单位,我们参与了省内外多条高速及地方道路伸缩缝的供货安装服务,总体质量在业内是绝对领先的,得到了各级业主的高度认可。根据笔者10多年的施工经验,伸缩缝发生损坏的时间一般为通车后6~15个月,超过此期限伸缩缝的质量则是有保证的。

伸缩缝损坏的现象多数是:① 混凝土破碎引起型钢断裂;② D160型(及以上)伸缩缝中梁断裂;③ 伸缩缝整体从槽口"爬"出;④ 其他现象,如橡胶条破裂等。造成损坏的原因主要有:① 伸缩缝产品的质量问题,包括焊接、型钢质量等;② 安装的问题,也是最主要的原因,包括施工队伍不专业,不能发现和正确处理槽口缺陷特别是预埋钢筋"假筋"问题;混凝土浇筑、振捣、养生不到位;伸缩缝的与桥面高差值及砼的标高控制不好等。

伸缩缝的维修要点:① 选择有经验的专业队伍。② 详细分析原因、对症下药,确定科学合理的维修方案。③ 贯彻"彻底性维修"原则。通车路段,施工难度大,安全要求高,因此不能只求快,要注重从根本上解决问题。

4　结　语

总体来说,模数式桥梁伸缩缝安装工艺并不复杂,但因为它是设置在关键部位发挥关键作用的特殊装置,所以在安装过程中应给予足够的重视。其安装可归纳为4点:① 锚固牢靠;② 伸缩有效;③ 控制好高程(宁低勿高);④ 达到防水效果。

随着我国高速公路建设的迅猛发展,毛勒式或仿毛勒式桥梁伸缩缝的应用范围不断扩大,其在保证行车舒适性、安全性和桥梁耐久性方面展示出独特的优点。经过十多年的工程实践,伸缩缝的安装也应不断改进。比如,开槽后清理出的沥青混凝土一直被当做建筑垃圾倾倒,每次施工前还要选好倾倒场地,既要专车清运还会影响环境,应与路面施工单位结合考虑回收利用。总之,作为工程技术人员,应该在实践中不断总结、不断提高,使伸缩缝的安装更加科学、可靠、经济,为国家的高速公路建设发挥更大作用。

参考文献

[1] 中华人民共和国交通部:《JT/T372-2004公路伸缩装置技术标准》,人民交通出版社,2004年。

[2] 中华人民共和国交通运输部,中交第一公路工程有限公司:《JTG/TF50-2011公路桥涵施工技术规范》,人民交通出版社,2011年。

预应力混凝土钢桁腹结构桥梁施工工艺

邵伯贤　　庄晓波

（江苏省镇江市路桥工程总公司 镇江 212017）

摘　要　预应力混凝土钢桁腹结构桥梁采用"钢桁腹结构＋体内体外预应力相结合的体系"，与常规预应力混凝土桥梁相比，其以钢桁腹结构代替混凝土结构腹板，将钢桁腹杆件端部节点直接嵌固于梁体底板、顶板混凝土中，形成由混凝土底板及顶板、钢桁腹杆件、体内和体外预应力钢束共同工作的结构体系。该类型桥梁应用于南京绕越公路东北段江山车行天桥，在全国桥梁建设中为国内首创，但这一技术正处于科研验证阶段，国内目前还没有相关的工程质量检验及评定标准，也无相关的施工技术指导规范。本论文通过对钢桁腹结构钢管原材料切割加工、施工现场钢管拼装及钢管、钢板节点部位的定位控制、体内体外预应力张拉及转向块以及转向器、减震器的施工、安装等方面进行了研究总结，并通过工程实践验证，阐述了施工工艺要点和施工中需注意的问题。该论文具有先进性和创新性，对今后该种特殊结构桥梁推广施工具有指导作用，可促进我国桥梁结构多元化发展。

关键词　预应力　钢桁腹　桥梁　施工工艺

1　桥型优点简介

（1）采用"钢桁腹结构＋体内体外预应力相结合的体系"，与常规预应力混凝土桥梁相比，其以钢桁腹结构代替混凝土结构腹板，避免了混凝土在荷载的长期作用下产生徐变而引发的质量隐患，减轻了桥梁自重，缩短工期 20％左右，达到了提高工程质量的目的。

（2）采用体内体外预应力相结合的体系，增强了连续状态下桥梁抵抗二期恒载和活载的能力，避免桥梁单一体内预应力体系因压浆不饱满造成钢绞线锈蚀损伤而引发的质量隐患，体外预应力便于后期钢绞线的检测与更换。

（3）以钢桁腹结构代替桥梁砼腹板，可减少风力作用、提高桥梁结构的抗风性能，它是大跨径桥梁结构理想腹板截面形式。

（4）以钢桁腹结构代替桥梁砼腹板，缩短施工工期，减轻桥梁自重、降低工程造价，适合推广应用于今后大跨径桥梁施工，节省大量施工模板及人力物力。

（5）桥梁外形美观、质量高、使用寿命长、综合造价低，适合推广应用于城市景观桥梁。

2　工程概况

南京绕越公路东北段江山车行天桥桥梁中心桩号 LK0＋339.633＝K22＋578.907，下部结构采用桩柱式独柱墩，墩柱直径 1.5 m。桥墩基础为直径 1.5 m 的钻孔灌注桩，按摩擦桩设计。桥台采用桩柱式,墩柱及桩基直径为 1.5 m,上部结构采用两跨等截面钢桁腹预应力混凝土连续箱梁。桥型布置为 2～35 m,起点桩号 LK0＋300.633,终点桩号 LK0＋378.633,桥梁全长 78 m,其上部结构类型目前属于国内首创。

江山车行天桥桥型布置与成桥效果如图1,图2 所示。

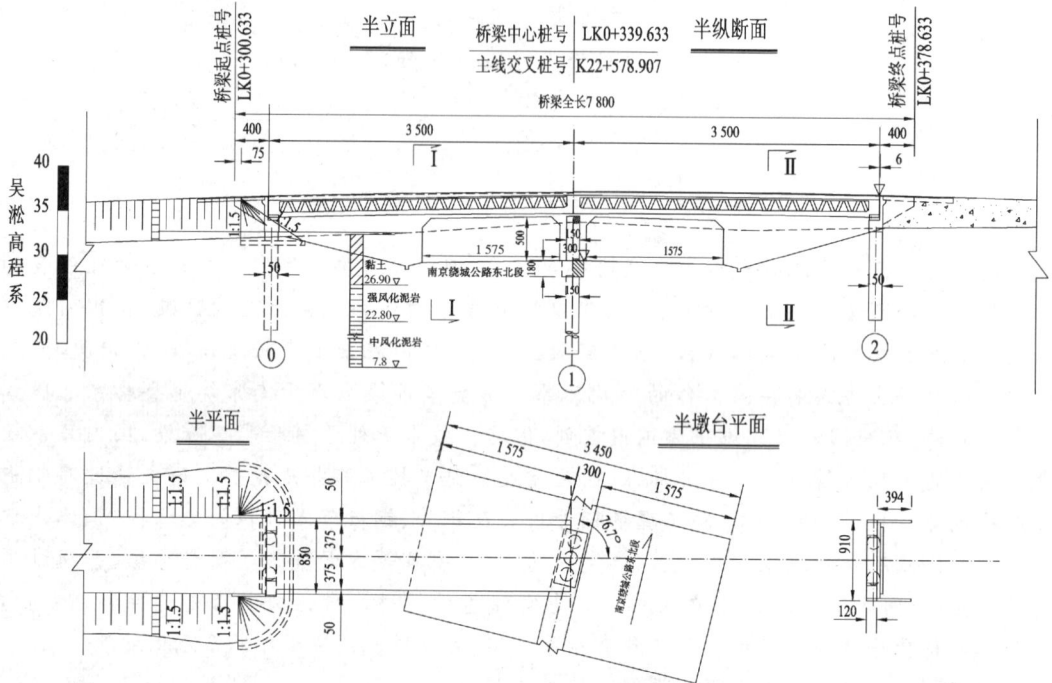

图1　江山车行天桥桥型布置

图2　江山桥成桥效果

本论文适用于今后推广应用各种预应力混凝土钢桁腹结构桥梁的施工,如现浇、悬浇等,对于钢桁腹结构大跨径悬浇结构桥梁施工,则更为实用。

3　施工工艺及重点

预应力混凝土钢桁腹结构桥梁工艺重点在于以钢桁腹结构代替混凝土结构砼腹板,现场施工中钢管、钢板节点部位的定位控制如图3、图4所示。

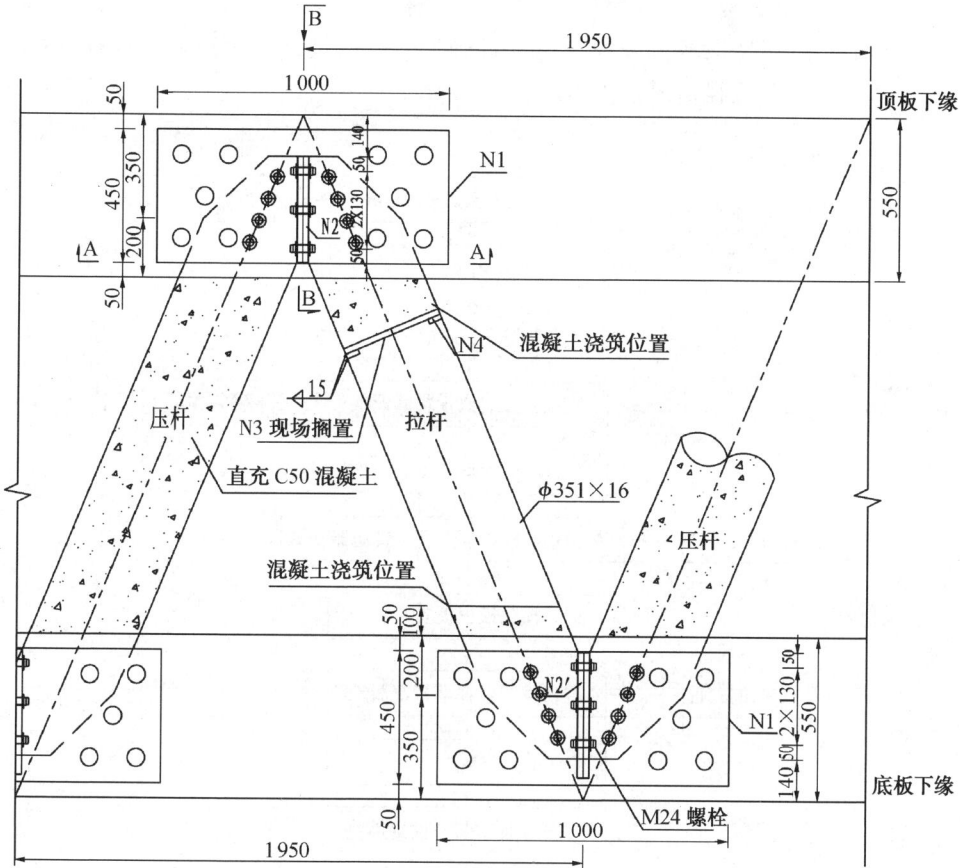

图 3　钢桁腹结点构造图

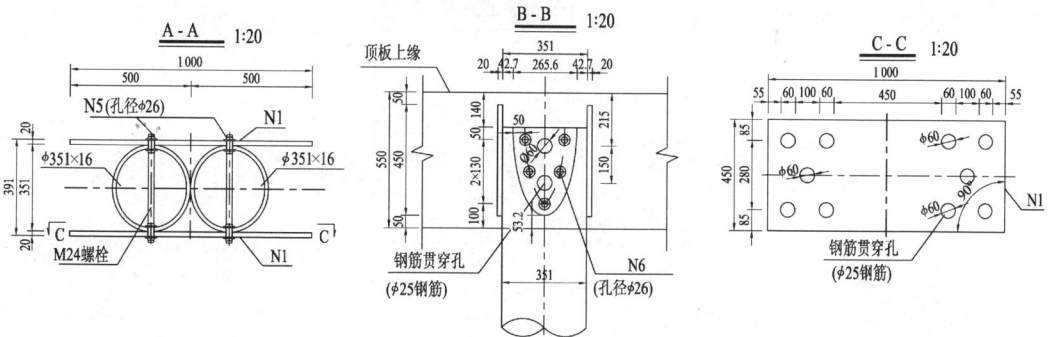

图 4　各断面结点构造细部图

待地基沉降稳定后,吊离砂袋,重新按设计标高调整底模,在底模上标出钢管及节点部位的纵横向控制轴线,开始吊装钢管进行现场拼装,钢管现场三节一组在桥下拼装好,采用吊车吊装进行组装,从桥台一侧开始向另一侧进行推进,施工现场采用可调节螺旋钢管对拼装好钢管桁架进行内外临时支撑和微量调节,同时采用铅垂吊线方式控制其竖直度。钢管拼、组装过程中应确保节点钢板的孔位与钢管孔位的对位准确以及连接锚栓和贯穿钢筋的拧紧和穿插。

在桥梁基桩及下部构造施工完毕后,对桥位进行地基处理,搭设满堂支架。同时采用砂袋法进行加载预压,待地基沉降稳定后,吊离砂袋,重新按设计标高调整底模,然后按下列程序施工,施工工艺流程如图5所示。

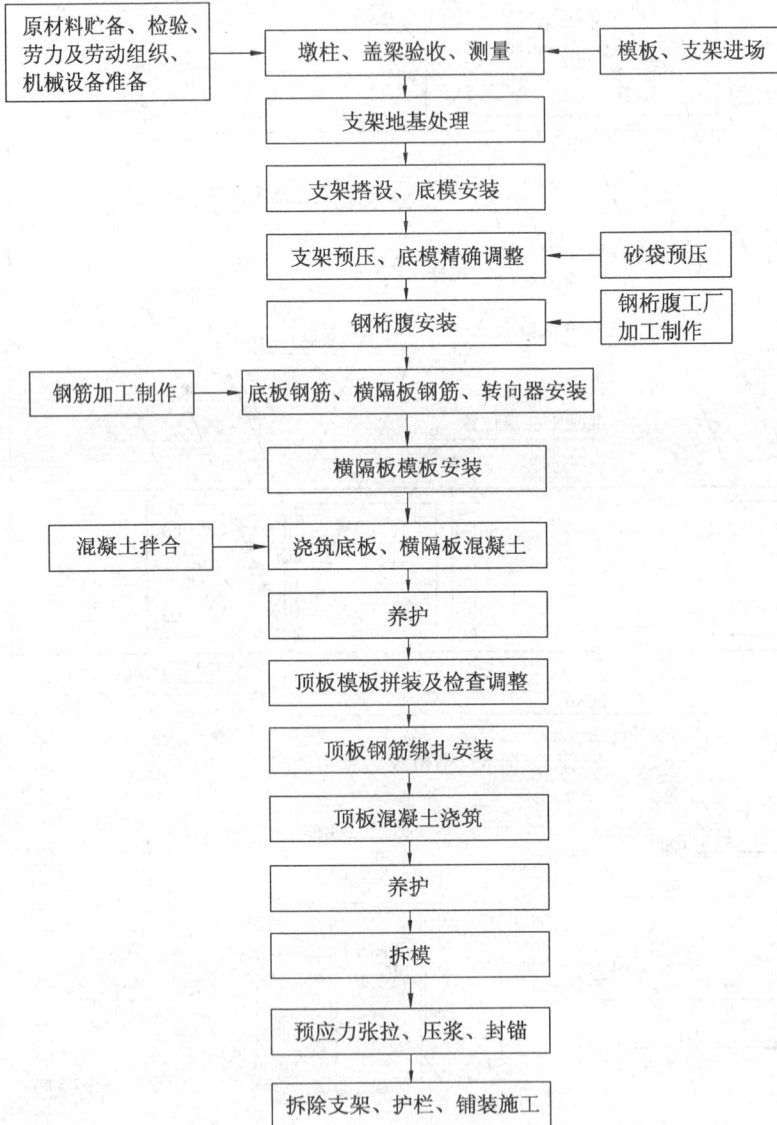

```
┌──────────────┐     ┌──────────────┐     ┌──────────────┐
│原材料贮备、检验、│     │墩柱、盖梁验收、测量│     │模板、支架进场 │
│劳力及劳动组织、│ ──→ │              │ ←── │              │
│机械设备准备  │     └──────────────┘     └──────────────┘
└──────────────┘
                        ┌──────────────┐
                        │  支架地基处理 │
                        └──────────────┘
                        ┌──────────────┐
                        │支架搭设、底模安装│
                        └──────────────┘
                        ┌──────────────┐     ┌──────────────┐
                        │支架预压、底模精确调整│ ←── │  砂袋预压   │
                        └──────────────┘     └──────────────┘
                        ┌──────────────┐     ┌──────────────┐
                        │  钢桁腹安装  │ ←── │钢桁腹工厂加工制作│
                        └──────────────┘     └──────────────┘
┌──────────────┐     ┌──────────────────────┐
│ 钢筋加工制作 │ ──→ │底板钢筋、横隔板钢筋、转向器安装│
└──────────────┘     └──────────────────────┘
                        ┌──────────────┐
                        │ 横隔板模板安装 │
                        └──────────────┘
┌──────────────┐     ┌──────────────────┐
│  混凝土拌合  │ ──→ │浇筑底板、横隔板混凝土│
└──────────────┘     └──────────────────┘
                        ┌──────────────┐
                        │     养护     │
                        └──────────────┘
                        ┌──────────────┐
                        │顶板模板拼装及检查调整│
                        └──────────────┘
                        ┌──────────────┐
                        │ 顶板钢筋绑扎安装 │
                        └──────────────┘
                        ┌──────────────┐
                        │ 顶板混凝土浇筑 │
                        └──────────────┘
                        ┌──────────────┐
                        │     养护     │
                        └──────────────┘
                        ┌──────────────┐
                        │     拆模     │
                        └──────────────┘
                        ┌──────────────┐
                        │预应力张拉、压浆、封锚│
                        └──────────────┘
                        ┌──────────────┐
                        │拆除支架、护栏、铺装施工│
                        └──────────────┘
```

图5 施工工艺流程

3.1 钢桁腹原材料制作、加工及运输

本桥钢桁腹钢管采用 Q390 级镀锌无缝钢管,其制作、运输要求如下:

(1)本设计桁腹钢管规格为 D351×16 mm,桁腹水平倾角在 67°左右(各根桁腹角度及长度均不同),由钢结构工厂制作。

(2)钢桁腹钢管加工应按《GB50205—2001 钢结构工程施工及验收规范》及本设计的要求进行。

（3）钢桁腹钢管加工时重点、难点控制：钢管长度、角度、预留孔及同轴度质量保证是控制的重点，也是难点。为此加工厂在钢管切割前预先制作了胎架，在胎架上进行细致的放样，并对每根钢管、每块钢板、每个孔位进行仔细核对，然后进行切割，从而确保了所有的孔位同轴同心。根据设计文件的要求，所有的预留孔都采用水钻切割法，从而确保孔洞周壁光滑、无损伤。

（4）钢桁腹与顶底板连接节点构造：中节点处桁腹钢管在端部均进行切割，两桁腹钢管节点纵向采用螺栓连接，先在切口处焊接 2 cm 厚钢板，钢板上预先设置螺栓孔，然后采用 M24 螺栓进行连接；两桁腹钢管节点横向采用两块 2 cm 厚钢板及螺栓连接。钢板上均设置直径为 60 mm 的圆孔，并贯通横桥向钢筋。

端节点处桁腹钢管构造：两桁腹钢管节点横向采用两块 2 cm 厚钢板及螺栓连接。钢板上均设置直径为 60 mm 的圆孔，并贯通横桥向钢筋。

（5）各根钢桁腹钢管均在工厂加工完成（包括与顶底板连接节点处桁腹钢管的切割及预留穿孔钢筋位置、预留螺栓孔位）。每根桁腹钢管与顶底板连接节点处的螺栓连接均在现场完成。

（6）桁腹钢管在制作运输过程中应注意保护。在钢板表面涂装未完全干透时不得进行搬运，在运输过程中应对防腐涂装采取保护措施。钢管运输、储存时不可受压，同时在运输及堆放过程中必须对钢管进行裹覆，确保钢管管体完整，防止发生变形。钢结构部件除成桥阶段需达到有效防腐效果，施工过程中也需采取适当措施防止施工期锈蚀，同时在存放过程中采取覆盖等有效措施防止生锈。

3.2 钢桁腹桁架的组装、安装

（1）安装准备：安装前应准备好临时支架、支撑、吊装设备等，按照施工图纸核对进场构件、零件的尺寸及质量证明文件。同时做好钢桁腹螺栓连接摩擦面处理、安装放样工作，确认无误后方可进行安装。

（2）钢桁腹钢管需现场进行预拼装，在施工现场将所有钢管按照编号预先拼装一次，通过调整螺栓达到桁腹钢管的设计长度及角度要求。施工时注意将顶底板贯穿钢筋穿入预留孔。腹板两侧及翼缘板底部设置支撑，保证钢桁腹钢管的位置准确。

（3）在底模上标出钢管及节点部位的纵横向控制轴线，开始吊装钢管进行现场拼装，钢管现场三节一组在桥下拼装好，采用吊车吊装进行组装，从桥台一侧开始向另一侧推进，施工现场采用可调节螺旋钢管对拼装装好的钢管桁架进行内外临时支撑和微量调节，同时采用铅垂吊线方式控制其竖直度，钢管拼、组装过程中应确保节点钢板的孔位与钢管孔位的对位准确以及连接锚栓和贯穿钢筋的拧紧和穿插。

（4）待钢桁腹钢管桁架拼装完毕后，在底模上开始进行绑扎底板、转向块、横梁钢筋及安装体内索波纹管，准备进行第一次底板砼浇筑。

（5）在底板钢筋绑扎同时注意确保预埋转向器、减震器预埋钢板、防落梁及体外索预留孔位置准确无误。

钢桁腹钢管杆件如图 6 所示。

钢桁腹断面

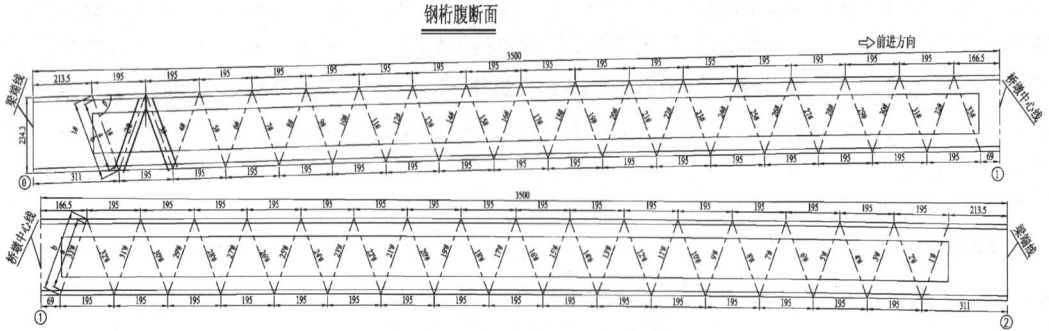

图 6　钢桁腹钢管杆件示意图

3.3　底板、横梁砼浇筑

箱梁底板浇筑时，横向要两侧对称进行浇筑；纵向从梁跨中向墩顶方向对称浇筑，以防在浇筑过程中墩顶位置出现裂缝。全部浇筑应在混凝土初凝前完成。

（1）底板布料顺序为：① 底板→② 承托→③ 连接部，如图 7 所示。

（2）混凝土振捣采用插入式振捣器振捣的形式。插入振捣厚度为 30 cm，插入下一层混凝土 5～10 cm，插入间距控制在振捣棒作用半径 1.5 倍之内，振捣到混凝土不再下沉，表面泛浆有光泽并不再有气泡逸出时将振捣棒缓慢抽出，防止混凝土内留有空隙。

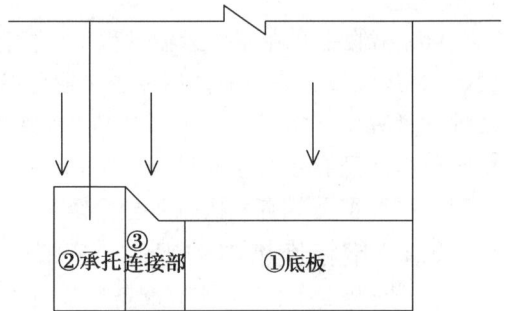

图 7　底板的布料顺序

（3）浇筑混凝土注意事项：混凝土要分散缓慢卸落，防止大量混凝土集中冲击钢筋和波纹管及预埋件；捣固混凝土时避免振动棒与波纹管、预埋件接触振动，尤其应注意转向块、钢管节点部位、锚下、普通钢筋密集处及波纹管下方等位置；混凝土入模过程中随时注意保护波纹管，防止波纹管碰撞变形；混凝土灌注过程中要随时测量底板标高，并及时进行调整。砼浇注过程中，设专人检查支撑、模板、钢筋和预埋件的稳固情况，当发现有松动、变形、移位时，应及时进行处理，并做好砼浇注记录。

（4）整个浇筑过程应连续进行，此时拼装完毕的钢管桁架已经预埋固定于底板砼。

（5）钢管压杆砼浇筑：在底板砼浇筑完成并具有一定强度后，对所有钢管压杆件内进行砼浇筑灌注，浇筑采用小方量漏斗式料斗放料，振捣棒人工振捣。为了区分压杆和拉杆，在钢管安装完毕后，事先对所有钢管进行编号。

3.4　顶板砼浇筑

（1）在底板砼浇筑完成且具有一定强度后，在底板砼上设置临时钢管模架，铺设顶板模板（因钢管自身为圆形，为防止顶板砼漏浆，在钢管部位模板周围注玻璃胶），绑扎顶板钢筋，进行第二次顶板砼浇筑。整个箱身砼分底板、顶板两次浇筑完成。

（2）浇筑顶板砼，混凝土振捣采用插入式振捣器为主，浇筑顶板时辅以平板振捣器。振捣时，应避免振捣器碰撞到模板、钢筋、波纹管及其他预埋件。混凝土振捣应密实，不漏振、欠振或过振。当混凝土浇筑临近结束时，严格控制其顶面的标高。箱梁顶面的混凝土应压实抹平,并在其初凝前进行拉毛处理。

（3）箱梁顶面应进行拉毛处理,去除浮浆和油污,以提高与混凝土调平层的结合度。为防止附着在钢板上的水滴(结露)等流入或渗入钢桁腹板,嵌入混凝土底板的接合部位,在底部钢混交接处的混凝土表面均设置 2％排水横坡,如图 8 所示。

（4）梁体混凝土养生:混凝土灌注完成后,表面用土工布覆盖,并洒水养护,待同等条件养护的混凝土试件抗压强度达到梁部混凝土设计强度的 90％时,揭开土工布,洒水继续养护,始终保持混凝土表面潮湿,养护天数要在 14 天以上。

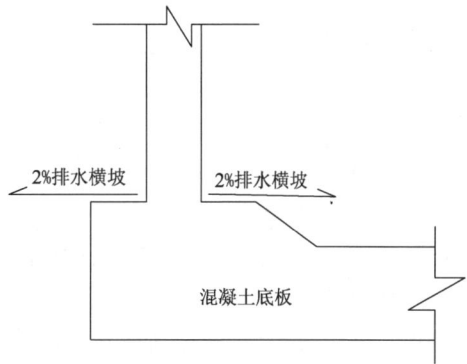

图 8　底板排水设置示意图

3.5　预应力施工

本桥预应力采用体内体外相结合体系,增强了连续状态下桥梁抵抗二期恒载和活载的能力。体内预应力钢束采用符合 GB/T5224－2003 标准的高强度、低松弛钢绞线,$fpk=1\,860$ MPa,$Es=1.95\times10^5$ MPa。其中顶板束和底板束均采用体内预应力钢束 $15\Phi^s15.20$,锚下张拉控制应力 1 395 MPa。纵向体外预应力钢束采用 TSK15-19 环氧涂层钢绞线成品索,需要符合国家标准《环氧涂层七丝预应力钢绞线》的规定,外包 HDPE 护套,张拉控制应力 1 116 MPa,弹性模量索体 $Ep=1.95\times10^5$ MPa。锚具采用可调换式体外束专用夹片式锚具。体外束在全桥现浇养生后张拉,待二期恒载施工后再次调整张拉,以使梁的受力达到最佳状态。同时,为使索体自由段的振动频率不与整体振动频率接近,在适当距离安装减震装置,以避免索体产生不利振动。预应力钢束布置如图 9 所示。

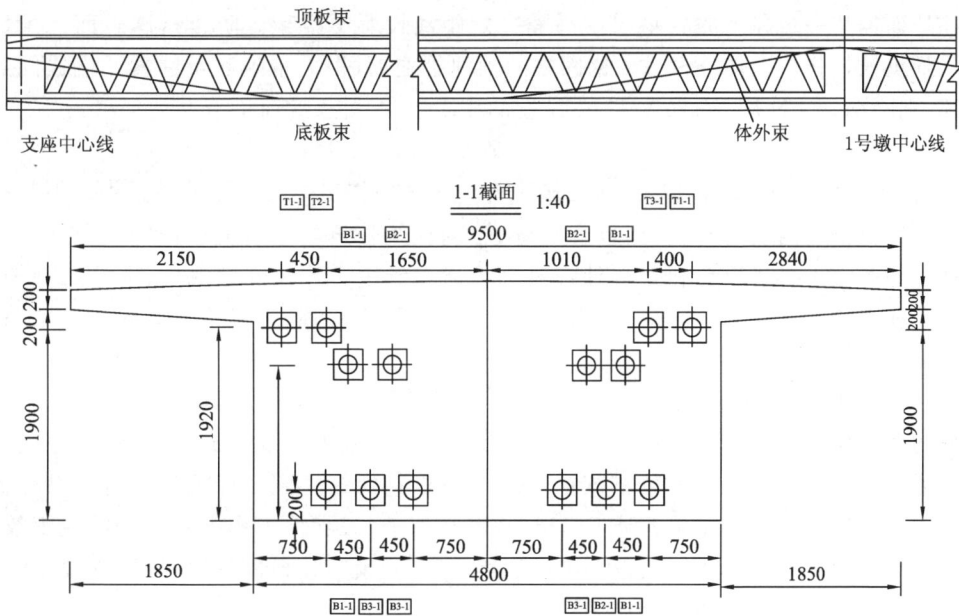

图 9　预应力钢束布置示意图

（1）体内预应力施工：张拉前对所有的张拉设备定期进行标定，待整个箱身砼强度达到设计强度等级的 90％，且梁体养护 7 天以上，方可进行张拉体内预应力施工，体内预应力钢束遵循均匀、对称的施工原则。

① 预应力采用两端整体张拉，预应力钢束采用张拉力与伸长量"双控"。即以应力控制为主，伸长量作为校核，实际伸长值与理论伸长值之差应保持在 6％ 以内，如发现伸长值异常应停止张拉，查明原因。

② 预应力体内索张拉完后应立即压浆，水泥浆的水灰比宜控制在 0.4～0.45 间，其 70 mm×70 mm×70 mm 立方体试块标准养护 28 天的抗压强度不低于 40 MPa。压浆采用真空辅助压浆工艺。压浆前，先用高压水清洗管道，再用高压空气把管道吹净，压浆过程要缓慢、均匀进行，没有特殊原因中途不得停止。压浆过程安排专人做好详细记录。

（2）体外预应力施工。体外索施工流程：施工机具准备→转向器、锚头区锚具定位安装→混凝土浇筑→体外索穿索→砼强度达到 90％→待体内索张拉完后张拉体外索（特殊过程）→防腐装置的安装→减震器的安装。

① 施加预应力所用的机具设备及仪表由专人使用和管理，并定期维护和校验。进场后，对千斤顶和压力表进行配套标定，确定压力表和张拉力之间的关系曲线。标定在经主管部门授权的法定计量机构定期进行。

② 体外索进场时应分批验收。验收时，对其质量证明书、包装、标志和规格等进行检查；锚具、夹具进场时，须根据出厂合格证和质量证明书核查其锚固性能类别、型号、规格和数量；进行体外索摩阻测试，以及体外索锚具硬度试验，出具质量证明书，HDPE 管的壁厚不得小于 2 mm。

③ 体外索穿索：在工厂内制作完成的成品索卷制成盘运抵工地就位，成品索的端头均设有便于与钢丝绳联接的连接装置——"牵引头"，在墩端头放置放线架固定索盘，利用 5 t 卷扬机牵引成品索缓慢解盘放索并穿过对应的预留索孔。牵引过程中，采用可靠的保护措施如在地面铺垫一定厚度的软垫层或每隔一定距离设置支撑架。防止索体表面的 HDPE 护套受到机械损伤。在体外索进入锚固端的预埋管之前，根据精确测量的索两端锚固的实际距离，剥除两端 PE 层，确保在张拉后索的 PE 层进入密封筒的长度在 200～400 mm 之间。

④ 体外索张拉：现场由具备预应力施工专业技术的施工人员操作设备。将预埋管端部的密封装置及锚头内密封筒、锚垫板安装好，分别在体外索两端装上工作锚板及夹片。安装前用棉纱擦洗干净锚板孔和夹片外锥及夹片齿。专用千斤顶安装就位，上好工具锚，工具锚板孔和工具夹片表面均匀涂上退锚灵。工作锚板、千斤顶、工具锚安装要同轴紧贴，张拉面要平整。

⑤ 采用"悬浮"张拉施工方案，在 YCW500B 千斤顶增加一套工具锚及支架，在千斤顶与锚板间设限位板，如图 10 所示。每次张拉后自动工具锚夹片处于放松状态，在完成一个行程回油时自动工具锚夹片锁紧钢绞线，多次倒顶，直到张拉到设计吨位。由于限位板的作用，在张拉过程中，工作夹片不至于退出锚孔，在回油倒顶时，工作夹片不会咬住钢绞线，因此工作夹片始终处于"悬浮"状态。在张拉到位后，旋紧定位板的螺母，压紧夹片，随后千斤顶回油放张，使工作夹片锚固钢绞线。

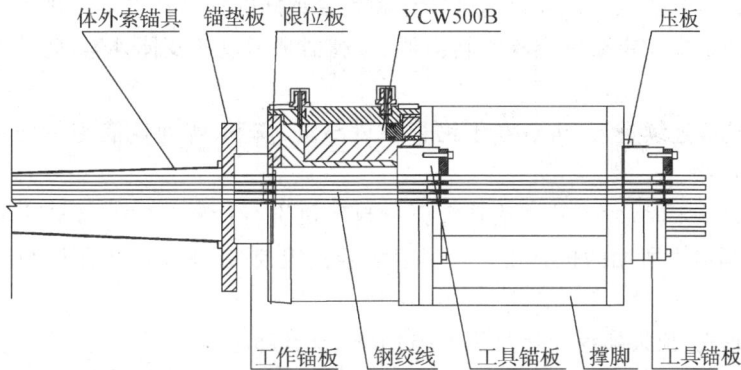

图 10　体外索张拉示意图

注:张拉过程中注意对环氧涂层保护。

⑥ 体外索张拉完毕后,对张拉端预埋管长度范围内注实环氧浆体,采用手提砂轮机平整地切除锚头两端的多余钢绞线,安装保护罩、减震器及防落梁装置。

⑦ 落架:支架拆除应纵向对称均匀(先跨中后两端),横向应同时卸落(先翼缘后梁底)。支架拆除宜分两步进行,先由跨中向两端对称松一次架,然后再从跨中向两端对称卸除,以防过大冲击。

3.6 桥面系、护栏施工

(1)浇筑桥面铺装、护栏砼并进行养生,确保护栏线形顺直。

(2)对裸露砼外侧钢管部分进行涂装,整个桥梁工序施工完毕。

4 施工基本要求及要点分析

4.1 基本要求

(1)钢桁腹结构钢管原材料切割加工尺寸精确、施工现场钢管拼装及钢管、钢板节点部位的定位准确。

(2)转向器、减震器、放落梁等设备位置准确,安装到位。

(3)体内、体外预应力张拉采用张拉力和伸长量进行双控。

(4)混凝土表面平整,重点控制底板上缘、顶板下缘线条直顺,曲线圆滑美观。

4.2 施工要点分析

(1)钢桁腹结构钢管原材料切割加工(钢管长度、角度、预留孔、同轴度)尺寸精确,采用水钻切割法,原材料及加工厂家选择必须满足技术文件要求,加工厂家须具备相关资质。

(2)钢桁腹钢管在制作、运输过程中应注意保护。在钢板表面涂装未完全干透时不得进行搬运,在运输过程中应对防腐涂装采取保护措施。钢管运输、储存时不可受压,同时在运输过程及堆放过程中必须对钢管进行裹覆,确保钢管管体完整,防止发生变形。

(3)钢桁腹钢管需现场进行预拼装,在施工现场将所有钢管按照编号预先拼装一次,通过调整螺栓达到桁腹钢管的设计长度及角度要求,防止正式拼装时发生混淆。

(4)钢桁腹钢管拼装及钢管、钢板节点部位的纵横向定位、竖直度质量控制,必须采用内外临时支撑及可微量调节设备。

（5）钢桁腹钢管节点部位连接高强锚栓和贯穿钢筋的拧紧和穿插准确。

（6）底板浇筑前一定要重点检查转向器、减震器预埋设备及体外索、防落梁预留孔位置准确。

（7）浇筑砼应连续进行，重点在于钢管节点部位、锚下、普通钢筋密集处及波纹管下方等位置的质量控制。

（8）预应力施工时，对钢绞线锚具等原材料质量进行检验（其中，体外索质量检验尤为重要），对施加预应力所用的机具设备及仪表配套标定校验，张拉时采用张拉力和伸长量进行双控。

（9）箱梁底板、顶板横纵向贯穿钢筋与钢管、节点部位钢板、预应力波纹管在位置上存在部分冲突，建议后续应用桥梁的设计单位优化图纸（针对设计方面）。

5　主要材料、设备

5.1　主要材料

（1）钢桁腹钢管：本桥钢桁腹钢管采用 Q390 级镀锌无缝钢管，其桁腹钢管规格为 D351×16 mm（总计 132 根，其中压杆 68 根、拉杆 64 根）。中节点部位钢板（规格为 1 000 mm×450 mm×20 mm）256 套，端节点部位钢板（规格为 750 mm×450 mm×20 mm）16 套，M24 高强螺栓 1 696 套。

（2）体内、外钢绞线（规格为 $\Phi^s15.20$）及锚具、转向器、防落梁、减震器等设备均选用柳州欧维姆公司产品。

（3）混凝土：箱梁梁体砼均为强度 C50 砼。

5.2　主要施工设备

主要施工机械设备能力应大于进度指标要求的能力，以满足合同段工程需要。

施工主要施工设备：HS120 拌和楼 1 台，混凝土罐车 2 台、25 t 吊车 2 台、装载机 1 台，YCW500B 千斤顶及油泵各 4 台，支架若干及配套小型发电机 1 台。

6　经济效益分析

预应力混凝土钢桁腹结构桥梁以钢桁腹结构代替混凝土结构腹板，节约了施工材料及人力物力，美化了环境。同时，该技术大大地提高了施工进度及工作效益，降低了劳动强度，每米人工、材料成本可节约 1 850 元。

预应力混凝土钢桁腹结构桥梁施工经济效益比较见表 1。

表 1　预应力混凝土钢桁腹结构桥梁施工经济效益比较

设计方法	工作量/每延米	制作、材料单价合价	合价/元	综合评价
钢桁腹结构腹板	1.1 吨（含钢管、钢板）	15 000 元/吨	16 500	节省造价，加快工期、质量好、外形美观
钢筋砼结构腹板	3.0 吨钢筋、6.7 m³ C50 砼	钢筋 5 000 元/吨 砼 500 元/立方米	18 350	成本费用高、存在质量隐患

7　应用实例

长春至深圳国家高速公路南京绕越公路东北段江山车行天桥结构类型为预应力混凝土钢桁腹结构桥梁,该类型桥梁在桥梁建设中为国内首创,在施工过程中从钢桁腹钢管原材料选择及切割加工、施工现场钢管桁架拼装及钢板节点部位的纵横向定位、竖直度的施工工艺控制,到体内体外索张拉、转向块、转向器、减震器施工及安装要点质量控制都有良好表现,砼外观色泽均匀一致,桥梁线形顺直、施工质量优良,取得了良好的经济和社会效益。

拉森钢板桩在涉水深基坑围护中的应用

周锦森

（江苏省镇江市路桥工程总公司 镇江 212017）

摘　要　拉森桩支护技术在基坑支护中起到保证工期、节约成本的作用。沿江开发高等级公路常熟西段 B 标望虞河大桥主桥的两个主墩 7♯、8♯墩位于望虞河中，且为了确保航道安全，承台埋深较大。本文详细介绍了此次工程实践中采用 18 m 拉森钢板桩在基坑支护中的设计情况，借助计算机软件介绍各个工况状态下的受力分析、使用情况和注意事项，为使其形成一个成熟的施工方法提供参考。

关键词　拉森钢板桩　涉水深基坑承台　受力分析　施工监测

1　拉森钢板桩的特点

拉森钢板桩是一种特制的型钢板桩，用打桩机及振动锤将钢板桩压入地下构成一道连续的板墙，作为深基坑开挖的临时挡土、挡水围护结构。钢板桩结构具有质量轻、强度高、锁口紧密、水密性好、施工方便、施工速度快等优点。近年来随着经济建设和城市建设的快速发展，拉森钢板桩作为围护结构在民用、市政、桥梁、工业建筑的基础工程中得到了广泛应用。

2　工程概况

沿江开发高等级公路常熟西段 B 标是江苏省镇江市路桥工程总公司 2009 年所承建的，该项目的主体工程就是望虞河大桥。望虞河大桥主桥以一联（61.82＋100＋61.82）m 三跨连续梁形式跨越望虞河，其中主墩 7♯、8♯墩位于运河中。主墩承台平面几何尺寸为 14.2 m×9.255 m，高度为 3 m。

两个主墩的承台均在望虞河中，而望虞河是太湖流域重要的防洪、泄水通道，且属于重要的通航河道，基于此不可能简单的采用断流筑岛填筑施工。该河道的常水位在＋1.2 m，承台底标高在－9.32 m，高差达到 10.52 m，为保证工程安全，且确保河道的通航、泄洪等相应功能，经过多方面的考察研究，决定主墩基础施工采用钢板桩围堰法。考虑到左右幅承台相邻较近，设计时将左右幅承台组成一个围堰同时施工，且在本次的钢板桩围堰中全部采用进口拉森Ⅵ型（由日本进口）钢板桩，长度为 18 m，围堰的平面尺寸为 34.8 m×12 m。

3 地质情况

本工程地处长江三角洲冲积平原,地基土 100 m 范围内属新生代第四纪全新世纪代 Q3 至 Q4 沉积物,主要由淤泥质土、粉性土和粉细砂组成,在设计封底标高 −11.82 m 的位置为淤泥质粘土和细砂土的结合处。

4 钢板桩围堰的布置

钢板桩采用进口拉森Ⅵ型,长度为 18 m,围堰的平面尺寸为 34.8 m×12 m。由于 2 个主墩的承台底标高及地质情况基本相同,拟以 8♯墩为例,对钢板桩围堰的施工进行详细叙述。钢板桩围堰具体布置如图 1 所示。

(a) 钢板桩围堰立面布置

(b) 第一道支撑平面布置

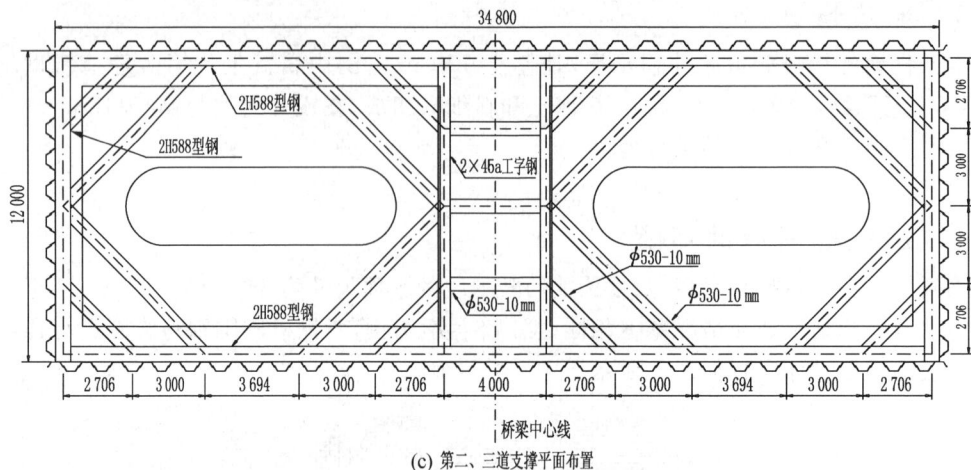

(c) 第二、三道支撑平面布置

图 1　钢板桩围堰具体布置示意图

5　相关计算

本计算中土层参数根据设计院提供的土层资料,按经验取值,见表 1。

表 1　土层参数取值

编号	土层名称	土层顶标高/m	土层底标高/m	容重/(kN/m³)	内摩擦角/(°)	粘聚力/kPa
1	亚砂土	−1.0	−7.4	19.1	18.4	5.6
2	粉砂	−7.4	−16.0	18.5	24.2	2.4

围堰设计时计算水位按+1.2 m 考虑。

5.1　主动土压力计算

本工程土压力计算采用不考虑水渗流效应的水土分算法,即钢板桩承受孔隙水压力、有效主动土压力及有效被动土压力。

以水位标高+1.2 m 为基准,计算各高度点的水压力、有效土压力。在土层分界处,因 ϕ,c 的不同,故分(上)、(下)。

(1) 主、被动土压力系数的计算

亚砂土:$K_a = \tan^2\left(45 - \dfrac{18.4}{2}\right) = 0.520$,　$\sqrt{K_a} = 0.721$

$$K_p = \tan^2\left(45 + \frac{18.4}{2}\right) = 1.922,　\sqrt{K_p} = 1.387$$

粉砂:$K_a = \tan^2\left(45 - \dfrac{24.2}{2}\right) = 0.419$,　$\sqrt{K_a} = 0.647$

$$K_p = \tan^2\left(45 + \frac{24.2}{2}\right) = 2.389,　\sqrt{K_p} = 1.546$$

(2) 主动土压力的计算

① $h = 2.2$ m 时,

$$p = K_a \gamma' h - 2c\sqrt{K_a} + \gamma_{水} h = 0 + 10 \times 2.2 = 22 \text{ kPa}$$

② h＝8.6 m(上)时,

$$p = K_a\gamma'h - 2c\sqrt{K_a} + \gamma_{水}h$$
$$= 0.520 \times 9.1 \times 6.4 - 2 \times 5.6 \times 0.721 + 10 \times 8.6 = 108.2 \text{ kPa}$$

h＝8.6 m(下)时,

$$p = K_a\gamma'h - 2c\sqrt{K_a} + \gamma_{水}h$$
$$= 0.419 \times 8.5 \times 6.4 - 2 \times 2.4 \times 0.647 + 10 \times 8.6 = 105.7 \text{ kPa}$$

③ h＝17.2 m时,

$$p = K_a\gamma'h - 2c\sqrt{K_a} + \gamma_{水}h$$
$$= 0.419 \times (9.1 \times 6.4 + 8.5 \times 8.6) - 2 \times 2.4 \times 0.647 + 10 \times 17.2$$
$$= 223.9 \text{ kPa}$$

5.2 各施工工况及内力计算

本围堰施工时,按上层支撑已安装,并吸泥(抽水)至待安装支撑下100 cm处,计算各支撑在各阶段可能出现的最大反力和钢板桩最大内力。

根据施工工序,分为4个工况:

工况一 围堰第一道支撑加好后,抽水、吸泥到－3.7 m标高时;

工况二 围堰第二道支撑加好后,抽水、吸泥到－6.7 m标高时;

工况三 围堰第三道支撑加好后,向围堰内注水至围堰外标高,围堰内吸泥、清淤到－11.82 m标高时;

工况四 围堰封底砼浇注并达到设计强度,围堰内抽水完成后。

在计算时,各阶段钢板桩计算长度按等值梁法确定,从主动土压力与被动土压力相等的反弯矩截面(即净土压力为零或弯矩为零)截断形成等值梁计算支撑反力和钢板桩弯矩。

各工况下各支撑点支撑反力及钢板桩最大弯矩计算值见表2。

表2 各工况下各支撑点反力及钢板桩最大弯矩计算值

项目 / 工况	支撑反力 R_1 /(kN/m)	支撑反力 R_2 /(kN/m)	支撑反力 R_3 /(kN/m)	钢板桩最大弯矩 M_{max}/(kN・m)
工况一	70.4			174.1
工况二	－37.9	378.5		278.3
工况三	9.3	－12.3	174.5	122.2
工况四	17	120.6	356.4	124.9

以各道支撑在4个工况下的最大反力作为圈梁的设计依据,得出第一、二、三道支撑的支撑反力依次为

$$R_1 = 70.4 \text{ kN/m}, R_2 = 378.5 \text{ kN/m}, R_3 = 356.4 \text{ kN/m}$$

钢板桩在各工况下所受的最大弯矩:$M_{max} = 278.3$ kN・m,钢板桩拟采用拉森Ⅵ型,其惯性矩为56 700 cm⁴/m,截面系数为2 700 cm³/m,钢材材质为SY295。

$$\sigma = \frac{M_{max}}{W} = \frac{278.3 \times 10^6}{2700\ 000} = 103.1 \text{ MPa} < [\sigma]$$

结论:符合要求。

5.3 求钢板桩的入土深度

钢板桩的最小入土深度在最不利状况(工况三)进行求解。钢板桩的最小入土深度包括钢板桩上弯矩为零点的入土深度(解得 $x=0.8$ m)和为克服弯矩零点钢板桩剪力(解得 $N=73.7$ kN)所需的被动土深度(y)。

$$y=\sqrt{\frac{6N}{\gamma(KK_p-K_a)}}=\sqrt{\frac{6\times73.7}{18.5\times(1.68\times2.389-0.419)}}=2.6 \text{ m}$$

则钢板桩的最小入土深度为

$$1.2\times(0.8+2.6)=4.1 \text{ m}$$

5.4 封底砼厚度计算

封底砼达到设计强度后,抽干围堰内的水。此时封底砼由于受到内外水土压力差形成的向上的浮力 P,封底砼必须在自重 G 与钢护筒的粘聚力 N_1 及与钢板桩的粘聚力 N_2 作用下抵抗水的浮力 P。

本工程拟定封底砼封底厚度为 2.5 m,标号为 C25,取其设计值 $fpk=1.23$ MPa,考虑施工阶段混凝土的允许弯拉应力取 1.5 倍安全系数,则 $[\sigma]=0.82$ MPa,钢护筒与封底混凝土间握裹力 $\tau=0.12$ MPa。考虑到封底砼顶浮浆的存在及底面砼的质量,封底砼有效计算厚度取 2.0 m。

(1)砼抗浮力计算

水的浮力

$$P=\rho ghs=1\,000\times9.8\times13.02\times(34.8\times12-22\times3.14\times0.9^2)$$
$$=4\,614.4 \text{ t}$$

封底砼自重

$$G=\rho v=2.3\times(34.8\times12-22\times3.14\times0.9^2)\times2.0=1\,663.6 \text{ t}$$

封底砼与钢护筒的粘聚力

$$N_1=2\times3.14\times0.9\times2.0\times12\times22=2\,984.3 \text{ t}$$

封底砼与钢板桩的粘聚力

$$N_2=(34.8+12)\times2\times2\times12=2\,246.4 \text{ t}$$

$$G+N_1+N_2=1\,663.6+2\,984.3+2\,246.4=6\,894.3 \text{ t}>P$$

结论:满足要求。

(2)护筒粘结力验算

3.9 m×3.4 m 的一个区域内护筒承受的剪力为

$$Q=(10\times13.02-23\times2.5)\times(3.9\times3.4-3.14\times0.9^2)=779.1 \text{ kN}$$

$$p=Q/A=779.1/(2.0\times2\times3.14\times0.9)=68.9 \text{ kPa}$$

结论:护筒粘结力满足要求。

5.5 内支撑的设计计算

本工程中圈梁采用 H588 型钢,内支撑采用 I45a 和 ϕ530(壁厚 10 mm)。

H588 型钢的截面特性如下:

$$A=18\,576 \text{ mm}^2, I=113\,283.85 \text{ cm}^4, W=3\,853.2 \text{ cm}^3$$

I45a 型钢的截面特性如下:

$$A=10\,200 \text{ mm}^2, I=32\,240 \text{ cm}^4, W=1\,430 \text{ cm}^3$$

ϕ530(壁厚 10 mm),其截面特征如下:

$$A = 16\ 336.3\ \text{mm}^2,\ W = 4.17 \times 10^6\ \text{mm}^3$$

$$I = 5.52 \times 10^8\ \text{mm}^4,\ i = \sqrt{\frac{I}{A}} = 183.88\ \text{mm}$$

单位重量:$q = 128.24\ \text{kg/m}$

第一道支撑建模如图 2 所示。

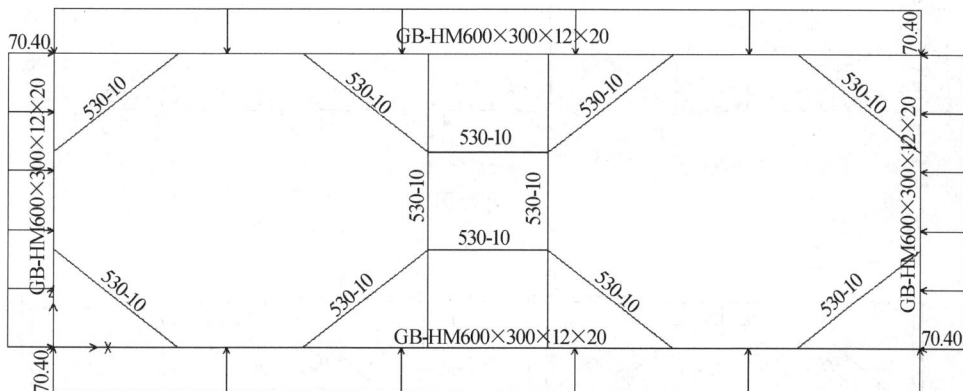

图 2　第一道支撑建模

第一道支撑经 SAP2000 计算结果如下:

① 由计算可知长边圈梁上,

$$M_{\max} = 240.7\ \text{kN} \cdot \text{m},\ N_{\max} = 422.4\ \text{kN}$$

则

$$\sigma = \frac{N}{A} \pm \frac{M}{\gamma_x W} = \frac{422.4 \times 10^3}{18\ 576} + \frac{240.7 \times 10^6}{1.05 \times 3\ 853\ 200} = 22.7 + 59.5 = 82.2\ \text{MPa} \leqslant f$$

结论:强度符合要求。

短边圈梁上,

$$M_{\max} = 210.1\ \text{kN} \cdot \text{m},\ N_{\max} = 461.6\ \text{kN}$$

则

$$\sigma = \frac{N}{A} \pm \frac{M}{\gamma_x W} = \frac{461.6 \times 10^3}{18\ 576} + \frac{210.1 \times 10^6}{1.05 \times 3\ 853\ 200} = 24.8 + 51.9 = 76.7\ \text{MPa} \leqslant f$$

结论:强度符合要求。

② 斜支撑钢管所受最大轴力 $N = 690.9\ \text{kN}$,计算长度 $L = 6.4\ \text{m}$,

由 $\lambda = \dfrac{l}{i} = \dfrac{6.4}{0.184} = 34.8$,查表得:$\phi = 0.904$ 则

$$\sigma = \frac{N}{A} = \frac{690.9 \times 10^3}{0.904 \times 16\ 336.3} = 46.8\ \text{MPa} \leqslant f$$

结论:整体强度符合要求

第一道支撑的弯矩图和轴力图见图 3。

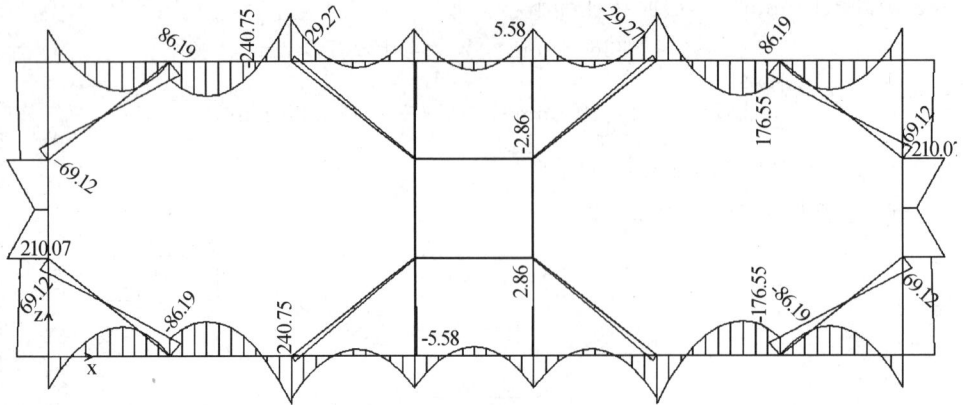

（a）弯矩图

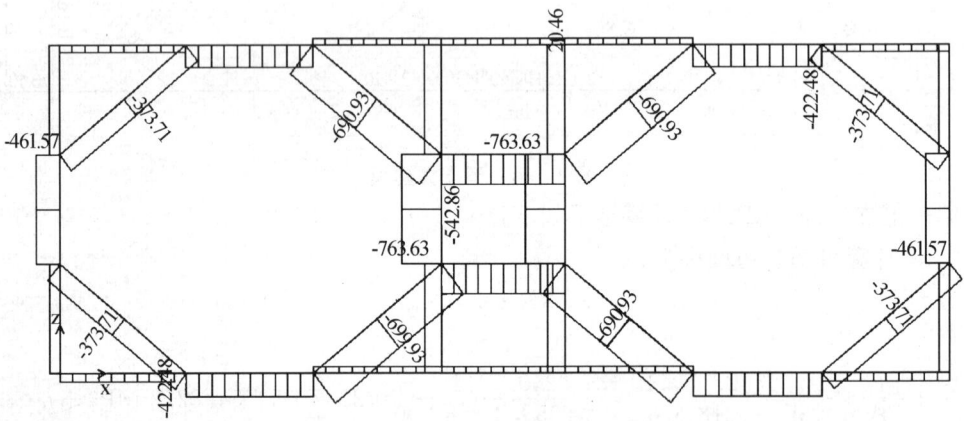

（b）轴力图

图 3　第一道支撑的弯矩图和轴力图

第二、三道支撑结构布置相同,取受力较大的第二道支撑建模如图 4 所示。

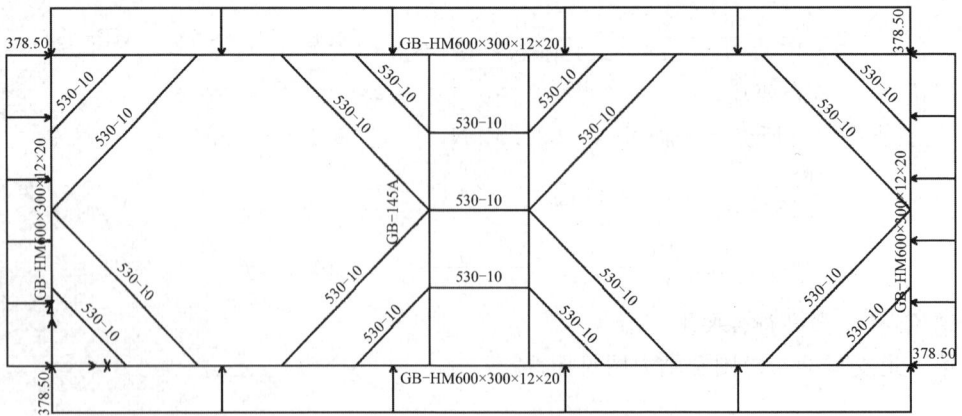

图 4　第二道支撑建模

第二道支撑的弯矩图和轴力图如图 5 所示。

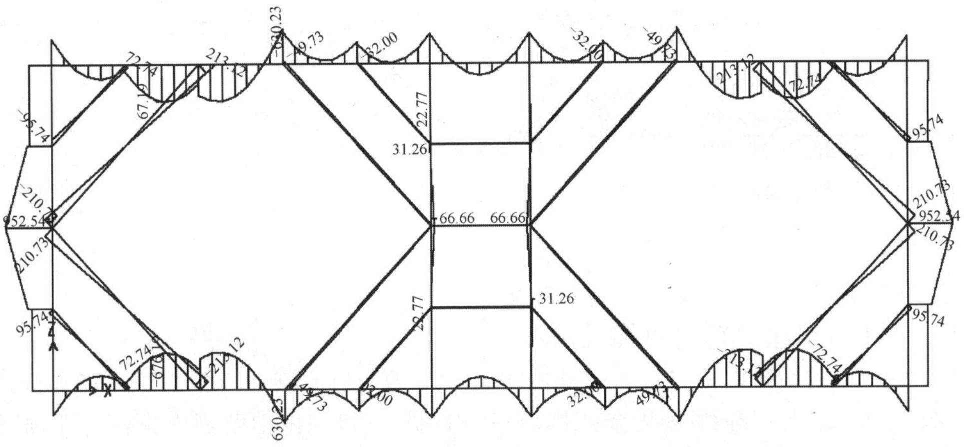

（a）弯矩图

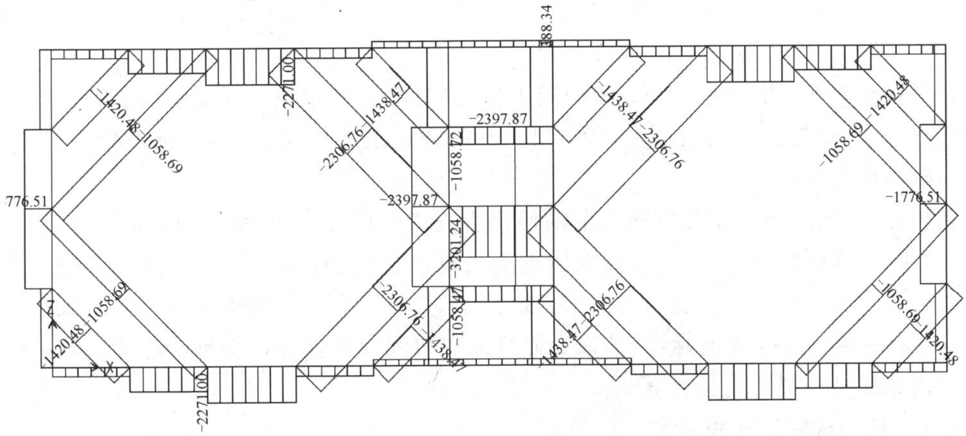

（b）轴力图

图 5　第二道支撑的弯矩图和轴力图

第二道支撑经 SAP2000 计算结果如下：

① 由计算可知长边圈梁上，

$$M_{\max}=676.2 \text{ kN} \cdot \text{m}, \ N_{\max}=2\ 271 \text{ kN}$$

则

$$\sigma=\frac{N}{A}\pm\frac{M}{\gamma_x W}=\frac{2\ 271\times10^3}{37\ 152}+\frac{676.2\times10^6}{1.05\times7\ 706\ 400}=61.1+83.6=144.7 \text{ MPa}\leqslant f$$

结论：强度符合要求。

短边圈梁上，

$$M_{\max}=952.5 \text{ kN} \cdot \text{m}, \ N_{\max}=1\ 776.5 \text{ kN}$$

则

$$\sigma=\frac{N}{A}\pm\frac{M}{\gamma_x W}=\frac{1\ 776.5\times10^3}{37\ 152}+\frac{952.5\times10^6}{1.05\times7\ 706\ 400}=47.8+117.7=165.5 \text{ MPa}\leqslant f$$

结论：强度符合要求。

② 斜支撑钢管所受最大轴力 $N=2\,305.8$ kN,计算长度 $L=8.5$ m,由 $\lambda=\dfrac{l}{i}=\dfrac{8.5}{0.184}=$

46.2,查表得:$\phi=0.863$,则

$$\sigma=\frac{N}{A}=\frac{2\,305.8\times10^3}{0.863\times16\,336.3}=163.6\ \text{MPa}\leqslant f$$

结论:整体稳定性符合要求。

6 施工工艺

6.1 插打钢板桩前的准备工作

(1)每个墩的钻孔桩完成后,对钻孔平台进行整改、加固,确保 50 t 履带吊能通行。

(2)对河床进行清理:在桩基施工完成后,利用挖土机在围堰范围内进行清理,避免在钢板桩插打位置遇到障碍物。

(3)钢板桩变形检查:钢板桩在装卸、运输过程会出现撞伤、弯扭及锁口变形等现象,因此,在插打前有必要对其进行变形检查。对变形严重的钢板桩进行校正并做锁口通过检查。

锁口检查方法:用一块长约 2 m 的同类型、同规格的钢板桩作标准,采用卷扬机拉动标准钢板桩平车,从桩头至桩尾作锁口通过检查,检查通过的投入使用,检查不合格的进行校正或淘汰不用。

钢板桩的其他检查:剔除钢板桩前期使用后表面因焊接钢板、钢筋留下的残渣瘤。

(4)振动锤检查:振动锤是打拔钢板桩的关键设备,在打拔前一定要进行专门检查,确保线路畅通,功能正常。振动锤的端电压要达到 $380\sim420$ V,而夹板牙齿不能有太多磨损。

(5)涂刷黄油混合物油膏:为了减少插打时锁口间的摩擦和钢板桩围堰的渗漏,在钢板桩锁口内涂抹黄油混合物油膏。

6.2 钢板桩围堰的插打

钢板桩插打利用 50 t 履带吊作为起吊设备,配合 DZ90 型振动锤逐片插打。

(1)安装钢板桩插打导向:钢板桩插打之前,在钻孔桩外侧的钢护筒上焊接牛腿,安装第一道支撑圈梁,作为钢板桩插打时的导向架,以控制钢板桩的平面尺寸和垂直度。

(2)为了确保每一片钢板桩插打准确。第一片钢板桩是插打的关键。第一片钢板桩选择在上游或下游中心位置,插打前在导向架上设置限位装置,大小比钢板桩每边放大 1 cm。插打时,钢板桩桩背紧靠导向架,边插边将吊钩缓慢下放,这时在相互垂直的两个方向用锤球进行观测,以确保钢板桩插正、插直。

(3)通过检测,确定第一片钢板桩插打合格后,以第一根钢板桩为基准,再向两边对称插打一根钢板桩到设计位置。整个施工过程中,始终要用锤球控制每片桩的垂直度,及时调整。

(4)每一片钢板桩先利用自重下插,当自重不能下插时,再进行加压。

(5)钢板桩插打至设计标高后,立即与导向架进行焊接,以抵抗水流冲击。

(6)插打过程中,须遵守"插桩正直,分散即纠,调整合拢"的施工要点。

6.3 围堰内抽水、吸泥、安装内支撑及水下封底

（1）钢板桩插打完毕后，抽水、吸泥至−3.7 m标高处，安装第二道支撑。

（2）继续抽水、吸泥至−6.7 m标高处，安装第三道支撑。

（3）第三道支撑安装完成后，向围堰内加水至围堰外水位，水下吸泥、清淤至−11.82 m标高。

（4）为保证封底砼的厚度及封底砼与钢护筒、钢板桩间的粘结力，在浇筑水下封底砼前，派潜水员对河床底进行找平，并将封底高度范围内的钢护筒、钢板桩冲洗干净。

（5）水下浇注封底砼：水下吸泥、清淤到设计标高后，即可进行水下封底砼施工，封底砼标号为C25，封底厚度为2.5 m。

① 封底砼导管的选择及布置。导管采用 φ325 mm 钢管，且在使用前进行水密试验。安装时，每个接头须预紧检查，下放固定时，导管下口悬空 15～20 cm。

利用原先的钻孔平台进行导管的布置、固定，若每根导管的作业半径按 5 m 考虑，则每个墩需布置 10 套导管。

② 封底砼的浇注。封底砼须一次性浇注完成；砼采用后场拌和站集中拌制，由砼罐车运至现场并通过汽车泵泵送。

首批砼灌注时，先用集料斗储料，待储料斗满后，拔球浇注首批砼。首批砼浇注后，导管埋深应不小于 0.6～0.8 m。砼浇注前，在每个导管处布置一小型门架，在门架上挂上倒链。砼浇注过程中，导管应随砼面的上升而提升，导管的提升由倒链控制。

封底砼的浇注顺序：先低处，后高处（先将低处砼灌高，避免高处灌注的砼往低处流，而使导管底口脱空进水或导管埋深过浅）；先四周后中间，确保砼的表面大致水平。

在砼的浇注过程中，由技术人员负责测量砼的浇注高度和扩展情况，正确指挥施工人员调整导管的埋深，并及时与实验室联系控制砼的坍落度。

砼浇注将近结束时，重点对导管与导管的中心处、护筒四周及钢板桩壁等部位进行高程的测量，确保砼面的标高达到设计要求。

由于浇注水下封底时，砼表面无法达到比较平整的要求，因此在砼浇注时，将砼顶面标高控制在设计标高下 20 cm 左右，待砼达到强度、围堰内抽水后，再补浇 20 cm 砼垫层。

（6）待水下封底砼达到设计强度后，抽除围堰内的水，浇注砼垫层，并在围堰四周作积水坑。在钢围堰抽水过程中，设置专人观察钢围堰变形情况。

6.4 承台、墩柱施工

（1）抽出围堰内的水后，切割护筒、凿除桩头、绑扎钢筋、安装承台模板、浇注承台砼。

（2）承台施工完成后，进行加台、墩柱及墩旁支架的施工。

6.5 围堰的拆除

（1）围堰拆除时，向围堰内钢板桩与承台间填筑砂土混合物，并在承台顶部 30 cm 高度内浇注砼冠梁，拆除第三道支撑。

（2）向围堰内注水至−3.7 m标高处，拆除第二道支撑。

（3）继续向围堰内注水至+1.0 m标高处，拆除第一道支撑。

（4）拔除钢板桩。钢板桩拔除方法：先用打拔桩机夹住钢板桩头部振动 1～2 min，使钢板桩周围的土松动，产生"液化"，减少土对桩的摩擦阻力，然后慢慢地往上振拔。拔桩时应注意桩机的负荷情况，发现上拔困难或拔不上来时，停止拔桩，可先往下施打少许，再往上

拨,如此反复,可将桩拔出。

7 钢板桩围堰施工中的防漏水措施

使钢板桩锁口之间连接紧密是钢板桩围堰施工中的难点,关系到围堰能否成功抽水进行下道工序。为此,须在钢板桩施工前、插打时、抽水后等每道工序中加以控制。

(1)钢板桩运到现场后,派专人仔细清理索口间杂物、观察索口是否变形,对于索口变形的钢板桩,应调整后使用。

(2)在钢板桩锁口内涂抹黄油混合物油膏以防止钢板桩漏水。

(3)钢板桩在插打时应保证其垂直,防止相互倾斜的钢板桩之间索口无法密贴。

(4)钢板桩围堰若存在较小的漏水现象,在抽水时,可以看出哪条缝出现漏水,利用漏水处水压差降产生吸力的原理,在漏水处钢板桩上迅速溜下一袋干细砂或锯木屑、粉煤灰(煤渣)等填充物,在吸力的作用下,填充物会被吸入接缝的漏水处,将漏水通道堵塞,有效的减少漏水量。若抽水后漏水现象较为严重,则可将旧棉被或土工布裁剪成 3~5 cm 的长条状,派潜水员将漏水处用棉条从水面堵塞至河床面。

(5)在水下浇注封底砼时,将砼顶面标高降低 20 cm,待围堰内水抽干后,在承台范围内再补浇 20 cm 垫层,而在钢板桩内侧作积水坑,防止钢板桩间轻微的渗水对承台施工的影响。

8 施工体会

本次拉森钢板桩施工是属于涉水项目中较大的深基坑施工,此次施工的成功为今后积累了相关的施工经验,在钢板桩的插打、防漏、水下封底等施工程序中形成了相对成熟的施工方案和应急情况处理措施。在围堰的施工期间要注意围檩的施工质量,特别是围檩所用的材料必须符合设计要求,且围檩施工中与钢板桩的焊接质量要经过仔细的检查。水下封底情况复杂,由于封底底标高处于淤泥质粘土和细沙土的结合处,在水压力过大的情况下极易造成穿孔的现象,在 7# 墩的施工中发生过一起水下穿孔的事件。发生这样的情况应将承台内注满水,稳定 24~48 h 后,用导管重点在穿孔位置进行混凝土灌注,切忌抽水,避免造成二次穿孔。

参考文献

[1] 汪正荣:《建筑地基与基础施工手册》,建筑工业出版社,2005 年。

[2] 张伯平,党进谦:《土力学与地基基础》,西安地图出版社,2001 年。

[3] 同济大学:《土木工程施工》,高等教育出版社,2003 年。

整体式小挂篮在 T 梁体系
转换施工过程中的应用

丰荣良　王耀锋　陆建

（江苏省镇江市路桥工程总公司 镇江 212017）

摘　要　在桥梁工程连续 T 梁结构施工过程中，针对 T 梁横隔板、湿接缝及连续端现浇砼施工时，通常采用简单的分离式小挂篮施工，但由于分离式小挂篮施工工艺的局限性，使得 T 梁横隔板、湿接缝及连续端现浇砼整体性差，存在较大的质量隐患。另外，由于分离式小挂篮的结构单一，稳定性差，工人高空作业过程中，存在一定的安全隐患。而通过施工工艺的革新，采用整体式小挂篮施工，可有效避免施工过程中的质量和安全隐患。

关键词　连续 T 梁　整体式小挂篮　质量与安全

1　前　言

在桥梁工程中，T 梁连续结构被广泛应用，T 梁横隔板、墩顶和湿接缝现浇、负弯矩预应力施工及临时支座拆除等体系转换工作成为桥梁上部结构施工过程的重要环节。横隔板、湿接缝施工不仅要保证砼的施工质量，还要考虑施工过程中的安全问题，而由于横隔板、湿接缝的结构特点，使得传统分离式小挂篮施工工序繁琐、耗时耗力、进度缓慢，并在施工质量及安全方面存在较大隐患，使横隔板、湿接缝砼施工成为整个桥面系施工的薄弱环节。为解决如上问题，经过多次试验和改进，在实际施工中终于积累了一套整体式小挂篮的施工方法。本文通过对分离式小挂篮与整体式小挂篮在 T 梁横隔板、湿接缝及连续端现浇砼施工过程的对比，体现整体式小挂篮施工工艺的先进性，以便于在今后的实际施工中广泛推广与应用。

2　传统分离式小挂篮施工

传统分离式小挂篮施工往往在 T 梁安装结束后，在靠近横隔板位置的湿接缝下方吊装小挂篮，先对横隔板进行钢筋绑扎及模板拼装，待横隔板砼浇筑完成后再进行湿接缝底模安装加固、钢筋绑扎及砼浇筑。因后期 T 梁负弯矩预应力张拉工作需要，需在靠近中横隔板的位置预留一段湿接缝（0.6～0.8 m）不予施工，作为预留人孔，安装单个小挂篮或搭建平台作为负弯矩预应力施工及临时支座拆除的通道，待施工完毕后方才对预留洞口部分的湿接缝补浇砼。

3 传统分离式小挂篮施工样图

传统分离式小挂篮施工现场如图 1 至图 6 所示。

图 1 拼装、固定横隔板模板

图 2 横隔板砼浇筑完成后拆除模板

图 3 浇筑横隔板砼

图 4 隔板端头位置砼松散

图 5 横隔板、湿接缝浇筑后预留人孔

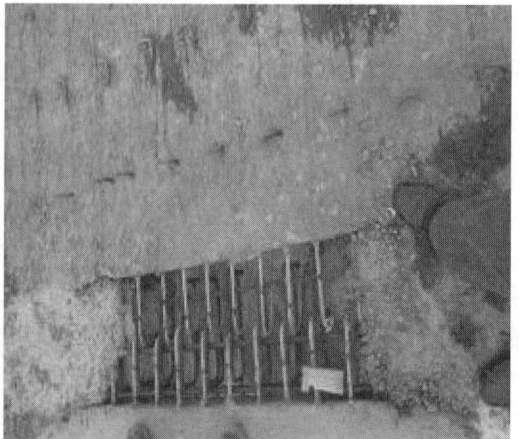
图 6 孔洞位置砼松散

4 传统分离式小挂篮施工缺点

传统分离式小挂篮施工过程中,因小挂篮结构特点及施工工艺落后,存在以下几方面缺点:

(1)施工工序繁琐。传统分离式小挂篮施工要求先施工横隔板,再浇筑湿接缝砼,并预留 T 梁负弯矩预应力人孔,最后浇筑预留人孔湿接缝砼,施工工序相对繁琐。

(2)工作点分散,不便于一次成型、浇筑,施工进度缓慢。每个小挂篮一次只能对单个横隔板进行施工,且每个横隔板施工作业点无法有效连接,单位时间、人工条件下施工进度缓慢。

(3)横隔板、湿接缝、连续端及预留人孔砼多次浇筑,端头部位砼密实性无法保证,且砼整体性能差,存在较大质量隐患。

(4)稳定性差,安全系数低。由于分离式小挂篮结构单一,不宜有效固定,故稳定性较差,施工人员长时间高空作业,存在较大的安全隐患。

(5)空间不足,操作不便。分离式小挂篮工作平台过于狭小,工人在挂篮中操作不便,无法为临时支座拆除提供足够的作业面。

5 整体式小挂篮施工

整体式小挂篮施工是采用整体式连续挂篮结构,使各个横隔板工作点形成线形工作面,同时对多个工作点进行整体式施工的一种挂篮施工方法。整体式小挂篮结构图如 7 所示。

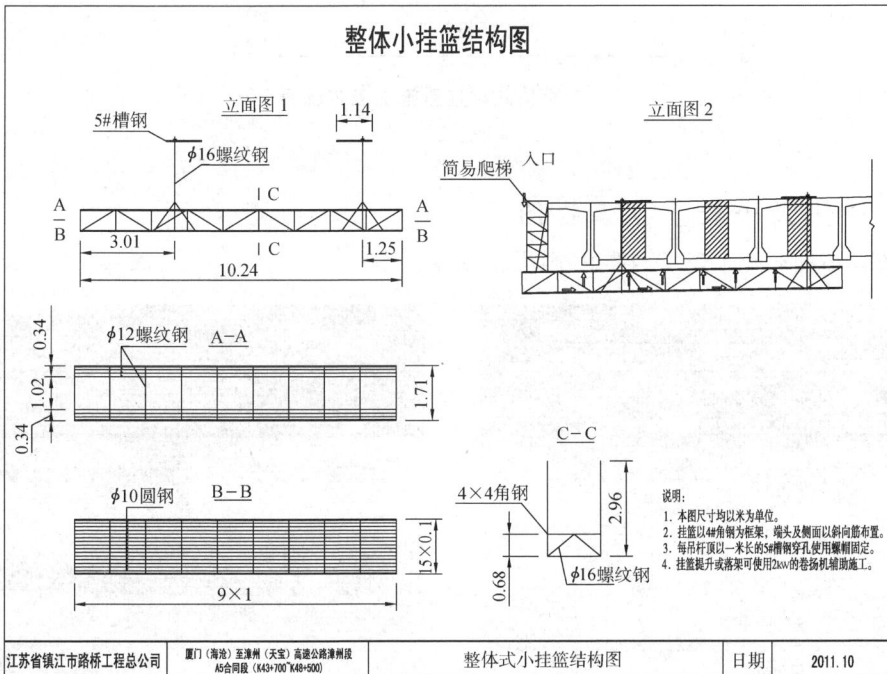

图 7 整体式小挂篮结构简图

整体式小挂篮施工工艺流程如图 8 所示。

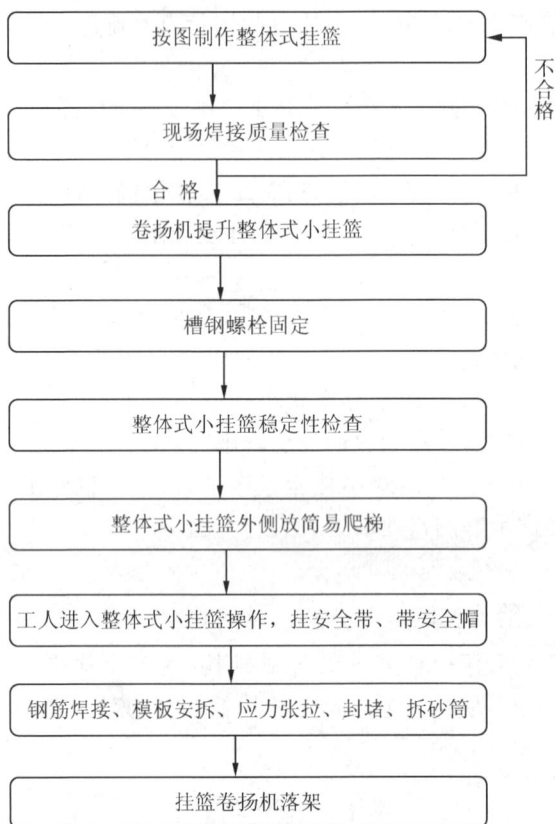

图 8　整体式小挂篮施工工艺流程

6　整体式小挂篮施工样图

整体式小挂篮施工现场如图 9 至图 16 所示。

图 9　整体式小挂篮实物

图 10　工人使用卷扬机提升挂篮

图 11　安装后的整体式小挂篮

图 12　工人"坐"在挂篮上安装模板

图 13　工人"站"在挂篮中安装模板

图 14　桥面规模化施工

图 15　横隔板、湿接缝一次性整体浇筑

图 16　整体浇筑后,桥面不留人孔

7 整体式小挂篮施工的优点

在 T 梁现浇部分、负弯矩预应力施工及体系转换施工过程中运用整体式小挂篮施工,可有效避免采用传统分离式小挂篮施工中存在的缺点,并且具备以下优点:

(1) 施工工序简单。根据施工需要制作相应规格尺寸的整体式小挂篮,并保证其结构满足施工要求,采用卷扬机将挂篮提升至所需施工高度,定位加固后便可对横隔板、湿接缝、负弯矩预应力及临时支座拆除等各项工作施工,并可对横隔板、湿接缝进行整体化施工,一次性浇筑。待施工完毕后整体一次性拆除,不必进行重复安装、拆除。

(2) 工作点连续。工人可通过整体式小挂篮连续通道对单排多个横隔板同时施工,有利于组织流水施工作业,提高工作的连续性。

(3) 便于整体式施工,加快施工进度。施工过程中,可以将一孔 T 梁作为一个施工节段,以钢筋焊接、模板安装、砼浇筑为工序,在每节挂篮内安排 2 个工人,工人可以在挂篮内自由穿行,提高了工人的工作效率;可成规模的进行流水施工作业,尤其适用于大桥的施工。由于整体式小挂篮施工过程中不用预留人孔,避免了预留和封堵的工作,减少了施工工作量,节约了施工时间,且一次成型,极大地提高了工作效率。

(4) 整体式浇筑,保证施工质量。使用整体式小挂篮施工,在端头、横隔板、齿板位置不用预留人孔,可以在三孔或四孔及一联的钢筋湿接头、湿接缝钢筋绑扎完毕、模板安装就位后,采用砼汽车泵一次浇筑成型,使砼形成整体连接,提高了砼的整体性,有利于砼的质量控制,减少质量隐患。

(5) 结构稳定,安全性能好。整体式小挂篮整体属于钢结构,用 4 个 $\phi16$ 的螺纹钢筋作为吊杆,在吊杆顶端穿过 5♯槽钢用六角螺帽进行固定,5♯槽钢再横放在 T 梁顶面,确保了吊点的安全性。同时,由于一道挂篮能覆盖半幅桥的一排横隔板及齿板,工人可以站在挂篮内施工,交叉作业时也可以在挂篮内部穿行,避免了工人在人孔中反复上下,极大程度地降低了安全风险。由于挂篮总体结构稳定,不易出现晃荡的现象,且工作面较"宽敞",有利于工人施工作业,降低工人疲劳感的同时增加了他们的安全感。

(6) 节约施工成本。在一次性投入整体式小挂篮施工后,降低了人力需求,且挂篮可以多次重复安装,在超过 5 跨的桥梁项目上推广使用,可以降低工程施工成本。

8 结 语

整体式小挂篮在 T 梁体系转换施工过程中的应用可有效保证砼施工质量及现场施工安全,确保桥面系的良好整体性,并避免了传统分离式小挂篮施工工序繁琐、耗时耗力、进度缓慢等问题,在节约施工成本上也有显著效果。因此,笔者建议在大、中型 T 梁连续结构桥梁工程中加以推广和应用。

参考文献

[1] 福建省高速公路建设总指挥部:《福建省高速公路施工标准化管理指南》,人民交通出版社,2010 年。

北澄子河大桥吊杆更换施工控制要点

吴晶　孙长胜

（江苏润通交通工程监理咨询有限公司 镇江 212005）

摘　要　桥梁建成后在运营过程中由于自然侵蚀、外力荷载等因素的作用，原有构件会产生疲劳破坏，若桥梁主要受力构件的使用性能较原设计有大幅的降低，则会影响整座桥梁的使用性能，并存在安全隐患。本文主要介绍系杆拱吊杆更换的施工控制要点。

关键词　桥头吊杆更换　临时兜吊系统　控制要点

1　工程简介

北澄子河大桥位于 S237 淮江公路扬州段，桥跨布置为（3×25＋50＋1×25）m，主桥采用 50 m 跨系杆拱，吊杆为刚性吊杆，内侧钢管内为 12Φ^{j}15.24 钢绞线，灌注 C40 水泥砂浆，内侧钢管与外侧钢管之间灌注 C40 微膨胀混凝土，锚具采用 OVM15-12 型锚具。

2011 年 8 月经专家检查发现北澄子河大桥 3 个锚头存在部分钢绞线回缩现象，W8 号吊杆 7 束钢绞线回缩（共 12 束），其中两个夹片完全脱落，6 个锚头存在沿钢绞线滴水现象。吊杆下锚头病害如图 1 所示。

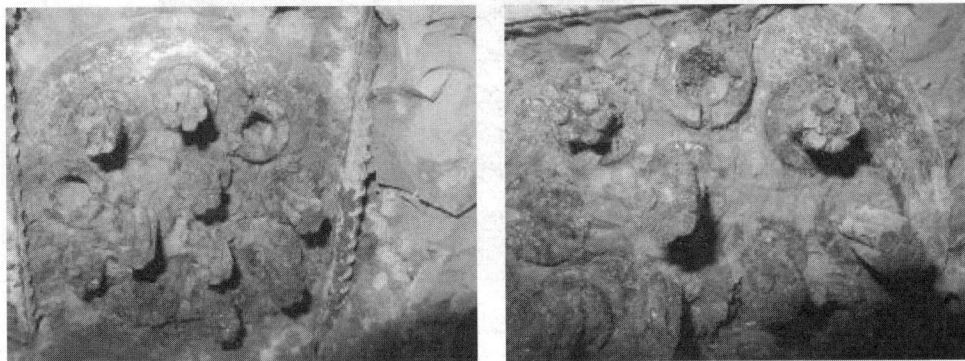

图 1　吊杆下锚头病害

鉴于吊杆存在的病害已严重影响桥梁的安全使用，因此决定更换本桥的全部吊杆，更换的新吊杆为"平行钢丝拉索＋上下刚拉杆"组合吊杆。

2　施工工艺流程

北澄子河大桥更换吊杆的施工流程如图 2 所示。

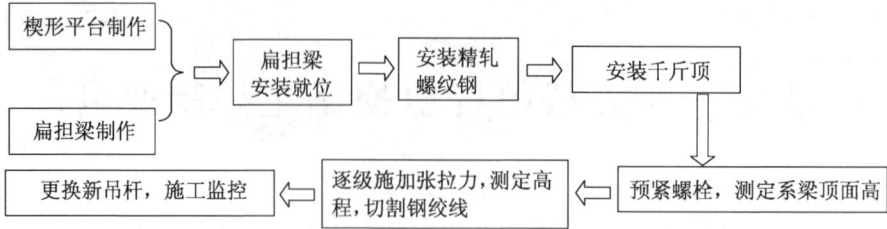

图 2　更换吊杆施工流程

3　临时兜吊系统荷载试验

根据设计要求,老吊杆割除后新吊杆承受全部荷载前由临时兜吊系统承担更换吊杆承受的所有荷载和施工荷载。因此,需对临时兜吊系统的承载能力及受力变形情况进行验算,检验临时兜吊系统中的扁担梁是否满足更换吊杆时受力安全的要求。

现场采用 20b 型槽钢进行双拼,上下各一块 16 mm 厚钢板、两侧槽钢间各焊 3 块 180 mm×150 mm×8 mm 钢板,加工成 1 500 mm×200 mm×250 mm 扁担梁。试验时按照拱肋和系梁的宽度,组装模拟兜吊系统,采用 φ32 精轧螺纹钢进行扁担梁间的连接,逐级施加荷载,测量上下扁担梁间的间距,检查设计最大荷载时扁担梁是否有破坏情况,现场情况如图 3 所示。

图 3　临时兜吊系统荷载试验现场情况

试验数据分析见表 1。

表 1　临时兜吊系统荷载试验数据

施加的应力	左侧上下扁担梁间的间距/cm	右侧上下扁担梁间的间距/cm
张拉前	23.35	23.35
初应力	23.35	23.35
16 kN	22.90	23.22
22 kN	22.90	23.22

张拉中上下扁担梁间的间距发生了微量的变形,原因可能是扁担梁及垫块有局部不平

整的现象。且在张拉力从 16 kN 变化到 22 kN 时未发现扁担梁变形和其他的异常现象。因此 20 b 型双拼临时兜吊系统中的扁担梁满足设计荷载要求。

4　施工平台的制作安装

4.1　拱肋楔形块浇筑

拱肋工作平台设置于原吊杆两侧附近（如图 4 所示），顶面水平，用 C50 邦得士混凝土现场浇筑。施工时应先对楔形块所在位置拱肋顶面表面进行凿毛处理，并采用 HRB335 级钢筋进行植筋，植筋深度为 10 cm。由于老桥拱肋为曲线，楔形块在承受垂直压力的同时还承担曲面切线方向应力，因此植筋的深度及间距对整个临时系统的受力影响至关重要，必须按照设计要求进行施工。钢筋网绑扎结束后浇筑楔形块砼并养护至设计强度。

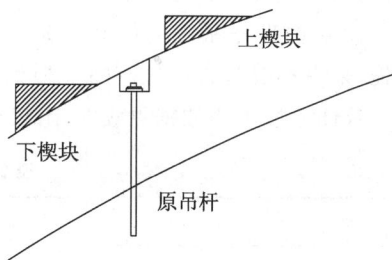

图 4　拱顶工作平台位置

4.2　临时吊杆安装

临时兜吊系统采用吊杆在拱顶张拉的方式，扁担梁在施工前经试验验证确定受力及变形均满足要求，采用 4 根 φ32 精轧螺纹钢作为临时吊杆。施工过程中采用汽吊或卷扬机将扁担梁吊至楔形块上安装，安装前楔形平台表面用砂轮找磨平整，用细砂或橡胶找平，利于楔形块受力均匀并保证上扁担表面水平，以确保作为临时吊杆的 4 根 φ32 精轧螺纹钢轴心受拉。

根据吊杆的位置在桥面对应位置钻孔，精轧螺纹钢从钻孔中心穿过桥面，安装系杆底部下扁担，安装张拉千斤顶预紧整个临时吊杆系统，施加预应力时应注意确保 4 根临时吊杆均匀受力。

临时吊杆纵向布置如图 5 所示。

4.3　受力体系转换

（1）根据设计要求，本桥旧吊杆拆除采用分阶段、不等步长的方式拆除，即按预定方式张拉第一级临时吊杆内力，待第一级张拉到位后割断原有钢绞线，然后逐级张拉临时吊杆，割断原有钢绞线，直至该吊杆的全部钢绞线被割断。最终以临时吊杆承载原吊杆的荷载，施工过程中对各根原有吊杆以结构变形控制为主、理论内力为辅，确保旧吊杆拆除过程结构安全。本桥原吊杆采用 12Φʲ15.24 钢绞线，设计施工方案中割断原吊杆工作的步长为 4，3，2，2，1，即按照 4 根、3 根、2 根、2 根、1 根的步长顺序和对应吊杆内力，张拉临时吊杆和割断原有吊杆内的钢绞线；对于本桥存在明显钢绞线内缩的吊杆，采用逐根割断方式进行。

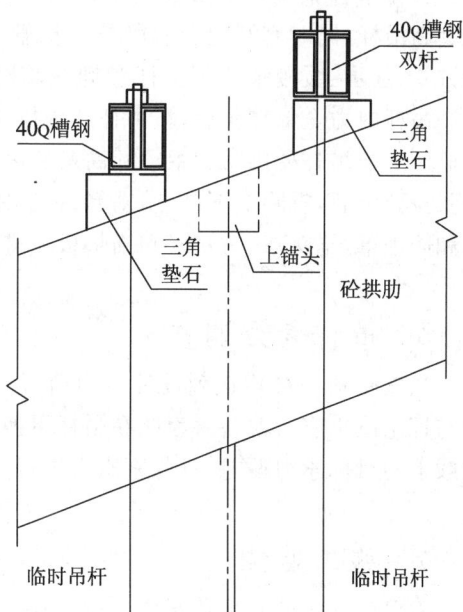

图 5　临时吊杆系统纵向布置示意图

（2）为验证方案的可行性,在正式施工前先选西侧 8♯ 吊杆作为首件工程进行施工,整个施工过程及结果如下:

① 按照设计要求临时兜吊系统进行第一次张拉,应力为 70 kN。张拉到位后,用水准仪测定系梁顶高程,采用不等步长逐根割断 5 根钢绞线。

② 临时兜吊系统进行第二次张拉,应力为 120 kN。张拉到位后,用水准仪测定系梁顶高程,采用不等步长逐根割断 4 根钢绞线。

③ 临时兜吊系统进行第三次张拉,应力为 160 kN。张拉到位后,用水准仪测定系梁顶高程,采用不等步长逐根割断 3 根钢绞线。

首件工程观测数据见表 2,比较相对位移为 -3 mm,满足设计要求。

表 2　8♯ 吊杆施工观测数据

序号	第一次张拉	第二次张拉	第三次张拉
相对原始高程位移/mm	-1	-1	-1

5　新吊杆安装

在原吊杆锚垫板上安装新吊杆锚具的预埋垫板,利用起吊设备将新吊杆装入吊杆孔,穿装新吊杆,同时套好配套的吊杆外护管,旋紧新吊杆上下锚头。按照计算确定的分级张拉方式,逐步、缓慢张拉新吊杆和卸载临时吊杆,直至临时吊杆将全部吊杆力转移给新吊杆。吊杆内力全部转移后,新吊杆超张拉 5%,持荷 2 min 后锚固新吊杆。在此过程中应全程监测更换吊杆处拱肋和系梁标高及新吊杆内力,确保其变化在设计控制范围之内。新吊杆张拉到位后,拆除上下吊点,对预埋管内灌注防腐油脂,以防渗水和腐蚀,外部加装锚头罩和防水罩,锚头罩、防水罩和锚垫板应进行防腐处理。

6　吊杆索力调整

虽然每根吊杆均达到设计应力值,但整座桥吊杆全部更换完成后,吊杆实际承受的应力与理论值仍有所偏差。为此在吊杆更换完成后,根据实测各吊杆内力与设计确定的成桥恒载下的目标索力偏差,对各索索力进行调整,确保每根吊杆的最终受力满足设计要求。

7　施工监控

为保证施工的质量及安全,专业的施工监控是必不可少的。本桥施工过程中主要在切断旧吊杆、新吊杆安装以及张拉、吊杆张拉力调整过程中,对拱肋受力及变形、吊杆受力情况、拱肋横撑受力的变化情况进行监控。

7.1　拱肋受力、变形

拱肋为大桥主要承重构件,在吊杆更换过程中,拱肋的受力安全稳定是加固施工顺利进行的重要环节。吊杆更换施工过程中,主要选取拱肋的拱脚、拱顶和四分点位置,监测其受力变化情况和相应的变形情况。

7.2　吊杆受力情况

更换新吊杆后,吊杆实际受力情况是否达到设计目标直接影响结构的整体受力和变形。在施工过程中,主要对吊杆的初始张拉力进行复核,并监测在其他吊杆张拉时,已完成更换吊杆的受力变化情况。

7.3 拱肋横撑受力

由于拱桥结构受力的特殊性,拱桥的稳定性与结构受力情况同等重要。在吊杆更换施工过程中,应对结构稳定性问题有所预见。鉴于目前暂无明确的稳定性监控方法,对于结构竖向稳定性问题,主要通过实测拱肋变形和受力变化情况来进行分析判断;对于结构横向稳定性问题,选择对拱肋横撑的受力进行监测,以预见结构是否出现明显的横桥向受力,另辅以悬挂线锤的方式,观察施工过程中拱肋是否出现横桥向位移。

北澄子河大桥吊杆更换结束后效果如图 6 所示。

图 6　吊杆更换结束后的效果

8　结　语

通过严格控制、细致施工,北澄子河大桥按计划完成了所有老吊杆的更换工作,施工过程中各工序的实时监控数据均满足设计及规范要求。本桥吊杆的成功更换成为今后同类型桥梁维修养护的范例。

参考文献

[1] 中华人民共和国交通运输部,中交第一公司工程有限公司:《JTG/TF50—2011 公路桥涵施工技术规范》,人民交通出版社,2011 年。

[2] 《S237 淮江公路北澄子河大桥维修加固工程设计文件》。

箱室主拱现浇技术方案

周作鹏　张中社

（江苏润通交通工程监理咨询有限公司 镇江 212005）

摘　要　本文对支架现浇内置箱室主拱肋浇筑时，易发生拱肋形变大、混凝土密实度差等问题提出了经济、可行的施工方案。

关键词　中承无风撑飞燕式拱桥　支架现浇　内置箱室拱肋

1　工程概况

五潭渡大桥主桥为中承式无风撑飞燕式拱桥，为分离式双幅桥，单幅主桥宽 20.7 m，桥跨布置为（30＋95＋30）m。主跨拱肋计算跨径为 95 m，计算矢高 23.75 m。单幅主桥设 2 道主拱肋，横向间距为 16.5 m，为钢筋混凝土箱型截面，截面高 1.6 m，宽 1.8 m，壁厚 0.3 m，在吊杆处采用实心截面。单片主拱肋长度为 75.9 m，单个主拱肋混凝土方量 140.8 m^3，钢筋59.7 t，全桥合计 4 道主拱肋。

2　支架模板及受力计算

2.1　主拱支架

拱肋现浇支架采用满堂碗扣式钢管支架法施工。直接在主跨桥面上搭设钢管，搭设时支架立杆落在主桥系梁上，在支架底部设置可调底托。顶部设置顶托以便于立模标高的调整，在顶托上面布设 10 cm×10 cm 的方木，然后在方木上设置 5 cm×10 cm 定位木板，其上铺设 1.5 cm 竹胶板作底模。立杆横桥向间距单个拱肋下面为（120＋60×3＋120）cm，顺桥向间距为 60/90 cm，步距为 120 cm，同时横桥向的水平支撑钢管步距也为 120 cm。

为保证支架的稳定性，在拱肋支架顺桥向与横桥向设置剪刀撑，剪刀撑下端直接顶在系杆桥面板上，布置角度为 45°～60°，同时对同幅两拱肋支架采用碗扣式钢管进行横向连接，共设置 3 道，且左右幅支架也一并连接成整体以增强整体稳定性。受力计算和堆载预压均满足要求。

2.2　拱肋模板

拱肋底、侧模均采用 1.5 cm 竹胶板，背肋采用 10 cm×10 cm 方木，底部纵梁采用10 cm×15 cm 方木；内模为竹胶板与 5 cm×10 cm 方木钉成的框型支撑。

2.2.1　底模安装

底模采用厚为 1.5 cm 的高强覆膜竹胶板，直接铺设在 10 cm×10 cm 方木上面，方木的间距为 30 cm。底模横向宽度要大于拱肋底宽度，拱肋两侧模板要各超出梁底边线不小于

5 cm,以利于在底模上支立侧模。模板之间连接部位采用海绵胶条以防漏浆,模板之间的错台不超过 1 mm。模板拼接缝要纵横成线,避免出现错缝现象。

底模铺设完毕后,进行平面放样,全面测量底板纵横向标高,纵向布点间距在直线段不大于 3 m,变化段不大于 1 m,横向为边、中、边三点。立模标高＝设计标高＋预拱度值。底板标高调整完毕后,再次检测标高,若标高不符合要求需进行二次调整。

2.2.2 侧模安装

侧模采用 10 cm×10 cm 方木钉成框架作为支撑,框架间距 30 cm,其上再钉竹胶板作为侧模模板。

测量放样定出拱肋底板边缘线,在底模上弹墨线,然后安装侧模。侧模与底模接缝处粘贴海绵胶条防止漏浆。侧模安装完毕后,在底模下穿入通长拉条,紧固侧模。拉条采用 HRB335,直径 $\phi16$,竖围檩采用 2[10,纵向间距 65 cm。

2.2.3 内模安装

由于拱肋分段混凝土为一次浇筑,拱肋横断面为箱室结构,在拱肋底板和腹板钢筋绑扎完毕即可进行箱室内模安装。拱肋内模采用竹胶板做内模板,5 cm×10 cm(宽×高)的短方木作为支撑架,用 5 cm×10 cm 的方木作横撑,同时用定位筋进行定位固定,并拉通线校正模板的位置和整体线型。

2.2.4 压板

拱肋上面采用 1.5 cm 厚的高强竹胶板作为压板,压板直接与拱肋支架进行连接固定,压板固定撑杆采用 5 cm×10 cm 楞木加工而成,间距按 40 cm 进行设置。同时在压板中间设置 30 cm 净宽的振捣槽口,振捣完一段立即密封,防止砼翻浆。

3 拱肋模板受力分析

3.1 拱肋侧模的受力分析

3.1.1 侧模的基本组成

侧模面板由 15 mm 的竹胶板、横肋为 10 cm×10 cm 方木、2[10 竖围檩组成,顺桥向间距为 65 cm。

3.1.2 荷载组成

以拱肋 E1 节段浇筑高度 8 m 进行控制。

荷载组成有以下几部分:

(1)振捣砼时产生的荷载 $p_1 = 4$ kPa。

(2)新浇砼产生的侧压力

$$p_2 = 0.22\gamma_c t_0 \beta_1 \beta_2 v^{1/2}$$

式中:γ_c——砼的容重,$\gamma_c = 24$ kN/m³;

t_0——砼的初凝时间,$t_0 = 5$ h;

β_1——外加剂影响修正系数,$\beta_1 = 1.2$;

β_2——坍落度影响修正系数,$\beta_2 = 1.15$;

v——砼浇筑速度,$v = 2$ m/h。

若按一台汽泵浇筑,每小时浇筑 15 m³ 计算,则

$$p_2 = 0.22\gamma_c t_0 \beta_1 \beta_2 v^{1/2} = 0.22 \times 24 \times 5 \times 1.2 \times 1.15 \times 2^{1/2} = 51.5 \text{ kPa}$$

$$p_2' = \gamma_c H = 24 \times 8 = 192 \text{ kPa}$$

因为 $\qquad\qquad\qquad\qquad p_2 < p_2'$

所以 P_2 取 51.5 kPa,则

$$p = \sum p_i = 4 + 2 + 51.5 = 57.5 \text{ kPa}$$

3.2 面板的受力分析

面板采用厚为 15 mm 的竹胶板,按 5 等跨连续梁计算。

选用 15 mm 竹胶板做面板,则

$$W = bh^2/6 = 1\,000 \times 15^2/6 = 37.5 \times 10^{-6} \text{ m}^3$$

(1)强度验算

$$M_{max} = 0.105 \times ql_x^2 = 0.105 \times 57.5 \times 0.35^2 = 739 \text{ N} \cdot \text{m}$$

则

$$\sigma_{max} = M_{max}/W = 739/37.5 \times 10^{-6} = 19.7 \text{ MPa} < [\sigma_0] = 60 \text{ MPa}$$

结论:强度满足要求。

(2)刚度验算

$$f_{max} = 1.32 \text{ mm} < [f_0] = 1.5 \text{ mm}$$

结论:刚度满足要求。

3.3 横肋 10 cm×10 cm 方木的受力分析

横肋采用 10 cm×10 cm 方木,按多等跨连续梁计算,如图 1 所示。

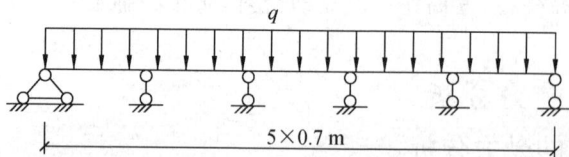

图 1　横肋方木受力分析

(1)强度验算

$$W = bh^2/6 = 100 \times 100^2/6 = 166.7 \times 10^{-6} \text{ m}^3$$

$$q = p \cdot l = 57.5 \times 0.35 = 20.1 \text{ kN/m}$$

$$M_{max} = -0.105 \times ql^2 = -0.105 \times 20.1 \times 10^3 \times 0.65^2 = -891.7 \text{ N} \cdot \text{m}$$

$$\sigma_{max} = M_{max}/W = 891.7/(166.7 \times 10^{-6}) = 5.3 \text{ MPa} < [\sigma_0] = 12 \text{ MPa}$$

结论:强度满足要求

(2)刚度验算

$$I = 10 \times 10^3/12 = 833.3 \text{ cm}^4$$

$$f_{max} = 0.644 \times ql^4/100 \, EI$$

$$= 0.644 \times 20.1 \times 10^3 \times 0.65^4/(100 \times 9\,000 \times 10^6 \times 833.3 \times 10^{-8})$$

$$= 0.4 \text{ mm} < [f_0] = 1.6 \text{ mm}$$

结论:刚度满足要求。

3.4 竖围檩的受力分析

竖围檩采用 2[10,纵向间距 65 cm,计算如图 2 所示。

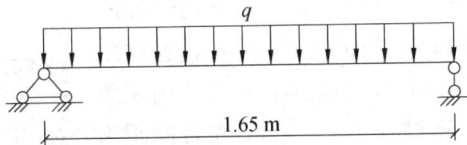

图 2　竖围檩的受力分析

（1）强度验算

$$W = 39.4 \times 2 = 78.8 \text{ cm}^3$$

$$q = p \cdot l = 57.5 \times 0.65 = 37.375 \text{ kN/m}$$

$$M_{max} = -0.125 \times ql^2 = -0.125 \times 37.375 \times 10^3 \times 1.65^2 = -12\,719 \text{ N} \cdot \text{m}$$

$$\sigma_{max} = M_{max}/W = 12\,719/(78.8 \times 10^{-6}) = 161.4 \text{ MPa} < [\sigma_0] = 188.5 \text{ MPa}$$

结论：强度满足要求。

（2）刚度验算

$$I = 198.3 \times 2 = 396.6 \text{ cm}^4$$

$$f_{max} = 5ql^4/384\,EI = 5 \times 37\,375 \times 1.65^4/(384 \times 2.1 \times 10^5 \times 10^6 \times 396.6 \times 10^{-8})$$
$$= 4 \text{ mm} < [f_0] = 5 \text{ mm}$$

结论：刚度满足要求。

3.5　对拉杆分析计算

拉条螺杆采用直径为 16 mm Ⅱ级钢筋。则有

$$N = ql/2 = 37.375 \times 1.65/2 = 30.8 \text{ kN} < [N] = 201.1 \times 340 = 68.4 \text{ kN}$$

4　钢筋加工

（1）由于主筋间距较密集，考虑方便拱脚钢筋与 C 拱肋钢筋搭接施工，故事先在 C 拱肋处预留一定的钢筋搭接长度以保证搭接质量。

（2）拱肋中有吊杆预埋件、预留孔道、装饰拱预埋钢板，必须按照设计图纸要求精确安装，安装好后复测校核。

（3）吊杆槽口与主筋有干扰，经设计确认监理同意，割断后采用等规格长度为 3 m 的等数量钢筋在槽口两侧分布加强。

5　浇筑工艺

（1）为使拱架受力对称、均匀，变形小，每个主拱肋混凝土浇筑采用两次对称浇筑，合拢缝位置设置于拱片 C 连接处实心段，分缝长度 1.2 m，分缝面与拱轴线垂直。浇筑时采用汽车泵从腹板两侧泵送入模。

（2）浇筑时从两侧拱脚底处对称于拱顶向拱顶方向施工，竖向按底板→腹板→顶板的顺序浇筑。腹板浇筑宜采取斜面分层浇筑，上层与下层前后浇筑距离保持 2 m 左右。浇筑因故中断时，应浇筑垂直于拱轴线的施工缝；如已浇筑成斜面，应凿成垂直于拱轴线的平面或台阶式接合面。为确保吊杆孔不被砼等杂物堵塞，在浇筑系杆及拱肋砼时，提前用棉絮或土工布把吊杆孔塞起来，穿吊杆束时再拿出来，即可有效防止吊杆孔堵塞。

（3）为确保拱肋底板混凝土密实，采用高流动性混凝土和在空箱处内模上设置振捣孔的方式，振捣孔布置在中心处且垂直于底板（如图 3 所示），内模上下开孔采用硬质塑料管连接作为振捣通道，塑料管入 3～4 cm，布置间距为 70～80 cm。振捣时直接将振捣棒从塑料管内伸入底板进行振捣。同时为验证混凝土的工作性能、浇筑振捣方式及浇筑后实际效果，按 1∶1 比例制作 2 m 长一段主拱肋箱型模型进行试验段浇筑。

（4）合拢缝混凝土应待拱肋浇筑完成且其强度达到 90％设计强度及接合面按施工缝处理后对称进行浇筑。封拱合拢宜在夜间气温稳定时段（深夜 12 点至凌晨 1 点间）进行，顺序为先合拢 F1 和 F2，最后合拢拱顶 F3，如图 4 所示。

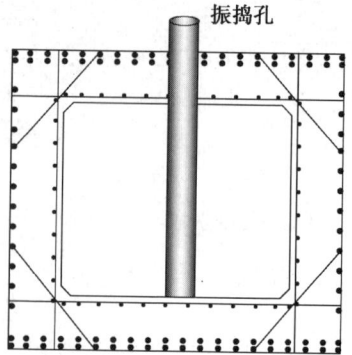

图 3　拱肋振捣孔位置

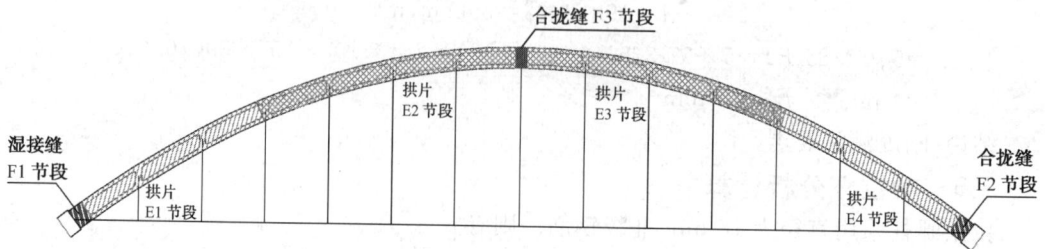

图 4　拱肋分段现浇示意图

（5）混凝土浇筑注意事项。

① 混凝土浇筑前，人工用吹风机将模板内杂物清除干净，对支架、模板、钢筋和预埋件进行全面检查，同时对泵车、拌和站、罐车、备用发电机和振捣棒等机械设备进行检查，确保万无一失。

② 混凝土采用插入式振捣棒振捣，振捣棒移动间距不应超过振捣棒作用半径的 1.5 倍，振捣棒作用半径约为其半径的 8～9 倍。

③ 振捣棒振捣时与侧模保持 5～10 cm 的距离，避免振捣棒接触模板。振捣上层混凝土时，振捣棒要插入下层混凝土 10 cm 左右。对每一振动部位振捣至混凝土停止下沉，不再冒气泡，表面平坦、泛浆为止，避免漏振或过振，每一处振捣完后应徐徐提出振捣棒。

④ 在混凝土浇筑过程中安排专人跟踪检查支架和模板的情况，模板若出现漏浆现象，要用海绵条进行填塞。在浇筑混凝土前，在 L/4、L/2、3L/4 截面位置的底模板下挂垂线，每截面分左边、左中、中线、右中、右边设 5 道垂线球，在地面对应位置设置刻度尺，精确测定垂球下降的距离，以此来观测混凝土浇筑过程中底板沉降情况。若发生异常情况，立即停止浇筑，查明原因并经调整合格后再继续施工。

⑤ 混凝土顶板顶面压实、收光采用两次压实两次收光方法，以防表面收缩或干缩裂纹出现。压实收光时要架设木板，不得踩踏砼面，以免影响平整度。

⑥ 主拱肋合拢处应凿毛，凿毛应均匀，深度一般控制在 5～10 mm，凿毛痕间距为 30 mm 左右，凿毛完毕后应清除浮尘。

6 结 语

通过本次施工,成功地解决了现浇内置箱室拱肋过程中易发生形变大、底板振捣困难引起混凝土密实度差的问题。施工后实际效果如图5所示

图5 施工效果

现得主要控制要点总结如下:① 根据混凝土本身密实性高的配比和经验增设振捣孔;② 防止一次浇筑拱肋形变大,合理的进行分段对称浇筑,设计三段合拢缝;③为防止混凝土浇筑时自重流动溢出,顶面板设计为边浇筑、边压板工艺。

经拆模验收实体,本次施工质量合格,取得了显著的经济效益,是一种值得推荐的现浇主拱肋施工方法。

S122 丹阳大运河桥的斜拉索安装

顾金晶

（江苏润通交通工程监理咨询有限公司 镇江 212005）

摘　要　S122 丹阳城区段大运河桥主桥跨径为(116＋66)m 独塔双索面混合梁斜拉桥,斜拉索的挂设采用整根安装就位方式,利用大吨位的千斤顶在塔顶对称张拉,大桥造型美观,但施工技术复杂。

关键词　斜拉桥　斜拉索　调索　监控

1　工程概况

S122 丹阳城区段大运河桥主桥跨径为(116＋66)m 独塔双索面混合梁斜拉桥,斜拉索采用 φ7 镀锌高强平行钢丝成品索,标准强度为 1 670 MPa,拉索采用双层 PE 护套,两端均采用带外螺纹的张拉端冷铸锚(见图 1)。

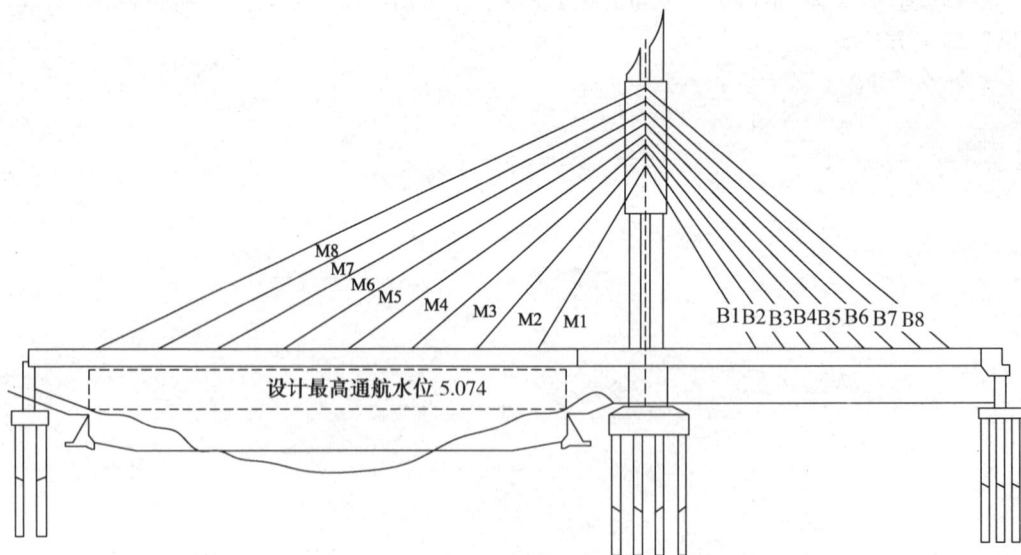

图 1　斜拉索示意图

全桥共设斜拉索 2×8＝16 对,分为 φ7—151,163,199,211,233,241,253,265,283 和 301 合计 10 种规格,最大索长约 115 m。主跨钢箱梁标准索距 12 m,边跨混凝土梁标准索距 5.5 m。斜拉索的挂设采用整根安装就位方式,利用大吨位的千斤顶在塔顶对称张拉。

索号:主跨索号 M1～M8,边跨索 B1～B8。

最大索(M8)长约 115 m,重约 8 t;边跨(B8)长 78 m,重约 7 t。

最大成桥索力(B7):5 297 kN。

主跨拉索间距 12 m,边跨拉索间距 5.5 m。

斜拉索安装施工内容:施工准备—拉索塔端挂索—桥面展索、梁端拉索锚头锚固安装—塔端拉索牵引锚固—主边跨塔内张拉—调索—安装减震器及锚具防护罩—防腐处理。

2 斜拉索安装施工方案

2.1 斜拉索安装工艺流程

斜拉索安装工艺流程如下:

施工准备→拉索上锚头与塔上牵引卷扬机绳连接→提升挂索→桥面展索→拉索下锚头进梁部锚箱锚固→拉索上锚头锚固→塔上张拉→按指令多次张拉调索。

2.2 斜拉索安装工艺

2.2.1 施工准备

(1)技术准备。

首先要与设计院、监理、监控等部门进行技术对接和交流,认真做好设计图纸中有关斜拉索体系的技术交底工作以及施工交叉的工序配合。

根据最终确认斜拉索技术图纸,计算、确定斜拉索安装施工中的技术参数,进行工装的设计、制造及机具设备的配、购工作。

(2)拉索的进场、检验及前期防护措施。

(3)安装施工的现场准备。主要包括以下几方面:

① 塔顶、塔内、桥面预埋件、预留孔要提前落实图纸和实物,以便及时预埋、预留。

② 在塔内搭设钢管架工作平台及上塔钢管爬架。

③ 钢塔顶吊装钢架及提升布置。

④ 桥面展索和吊索用牵引卷扬机,根据桥面现场的工况,提前确定吊点预埋尺寸及位置,以便提前下料安装。

⑤ 施工前要完成施工供电系统的电器配置和线路架设,确保施工用电。

⑥ 施工前完成所有机械起重设备的调试和试用。

⑦ 张拉设备的标定。

⑧ 工装机具和相关辅件材料准备到位。

⑨ 塔外吊笼设置。

2.2.2 斜拉索安装

(1)斜拉索安装牵引力计算

根据拉索的长度,上下两端锚垫板中心距离,可估算出牵引力为 T 时,拉索上端离塔柱上相应索孔锚板端面的距离 ΔL,计算公式为

$$\Delta L = L_0 - L + (w^2 L_x^2 L_0)/(24T^2) - TL/AE$$

式中:L_0——上下两端锚垫板中心距离;

w ——拉索单位长度重量;

L ——拉索长度;

L_x——拉索长度水平投影；

T——牵引力；

A——钢丝截面积；

E——弹性模量。

施工前根据设计提供的索力及斜拉索相关技术参数，对每对索张拉时锚环螺母刚旋至平锚环端面时的牵引力进行计算，确定拉杆长度和下放长度。斜拉索牵引索力见表1。

表 1 斜拉索牵引索力

索号	索长/m	索重/kg	牵引索力/t	下放长度/mm
B1	39.256	3 133	4.9	0
B2	44.502	2 334	4.4	0
B3	49.879	3 173	10.6	0
B4	55.365	4 239	12.5	0
B5	60.875	5 154	15.0	89
B6	66.468	5 989	15.0	197
B7	72.143	6 903	15.0	360
B8	77.927	7 464	15.0	508
M1	38.164	2 813	5.5	0
M2	47.132	2 288	5.8	0
M3	57.546	3 667	10.5	0
M4	68.457	4 650	15.0	41
M5	79.867	5 964	15.0	192
M6	91.448	7 048	15.0	377
M7	103.328	8 372	15.0	697
M8	115.090	8 890	15.0	967

（2）斜拉索放索

根据索重、索长及现场施工条件，放索可根据不同的施工阶段采用不同的施工方案。

前期：索长索重均较小，采用桥塔根部放索方案。用汽车吊直接起吊，放索到桥面以上高度，松钩使斜拉索下落至桥面适当长度后，用桥面卷扬机把斜拉索拖至待装锚管附近，拖拉距离以满足挂索要求为宜。放索时拆下螺母，装上牵引装置，为挂索做准备。此阶段不需放索盘，直接从桥面起吊，索离开地面后，静停几分钟，让其自由旋转释放扭力。

后期：索长索重较大，采取桥面放索方案。为了尽可能地释放扭力，此阶段的索在桥面通过桥面卷扬机牵引完全展开。展开时先把索转运至梁端，然后用桥面卷扬机把索向塔端牵引至完全展开。

（3）主、边跨挂索

主、边跨挂索方法相同。根据索重、索长、压锚力及张拉伸长量等，挂索可根据不同的施工阶段采用不同的施工方案。

前期：张拉伸长量较小，在桥下放索时先卸掉螺母，装上导向牵引装置，螺母用塔内滑车吊入工作面。根据索道管长度在距张拉端适当位置装上吊索防护夹板。为了安全，可在防护夹板外侧再加装一套加劲夹板，利用塔顶门架起吊斜拉索至索道管口，塔内滑车上的钢丝绳从索管放下,与锚环内的导向牵引装置相连,塔内导向利用在预埋件上焊接耳板固定。由专人指挥,塔顶门架起吊和塔内吊点同步进行,直至锚环伸出索道管,螺母能带平丝扣为止。塔顶门架提升过程中注意保持塔内牵引绳受力,以免索体自由弯曲顶住索筒。必要时卷扬机也可辅助牵引。

后期:张拉伸长量较大,由于索较重,塔外卷扬机采用走滑车起吊,塔内钢丝绳与导向牵引相连,塔外卷扬机与防护夹板相连,由专人指挥,同步提升,直至锚环伸出索道管,螺母能带平丝扣为止。卸下牵引头和钢丝绳,换上拉头、张拉丝杆、撑脚以及千斤顶。为了减少梁端索的牵引力,此时张拉端丝杆接上张拉杆,利用千斤顶逐步放下锚头,使斜拉索下锚头入锚牵引力较小。

汽车吊将成圈绑索吊放在放索盘上,解开绑索抽出索锚头,安装接长拉杆;塔内导向牵引钢丝绳引放至桥面与牵引头进行连接。

在距拉索上锚头一定距离位置安装哈夫夹和尼龙吊带,塔顶部滑车吊起尼龙吊带,指挥缓慢上升,塔内牵引绳同步收绳,同时转动放索盘放索,进行挂索施工。

拉索上锚头到达塔外索导管处,卷扬机停动,塔内钢丝绳牵引,安装接长拉杆,临时锚固。让拉索下部长度余量加大,以满足主、边跨梁端拉索锚固安装。

卸除滑车吊带,挂索完成。

(4)主、边跨梁端拉索安装

上索头在塔上临时锚固后,可用汽车吊或吊架二次吊索,将下锚头吊起,放在锚头小车上,索下放置放索小车,卷扬机牵引直接把索展开。

在距离下锚头后数米处安装索夹和卷扬机滑轮组,桥面龙门架配合,牵引拉索,把下锚头喂进梁下索导管,锚头露出锚箱锚板后,按设计要求的外伸量,旋合锚环螺母。

2.2.3 斜拉索张拉

(1)张拉顺序

张拉顺序和次数依据监控指令并在主塔两侧同步对称张拉。

(2)张拉工艺

① 接通油泵和千斤顶的油管,检查精密压力表是否与千斤顶相符,在未张拉之前,可以在空载的情况下活动两个行程,确保千斤顶在张拉时无任何问题。

② 启动油泵,在张拉过程中,成品索缓慢上升。与此同时,应将成品索的锚圈缓慢地下旋,使其不致离锚垫板的位置过高。

③ 当达到设计、监测监控给定的张拉吨位后,应先稳住油压,检查索力值是否正确,然后旋紧螺母,使螺母能与锚垫板充分结合。

④ 卸除油压回油,关机、断电,完成张拉的全过程。

2.3 索力调整

2.3.1 调索的目的及次数

调索是为了补偿施工过程中的一些应力损失或者修正施工中出现的误差,使得全桥的桥面线形和结构内力能最大限度的符合设计要求。

根据施工中桥面线型情况,调索大致可分3次进行:

(1)根据施工中主梁线型情况,按监控方的要求进行调索。

(2)合拢前、后,按监控方的要求进行调索。

（3）沥青桥面铺装施工结束后，按监控方的要求进行调索。

2.3.2 调索的步骤

（1）撑脚的安装、拉杆的安装及千斤顶的就位与张拉步骤相同。

（2）按照设计给定的调整张拉吨位，上下调节螺母的位置，以达到要求的索力和桥面线形。

（3）调索时，当千斤顶、撑架及张拉杆安装到位后，需要增加索力时，用千斤顶张拉杆引申斜拉索；需要放松索力时，受力前预先使千斤顶活塞伸出一定量，然后再用千斤顶顶动张拉杆，使锚头上的锚固螺母刚好能够松动，将锚环松开后，使千斤顶卸荷，将斜拉索放出索管口。

2.3.3 调索注意事项

调索要求"均匀、对称、分次、循环"施工，一般采用 3 种控制目标：① 索力控制；② 挠度控制；③ 索力与挠度双控。

调索后使桥面线形流畅，索力均匀，梁结构也能处于较佳工作状态，基本消除徐变、非线性影响，使索力、主梁应力、索塔应力都处于安全的工作范围内。

索力的检测采用电子频振仪。

2.4 施工管理

2.4.1 施工管理措施

（1）成立施工监控小组，主持斜拉索索力和主梁梁面标高的工程控制。

（2）制定完善的施工技术大纲，严格按设计或施工工艺规定的各项要求施工。

（3）在主梁梁段浇筑工艺中，应保证精度，限制误差。同时对施工荷载也应控制，将主梁恒载和施工荷载对内力和变形的影响减小到最低程度。

（4）按时完成各项施工测试任务，提供的测试数据应准确、可靠，以作为施工控制的依据。

2.4.2 施工控制原则

（1）斜拉桥竣工后的线形应符合设计要求，且梁的应力应在安全范围内，这是施工控制的基本原则。一般在主梁施工阶段以控制标高为主，二期恒载施工后以控制索力为主。

（2）在施工中，如发现标高和索力误差较大，应暂停施工，查明原因，及时纠正，尽可能使两者均符合要求。

2.5 斜拉索附属安装、斜拉索检查及修补

2.5.1 减震圈安装

减震圈安装过程及要点如下：

（1）由于施工误差，斜拉索与预埋管之间或多或少存在偏心，应采用专用工装进行偏心调整。对于偏心过大的斜拉索，可采取对锲块进行切割打磨的方式调整偏心，直至满足要求。

（2）安装锲块时，将锲块调至预埋管最里端居中位置。

（3）安装金属阻尼橡胶圈。

（4）收紧螺栓并调整，使金属阻尼橡胶圈紧密压紧在斜拉索索体上。

2.5.2 防水罩安装

减震圈安装完毕后，在预埋管口将防水罩安装到位，在防水罩与预埋管和索体接触面涂抹密封胶防水。

混凝土桥梁裂缝成因分析

杨娟娟

（江苏润通交通工程试验检测有限公司 镇江 212005）

摘 要 近年来,随着我国公路建设的迅猛发展,各地兴建了大量的混凝土桥梁。在桥梁建造和使用过程中,因出现裂缝而影响工程质量甚至导致桥梁垮塌的报道屡见不鲜。混凝土开裂是"常发病"和"多发病",长期困扰着桥梁工程技术人员。其实,只要采取一定的设计和施工措施,很多裂缝是可以避免或控制的。

关键词 混凝土桥梁 裂缝 成因分析

混凝土因其取材广泛、价格低廉、抗压强度高、可浇筑成各种形状,并且耐火性好、不易风化、养护费用低等特点,而成为当今世界建筑结构中使用最广泛的建筑材料。但混凝土也有抗位移能力差,容易开裂等缺点。虽然混凝土裂缝不可避免,但其有害程度可以控制。在使用荷载或外界物理、化学因素的作用下,一些混凝土桥梁不断产生裂缝并且扩展,引起混凝土炭化、保护层剥落、钢筋腐蚀,使混凝土的强度和刚度削弱,耐久性降低,影响了结构的正常使用,因此必须对此加以控制。混凝土裂缝的成因复杂而繁多,甚至有多种因素相互影响。混凝土桥梁裂缝的种类,就其产生的原因,大致可划分如下 8 种。

1 荷载引起的裂缝

混凝土桥梁在静、动荷载及次应力作用下产生的裂缝称为荷载裂缝,主要有直接应力裂缝、次应力裂缝两种。直接应力裂缝是指外荷载引起的直接应力产生的裂缝;次应力裂缝是指由外荷载引起的次生应力产生的裂缝。混凝土桥梁在静、动荷载及次应力作用下产生裂缝的原因叙述如下。

1.1 设计阶段

设计阶段引起裂缝的因素有:结构受力假设与实际受力不符;荷载少算或者漏算;内力与配筋计算错误;结构安全系数不够;结构设计时不考虑施工的可行性;钢筋设置偏少或布置错误;结构刚度不足等。在设计外荷载作用下,由于结构物的实际工作状态同常规计算有出入或计算考虑不周全,从而在某些部位引起次应力导致结构开裂。

1.2 施工阶段

施工场地随便堆放施工机具、材料;不了解预制结构受力特点,随意翻身、起吊、运输、安装;不按设计图纸施工,擅自更改结构施工顺序,改变结构受力模式等,都是裂缝产生的原因。

1.3　使用阶段

在使用阶段,超出设计荷载的重型车辆过桥,受车辆、船舶的接触、撞击,或发生大风、大雪、地震、爆炸等都是引起桥梁裂缝的原因。

2　温度变化引起的裂缝

混凝土具有热胀冷缩特性。当外部环境或结构内部温度发生变化时,混凝土将发生变形,若变形遭到约束,则将在结构内产生应力,当应力超过混凝土抗拉强度时即会产生温度裂缝。在某些大跨径桥梁中,温度应力可以达到甚至超出荷载应力。温度裂缝区别于其他裂缝的最主要特性是裂缝将随温度变化而扩张或合拢。引起温度变化的主要因素有如下4种。

2.1　年温差

一年中四季温度不断变化,但变化相对缓慢,其对结构的影响主要是导致桥梁的纵向位移,一般可通过桥面伸缩缝、支座位移或设置柔性墩等构造相协调。

2.2　日照

桥面板、主梁或桥墩侧面受太阳曝晒后,温度明显高于其他部位,温度梯度呈非线性分布。由于受到自身的约束作用,导致局部拉应力较大,从而出现裂缝。日照和骤然降温是导致结构温度裂缝的常见原因。

2.3　冻胀

气温低于 0 ℃时,吸水饱和的混凝土出现冰冻,游离的水转变成冰,体积膨胀,因而混凝土产生膨胀应力,同时混凝土凝胶孔中的过冷水(结冰温度在 $-7 \sim -8$ ℃以下)在微观结构中迁移和重分布引起渗透压,使混凝土中膨胀力加大,混凝土强度降低,导致裂缝出现。混凝土初凝时受冻最严重。成龄后混凝土强度损失可达 30%～50%。冬季施工时对预应力孔道灌浆后若不采取保温措施,也可能导致沿管道方向的冻胀裂缝。

2.4　水化热

在施工过程中,大体积混凝土(厚度超过 2.0 m)浇筑之后由于水泥水化放热,致使内部温度很高,内外温差太大,表面出现裂缝。施工中应根据实际情况,尽量选择水化热低的水泥,并限制水泥用量、减少骨料入模温度、降低内外温差,并缓慢降温,必要时可采用循环冷却系统进行内部散热,或采用薄层连续浇筑以加快散热。有些大体积混凝土工程在浇筑期间,采取加入冰棒的方式降温。

3　混凝土收缩引起的裂缝

在实际工程中,混凝土因收缩所引起的裂缝是最常见的。混凝土收缩主要是塑性收缩和缩水收缩(干缩),另外还有自生收缩和炭化收缩。混凝土收缩裂缝的特点是大部分属表面裂缝,裂缝宽度较细,且纵横交错,呈龟裂状,形状没有任何规律。

影响混凝土收缩裂缝的主要因素有如下 3 种。

3.1　原材料

(1) 水泥品种、标号及用量。矿渣水泥、快硬水泥、低热水泥混凝土收缩性较高,而普通水泥、火山灰水泥混凝土收缩性较低。水泥标号越低、单位体积用量越大、磨细度越大,则混凝土收缩越大,且发生收缩的时间越长。为了提高混凝土的强度,施工时经常采用强行增加水泥用量的做法,结果使得收缩应力明显加大。

(2)骨料品种。骨料中石英、石灰岩、白云岩、花岗岩、长石等吸水率较小,收缩性较低;砂岩、板岩、角闪岩等吸水率较大,收缩性较高。另外,骨料粒径越大收缩则越小,含水量越大收缩则越大。

(3)外掺剂。外掺剂保水性越好,则混凝土收缩越小。

3.2 水灰比

用水量越大,水灰比越高,则混凝土收缩越大。

3.3 养护方法

良好的养护可加速混凝土的水化反应,获得较高的混凝土强度。养护时湿度越高、气温越低、养护时间越长,则混凝土收缩越小。

4 地基基础变形引起的裂缝

由于基础竖向不均匀沉降或水平方向位移,结构中产生附加应力,超出混凝土结构的抗拉能力时,将导致结构开裂。基础不均匀沉降的主要原因有:地质勘察精度不够、试验资料不准;地基地质差异太大;结构荷载差异太大;结构基础类型差别太大;地面冻胀;桥梁基础处于滑坡体、溶洞或活动断层等不良地质带。

5 钢筋锈蚀引起的裂缝

要防止钢筋锈蚀,设计时应根据规范要求控制裂缝宽度,确保足够的保护层厚度(保护层亦不能太厚,否则构件有效高度减小,受力时将加大裂缝宽度);施工时应控制混凝土的水灰比,加强振捣,保证混凝土的密实性,防止氧气侵入,同时严格控制含氯盐等外加剂用量,沿海地区或其他存在腐蚀性强的空气、地下水的地区尤其应对此加以重视。

6 施工材料质量引起的裂缝

混凝土主要由水泥、砂、骨料、拌和水及外加剂组成,配置混凝土所采用的材料质量不合格,可能导致结构出现裂缝。

6.1 水泥

若水泥安定性不合格,水泥中游离的氧化钙含量超标,氧化钙在凝结过程中水化很慢,在水泥混凝土凝结后仍然继续起水化作用,可破坏已硬化的水泥石,使混凝土抗拉强度下降。水泥出厂时强度不足、受潮或过期后,也可能导致混凝土强度不足,从而引起混凝土开裂。

6.2 砂石材料

砂石粒径太小、级配不良、空隙率大,将导致水泥和拌和水用量加大,影响混凝土的强度,使混凝土收缩加大。如果使用超出规定的特细砂,后果会更加严重。

碱—骨料反应有碱硅酸反应和碱碳酸盐反应两种。水泥中碱和骨料中的活性二氧化硅微晶云白石以及变形石英等发生反应,生成吸水性很强的胶凝物质。当反应产物增加到一定数量,且有充足水分时,就会在混凝土中产生较大的膨胀作用,导致混凝土开裂,这种裂缝称为碱—骨料反应裂缝。在裂缝中会伴有白色浸出物,这种裂缝常为地图状分布。为了抑制骨料质量下降带来的混凝土强度及和易性下降,强行增加水泥用量,也会使得混凝土裂缝增多。此外,使用具有碱活性的骨料,也是混凝土开裂增多的原因。

6.3 拌和水及外加剂

拌和水或外加剂中氯化物等杂质含量较高时对钢筋锈蚀有较大影响。采用海水或含碱泉水拌制混凝土,或采用含碱的外加剂,可能对碱骨料反应有一定影响。

7 施工工艺质量引起的裂缝

混凝土在浇筑、制作、起模、运输、堆放、拼装及吊装过程中,若施工工艺不合理、施工质量低劣,容易产生纵向的、横向的、斜向的、竖向的、水平的、表面的、深进的和贯穿的各种裂缝,且特别容易出现细长薄壁结构。裂缝出现的部位和走向以及裂缝宽度的产生原因如下。

7.1 施工准备阶段

(1)保护层厚度。混凝土保护层过厚或乱踩已绑扎的上层钢筋,使承受负弯矩的受力筋保护层加厚,会导致构件的有效高度减小,形成与受力钢筋相垂直的裂缝。

(2)施工组织工作。混凝土分层或分段浇筑时,若接头处处理不好,易在新旧混凝土与施工缝之间出现裂缝。如混凝土分层浇筑时,后浇筑混凝土因停电、下雨等原因未能在前浇筑混凝土初凝前浇筑,会引起层面之间的水平裂缝;采用分段现浇时,先前浇筑的混凝土接触面未进行凿毛或清洗不佳,新旧混凝土之间粘结力小,或对后浇筑混凝土养护不到位,会导致混凝土收缩而引起裂缝。

(3)支架、模板的刚度。施工前对支架压实不足或者支架刚度不足,浇筑混凝土后支架不均匀下沉,导致混凝土出现裂缝;或施工时模板刚度不足,在浇筑混凝土时,由于侧向压力的作用使得模板变形,产生与模板变形一致的裂缝。

7.2 施工过程中

(1)混凝土运输。混凝土搅拌、运输时间过长,水分蒸发过多,引起混凝土坍落度过低,会使混凝土体出现不规则的收缩裂缝。

(2)混凝土浇筑。混凝土浇筑过快,则流动性较低,若硬化前混凝土沉实不足或硬化后沉实过大,容易在浇筑数小时后产生裂缝,即所谓的收缩裂缝。

(3)混凝土振捣。混凝土振捣不密实、不均匀,出现蜂窝、麻面、空洞,易导致钢筋锈蚀或其他荷载裂缝。

(4)施工材料质量控制差。若任意套用混凝土配合比,水、砂石、水泥材料计量不准,易造成混凝土强度不足和其他性能(和易性、密实度)下降,从而导致结构开裂。

7.3 施工后拆模、养护

施工后拆模过早,混凝土强度不足,使得构件在自重或施工荷载作用下产生裂缝;施工后养护不到位或者养护方法不当,使得混凝土与大气接触的表面上出现不规则的收缩裂缝。

8 结 语

混凝土是当今世界上用量最大、用途最广的工程材料,因此,加强混凝土结构的安全性和耐久性尤为重要,在实际施工过程中,应注意分析混凝土裂缝产生的原因,这样才能对症下药,保证施工的安全与质量。

体内置换补强法在桩基缺陷处理中的应用

冯秸根

（江苏润通交通工程监理咨询有限公司 镇江 212005）

摘 要 某桥钻孔灌注桩一根桩基在混凝土浇筑过程中遭遇阻工，造成混凝土浇筑间隔时间过长，导致桩基产生非全断面性缺陷，检测结果确定为缺陷类型为蜂窝中夹有泥沙类。根据缺陷类型，参建各方决定采用高压水旋切清孔、桩体内压浆置换补强的方法进行加固处理，并对可能露筋的部位，通过钻孔压浆进行体外加固处理。加固完成后，分别进行了超声波和高应变检测，超声波检测结果显示该桩达到 B 类桩标准，高应变检测结果显示该桩达到 A 类桩标准。检测结果满足设计要求。

关键词 桩基 缺陷处理 体内补强法 应用

1 桩基缺陷形成过程

1.1 桩基简况

某高速公路一桥梁桩基全部为钻孔灌注桩，其中 1#—Z_2 桩基桩长 48 m，直径 1.5 m，设计承载力为 6 600 kN。

1.2 缺陷形成原因

1#—Z_2 桩基在钻孔成孔后，各项成孔指标检测结果和钢筋笼加工及安装情况检查的结果均满足桥梁施工技术规范和设计文件要求。在混凝土灌注过程中，由于桥梁工地附近村民阻挠施工，造成混凝土浇筑过程中断，间隔时间过长，经采取紧急措施处理后，后续混凝土连续灌注至设计桩顶高程。

1.3 桩基检测及检测结论

在桩体达到设计强度后，经桩基检测单位采用超声波法对桩基进行完整性检测，发现该桩基在距离桩顶 20～22 m 区间声测波形明显异常。后经对该桩基进行进一步取芯检测（取芯时在桩顶均匀布设了 4 个芯孔），所取芯样反映，该桩基混凝土在距离桩顶 20～22 m 区间确实存在一定的缺陷。具体检测结论如下：

（1）QXD-1 点、QXD-2 点、QXD-4 点芯样完好；QXD-3 点芯样在 20～22 m 之间较大范围存在破碎并夹有泥团；

（2）经对所取 4 个芯样的质量进行整体分析后认为，此桩基混凝土存在非全断面性缺陷，缺陷位置处于 20～22 m 之间，类型为混凝土蜂窝中夹有泥沙。

2 处理方案

2.1 提出处理方案

依据桩基检测单位对 1#－Z$_2$ 桩基混凝土超声波检测和取芯检查结果所反映的桩基缺陷类型,施工单位向监理单位提出了两种缺陷加固处理方案:局部凿除后接桩方法和桩体内置换补强方法。

2.1.1 局部凿除后接桩方法(方案一)

即采用冲击钻将 1#－Z$_2$ 桩桩顶至桩体缺陷部位以下 1 m 范围内所有混凝土凿除,将凿除断面按施工缝进行处理,重新设钢筋笼,下导管浇筑混凝土至桩顶设计高程,待混凝土达到一定强度后重新进行桩体完整性检测。

2.1.2 桩体内置换补强方法(方案二)

即通过在 1#－Z$_2$ 桩桩体缺陷部位均匀布设的孔道中进行高压水旋切夹泥和松散部位,将夹泥和钻渣清理干净后,在孔内置筋、填充碎石,然后向孔道内压入水泥浆,直至孔顶溢出浓浆,待混凝土达到一定强度后重新进行桩体完整性检测。

2.2 方案比较

监理单位就施工单位提交的桩基缺陷处理方案,召集工程参建有关各方进行了讨论、比较。

2.2.1 方案一处理结果

采用方案一进行处理较为彻底,能够确保桩体质量。但 1#－Z$_2$ 桩基缺陷为非全断面性,缺陷深度位于桩体中部,缺陷部位以上部分的混凝土是连续的,且质量良好;1#－Z$_2$ 桩基缺陷部位最深处距离桩顶达到 22 m,直径为 1.5 m,如果按上述方案处理,至少须凿除 23 m 长的桩体混凝土(桩体缺陷段以下 1 m,以保证缺陷处理后新老混凝土有效接合),工作量较大(耗时 23 天)。

2.2.2 方案二处理结果

采用方案二处理可以达到置换补强的目的,且无需对桩体进行整体破除,省时省力。经测算,如果采用这种方法进行处理,耗时仅 6 天(较方案一缩短 17 天),费用在 7 万元左右。

2.2.3 方案比选结果

综上所述,采用方案一处理桩基缺陷,耗费时间较长,从施工进度和工程效益角度考虑,此方案不是最佳的,而如果采用方案二进行缺陷加固处理,既节约了成本,又缩短了处理时间,同时又能保证桩体质量,因而更为可取。

根据方案比选结果,最终决定采用方案二对 1#－Z$_2$ 桩基缺陷进行加固处理。

3 加固方案的实施

3.1 方案实施过程中的注意事项

(1)加固方案的实施必须安排有相关资质和实施经验的队伍进行。

(2)在方案实施过程中,工程参建各方应加强信息沟通,如果发现与检测结果不同的异常情况,施工单位应及时向监理单位反馈,以便监理单位会同其他相关参建单位研究并采取措施,以及时完善加固处理方案,确保达到最佳处理效果。

3.2 方案实施过程

根据加固方案的内容,桩体缺陷加固按如下步骤具体实施。

3.2.1 钻孔

将钻芯取样所留下的钻孔孔道作为桩体缺陷加固处理的通道,钻孔直径为 91 mm,钻孔深度为 23 m(深度达到桩体缺陷段以下 1 m,以保证缺陷段上、下部位的有效嵌入深度)。桩体上共设置 4 个钻孔,具体分布位置如图 1 所示:在桩基中心设置 1 个钻孔,在钢筋笼内侧四周均匀分布另外 3 个钻孔。如果缺陷部位不能被上述 4 个孔道全部覆盖,则还须适当增加孔道设置数量。

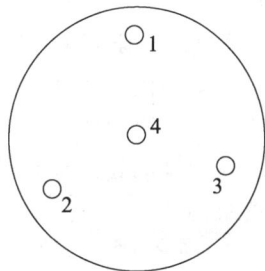

图 1　钻孔布置

3.2.2 清孔

在 QXD-3 钻孔孔道中插入钻杆,然后采用 30 MPa 高压水泵,通过钻杆端部的喷孔用清水进行旋喷,由下向上逐段旋切孔道内的夹泥和松散混凝土,进行置换清孔,直至孔口再无钻渣和泥浆排出,确保孔道内夹泥和松散混凝土彻底清除。其余孔道分别用同样的方法清除孔内钻渣。在桩体所设 4 个孔道的周围,如果局部缺陷问题较为严重,各个孔道清孔完成后,可能会出现相互连通的现象,从而增加碎石和水泥浆的用量,但不会对缺陷加固处理效果产生影响。

3.2.3 置筋、填石

在 QXD-3 钻孔孔道清理干净后,提出钻杆,将两根各长 4 m(保证缺陷段上、下部位各嵌入 1 m)的 φ25 钢筋所组成的钢筋束和一根长度为 23 m 的 φ20 镀锌注浆管(中下部布有间距为 50 cm 的花眼)绑焊在一起,下放到孔道中,沉至孔底(如图 2 所示,图中标注尺寸单位为 mm),其余各孔在清孔完成后逐次下放钢筋束和注浆管至孔底;然后在各个钻孔孔道内分别填入粒径为 1~1.5 cm 的洁净瓜子片碎石(碎石含泥量必须经检测达到桥梁施工技术规范相关要求),在充填碎石过程中要不断轻敲镀锌注浆管,确保碎石完全下沉、充实至缺陷部位,并振捣密实,直至填充到孔口,碎石不再下沉为止。

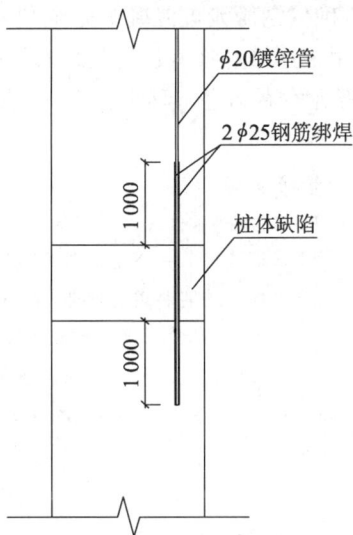

φ20镀锌管
2φ25钢筋绑焊
桩体缺陷

图 2　竖向加固示意图

3.2.4 压浆

利用压浆泵通过 φ20 镀锌管向 QXD-3 孔道内注入水泥浆(注浆采用强度为42.5 MPa 的普通硅酸盐水泥,水灰比为 0.4~0.5,掺入少量膨胀剂,注浆压力为 0.5~0.8 MPa),直至孔顶溢出浓浆为止。然后依次对其余各个孔道分别进行压浆。

3.2.5 体外加固

考虑到 QXD-3 孔道附近可能存在露筋现象,如果仅在桩体内进行加固处理,虽然可以使桩体缺陷段上下实现刚性连接,但不能保证混凝土完全包裹钢筋笼,这就可能会对桩体混凝土的耐久性能产生不良影响,对此,可以采取在钢筋笼外侧旋喷压浆的措施进行处理。这样,不仅通过扩大桩径提高了桩周摩阻力,又能保证混凝土对钢筋笼的完全包裹。具体方法为:在 QXD-3 点附近、钢筋笼外侧均匀布设 2 个或 3 个旋喷钻孔,自下而上旋喷压浆,处理深度和范围以确保混凝土完全覆盖桩基缺陷段为原则,旋喷压力在 30 MPa 左右,注浆采用强度为 42.5 MPa 的普通硅酸盐水泥。

3.2.6 质量检测

缺陷加固完成两周后,桩体混凝土达到一定强度,由桩基检测单位对桩体完整性分别进行了超声波和高应变检测。检测结果:超声波检测显示该桩达到 B 类桩;高应变检测显示该桩动测承载力为 13 645.6 kN,波速为 3 800 m/s,桩身完整,达到 A 类桩标准,符合设计要求。

4 结 语

通过对某桥 1#—Z_2 钻孔灌注桩缺陷的处理,可以得出以下结论:钻孔灌注桩缺陷类型如果为非全断面性蜂窝中夹有泥沙类,则通过在缺陷部位均匀布设的孔道中进行高压水旋切以达到清除孔内杂物的目的,并采用桩体内压浆进行置换补强的方法进行加固处理,从而提高缺陷部位桩体混凝土强度,保证桩体混凝土完整、连续;采取钢筋笼外侧旋喷压浆措施,确保钢筋笼被混凝土完全包裹,从而保证桩体混凝土的耐久性能。对钻孔灌注桩缺陷采用上述修补技术进行处理,既缩短了工期(耗时仅 6 天),又大大节约了工程成本(费用仅 7 万元左右),是一种十分合理、有效的桩基缺陷加固处理方法,值得大范围推广。

参考文献

[1] 刘吉士,张俊义,陈亚军:《桥梁工程一百问》,人民交通出版社,2005 年。

[2] 路桥集团第一公路工程局:《JTJ041—2000 公路桥涵施工技术规范》,人民交通出版社,2004 年。

[3] 中华人民共和国交通部,第一公路工程总公司:《公路桥涵施工手册》,人民交通出版社,2005 年。

[4] 李彦兵,姚学昌:《钻孔灌注桩断桩及缺陷修补处理》,《公路》,2000 年第 6 期。

[5] 陈文:《大直径灌注桩施工质量缺陷及修补措施》,《桂林工学院学报》,2003 年第 2 期。

[6] 郑其华,李从德:《钻孔灌注桩基桩缺陷压浆法处治实践》,《工程技术》,2004 年第 1 期。

徐葛大桥现浇主梁支架方案的确定

胡文云

（江苏润通交通工程监理咨询有限公司 镇江 212005）

摘　要　本文介绍了徐葛大桥主梁支架方案的两种形式，着重介绍了修正后的地基处理措施与方法。

关键词　桥梁主梁支架　地基处理　方案评审

1　工程概况

徐葛大桥是芜申线高溧段(高淳至溧阳)航道整治工程 QL3 标的关键工程，大桥位于溧阳市开发区境内徐葛村，全长 560 m，由主桥和南北引桥组成，主桥采用独塔双索面双跨式预应力混凝土斜拉桥，半漂浮体系，跨径组合(75＋95) m，单幅桥宽 17.5 m。桥梁左右幅分开布置，两幅桥的桥塔布置在河道的不同侧。

主梁采用边主梁形式，预应力混凝土结构，混凝土标号 C50；梁高 2.2 m，梁顶宽 17.5 m，顶板厚度 28 cm，肋宽 1.6 m；设单向 2‰横坡，横梁间距采用 6 m。为平衡结构不对称重量，边跨靠近过渡墩 17.15 m 范围内采用实心截面。主梁设置纵向预应力筋和横向预应力筋，纵向预应力筋布置在顶板和边主梁处，横向预应力筋布置在主梁桥塔处横梁。

2　主梁支架设计和评审

2.1　支架方案设计

根据设计要求和现场实际情况，主桥施工结束才开挖航道。主梁施工在陆地上，具备支架法施工的条件。

2.1.1　支架设计

采用分段满堂支架浇筑施工，主墩两侧梁段同时施工。支架基础采用 ϕ425 螺旋管桩，支架梁部结构为贝雷梁，其上设置碗扣钢管脚手架来适应梁底不同高度。立杆上设可调顶托，顶托上方铺设 10 cm×15 cm 纵向方木，横向铺设 8 cm×10 cm 方木，模板采用 12 mm 厚竹胶板。支架布设如图 1 所示。

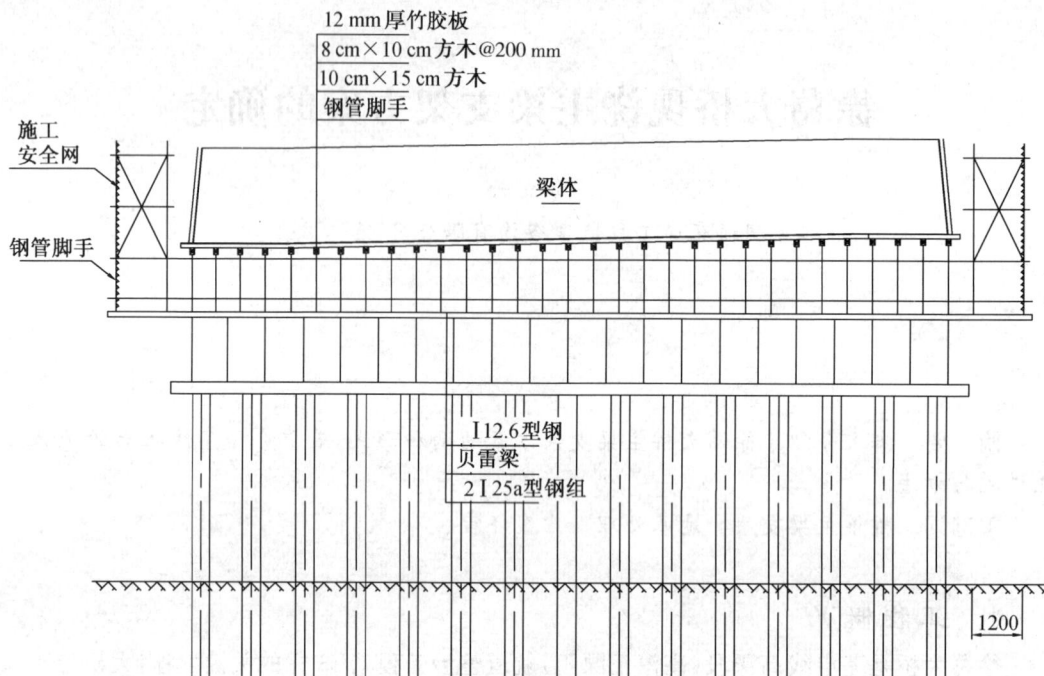

图 1　支架布设

2.1.2　管桩布设

箱梁支架基础为 φ425 螺旋管桩,采用 PCF-350 高速液压震动锤插打。钢管桩插打合格标准以入土深度和贯入度进行双控,以贯入度控制为主,入土深度不得低于 8 m,贯入度 3 min 不得大于 3 cm。一般梁段纵桥向间距为 9 m,横桥向布置 9 根钢管桩,边主梁下布置 3 根钢管桩,间距 1 m,中间顶板处布置 3 根,间距 4 m;加重梁段纵桥向间距为 4.5 m,横桥向布置 15 根钢管桩,间距 1.25 m。

2.1.3　支架布设

钢管桩顶设置桩顶盖板,其上安装桩顶分配梁,一般梁段桩顶安装 2I32b 型钢组,加重梁段因钢管桩加密处理,桩顶安装 2I25a 型钢组。型钢组与桩顶盖板焊接,并设置加劲肋。

型钢组上布置贝雷梁,一般梁段处边主梁下贝雷梁间距 90 cm,顶板下贝雷梁间距 180 cm,加重梁段处贝雷梁间距 90 cm。贝雷梁 90 cm 间距采用标准花架连接,180 cm 处采用 I10 型钢间隔 6 m 连接。

贝雷梁上安装 I12.6 型钢,作为碗扣支架立杆的支撑点。I12.6 型钢采用纵向通常型钢练成整体,采用骑马螺栓将 I12.6 型钢与贝雷梁连接固定,防止贝雷梁受力局部失稳。

I12.6 型钢上设置碗扣钢管脚手架来适应梁底不同高度。立杆上设可调顶托,顶托上方铺设 10 cm×15 cm 纵向方木,横向铺设 8 cm×10 cm 方木,模板采用 12 mm 厚竹胶板。

支架搭设完毕,采用碗扣式钢管架来适应梁段不同高度,根据梁底高度不同进行安装,顶托调节高度不足部分采用木方或型钢进行调节。横杆有 0.9,0.6,0.3 m 3 种规格,钢管立杆直接安放在 I12.6 型钢上,底托、顶托采用可调托撑。

2.1.4 支架预压

用砂袋对支架进行预压,预压荷载为梁体自重的120%。顶板处用小砂袋人工加载。采用120%梁重进行预压,压重模拟箱梁荷载分布,预压荷载按计算荷载的60%,80%,100%分3次加载。

2.2 支架方案评审

项目经理部组织有关专家召开了徐葛大桥主桥现浇主梁支架技术方案审查会,并邀请建设单位、设计单位、监控单位、监理单位参加。专家及与会代表对方案进行了审查,要求对主梁支架地基处理方案进行优化,确保主梁结构安全。

2.3 支架设计的修正完善

主梁施工采用满堂支架浇筑施工,地基处理采用石灰土＋钻孔桩复合地基方案。主梁荷载在预压及浇筑养护阶段由满堂支架承受,主梁节段张拉后荷载全部转移到钻孔桩基础上。主梁模板自上而下分别为12 mm竹胶板面板、80 mm×100 mm方木小肋、I12工字钢大肋、顶托。主梁支架初期受力为碗扣式钢管支架,节段预应力张拉后,支架体系转换为钢管柱下的钻孔桩基础。

2.3.1 支架布设

箱梁支架基础为$\phi60$钻孔桩,设置长2.7 m、宽1.2 m、高0.8 m承台,并在承台上竖两根$\phi42.5$钢管桩。

一般梁段:纵桥向间距为6 m,横桥向在主梁腹板位置布置4根钻孔桩,间距1.5 m。

加重梁段:纵桥向间距为3 m,横桥向在主梁布置2根钻孔桩,间距1.5 m。

钻孔桩上设置长2.7 m、宽1.2 m、高0.8 m承台,并在承台上竖两根$\phi42.5$钢管桩,钢管桩下口与承台上预埋钢板牢固焊接,上口盖板顶主梁腹板竹胶板,上下连接钢板处均设置加劲肋。支架立杆上设可调顶托,顶托上方横向铺设12#工字钢,纵向铺设8 cm×10 cm方木,模板采用12 mm厚竹胶板(具体布置见图2、图3)。

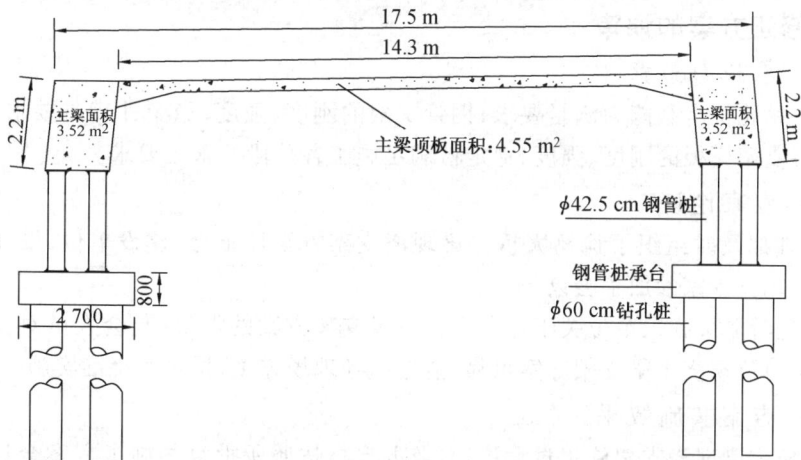

图 2 主梁钢管支架横断面图

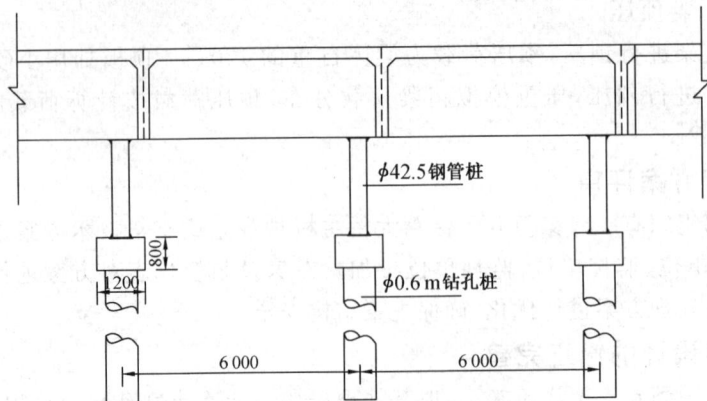

图 3　主梁钢管支架纵断面图

2.3.2　支架地基处理

支架地基采用复合地基处理方案。地基采用 20 cm 厚石灰土原地面处理,上面两层由 2 cm×15 cm 厚石灰土分层碾压,石灰含量 8％,灰土表层浇筑 15 cm 厚 C20 混凝土(主梁下方处为 20 cm),在主梁下方设置 φ60 cm 钻孔桩基础。标准段在主梁纵梁位置按 6 m 纵向间距设置两根 φ0.6 m 的钻孔桩,横向间距 1.5 m;压重段在主梁纵梁位置设置一排钻孔桩,纵向间距 3 m,横向间距 1.5 m,在钻孔桩上设置承台及钢管柱。为施工便利,可先进行地基灰土施工,钻孔施工完毕,表面统一浇筑 C20 混凝土。同时在两侧设置宽 1 m、深 0.5 m 的排水沟与运河相连,用砂浆抹面到位,保证场内不积水。

为检验支架及地基的强度及稳定性,消除整个支架的塑性变形,用砂袋对支架进行预压,预压荷载为梁体自重的 120％。预压范围为整个主梁现浇支架范围。

支架拼装时按设计纵距及横距布置立杆,支架顶利用顶托调平,铺设横向方木和纵向方木,用吊车吊放砂袋对支架进行预压。

2.4　修正方案的评审

2.4.1　承载力验算

经验算,钻孔桩承载能力满足要求;钢管支架的刚度、强度、稳定性满足要求;基地承载力满足要求;支架模板的刚度、强度、稳定性满足施工各阶段的施工要求。

2.4.2　专家论证

项目经理部及时组织了徐葛大桥主梁现浇支架方案评审会,建设单位、设计、监控、监理、等单位及相关专家参加了会议。

会议首先听取了施工单位关于徐葛大桥主梁支架方案的汇报,与会人员对方案进行审查,认为施工单位现浇主梁支架方案可靠,能够指导现场施工,报总监批准实施。

2.4.3　方案实施效果

徐葛大桥主梁现浇支架施工过程中,总监办严格按照所批复的施工方案全过程进行了监理,特别是对支架预压工作进行了跟踪测量,监控单位也进行了监控,数据反映各项指标均在要求范围内(方案实施过程中的效果见图 4)。

图 4   方案实施过程中的效果图

3   结   语

支架的设计应根据工程现场的地质情况、荷载情况、地基土类别、施工设备和施工工艺的要求,因地制宜,综合考虑,选用经济合理、安全可靠的地基处理方式和支架搭设方案。本桥工程的成功实施,为今后的施工提供了一个有益的借鉴。

盐邵河大桥监控设计

付磊

（江苏润通交通工程监理咨询有限公司 镇江 212005）

摘 要 本文以237省道江都段盐邵河大桥为例，介绍了监控内容及监控方法，探讨了变截面连续梁施工过程中的常见问题及应对策略。

关键词 桥梁施工 监控 悬浇 数据调整

1 工程概况

盐邵河大桥在 K155＋375.567 处跨越盐邵河，K155＋437.414 处跨越邵真路，路线与盐邵河交叉右角 92.5°，与邵真路交叉右角 92.32°，桥梁设计角度 90°，汽车荷载等级为公路 I 级。

大桥上部为(50＋85＋50) m 三跨预应力砼变截面单箱单室直腹板连续箱梁，箱梁高度从距跨中 1.0 m 处由 2.4 m 至跨主墩中心 1.5 m 处按二次抛物线变化为 5.0 m(梁高均为单箱中心线处竖直高度)。主桥箱梁在墩顶 0♯节段处设置厚度为 2.5 m 的横隔梁，在边跨端部设厚度为 1.8 m 的横隔梁。箱梁在横桥向底板保持水平，顶板设 2% 的横坡，腹板竖直，通过左右侧腹板不同高度来调整横坡。主桥箱梁采用纵向、竖向预应力体系。

箱梁顶板厚度为 0.28 m；底板厚度由跨中的 0.28 m 变化至距 0♯节段中心线 3.0 m 处的 0.75 m；腹板厚度在跨中为 0.50 m，在 6～7♯节段范围内线性变化为 0.80 m。为改善箱梁根部截面受力，在端、中横隔梁附近的截面顶、底板和腹板局部加厚。

主桥连续箱梁采用悬臂浇筑法对称施工，各单"T"箱梁除 0♯、1♯节段外，其余分为 10 对梁段，均采用挂篮对称平衡施工。10 对梁段纵向分段长度为(2×3.0＋4×3.5＋4×4.0)m，箱梁墩顶现浇节段(0♯节段)总长 11.0 m，中跨及边跨合拢段长度均为 2.0m，边跨现浇段长度为 6.42 m。除为抵消支架弹性变形而设置的预拱外，主桥连续箱梁支架需另设预拱，具体预拱度大小将在施工配合时提供。

主桥半立面图和主桥箱梁横断面图如图 1 和图 2 所示。

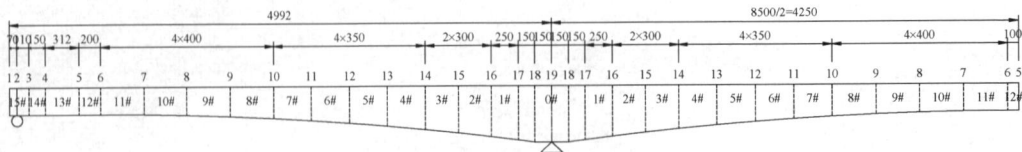

单位:cm

图 1 主桥半立面图

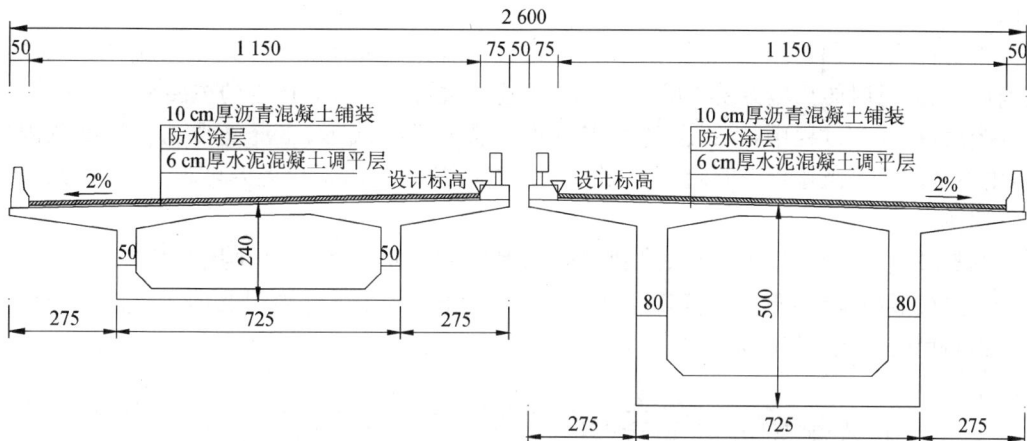

单位:cm

图 2　主桥箱梁横断面图

2　施工监控的总体思路

2.1　本桥施工监控工作主要内容

（1）线形监测与控制:包括挠度与平面线形的监测与控制。

（2）沉降观测:在墩顶布置适当的观测点以获得墩柱沉降情况相关数据。

2.2　施工监控方法

预应力混凝土连续梁施工中,每个工况的受力状态与位移达不到设计所确定的理想目标的主要原因在于,设计的主梁高程、构件截面尺寸、预应力筋张拉力、材料弹性模量、容重、收缩系数和徐变系数与施工中实际情况有一定的差距,环境温度、临时荷载等也常常变化。

根据本监控项目的实际情况选用自适应控制方法,其基本原理为:通过施工过程的反馈测量数据不断更正用于施工控制的跟踪分析程序中的相关参数,使计算分析程序适应实际施工过程,当计算分析程序能够较准确地反映实际施工过程后,即以计算分析程序指导以后的施工过程。

其基本步骤如下:

（1）首先以设计的成桥状态为目标,按照规范规定的各项设计参数确定每一施工步骤应达到的分目标,并建立施工过程跟踪分析程序。

（2）根据上述分目标开始施工,并测量实际结构的变形数据。

（3）根据实际测量的数据分析和调整各设计参数,以调整后的参数重新确定以后各施工步骤的分目标,建立新的跟踪分析程序。

（4）反复上述过程即可使跟踪分析程序的计算与实际施工相吻合,各分目标也成为可实现的目标,进而利用跟踪分析程序来指导以后的施工过程,并进行必要的调整与控制。

本桥主跨为 85 m,施工监控难度较大,这里将通过施工中的主梁高程、应变、温度等数据采集,在对所得的数据进行误差分析后,不断修正设计参数,使高程的计算与实测值之差不断缩小,从而使计算程序把握住目前的施工过程,进而预估将来的施工状况,达到施工监控的目的。

本桥在施工过程中，首先应注意立模高程误差；其次应注意主梁的混凝土截面尺寸误差及施工、测量时的环境温度影响。此几项为连续梁桥施工误差产生的主要来源。

当然，在施工过程中，误差是不可避免的。若主梁的线形、工况能控制在精度范围之内，则不必调整。当这种误差超出控制精度范围或各工况的累积误差已不允许时，则必须进行调整。

调整时，以主梁高程为主要控制目标，同时兼顾主梁应力使之在规范规定的范围内。对于主梁线形的调整，调整立模高程是最直接的手段，将参数误差引起的主梁高程变化通过立模高程的变化予以修正。

3 施工监测的内容和方法

3.1 支架预压监测

在主梁浇筑施工前，施工单位需根据规范要求对支架进行预压，以消除其非弹性沉降及变形。预压过程中分别对支架预压前、预压完成后（卸载前）和卸载后 3 个工况的沉降进行观测，并由此得到支架的弹性变形值，用于主梁立模高程的计算。

3.2 挂篮预压监测

预压时应逐级进行加载，每级加载完成并稳压 20 min 后检查各杆件有无裂缝，同时记录力与位移的关系，并根据试验测出的结果，绘制力与位移的关系曲线。此外，预压时还应分别对挂篮预压前、预压完成后（卸载前）和卸载后 3 个工况的变形进行观测。

3.3 结构变位、应力和温度观测

施工时一个梁段作为一个阶段，每阶段分成 3 个工况：① 挂篮前移并定位立模；② 浇筑全部混凝土；③ 预应力张拉。

在各个工况中，主要测试以下几方面的内容。

3.3.1 主梁挠度监测

（1）平面控制网的建立

平面控制网是由桥面中轴线及设置在岸上的控制点（分永久及加密点，根据工地现场情况布设）组成。

（2）0♯节段高程控制基准点布置

高程控制网依托已建立的控制网点，先在各桥墩承台上各设一个高程控制点，待箱梁 0♯节段竣工后，用水准仪加悬挂钢尺的方法移至 0♯节段顶面上，0♯节段的水准点即为箱梁悬臂浇筑施工的高程控制点。各墩上 0♯节段箱梁顶面布置 9 个施工控制基准点，如图 3 所示。

在箱梁悬臂施工中，对于高程控制的基准点，在下述情况下应进行复测：

① 结构受力体系转化后；

② 墩及基础发生较大沉降时；

③ 经分析后认为有必要进行复测时。

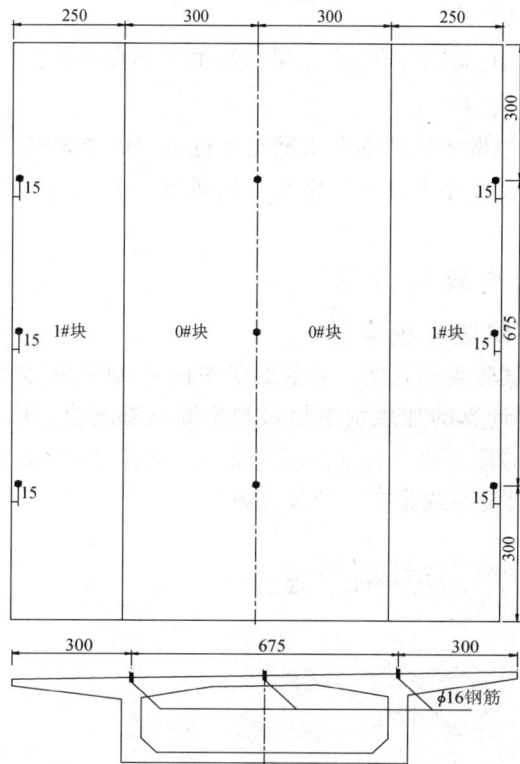

单位:cm

图 3　0♯节段顶面测量基准点布置

（3）其他悬浇梁段高程测点布置

绑扎钢筋期间,在各悬浇段端部截面设置 6 个高程观测点,如图 4 所示,测点同时也作为坐标观测点。箱梁顶板测点(编号 1~3)用短钢筋预埋设置并用红漆表明编号,当前现浇梁段悬臂端截面同时设立临时高程观测点(编号 4~6),作为当前梁段控制截面梁底高程用(控制立模高程以及监测浇筑混凝土后的变形)。用精密水准仪测量测点高程,临时水准点设在主墩顶 0♯节段临时固结处。

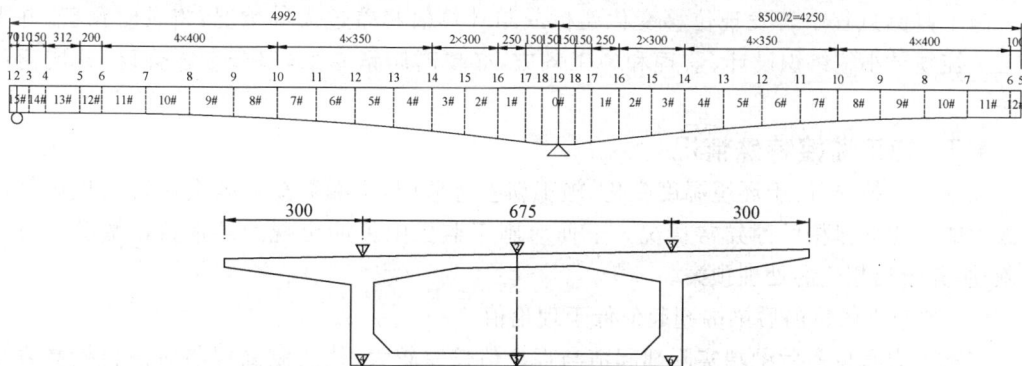

单位:cm

图 4　高程测点布置

3.3.2 轴线偏位监测

利用全站仪对轴线偏位进行测量,在主梁高程的观测点测量。

3.3.3 主墩沉降观测

(1) 测点布置:利用主墩墩顶的临时水准点进行主墩沉降观测。

(2) 测试方法:每施工 4 个节段用精密水准仪观测一次,观察主墩是否沉降。

4 施工控制的内容和方法

4.1 预告主梁下阶段立模高程

通过一系列的现场试验实测和设计参数的误差识别,确定影响桥梁施工监控的主要参数并对其进行修正,使得计算的理想状态尽量与实际状态吻合,并以此修正后的理想状态预告后期施工的各梁段的理论值。通过前期预报与后期调整,实现对桥梁的施工监控。

(1) 立模高程和分段浇筑或张拉后的预计高程

立模高程为

$$H_{lm} = H_{sj} + \Delta_{ygd} + \Delta_{ypg} + \Delta_{gc} + \Delta$$

式中:H_{lm}——立模高程;

H_{sj}——设计高程;

Δ_{ygd}——预拱度;

Δ_{ypg}——预抛高值;

Δ_{gc}——挂篮变形值;

Δ——修正值。

(2) 分段浇筑或张拉后的预计高程为

$$H = H_{yj} + H_{lm} - \Delta_{xl} - \Delta_{gl}$$

式中:H_{yj}——分段浇筑或张拉后的预计高程;

H_{lm}——立模高程;

H_{xl}——浇筑当前节段的下挠值或张拉钢筋后的总下挠值;

Δ_{gl}——挂篮变形值。

4.2 施工监控预警系统

施工监测过程中若发现位移变化超标或与计算值相差过大等情况,将及时预警,并由施工监控领导小组组织设计、监理和施工各方,必要时聘请专家,召开专题会议,共同商议解决。

4.3 施工监控特殊情况

在施工监控中,由于环境温度变化、施工误差等原因,监测数据可能会出现与理论值偏差太大或变化规律相反等异常情况。下面对施工监控中可能出现的异常数据情况进行简要叙述,并给出相应的处理预案。

(1) 预应力张拉前后梁端翘起值低于理论值

当预应力张拉前后梁端实际翘起值与理论值偏差较大(使实测高程与阶段目标高程偏差超过 10 mm),需从设计参数、测量、施工等方面进行查找原因。

（2）混凝土应力与理论值偏差较大

当传感器所测应力与理论值偏差较大，甚至超过规范允许值时，监控单位将及时预警，并对主梁进行检测（裂缝、强度等），需从设计参数、测量、施工等方面查找原因。

4.4　变截面连续梁施工过程中常见问题及应对策略

当前在变截面预应力混凝土连续梁桥施工过程中，往往会有多种原因可能导致成桥内力状态与线形不够理想，因此，将此类问题归类总结，并提前做好相应预防措施，对避免常见问题的出现具有重要意义。施工过程中，可能出现的情况复杂多变，此处仅将一些常见问题及应对策略列于表1，遇到相应问题，应科学分析，具体问题具体对待。

表 1　变截面连续梁施工过程中的常见问题及应对策略

常见问题	应对策略	实施单位
预应力张拉前后梁端变形值低于理论值	选择合理的测试时间对高程进行重新测量	监控、施工、监理
	对水准点进行复测	施工、监理、监控
	检查高程观测点是否受到干扰或损坏	监控、施工、监理
	检查施工单位预应力张拉原始记录表，查看张拉施工是否到位	监控、施工、监理
	检查张拉仪器（如千斤顶）等标定情况，查看仪器工作状况	监控、施工、监理
	对设计参数进行核查修正，排除设计参数差异影响	监控、施工、监理
混凝土应力与理论值偏差较大	选择温度影响较小的清晨重新测量，并对所测应力值进行温度修正	监控、施工、监理
	混凝土浇筑后会产生较大收缩徐变，检查所测数据是否消除了收缩作用的影响	监控、施工、监理
	检查施工单位预应力张拉原始记录表，查看张拉施工是否到位	监控、施工、监理
	检查张拉仪器（如千斤顶）标定情况，查看仪器工作状况	监控、施工、监理
	对设计参数进行核查修正，排查设计参数差异影响	监控、施工、监理

5　施工监控的原则与精度要求

5.1　控制原则

各测点误差及控制断面应力值均应控制在规范规定和设计要求的范围之内，满足《公路工程质量检验评定标准》和《公路桥涵施工技术规范》的要求。

5.2　精度要求

（1）立模高程误差不超过 5 mm。

（2）箱梁顶板顶面浇筑混凝土的不平整度不得大于 5 mm。

（3）合拢段相对高程控制误差不超过 20 mm。

（4）成桥后控制点高程与设计高程之差不超过±20 mm。

（5）成桥后轴线偏差不超过 10 mm。

6 结 语

桥梁的监控与设计和施工密切相关,它是独立于施工单位和设计单位的第三方监控工作,目的是按照设计要求安全、优质地建成桥梁,这就必须从监控方面建立控制体系。桥梁施工过程中所表现出来的理论与偏差具有积累性,如不加以有效地控制和调整,将给桥梁施工安全、外形、可靠性、行车条件和经济性等带来不同程度的影响。对桥梁采取及时有效地检测和控制,对保证工程质量和使用性能具有深远意义。

钢管混凝土桥梁技术控制研究

吴剑波

（镇江市交通规划设计院 镇江 212003）

摘　要　钢管混凝土(CFST)在国内外桥梁工程中得到较为广泛的应用。钢管具有对核心混凝土的套箍约束作用，使核心混凝土处于三向受压状态，从而使其具有更高的抗压强度和压缩变形能力。钢管混凝土除具有强度高、重量轻、延性好、耐疲劳、耐冲击等优越的力学性能外，还具有省工省料、架设轻便、施工快速等优越的施工性能。本文详细介绍了钢管混凝土在桥梁中的应用。

关键词　钢管混凝土　桥梁　应用

1　钢管混凝土组合材料的工作原理

"钢管混凝土"是"钢管套箍混凝土"(steel tube-confined concrete)的简称。它是由混凝土填入薄壁圆形钢管内而形成的组合结构材料。钢管混凝土组合材料，在正常工作状态下，通过两种不同力学性能的材料产生相互增强的作用力，即紧箍力，来协调工作。钢材在弹性工作阶段，泊松比 μ_s 变化很小，在 $0.25 \sim 0.3$ 之间，可认为是常数，取 $\mu_s = 0.283$；而混凝土的泊松比 μ_c 在受力过程中是不断变化的，由低应力状态下的 0.167 左右逐渐增大到 0.5，当接近破坏阶段时，由于混凝土内部纵向微裂缝的发展，μ_c 将超过 0.5。对于钢管混凝土而言，在轴压力的作用下，μ_c 逐渐增大，并且迅速地超过钢材的泊松比 μ_s。当 $\mu_s = \mu_c$ 时，钢管和混凝土的径向变形一致，相互间没有任何作用力；当 $\mu_s < \mu_c$ 时，钢管限制了混凝土的径向变形，根据变形协调关系，相互间产生紧箍力；当 $\mu_s > \mu_c$ 时，相互间产生粘结力。混凝土在三向压应力作用下，工作性能将发生质的变化，不但提高了承载力，还增大了极限压缩应变；在轴心压力作用下，薄壁钢管的承载力是极不稳定的，实验证明，实际承载力往往是理论计算值的 $1/5 \sim 1/3$。当在管内浇筑混凝土，并达到一定强度后，钢管保护了混凝土，约束其径向变形，使它处于三向受力状态，延缓了受压时的纵向开裂，而混凝土又保证了薄壁钢管的局部稳定，从而提高了钢管混凝土构件的承载力。

2　钢管混凝土的特点

2.1　承载能力高

钢管混凝土是由钢管中填充混凝土而形成的构件，一般不再配筋。在轴心压力作用下，钢管混凝土构件会发生轴向压缩和径向膨胀，内填混凝土的膨胀受到外包钢管的约束，使混凝土处于三向受压状态，大大提高了混凝土的抗压强度；内填混凝土也阻止或延缓了外包钢管的屈曲变形。二者相互弥补弱点,充分发挥各自长处,使钢管混凝土的承载能力大为提高。

2.2 具有良好的塑性和韧性

混凝土脆性大,一旦开裂,裂缝迅速发展,而注入钢管内部的混凝土则由于钢管侧壁的有效约束改善了混凝土延性差、脆性大的弱点,表现出较好的塑性和变形能力。此外,在地震发生时,混凝土可以吸收能量而不容易丧失承载力,并且由于混凝土刚度足够大,钢管不易产生不可恢复的变形,从而使钢管混凝土结构耗能性能好,具有很好的韧性。

2.3 经济效益显著

采用钢管混凝土比采用钢结构节约钢材 50% 左右,且造价也可降低。与钢筋混凝土相比,钢管混凝土结构可节约混凝土 50% 以上,减轻结构自重 50% 以上,且不需要模板,而耗钢量和造价则略高或约略相等。

2.4 施工简便,可大大缩短工期

与普通钢柱相比,钢管混凝土零部件少、焊缝少,特别是由于钢管较薄,大大减轻了现场焊接的工作量和施焊难度;与钢筋混凝土相比,钢管混凝土免去了支模和拆模等工序,也不用担心浇混凝土时发生漏浆现象。同时,由于空钢管的重量小,大大减轻了运输和吊装工作的压力。

3 钢管混凝土结构计算理论

目前,对钢管混凝土的研究所取得的重大成果已形成了多种理论,一批有代表性的著作相继出版,并且在这些理论基础上制定了相应的规程。一些著名的专家学者在大量试验和有限元计算的基础上提出的统一理论较好的反映出钢管混凝土组合材料的工作状况。

统一理论认为:钢管混凝土为统一的组合材料,可用构件的整体几何特性(全截面面积和抵抗矩等)和钢管混凝土的组合力学性能指标来计算构件的各项承载力,不再区分钢管和混凝土。众所周知,构件的工作性能,除与受力状况有关外,还随着材料的物理参数、构件的几何参数和截面形式,以及构件应力状态的改变而改变,且变化是连续、相关的,也就是说钢管混凝土构件从单项受力状态到多项复杂受力状态可用统一的计算参数和公式来表达。在此理论上提出钢管混凝土构件各种力学参数的计算公式,并制定相应的规范,可方便钢管混凝土结构的设计。在动力性能方面,建立循环荷载作用下钢管混凝土组合材料的本构关系,提出了简化的两折线模型和三折线模型,如图 1(图中符号见参考文献[1],虚线为实际的应力应变关系曲线)所示。

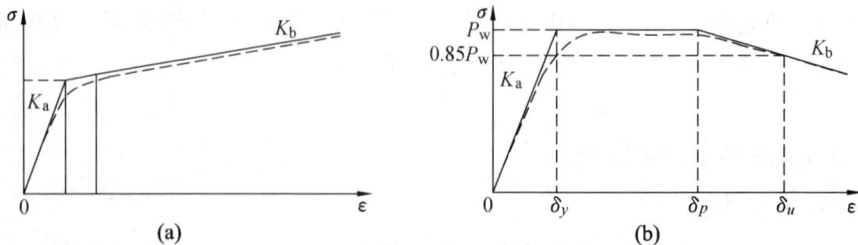

图 1 钢管混凝土的简化应力应变关系

4 工程应用

4.1 工程概况

某钢管混凝土拱桥跨径布置为(40＋150＋40)m,边主跨之比为0.267。主跨矢跨比为1/5,边跨矢跨比为1/8.097,边主跨矢跨比之比为0.618。

4.2 施工过程

上部结构与基础都采用现浇混凝土,在将建的桥梁两侧建2座临时的桥梁,作为施工时的工作平台。2个边跨采用现浇施工。主跨的拱肋节段在工厂预制后运至现场,用门式起重机吊装。主拱肋分为5个节段,各节段之间采用内法兰作为临时连接,经过测量以及调整主拱肋的拱轴线后,将各个节段焊接在一起形成拱肋。最后进行横撑的安装,使2道拱肋形成空间结构体系。

4.3 施工监控分析

该桥按结构共划分14个施工阶段。施工监控主要是对施工阶段关键数据的测量和控制,主要包括应力监控、变形监控、索力监控等。

4.3.1 应力监控

通过对拱肋主要控制截面的应力测试,可掌握拱肋在施工过程中的内力变化。拱肋应力监控测点布置在上下游侧拱肋各关键截面处,全桥共17个应力监测截面,每个截面布置4～12个振弦计,共64个测点。图2、图3分别为南岸上游边拱拱脚截面和下游主拱拱肋截面传感器的监测结果与理论计算值的对比。

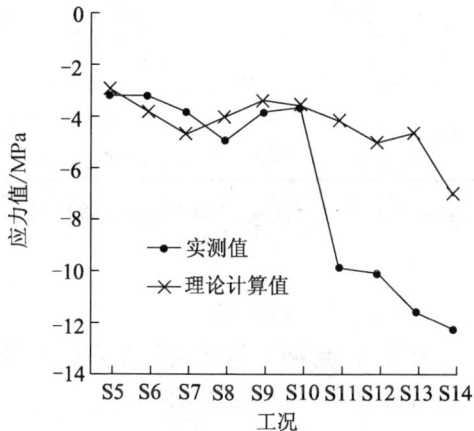

图 2 边拱拱脚截面下缘应力对比

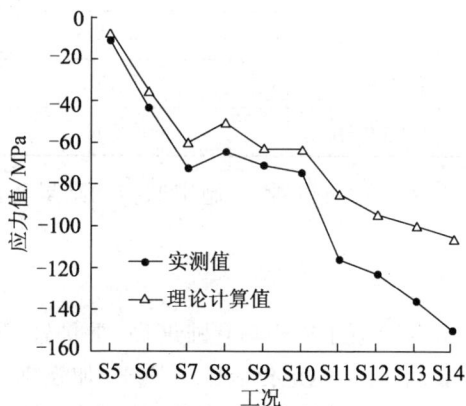

图 3 主拱拱肋截面下缘应力对比

从图2、图3可以看出,应力基本为压应力,且明显小于C50混凝土的抗压设计强度;应力的大小随着系杆力的张拉出现较大范围的变化;各监测截面的应力数值较合理,通车前的应力状态比较接近设计的要求,理论计算值与实测值基本符合,达到预期的控制目标。

4.3.2 变形监控

拱肋变形观测点布置在1/4吊杆及拱顶处,全桥共布置12个拱肋变形观测点。

图4、图5分别为主拱上游侧拱肋$L/4$处和拱顶位移实测值与计算值对比图,从图中可以看出,监测结果与理论有限元计算结果基本符合,主拱拱肋测点监测的线形合理;拱顶最终位移与预拱度比较接近,达到了设计的要求。

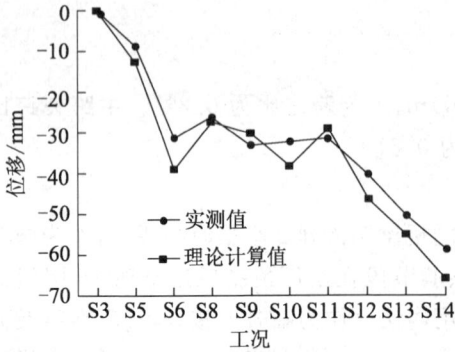

图 4　拱肋 $L/4$ 处位移对比　　　　图 5　拱肋拱顶处位移对比

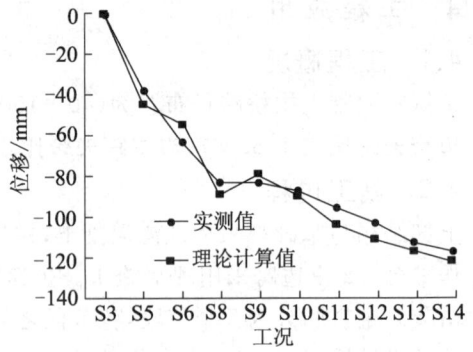

4.3.3　索力监控

钢管混凝土拱桥系杆的拉力是用来平衡拱脚的推力,是拱桥的重要构件。为保障拱肋内力分布处于最佳状态,系杆的拉力应满足各个施工阶段设计要求。因此系杆拉索是施工监控实施中监测与调整的重要参数之一。索力测量效果将直接对结构的施工质量和施工状态产生影响。根据结构的特点及施工方法,本次施工监控的索力使用测力计直接测量。测试仪器设备为 GMS-T 型钢弦式锚索测力计及配套的数据读取仪器 GPC-2 型钢弦频率仪。监测结果见表 1。

表 1　系杆索力的监测结果

系杆	系杆索力监测结果/ kN	系杆索力设计值/ kN	误差/%
A 组系杆	5 410	5 150	5.05
B 组系杆	5 457	5 150	5.96
C 组系杆	5 598	5 150	8.70

从表 1 中可以看出,施工监控的结果与计算分析基本吻合,达到了预期的监控目标。

5　结　语

钢管混凝土拱桥具有强度高、重量轻、延性好、耐疲劳、耐冲击等优点。在进行钢管混凝土拱桥施工时,应控制施工质量,加强施工监测,通过监测,可以更好的保证施工应力应变、挠度位移、索力情况,以便更好的保证施工质量。

参考文献

[1] 陈宝春:《钢管混凝土拱桥》(第 2 版),人民交通出版社,2007 年。

[2] 郑怀颖,陈宝春:《钢管混凝土拱桥设计计算分析》,《公路交通科技》,2007 年。

[3] 陈宝春:《钢管混凝土拱桥设计与施工》,人民交通出版社,2004 年。

大跨径 T 梁安装施工安全控制

康志太

（江苏省交通工程集团有限公司镇江分公司 镇江 212003）

摘　要　大跨径 T 梁安装是一项复杂的系统工程,安全风险极大。本文介绍了镇江某大桥(桥面高度约 16 m,跨度为 30 m 和 40 m T 梁)T 梁的安装施工安全控制要点,可供同类工程参考。

关键词　大跨径 T 梁　安装　安全控制

1　工程概况

大桥起止点桩号为 K17＋936.0～K19＋564.285,桥跨布置为 7×40＋6×40＋6×40＋6×40＋6×30＋6×30＋(29.601＋2×32＋24.684)/(24.604＋2×32＋29.521)＋5×30＝1 628.285 m。上部结构为预制 T 梁和现浇箱梁结构,T 梁段跨径组合如下:第一联(7×40)m,第二联至第四联(6×40)m,第五连、第六联(6×30)m。共有 40 m T 梁 350 片,30 m T 梁 168 片。

预制 40 m T 梁中心梁高 250 cm,中梁顶板宽 170 cm,边梁顶板宽 180 cm,肋板厚 20～60 cm,马蹄部分宽 60 cm;30 m T 梁中心梁高 200 cm,中梁顶板宽 170 cm,边梁顶板宽 180 cm,肋板厚 20～50 cm,马蹄部分宽 50 cm。每片 40 m T 梁重 130 t。

2　工程所需安装设备

工程所需安装设备见表 1。

表 1　工程所需安装设备

设备名称	型号	工作功率/kW	过孔方式	行走方式	额定起重量/t	净高/m	跨径/m
架桥机	HDJ H40/150 "II"(A)	40	自平衡	步履式	≤75×2		
上桥龙门					≤80×2	25	24
运梁车	150 t 轮胎式						
	150 t 轨道式						

2.1　架桥机

根据 T 梁最大自重和跨径,选用宏达路桥设备公司生产的可架设 160 t 重的 HDJ H40/150 Ⅱ(A)型架桥机。HDJ H40/150 Ⅱ(A)型架桥机是为了适应架设公路桥梁而发明的一种先进的架桥机,主要用于桥梁架设。其主要特点是前导梁伸缩辅助过孔、免预制梁配重。该架桥机是一种运行工作范围广、性能优良、操作方便、结构安全的钢结构轨道式预制梁吊装架设设备,广泛适应于各种公路桥梁的架设。

2.2 上桥龙门

上桥龙门采用 1 副移动式跨墩龙门抬吊 T 梁上桥,跨径 24 m,净高 25 m,单只上桥龙门额定起重量 80 t,由专业生产厂家生产加工制作,使用前上报安全专项方案,并提供计算书、生产单位资质、出厂合格证等。

2.3 运梁车

运梁分两次,第一次由预制场运至 S39♯墩处,运距约 300 m,采用 1 套 150 t 轮胎式专用运梁车运输,运梁车自带动力(为柴油动力),可调节方向;第二次运梁为在桥上运梁,采用 1 套 150 t 轨道式运梁车运输。

3 T 梁运输、安装过程中的安全控制要点

3.1 钢丝绳的选择与捆绑

捆绑 T 梁起吊钢丝绳,其型号和大小应按起重作业相关规定计算选择且满足吊装规范所规定的受力安全系数,吊点距离梁端 80～100 cm。千斤绳的绑扎长度、方法和质量同样应满足规范要求。在大梁的转角处必须设铁瓦,铁瓦与梁底砼面之间垫薄木板进行有效区隔。同时在捆绑过程中要对千斤绳的完好性(如断丝是否超标)进行检查,不符合要求时则须及时更换。

用千斤绳捆绑边梁起吊时,由于单侧加宽翼板的存在,产生很大的偏转力,因此翼板千斤绳不能仅采用空套,应设置合理的吊点,防止 T 梁在千斤绳空套内由立向翻转,发生 T 梁折断甚至工人伤亡事故。

3.2 运输便道

T 梁第一次由预制场运至 S39♯墩处,运距约 300 m,采用 1 套 150 t 轮胎式专用运梁车运输,此段须修建便道,便道地基充分修整压实并由测量人员跟踪测控,保证便道地基的坚实,平竖曲线平顺,后再铺设 30 cm 等厚的道渣并用细屑嵌面,继续在跟踪测控下进行平整压实。

便道两侧应做好纵横向排水。此便道为运梁车专用便道,禁止其他车辆行走。同时,要加强对便道的检查,若出现不利于运梁车行走的问题,应及时妥善处理以保证运梁工作的正常进行。

3.3 运梁车的检查

确认 T 梁在最大重量状态下运梁车的爬坡能力和制动能力能满足便道坡度要求。必要时须增设卷扬机、钢丝绳做牵引。

运梁车加牵引时,应保证牵引与运梁车的行走同步:① 防止牵引绳对拉绷断出现事故;② 防止牵引绳过于松动,出现运梁车制动失效时倒退冲击绷断钢丝绳的事故。

3.4 T 梁固定

T 梁利用轮胎式运梁车运输,运梁前将运梁车准确地停置于合适的位置,运梁车承梁托盘垫上 5 cm×30 cm×200 cm 的杉木板,避免 T 梁与托盘直接接触损伤 T 梁。龙门吊将梁吊装于托盘上,用吊锤检验 T 梁垂直度,T 梁垂直后即用 4 个 5 t 手拉葫芦将 T 梁两头分别连接托盘孔和吊点钢丝绳,绑定 T 梁,使其稳固在运梁车上。边梁和中梁采取不同的方

法进行稳固。边梁绑定稳固之前,先用由两条I12槽钢背靠背焊接成的支撑杆件支顶于无端横隔板的一端,托盘和T梁的接触点分别垫上柔软物,如废旧轮胎等。中梁稳固时只要保证模隔板与托盘平衡密实接触即可,不然则需要用木板垫平。

3.5 架桥机过孔注意事项

(1)导梁伸缩时注意观察是否有窜动现象。导梁窜动是桥机过孔的不安全因素之一,窜动的主要原因多为伸缩钢丝绳较松,将绳拉紧固定即可解决。

(2)在桥机拼装、过孔、架梁等整个作业过程中,主梁要保持水平,主梁纵向坡度应满足小于 0.5/100 的要求,要用水平仪测量,不能目测。

(3)主梁过孔时必须派专人站在前桥台观察副前支腿在前桥台位置是否有位移及支腿变形,特别是前桥台较窄时,副前支腿与桥台应设法固定,否则副前支腿有可能窜动超出前桥台,酿成重大事故。

(4)过孔前,导梁在主梁内伸缩几次,以确保机构运行顺畅,无卡壳现象。

(5)由于架桥工况复杂,首次过孔时,应在桥机尾部用后天车吊住待架预制梁,但稍微放松卷扬机钢丝绳,目的是提高过孔安全性,同时检验实际工况改变后,桥机的过孔抗倾覆系数是否改变。

4 T梁安装

根据工程特点本项目采用跨墩龙门和架桥机相结合的方式进行T梁梁板的安装。

4.1 T梁安装顺序

T梁预制好后用运梁车运至S37#~S39#墩,首先采用跨墩龙门安装 37 号墩至 39 号墩左半幅 30 m T梁,桥面高度约 16 m,然后在其上拼装架桥机,安装 S31#~S37#墩左幅 30 m T梁,完成后全幅安装 S25#~S31#墩 40 m T梁,安装工艺流程见图 1。

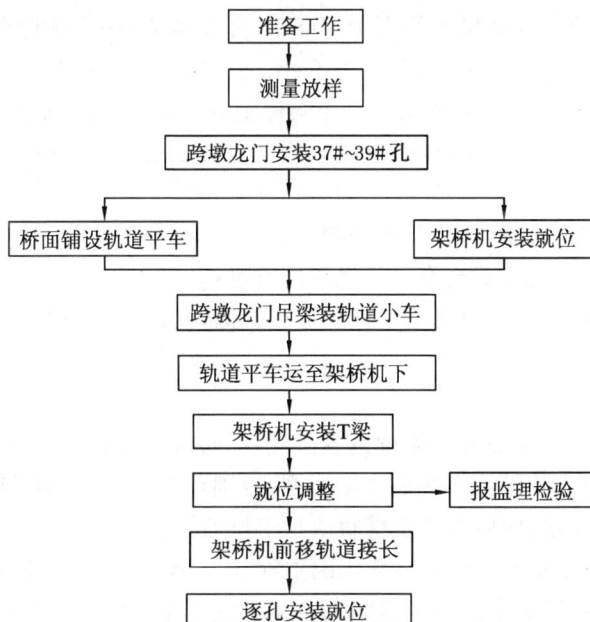

图 1　T梁安装施工工艺流程

4.2 T梁安装

4.2.1 跨墩龙门安装2孔梁

S37♯～S39♯墩左幅2孔梁采用跨墩龙门安装。安装步骤如下：

（1）T梁运至S37♯～S39♯墩跨墩龙门下。

（2）跨墩龙门垂直提升梁体超过盖梁顶。

（3）利用跨墩龙门横移至设计位置，当靠近支座时暂停，调整位置使梁中心线和前后位置正对设计位置后落梁。

（4）将梁体临时固定后解除吊具，安装完成。首片梁固定是将端横隔梁钢筋与盖梁顶预埋件焊接，后续其他各梁是将相邻梁的横隔梁钢筋上下各焊接4根固定。

4.2.2 架桥机安装T梁

架桥机安装T梁是在桥面铺设轨道上采用双导梁式公路架桥机安装，架桥机型号为HDJ H40/150 Ⅱ（A）型。

（1）架桥机拼装

架桥机采用跨墩龙门拼装；架桥机拼完后，调试电气设备部分，电气部分需做到线路连接正确，接头可靠，操作按钮、开关动作灵活、可靠；架桥机在架梁前进行悬臂走行、吊重、刹车制动等试验。

（2）运梁

用跨墩龙门缓慢提升T梁至桥面以上，跨墩龙门横移T梁到轨道式运梁车上方，然后将T梁放在桥面运梁小车上，将T梁固定后，将T梁运至架桥机处。

（3）喂梁及安装

① 当运梁台车把梁运到架桥机尾部时，启动横梁上的吊梁台车开始吊梁作业。

② 两吊梁台车的吊点应正对梁的吊点位置，其梁端悬出长度应满足设计规定。

③ 当梁体前端接近墩台帽时，要严格控制梁体前行速度，严禁梁体碰撞墩台帽。

④ 梁体下落时，当梁底离墩台垫石10 cm时，停止落梁，用垂球检查梁体安装轴线与墩台支座中心轴线的相对误差，当纵横误差在5 cm之内时，可用撬棍对梁体进行调整，否则须用横移架桥机或纵移吊梁台车调整梁位。当梁位正确后缓慢下落，放在支座上。

⑤ 梁体落到支座上后，两端侧向须在端横隔梁下操垫方木进行稳定，以防梁体侧向扭动。

⑥ 边梁外侧用方木作斜撑，将梁体稳固。

⑦ 严禁架桥机横移与吊梁台车吊梁纵移同时进行。

⑧ T梁安装完成后，立即对其梁顶标高进行复测，发现问题当即调整，测量检验合格后方可解除吊装钢丝绳。

（4）架桥机过孔

① 在架好的桥面上，全面检查架桥机各部件，同时做好过孔的准备工作。

② 开动导梁上两套移动天车至前支架后方，分别顶起中、后支腿，使后支架携横轨前移1/2梁长，收起中、后支腿，使后支架及横轨落稳于桥面上。

③ 开动导梁上两套天车至导梁尾部作配重，前后支架摇滚电机和导梁索具处于解除状态。同时开动前后支架摇滚电机，导梁架徐徐前移1/2梁长，直至前副支腿到前方盖梁位置。副支腿下垫好硬枕木，顶起副支腿，使导梁架支平，分别用手拉葫芦将辅导梁前端和盖梁拉紧。

④ 顶起中、后支腿，使后支架携横轨离开桥面，开动电动葫芦，使其徐徐前移，直至架好的桥梁端顶起中、后支腿，开动前支架携横轨到指定的盖梁位置顶好辅导梁，然后解除辅导梁的加固索具，开动摇滚架将主导梁前移至盖梁指定的位置，检查是否稳固可靠，再把横轨移至盖梁指定位置，逐步就位，检查好各方面的情况后喂梁安装。

4.3 T梁安装注意事项

（1）T梁安装之前须上报安全专项方案并组织专家评审，认可之后才能进行T梁安装。

（2）T梁安装由具有多年施工经验的专业施工队实施，特种作业人员持证上岗。

（3）跨墩龙门、架桥机作业必须严格执行产品使用说明书的要求，严格按规程操作，在使用前须经过安监部门验收，并进行全面技术交底和安全交底，在施工过程中设有专职安全员跟踪，发现问题立即停止作业。

（4）铺轨道的T梁必须按设计要求连接完成后方可在其上运梁，且运梁轨道应布设在T梁正对腹板位置。

（5）架桥机纵向运行轨道两侧规定高度要求水平，保持平稳。前、中、后支腿各横向运行轨道要求水平，并严格控制间距，三条轨道必须平行。

（6）架桥机携带T梁纵向运行时，前支腿部位要求用手拉葫芦（5t以上）与架好的T梁拉紧固定，加强稳定性。

（7）安装桥梁有上下纵坡时，架桥机纵向移位要有防止滑行措施。例如，采用手动葫芦拉好作防护，特别是中腿距梁端很近，移位时要注意控制。

（8）架桥机拼装后一定要进行吊重试吊运行，也可在T梁试吊后，再使架桥机运行到位开始安装作业。

（9）架桥机安装作业时，要注意安全检查，每安装一孔必须进行一次全面安全检查，发现问题要停止工作并及时处理后才能继续作业，不允许在机械电气故障情况下工作。

（10）五级风以上严禁作业，必须用索具稳固架桥机和起吊天车。架桥机停止工作时要切断电源，以防发生意外。

（11）由于架桥机属桥梁安装大型专用设备，架桥机作业必须明确分工，统一指挥，要设专职操作人员，专职电工和专职安全员；要有严格的施工组织及措施，确保施工安全。

5 结 语

大跨径T梁安装是一项复杂的系统工程，安全风险极大，安全问题为首要问题，为此，施工前须一丝不苟地做好各项准备工作，施工过程中严格控制，采取必要的安全措施，确保按时、安全、高效地完成T梁的安装任务。本文可为大跨径T梁的安装提供借鉴。

参考文献

[1] 中华人民共和国交通部,中交第一公路工程有限公司:《公路施工手册——桥涵》,人民交通出版社,2000年。

[2] 中华人民共和国主席令第70号:《中华人民共和国安全生产法》,2002年6月29日。

[3] 中华人民共和国国务院令第393号:《建设工程安全生产管理条例》,2003年11月24日。

[4] 中华人民共和国国务院令第549号:《特种设备安全监察条例》,2009年1月24日。

[5] 中华人民共和国国务院令第493号:《生产安全事故报告和调查处理条例》,2007年4月9日。

独塔单索面混凝土斜拉桥的施工监控

曹广洋　董功海　吴良炤

（江苏省交通工程集团有限公司 镇江 212003）

摘　要　独塔单索面斜拉桥具有施工组织难度大、技术复杂、测量精度要求高等特点，因此施工监控工作对其十分重要。本文结合泰州市新通扬运河特大桥主桥的施工监控过程，对主桥的平面高程、塔柱偏移沉降测点的埋设、主梁与索力等一系列监控流程作了详细介绍，并提出一些积极建议，希望可以为相似桥梁的建设提供有益的借鉴。

关键词　独塔单索面　斜拉桥　施工控制

1　大桥概况

泰州市新通扬运河特大桥位于引江河和新通扬运河汇流口处，北接江海高速、南连泰州港。主桥桥型为独塔单索面混凝土斜拉桥，由 74 片预制梁块悬拼而成（其中主跨 47 片，边跨 27 片），孔跨布置为(43＋117＋185)m，主桥全长 345 m，边跨设有辅助墩。主桥结构体系采用塔墩梁固结，在边墩、辅助墩墩顶处设纵向活动支座，单侧横向约束，在主塔处塔墩梁固结。主桥总体布置如图 1 所示。

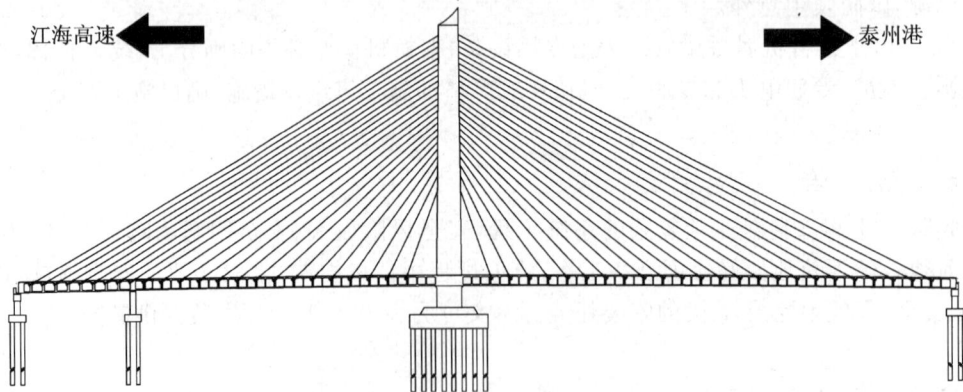

图1　泰州市新通扬运河特大桥主桥总体布置示意图

2　施工控制思路与内容

2.1　施工控制的思路方法

在施工控制方面，主要采用自适应控制的思路与方法。当结构测量到的受力状态与模型计算结果不相符时,通过将误差输入参数辩识系统自动调节计算模型的参数,使模型的输出结果与实际测量到的结果一致,在得到修正的计算模型参数后,重新计算调整各施工阶段的理想状态。因此,施工控制是一个"施工→测量→识别→修正→预告→施工"的循环过程。图2为自适应施工控制原理图。

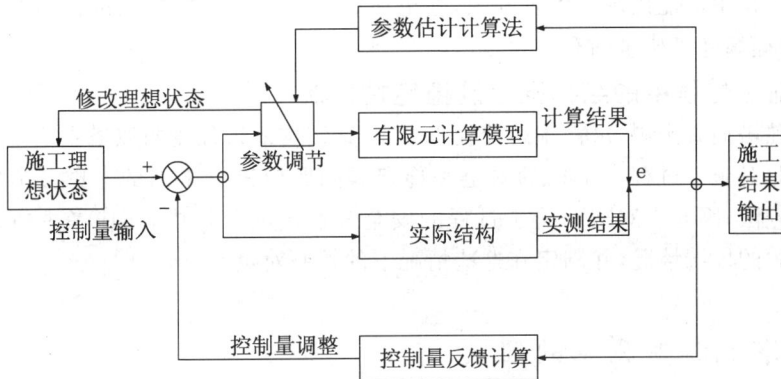

图2　自适应施工控制原理

2.2　施工控制的内容

施工控制的基本工作内容包括以下几方面:

(1) 全桥设计计算复核,施工全过程模拟计算分析;

(2) 对施工方案提出优化建议;

(3) 提供预制节段预制尺寸;

(4) 提供拼装过程张拉索力和张拉方案;

(5) 跟踪观测施工过程中各断面的应力状态,对危险施工工况提出警告;

(6) 对施工过程中箱梁结构防裂、防崩等提出控制建议;

(7) 协助设计单位提供成桥后桥面铺装标高。

3　施工监控重点和难点分析

泰州新通扬运河独塔单索面混凝土斜拉桥结构体系具有长悬臂、宽幅的特点。考虑到本桥结构体系以及施工方法的特点,施工控制时在基本的应力和变形控制基础上,还应注意到以下所述控制的难点和重点。

3.1　不对称施工过程对标高和索力的影响

受工期限制,本桥施工过程中出现主塔与主梁同步施工的情况,施工组织难度大、要求高,且结构两侧刚度不同,索力、标高的敏感程度不同,从而使得两侧的张拉控制索力和控制标准等都显著不同。因此,本桥施工监控必须考虑结构不对称状态下的控制,在高精度的施工全过程仿真计算支持下,提出合理的控制对策。

3.2　预制拼装线形施工控制方法及吊装节段预制尺寸确定

预制拼装法施工对节段的预制精度要求高,在前节段出现误差后,由于阶段之间的切线拼装特性,不容易在与前节段误差完全独立的情况下调整新节段的标高。因此,需对预制拼装斜拉桥施工控制方法进行专门研究,制定特殊的控制方法。其中,关键的部分是仿真计算必须有较高的精度,并在此基础上一次形成最终拼装的线形,将需要调整的变形量分解到各节段的预制尺寸中。

3.3 混凝土宽箱梁在施工中的开裂

本桥混凝土箱梁为全宽 35.5 m 的单箱,尤其应注意特殊的施工机具、斜拉桥张拉、预应力张拉等过程中可能出现的各种开裂,甚至崩裂现象。合理的施工过程和控制标准是减少开裂事故、提高施工质量的有效手段。

3.4 施工过程中的结构安全及稳定性控制

本桥为独塔混凝土斜拉桥,主跨跨径 180 m,其结构复杂程度与双塔主跨 360 m 的斜拉桥相当。因此对施工过程中结构的安全和稳定等问题应进行全面的考虑。本桥采用悬臂拼装的控制方法,因此在对结构施工过程的安全和稳定的分析中,还应考虑拼装过程延误甚至出现事故的极端情况,并制定在这些情况下的控制对策。

4 基准点和监测点的埋设

4.1 基准点及监测点制作

基准点及测点标志可用 20 mm 直径螺纹钢筋制作。基准点及测点钢筋露出顶面混凝土约 1 cm,露出端上部加工磨圆并涂上红漆标志。施工过程中应注意做好测点保护工作。

4.2 承台处监测点

由于本桥基础沉降不可避免,根据土体变形特点,塔的沉降将大部分发生在塔柱施工过程中及主桥体系转换过程中,因此主塔施工过程中必须跟踪基础承台的累计沉降和不均匀沉降值。

测点布置方法:每个承台设 4 个观测点,埋设位置如图 3 所示。由施工单位按要求设置,ϕ20 测点钢筋头露出承台顶 2 cm 左右,端部加工磨圆并涂上红油漆,或预埋钢筋弯出承台,如图 4 所示。

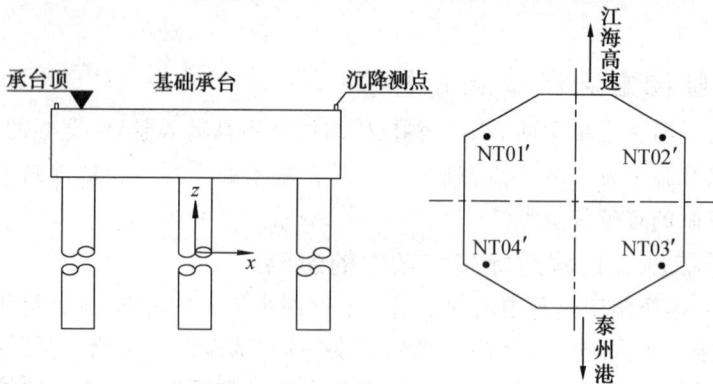

图 3 基础沉降测点布置

图 4　预埋钢筋示意图

4.3　索塔处监测点

塔柱顶设 2 个监测点,测点设置为与全站仪配套的预埋棱镜。同时在主塔上布置 3 个应力测试截面,这些截面的位置为:① T_1 位于下塔柱实心段顶面附近;② T_2 位于中塔柱与上塔柱交界处;③ T_3 位于 12♯索附近。在各截面处边角分别埋设钢弦式混凝土应变计,如图 5 所示。其中 T_1,T_2 截面处应变计竖向放置,测量主塔压力;T_3 截面处应变计在上塔柱环向预应力区水平放置,测量预应力效应。塔柱施工过程中的测点布置如图 5 所示。

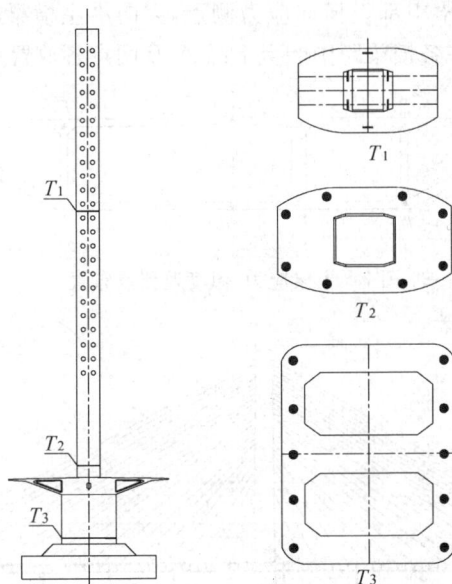

图 5　塔柱测点截面布置图

4.4　主梁处监测点

主梁测量包括中线测量、高程测量和主梁应力测量 3 个方面。

(1)中线测量测点:布置在每个节段的桥面中心点。

(2)高程测量测点:在每个主梁节段距前端 0.1 m 处的顶面、前端底面设标高测点,顶面沿横向设 5 个,底面沿横向设 3 个,位置如图 6 所示。测点顶面高出梁顶面高度不大于 2 cm。

在吊机移位后,按照底板的预报高程定位,拼装结束后,将底板测点的高程引至梁顶预埋钢筋头测点。对已经拼装完成的梁段,通过梁顶测点换算梁底测点的高程。

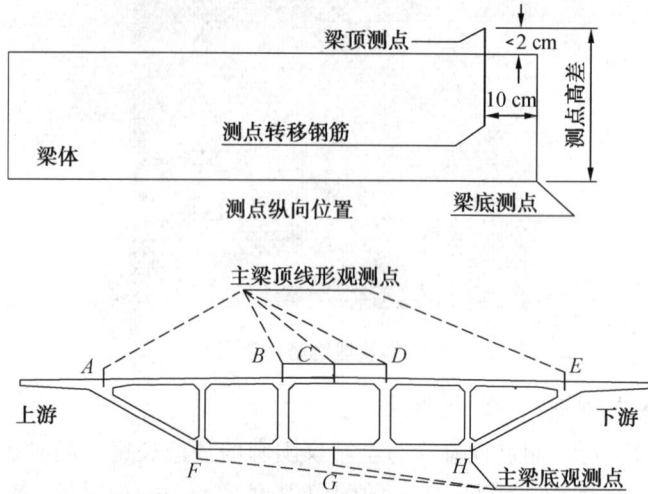

图 6 主梁线形监测点布置

（3）主梁应力测点：测点布设在截面顶板和底板上剪力较大的部位，每个截面布置 12 个测点，具体位置如图 7 所示，方向沿截面的法线方向。主梁应力测点选择 11 个截面，如图 8 所示 $B1-B12$。另外，在主横梁中部设横向应力测点，方向沿主横梁方向。横梁应力测点选择 $B2$、$B4$、$B9$、$B12$ 4 个截面，在各横梁跨中的上下缘 A，B 两点各放置一个应变计，如图 9 所示。

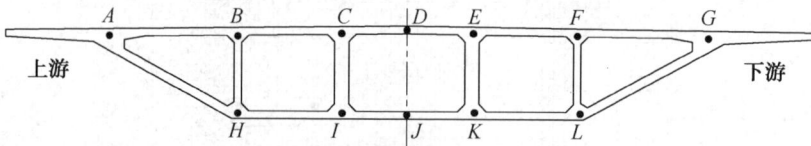

图 7 主梁应力、温度监测点布置

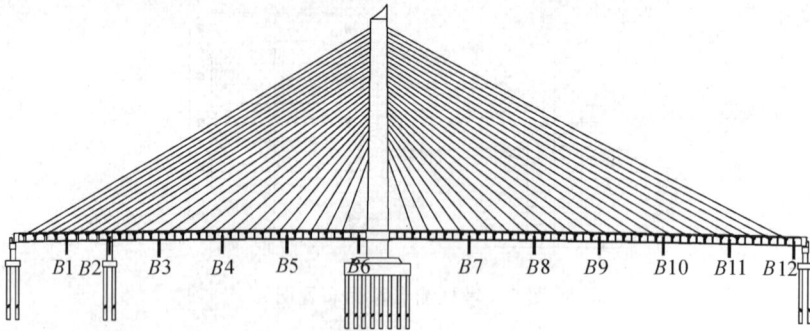

图 8 主梁应力、温度监测断面布置

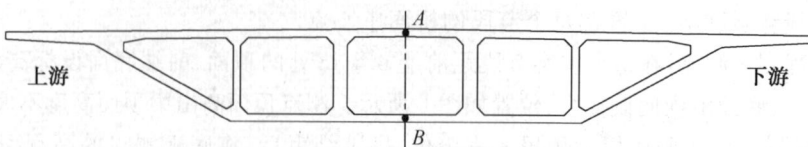

图 9 横梁应力、温度监测断面布置

本项目采用智能型埋置式钢弦应变计进行测量,用振弦检测仪进行应变测试,测量精度控制在$\pm 1 \mu \varepsilon$以内。传感器引线采用水工电缆。

5 平面及高程监测项目

5.1 施工监控测量网的建立

平面控制网使用施工单位已建立的新通扬运河特大桥平面控制网;高程控制网依托已建立的高程控制网点,并设立新的高程控制点(每个控制点设 2 个保护点),以方便施工高程测量。

5.2 沉降观测

分别在塔顶、下横梁和承台顶设置沉降测点,监测主梁施工对下部结构的影响。

5.3 索塔变位测量

索塔变位测量主要是测定关键工况前后索塔沿桥轴线方向的位移。通过测量提供塔柱在日照下随温度变化发生纵、横桥向偏移的曲线以及在主梁施工过程中塔柱的顺桥向变位值。

5.4 主梁线形和位移监测

主梁线形和位移监测包括桥轴线偏差监测和高程测量。通过测量提供主梁在各施工阶段的高程实测值和桥轴线实测值,得出主梁线形随温度变化的曲线,及时掌握主梁温度变形的影响。

5.5 吊机变形监测

通过对吊机全部构件制作后进行检验和试拼,并按设计荷载要求进行预压,测定吊机的弹性挠度,消除吊机非弹性变形的影响。吊机预压按 1.2 倍梁段重量加载,加载方式和位置模拟吊机的施工荷载。

6 其他项目监测

6.1 温度监测

6.1.1 环境温度

在每次高程、应力测量时,将两只温度计分别置于向阳面与背阴面,测出现场环境温度。

6.1.2 杆件内部温度

(1)塔、梁温度测试

主梁和塔柱的温度测试断面与应力测量断面相同。主梁也可采用手持红外线温度计测量没有应力传感器截面的桥面温度。两种测量数据插值后得到主梁温度场。

(2)索温测试

斜拉索温度场采用放置在现场的试验索端进行。温度传感器按图 10 所示分别埋置在测温段的内部和表面。

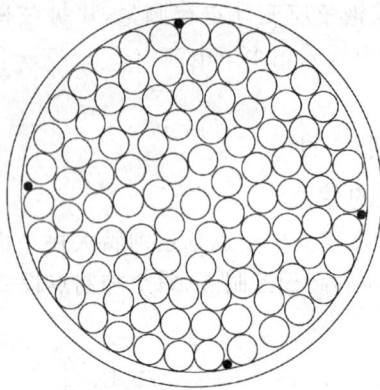

图 10　测温试验段测点布置

6.2　斜拉索索力监测

6.2.1　监测原则

（1）在悬臂施工期间的斜拉索张拉力原则上按索力控制。

（2）最终索力与设计值的误差控制在±5％之内。

（3）千斤顶张拉索力与预报值误差控制在±2％以内。

6.2.2　索力测试方法

索力测量采用振动频率法，用专用的夹具将加速度计固定在斜拉索上，测定拉索的横向振动。根据实测的前 n 阶频率，考虑拉索抗弯刚度和实际边界条件，用有限元程序计算得到索力。在正式测量前，对斜拉索按直径分类，每一类选择长、中、短 3 根索，根据缆索工作的索力范围，以不同的吨位进行标定，得出频率与索力的关系，以此对用理论公式计算得到的索力进行修正。索力换算不仅要符合基频，并且要用前 3～4 阶频率进行验证。

索力测量阶段划分与主梁应力测试相同。

7　结　语

从新通扬运河独塔单索面混凝土斜拉桥施工监控实施过程中可以看出，一方面应该根据施工中的实际参数严格按照施工过程进行精确的分析计算，对施工中的实际监控数据进行计算参数的识别修正，并且考虑各种意外因素的影响，对下阶段发出的施工监控指令做出修正。另一方面，在施工中要把握测量时机的选择，应在温度变化小、气候稳定的时间段进行。此外在施工过程中一定注意对基准点和测点加以保护，不得损坏或覆盖。测试仪器安装要符合规范要求，避免人为破坏并保存好详细的记录资料，这样才能保证斜拉桥的整体线形和内力达到设计的要求。

参考文献

［1］向中富：《桥梁施工控制技术》，人民交通出版社，2001 年。

［2］范立础：《桥梁工程》，人民交通出版社，2001 年。

［3］中华人民共和国交通部：《JTG F80/1－2004 公路工程质量检验评定标准》，人民交通出版社，2004 年。

EXCEL 在独塔单索面混凝土
斜拉桥测量数据计算中的应用

吴良炤　董功海　曹广洋

（江苏省交通工程集团有限公司 镇江 212003）

摘　要　本文详细地介绍了独塔单索面混凝土斜拉桥中的测量数据在 EXCEL 中的计算方法，充分利用 EXCEL 的强大功能为工程测量专业服务。EXCEL 的优势是统计计算与绘图制表，利用 EXCEL 处理庞大数据，可以有效地节省人力、物力、时间。本文结合工程实例对 EXCEL 的相关应用作了简略的阐述。

关键词　单索面混凝土斜拉桥　测量数据　计算方法　EXCEL

1　工程概况

新通扬运河特大桥主桥桥型为独塔单索面混凝土斜拉桥，孔跨布置为（43＋117＋185）m，主桥全长 345 m。主梁梁高 3.7 m，桥面宽 35.5 m。施工采用节段梁悬臂拼装法，中跨主梁分为 24 个节段，24 对斜拉索，边跨主梁也分为 24 个节段，24 对斜拉索，其布置如图 1 所示。每片节段梁宽 7 m，重约 380 t。边跨设有辅助墩，辅助墩采用两个分离式的矩形独柱式墩。

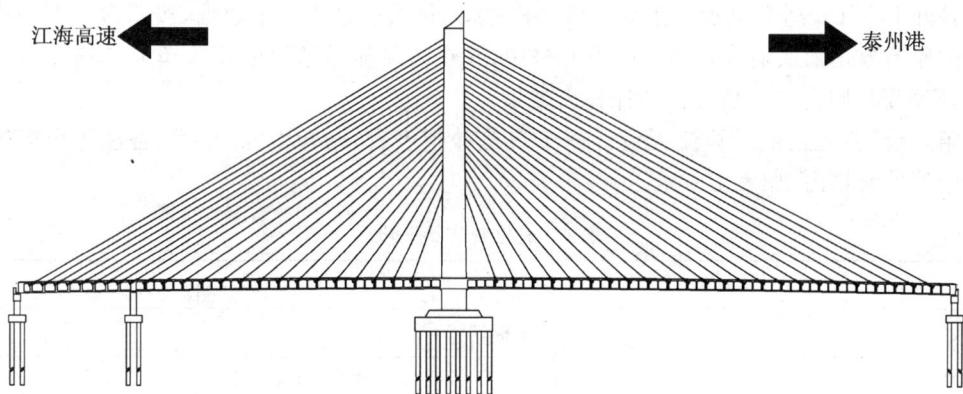

图 1　新通扬运河大桥主桥总体布置示意图

2　坐标系情况

为了方便主桥区桥梁结构的施工放样工作，按以下方式建立独立坐标系统：独立坐标系的原点确定于桩号为 K3＋000 路线中心的位置，K3＋000 路线中心点的大地坐标系坐标为(3 599 845.982,487 928.486),定义该点在独立坐标系统中的坐标为(0.000,0.000),独立坐标系的 X 轴在大地坐标系中的坐标方位角为 $185°41'23.8''$,X 轴正方向指向大桩号方向,Z 轴正向指向塔顶。独立坐标系如图 3 所示。

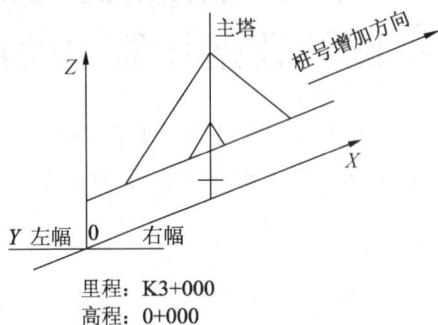

里程：K3+000
高程：0+000

图 2　独立坐标系

大地坐标转换为独立坐标的公式为

$$X=(X'-X_0)\times\cos\alpha+(Y'-Y_0)\times\sin\alpha$$
$$Y=-(X'-X_0)\times\sin\alpha+(Y'-Y_0)\times\cos\alpha$$

式中：X,Y——大桥独立坐标；

　　X',Y'——大地坐标；

　　α——独立坐标 X 轴正方向在大地坐标系中的方位角。

3　EXCEL 坐标转换计算方法

由于施工中导线点及相邻墩台等构筑物仍采用大地坐标,主塔独立坐标与大地坐标之间需要经常转换,采用电子表格 EXCEL 软件编制的一些实际测量程序,转换过程会更加直观、快捷、方便。下面以大地坐标转换独立坐标为例,说明一下计算方法。

打开 EXCEL 后会显示一张空表格,每一单元格可以输入一个数据,按照常规习惯把要处理的原始数据依次输入到相应的单元格中,并在需要显示结果的相应单元格内输入计算公式,EXCEL 则会按照公式自动计算出结果。

第一步,首先按照计算流程设计一个表格并把表头、已知坐标、角度、备注等内容输入到相应的单元格内,如表 1 所示。

表 1　表格制作第一步

	A	B	C	D
1	大地坐标转换成施工坐标计算			
2	X_0	Y_0	方位角(度)	
3	3 599 845.982	487 928.486	185.689 944 4	已知数据

第二步,把第 4 行分别设置成表头,在 A4,B4,C4 单元格内分别输入"X'","Y'"和"方位角(弧度)"。A5,B5 作为输入大地坐标的单元格,C5 单元格计算方位角弧度值。根据 EXCEL 的三角函数计算公式需要把已知的角度转换成弧度,在 C5 单元格内输入计算公式,角度换算弧度的计算公式为 RADIANS(),括号内需要输入要转换成弧度的角度值。在

本表中角度数值在 C3 单元格内,因此在 C5 单元格输入的公式为"＝RADIANS(C3)",按下回车键,C5 单元格内便会显示出弧度计算结果,如表 2 所示。

表 2　表格制作第二步

	A	B	C	D
1	大地坐标转换成施工坐标计算			
2	X_0	Y_0	方位角(度)	
3	3 599 845.982	487 928.486	185.689 944 4	已知数据
4	X'	Y'	方位角(弧度)	输入大地坐标
5			3.240 900 9	

第三步,把第 6 行设置成表头,在 A6,B6 单元格内分别输入"X","Y",代表独立坐标值,并在备注单元格内注明。A7 和 B7 单元格分别输入计算公式即可求出独立坐标值。A7 单元格计算的是独立坐标的 X 值,计算公式为"$X=(X'-X_0)\times\cos\alpha+(Y'-Y_0)\times\sin\alpha$",把对应的单元格代入公式,则 A7 单元格输入的公式为"$=(A5-A3)\times\cos(C5)+(B5-B3)\times\sin(C5)$",同样 B7 单元格独立坐标的 Y 值计算公式为"$Y=-(X'-X_0)\times\sin\alpha+(Y'-Y_0)\times\sin\alpha$",输入的公式为"$=-(A5-A3)\times\sin(C5)+(B5-B3)\times\cos(C5)$",则所有计算完成,如表 3 所示。虽然表中每一个单元格都有自己的编号,如 A5,A3,C5,但在输入公式的过程中可不用键入其编号,可以用鼠标单击输入,如要输入公式"$=A5-A3$",则可按如下顺序操作:输入等号"="→单击 A5 单元格→输入减号"－"→单击 A3 单元格→按回车键确认。

表 3　表格制作第三步

	A	B	C	D
1	大地坐标转换成施工坐标计算			
2	X_0	Y_0	方位角(度)	
3	3 599 845.982	487 928.486	185.689 944 4	已知数据
4	X'	Y'	方位角(弧度)	输入大地坐标
5			3.340 900 9	
6	X	Y		
7	3 630 485.214	128 617.320		

公式编辑完成后,只需在 A5,B5 单元格内输入大地坐标,所求的独立坐标就会在 A7,B7 单元格内自动显示出来。例如输入(3 599 154.405,487 859.58),EXCEL 便会自动计算出独立坐标(695.000,0.000),如表 4 所示。虽然用其他方法计算,也可以得出正确的结果,但用这种方法完成计算工作最为轻松简单。

表 4　表格制作完成

	A	B	C	D
1	大地坐标转换成施工坐标计算			
2	X_0	Y_0	方位角（度）	
3	3 599 845.982	487 928.486	185.689 944 4	已知数据
4	X'	Y'	方位角（弧度）	输入大地坐标
5	3 599 154.405	487 859.58	3.240 900 9	
6	X	Y	输出大地坐标	
7	695.000	0.000		

采用同样的方法可以在 EXCEL 中制作独立坐标转换大地坐标的表格程序，独立坐标转换为大地坐标的公式为

$$X'=X_0+X\times\cos\alpha-Y\times\sin\alpha$$
$$Y'=Y_0+X\times\sin\alpha+Y\times\cos\alpha$$

式中：X,Y——大桥独立坐标；

$\quad X',Y'$——大地坐标。

其中，$X_0=3\,599\,845.982$，$Y_0=487\,928.486$，$\alpha=185°41'23.8''$。

4　塔柱标准段独立坐标计算

索塔塔柱标准段某标高处断面在独立坐标的投影如图 3 所示。

A,B,C,D 为塔柱南侧外轮廓线点，E,F,G,H 为塔柱北侧外轮廓线点。南北侧外轮廓线点的变化规律是：南、北侧外轮廓线点的 X 轴分别向塔柱中心线以 1∶90.4 的斜率从塔柱底向塔柱顶收缩；南、北侧外轮廓线点的 Y 轴的斜率为 0。根据几何关系推导计算公式如下：

$$\triangle X=(1/90.4)\times(Z-15.382)$$
$$\triangle Y=0$$

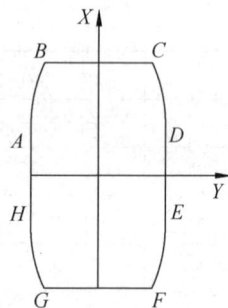

图 3　某标高处断面在独立坐标中的投影

根据以上各点在独立坐标系中所处的象限添加正负号即可算出各点的独立坐标，根据换算公式即可算出大地坐标。因为上式只有标高 Z 一个变量，所以只需在 EXCEL 中输入标高数值，塔柱标准节段的独立坐标及大地坐标就会同时自动计算出来。在实际施工中，塔柱外侧模板的实际标高往往和理论标准节段顶标高略有差别，各角点的控制坐标需根据各点的实测标高精确计算得出。编辑 EXCEL 如表 5 所示。

表 5 新通扬运河斜拉桥塔柱交点坐标计算

位置	点号	输入高程 Z	桥轴坐标		西安坐标	
			X	Y	X'	Y'
南侧外轮廓线点	A	50	696.117	−2.500	3 599 153.047	487 861.957
	B	50	699.117	−2.000	3 599 150.111	487 861.162
	C	50	699.117	2.000	3 599 150.508	487 857.182
	D	50	696.117	2.500	3 599 153.452	487 856.982
北侧外轮廓线点	E	50	693.883	2.500	3 599 155.765	487 857.203
	F	50	690.883	2.000	3 599 158.701	487 857.998
	G	50	690.883	−2.000	3 599 158.304	487 861.978
	H	50	690.883	−2.500	3 599 155.270	487 862.178

5 斜拉索三维坐标计算

主桥斜拉索呈扇形单索面双排索布置,斜拉索上端锚固于塔柱,下端锚固于主梁中间两腹板之间,两索面横向间距 1.8 m,全桥共 96 根索。斜拉索在某标准段截面如图 4 所示。

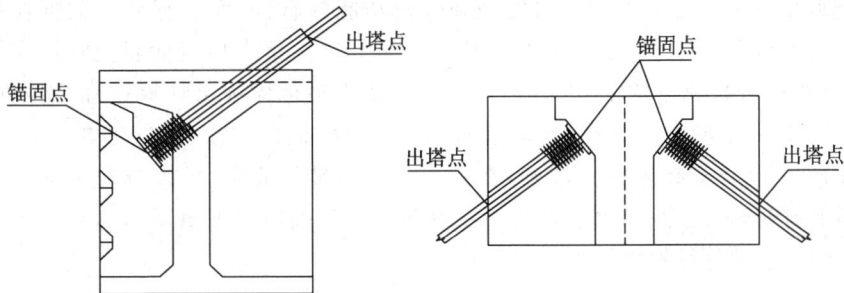

图 4 斜拉索某标段截面

斜拉索三维坐标的主要计算原理是:根据斜拉索的长度与其在 3 个投影面内的投影长度成正比例关系,可以列出 4 个等式,只要知道其中的一个数值,即可求其余 3 个数值。由于每根斜拉索空间角度都不同,采用常规方法计算需要不断变换相关参数,过程繁琐、不直观而且容易出错。采用 EXCEL 列表计算不用重复输入原始数据,利于复核计算。主要计算步骤如下:

第一步,根据设计好的数据列表输入每根斜拉索塔上锚固点的三维坐标;

第二步,计算每根斜拉索塔上和梁上相应的三维坐标差,即 ΔX,ΔY,ΔZ;

第三步,根据平方关系:$\Delta X^2 + \Delta Y^2 + \Delta Z^2 = L$,计算各斜拉索总长 L 的值;

第四步,根据比例相等的关系:$\Delta L / \Delta L' = \Delta X / \Delta X' = \Delta Y / \Delta Y' = \Delta Z / \Delta Z'$,求解三维坐标。以 C1′~C12′斜拉索坐标计算为例,表 6 是计算距塔顶锚固点 ΔL 处的三维坐标的方法:只需输入 L' 值,其坐标就会自动计算出来,这样可以方便地计算斜拉索上任意点的坐标,根据索导管的长度即可计算索导管出口的三维坐标。

表6 斜拉索任意点坐标的计算

索号	塔上坐标			梁上坐标			投影距离			总长度 ΔL	输入 L'	输出 L' 处坐标		
	X	Y	Z	X	Y	Z	长 ΔX	高 ΔY	高 ΔZ			X'	Y'	Z'
C1′	693.900	±0.9	54.320	679.329	±0.9	13.889	14.571	0	40.431	42.977	3	691.078	±0.9	51.498
C2′	693.900	±0.9	57.156	672.363	±0.9	13.738	21.537	0	43.418	48.466	3	692.567	±0.9	54.468
C3′	693.900	±0.9	59.607	665.347	±0.9	13.740	28.553	0	45.867	54.028	3	692.315	±0.9	57.060
C4′	693.900	±0.9	61.886	658.371	±0.9	13.798	35.529	0	48.088	59.789	3	692.117	±0.9	59.473
C5′	693.800	±0.9	63.957	651.355	±0.9	13.841	42.445	0	50.116	65.675	3	691.861	±0.9	61.668
C6′	693.750	±0.9	66.052	644.339	±0.9	13.855	49.411	0	52.197	71.875	3	691.688	±0.9	63.873
C7′	693.650	±0.9	68.070	637.327	±0.9	13.745	56.323	0	54.325	78.253	3	691.491	±0.9	65.987
C8′	693.550	±0.9	70.079	630.315	±0.9	13.721	63.235	0	56.358	84.705	3	691.310	±0.9	68.083
C9′	693.450	±0.9	72.079	623.304	±0.9	13.683	70.146	0	58.396	91.272	3	691.144	±0.9	70.160
C10′	693.300	±0.9	74.035	616.295	±0.9	13.633	77.005	0	60.402	97.868	3	690.940	±0.9	72.183
C11′	693.250	±0.9	76.065	609.287	±0.9	13.573	83.963	0	62.492	104.666	3	690.843	±0.9	74.274
C12′	693.250	±0.9	78.122	602.280	±0.9	13.504	90.970	0	64.618	111.584	3	690.804	±0.9	76.385

6 结 语

EXCEL 是一个具有强大的数据处理和分析功能的软件,而工程测量数据在处理上灵活多变,因而 EXCEL 很适合工程复杂结构的测量计算。单塔单索面斜拉索桥主塔用 EXCEL 电子表格来处理测量数据,以各种表格的形式直观地体现出计算过程与计算结果,充分利用 EXCEL 表格的自动套用、自动求和、自动计算、记忆式输入、自动更正等功能,提高计算效率的同时使计算结果更为准确,在野外工程测量作业中,可以减轻工程人员的劳动强度,达到节省时间、人力、物力的目的。在本项目中正确使用 EXCEL,达到了事半功倍的效果,为类似工程的计算提供了参考。

参考文献

［1］陈义,沈云中,刘大杰:《适用于大旋转角的三维基准转换的一种简便模型》,《武汉大学学报(信息科学版)》,2004 年第 12 期。

［2］沈浩:《EXCEL 高级应用与数据分析》,电子工业出版社,2008 年。

道路、工程管理

路面铣刨机铣削载荷特性分析与试验

顾海荣[1,2,3]　焦生杰[1,3]　肖翀宇[2]　王富春[2]　林通[3]

（1. 长安大学　机械工程博士后流动站 西安 710064；2. 江苏华通动力重工有限公司 镇江 212003；3. 长安大学　道路施工技术与装备教育部重点实验室,西安 710064）

摘　要　为了给路面铣刨机铣刨系统参数匹配提供参考,本文以 LXH1000 型全液压路面铣刨机为对象,对路面铣刨机铣削载荷特性进行了研究。文中运用数学解析法,研究了刀具铣削运动轨迹,建立了刀具铣削厚度及铣刨转子累积铣削厚度随铣刨转子转角变化的模型,分析了影响路面铣刨机铣削载荷的因素,并通过现场铣刨试验进行了验证。结果表明:路面铣刨机铣刨转子累积铣削厚度具有高频周期性变化的特点,铣刨转子旋转速度和刀具数量决定了铣刨转子累积铣削厚度变化的频率,路面铣刨机行走速度和铣刨转子旋转速度决定了铣刨转子累积铣削厚度的均值,但铣刨转子累积铣削厚度的周期性变化与铣削载荷的波动之间没有明显联系。

关键词　路面铣刨机　数学解析法　载荷特性

截至 2011 年底,中国沥青路面通车里程达到了 59.13×10^4 km。沥青路面的设计年限一般为 6～15 年,2001 年以前及部分 2001 年以后修建的沥青路面已逐步进入大修期。以路面铣刨机为主要设备的机械化养护作业方式已经在中国许多公路的养护中被采用,成为一种标准养护模式。

为满足路面铣刨机产品开发与技术创新的需求,国内学者进行了广泛深入的研究。王国安等通过试验研究确定了路面铣刨机铣刨系统消耗功率约占整机功率的 77％ 以上;魏春景采用理论分析和试验相结合的方法,研究了刀具铣削沥青路面时的受力变化规律和刀具安装参数对铣削力的影响规律,确定了刀具的理想铣削参数;田晋跃等采用数学分析方法研究了路面铣刨机刀具的受力模型,分析了刀具安装参数对铣削力的影响规律;周里群等采用数学分析方法研究了路面铣刨机铣削过程中刀具铣削厚度的计算方法和刀具的受力情况。这些工作大多集中在对刀具铣削载荷及其影响因素的研究上,本文在前人研究工作的基础之上,借助 MATLAB 软件,对铣刨转子的累积铣削厚度模型进行了研究,建立基于铣刨转子的累积铣削厚度模型,探讨了影响路面铣刨机铣削载荷特性的因素,并通过样机的现场铣刨试验进行了验证。

1 刀具铣削运动学分析

1.1 刀具铣削运动轨迹

路面铣刨机一般采用逆铣方式（铣刨转子的旋转方向相对于路面铣刨机的前进方向相反）进行沥青路面铣刨作业，以减小冲击载荷，获得最佳铣削效率。

图 1 为路面铣刨机铣刨转子铣削运动原理，其中 X 为铣刨转子中心轴线运动轨迹，亦可以看作半径为 r 的圆以和铣刨转子相同的转速沿 X'（与 X 相距 τ 的平行直线）旋转运动时的中心轨迹；v 为铣刨转子平移速度，即路面铣刨机行走速度；ω 为铣刨转子旋转角速度；θ 为铣刨转子角位移；E 为瞬时铣削点；n 为铣削轨迹上过 E 点的法线；τ 为铣削轨迹上过 E 点的切线。

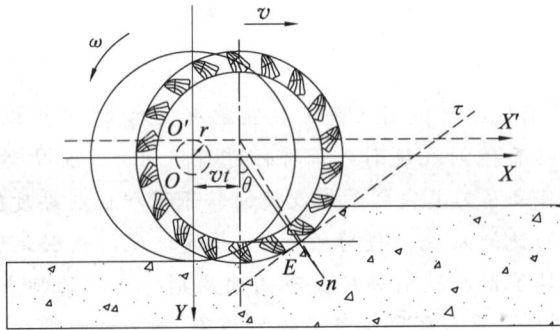

图 1　铣刨转子铣削运动原理

铣刨转子刀尖铣削轨迹为

$$
\left.
\begin{aligned}
x &= vt + R\sin \omega t = \frac{\theta}{\omega}v + R\sin \theta \\
y &= R\cos \omega t = R\cos \theta
\end{aligned}
\right\}
\tag{1}
$$

式中：R——铣刨转子刀尖旋转半径。

铣刨转子铣削作业过程中，同一圆周上相邻刀具刀尖铣削轨迹为

$$
\left.
\begin{aligned}
x &= vt + R\sin \omega t - s = v\frac{\theta}{\omega} + R\sin \theta - s \\
y &= R\cos \omega t = R\cos \theta
\end{aligned}
\right\}
\tag{2}
$$

式中：s——刀具进给量。

刀具进给量是路面铣刨机的重要工作参数，定义为转子转过相当于径向两相邻刀刃之间的角度时，相邻轨迹曲线间水平方向的距离，即

$$
s = \frac{2\pi v}{Z\omega}
\tag{3}
$$

式中：Z——同一圆周上布置的刀具数量。

通常小型路面铣刨机铣刨转子同一圆周上布置 1 把刀具。刀具平移速度和刀具旋转速度决定了刀具的铣削进刀量，即路面铣刨机的行走速度和铣刨转子的旋转速度决定了刀具的铣削进刀量。

目前，路面铣刨机铣刨转子驱动方式主要有机械皮带驱动方式、机械链条驱动方式和液压泵—马达闭式回路驱动方式，无论采用何种驱动方式，作业过程中铣刨转子转速保持不变（发动机转速变化引起的铣刨转子转速变化情况除外），且发动机转速发生变化时，铣刨转子转速与路面铣刨机行走速度同时按比例变化，不会影响刀具进给量。路面铣刨机行走速度是影响刀具进给量的主要因素，也就是说控制路面铣刨机行走速度可以调整路面铣刨机的刀具进给量。

1.2 刀具铣削厚度

刀具铣削厚度为铣刨转子旋转铣削过程中，同一圆周上相邻刀具轨迹间的法线截距，如图 2 所示。

当刀尖经过 E 点时，刀具铣削厚度就是点 E 与点 E' 之间的距离（E' 点是 E 点和瞬时转动中心 O' 连线与上一刀具铣削后所留轨迹的交点；F，F' 为另一铣削点与交点）。刀具铣削厚度在铣削过程中从 0 逐渐增大至最大值，再逐渐减小至 0。

某 LXH1000 型路面铣刨机铣削参数如表 1 所示。

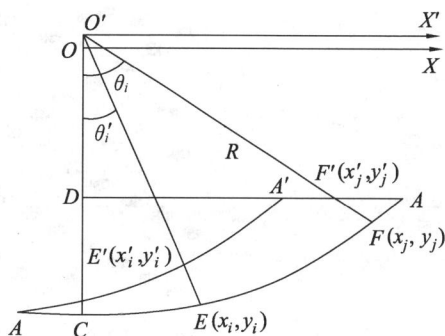

图 2 相邻轨迹间的法线截距

表 1 LXH1000 路面铣刨机铣削参数

铣刨转子刀尖圆直径/m	0.72	路面铣刨机行走速度/(m/min)	15
铣刨转子旋转铣削转速/(r/min)	133	铣刨转子铣削深度/m	0.16

采用 MATLAB 软件编制程序，用对分法可求得任意给定精度 ε 的坐标 $E'(x_i', y_i')$ 的近似解，进而绘制刀具铣削厚度随铣刨转子转角变化曲线，如图 3 所示。

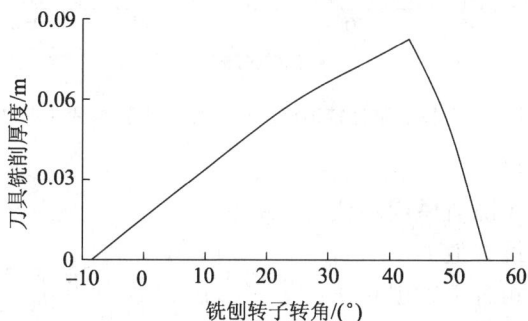

图 3 刀具铣削厚度随铣刨转子转角变化曲线

铣刨深度和铣刨转子转速保持不变时，路面铣刨机行走速度越高，刀具铣削进给量越大，刀具铣削厚度越大，即影响刀具铣削厚度的主要因素为路面铣刨机的行走速度。

2 铣削载荷特性分析

根据魏春景关于沥青路面冷铣刨机工作过程的动力学试验研究结论，刀具铣削厚度是影响刀具铣削载荷的主要因素。铣刨转子铣削载荷是安装在其上的刀具铣削载荷累加的结果，即安装在铣刨转子上的刀具的累计铣削厚度是影响铣刨转子铣削载荷的主要因素。

对刀具排布方式的研究表明:刀具在铣刨转子上应按人字形单头或多头螺旋线排列,且满足铣刨转子上同时切入地面的刀具为一把,以降低切入瞬时的冲击阻力;相继切入路面的刀具之间应有相同的角度间隔,以保证铣刨转子有平稳的铣削阻力矩;刀具排列应使铣刨转子受力呈以轴线中垂面为中心的对称状态。

满足上述要求的 LXH1000 型路面铣刨机铣刨转子刀具排布方式如图 4 所示。

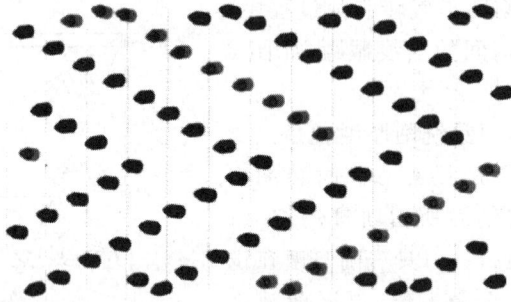

图 4 LXH1000 型路面铣刨机铣刨转子刀具布置

采用 MATLAB 软件编制程序,绘制铣刨转子累计铣削厚度随铣刨转子转角变化的曲线,如图 5 所示。铣刨转子累计铣削厚度随铣刨转子转角变化曲线的局部放大如图 6 所示。

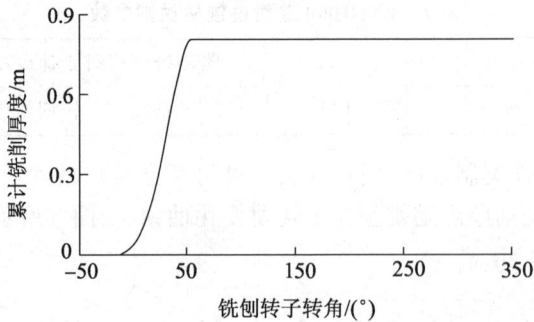

图 5 铣刨转子累计铣削厚度随铣刨转子转角变化曲线

从图 5,图 6 可以看出:

(1)铣刨转子的累计铣削厚度均值约为单把刀具铣削厚度最大值的 10 倍,即单把刀具的铣削载荷相对于铣刨转子铣削载荷较小。

(2)在铣刨转子开始铣削阶段(进刀阶段),铣刨转子的累计铣削厚度随着转角的增加而增加,为减小冲击,铣刨转子应以较慢的速度进行进刀作业。

(3)完成进刀后,铣刨转子的累计铣削厚度呈高频周期性变化的特点,铣削厚度变化的周期由铣刨转子转速和安装

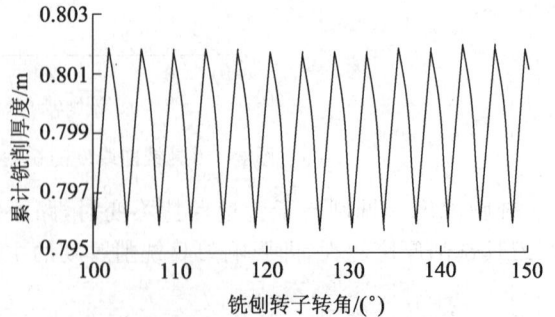

图 6 铣刨转子累计铣削厚度随铣刨转子转角变化曲线的局部放大

在其上的刀具数量决定,变化幅值在平均值的 ±0.5% 以内。

（4）铣削深度一定时，铣刨转子累计铣削厚度均值主要由路面铣刨机的行走速度决定（铣刨转子转速一般保持不变）。路面铣刨机行走速度波动会导致铣刨转子累计铣削厚度均值发生变化，并增加铣刨转子载荷的频率成分；调整路面铣刨机的行走速度也可以调整铣刨转子的累计铣削厚度均值，改变铣削载荷。

上述讨论是基于铣削厚度变化对铣刨转子载荷的影响。实际作业过程中，路面材料的不均匀及刀具铣削速度的变化（刀具处于不同转角位置时圆周速度与路面铣刨机行走速度的合成速度不同）也会影响铣刨转子的铣削载荷。前者由于沥青混凝土材料不均匀，对铣刨转子铣削载荷的影响带有随机性，后者对铣刨转子铣削载荷的影响较小。

3 试验结果与分析

为进一步研究路面铣刨机的铣削载荷特性，选用 LXH1000 型路面铣刨机进行了路面现场铣刨试验研究。LXH1000 型路面铣刨机铣刨转子采用液压泵—马达闭式回路驱动，铣刨液压系统的工作压力能够准确反映铣刨转子的铣削载荷（实际铣刨过程中，还存在铣刨转子连续挤压破碎和运输路面材料的过程，且这部分载荷无法从整个铣削过程中独立测量出来，本文中将其作为路面铣刨机铣刨转子铣削载荷的一部分）；行走系统采用前桥驱动形式，铣刨转子安装在两后轮之间，后轮转速能够准确反映路面铣刨机行走速度；试验过程中，选择平整、行车碾压较少的路沿地带进行匀速铣刨试验，并重复多次；用 DEWE5000 型数据采集仪记录铣刨液压系统压力和路面铣刨机行走速度等参数，考虑到铣刨转子转速频率和安装刀具的数量，数据采样频率为 1 kHz。

对试验过程中采集到的多组数据进行分析，典型铣刨液压系统压力时间历程曲线如图 7 所示。由图 7 可知，该系统具有明显的载荷波动，且载荷波动具有周期性变化的特点。

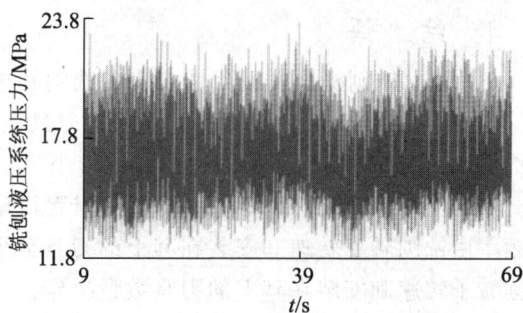
图 7 某一速度下铣刨液压系统压力-时间历程曲线

铣刨深度为 30 mm 时，铣刨液压系统压力（采样数据的平均值）与路面铣刨机行走速度的关系曲线如图 8 所示。

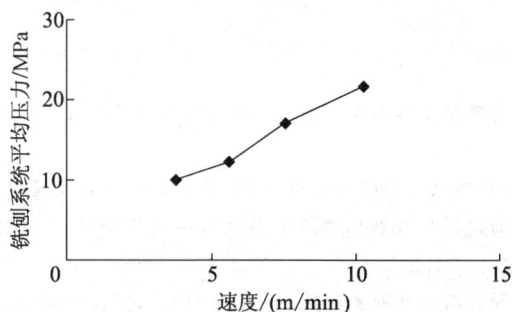
图 8 铣刨液压系统平均压力随铣刨速度变化曲线

对铣刨液压系统压力时间历程数据进行快速傅里叶变换（FFT），结果如图 9 所示（图 9

中已删除了 0.1 Hz 及以下的频率成分）。

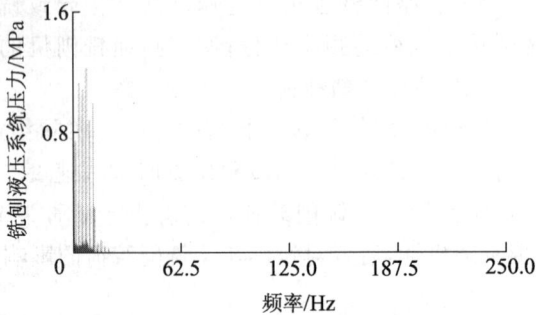

图 9   铣刨液压系统压力-频谱曲线

从试验结果可以看出：

（1）铣刨液压系统的压力随路面铣刨机行走速度的增加近似线性增加。

（2）铣刨转子转速和刀具数量共同决定的铣刨转子铣削厚度变化频率（约 150 Hz）附近，没有出现明显的铣刨载荷波动。

（3）去除 0.1 Hz 以下载荷成分后，铣刨系统载荷波动频率主要集中在 2.44 Hz（铣刨转子转速频率附近）及其倍频附近。

4   结   语

（1）路面铣刨机铣削载荷是安装在铣刨转子上刀具铣削载荷累计作用的结果，铣削厚度是影响刀具铣削载荷的主要因素，单把刀具铣削厚度的最大值仅为铣刨转子累计铣削厚度均值的 1/10，对铣刨转子的载荷影响较小。

（2）在以累计铣削厚度为主要影响因素讨论铣刨转子铣削载荷时，铣刨转子的铣削载荷频率由铣刨转子转速和安装在其上的刀具数量决定，即铣刨转子的铣削载荷波动频率由铣刨转子转速和安装在其上的刀具数量决定。

（3）铣刨转子转速不变时，铣刨转子的累计铣削厚度均值主要由路面铣刨机的行走速度决定，调整路面铣刨机的行走速度可以调整铣刨转子的累计铣削厚度均值；路面铣刨机铣刨进刀过程中，应以较小加速度进行进刀作业，以减小铣刨转子累计铣削厚度均值迅速增加对铣刨系统的冲击。

参考文献

[1] 王国安,刘洪海:《沥青混凝土路面冷铣刨机的性能试验与参数优化》,《筑路机械与施工机械化》,1992 年第 9 期。

[2] 魏春景:《沥青路面冷铣刨机工作过程的动力学研究》,西安公路交通大学,1995 年。

[3] 田晋跃,向华荣:《路面铣刨机铣削阻力及其参数影响规律分析》,《江苏大学学报:自然科学版》,2004 年第 25 期。

[4] 周里群,刘亚,张焕,等:《路面铣刨机的铣削过程分析》,《建设机械技术与管理》,2008 年第 21 期。

[5] 顾海荣,焦生杰,肖翀宇,等:《全液压路面铣刨机铣刨系统动力学仿真》,《长安大学学报:自然科学报》,2010 年第 30 期。

[6] 顾海荣,焦生杰:《全液压铣刨机铣刨系统速度刚度问题研究》,《中国工程机械学报》,2010

年第 8 期。

[7] 赵伟民,藤翼,徐六庆,等:《路面铣削装置的刀具排列形式与切削阻力矩计算》,《筑路机械与施工机械化》,2001 年第 18 期。

[8] 章水清,刘小娥,王林:《铣刨机刀具布置探析》,《筑路机械与施工机械化》,2005 年第 22 期。

[9] 赵敏:《沥青路面铣刨机作业阻力与牵引性能的研究》,长安大学硕士学位论文,2003 年。

[10] 陆青平:《铣刨机自功率控制系统的研究》,长安大学硕士学位论文,2003 年。

大流动度高性能自密实泵送混凝土的配制及应用

郏相民

（江苏省镇江市路桥工程总公司 镇江 212017）

摘　要　江苏省昆山东城大道 D4 标 1 号拼宽桥原桥为 C50 现浇连续箱梁，拼接部分与原桥现浇箱梁进行横向拼接，形成整体后共同受力，根据设计文件，确定拼接方式采用"铰接"方式，即在横向连接处形成假铰。现浇铰缝采用 C50 自密实补偿(UEA)大流动度高性能混凝土，达到优质美观之效果。

关键词　自密实补偿混凝土　强度　坍落度　和易性

随着国家公路网道路交通改造化工程的不断升级，新老桥的拼接应用越来越普遍，早强、大流动度高性能泵送混凝土在工程建设中也得到了广泛的应用。为满足苏州昆山东城大道改造工程 1 号拼宽桥（工程技术参数见图 1）连续现浇箱梁混凝土施工要求，达到经济合理、外形美观的工程效果，利用本地区的原材料进行大流动度高性能泵送混凝土配制，取得了较好的应用效果。

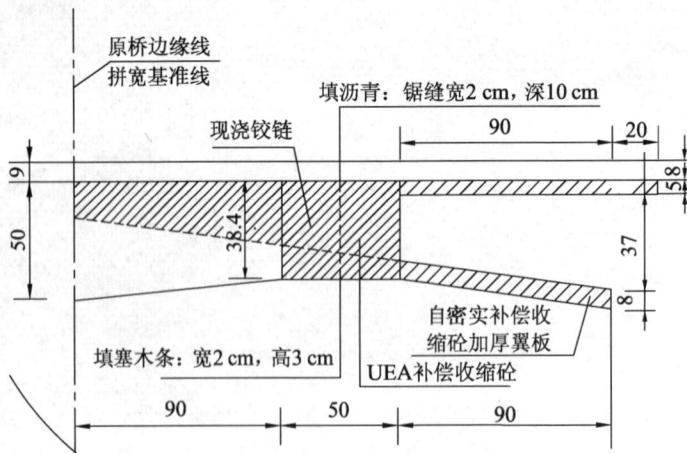

图 1　工程技术参数

1　现浇连续箱梁拼宽段 C50 混凝土的技术要求和原材料的选择

为满足设计要求，减轻原桥通行过程中震动的影响，新浇筑 C50 混凝土要求 3 d 强度达到设计强度等级的 90% 以上，7 d 强度不少于 100% 设计强度等级，并要求混凝土适宜于夏、冬两季远距离泵送，初凝时间不少于 6 h，终凝时间不大于 12 h，具有良好的可泵性，较小的泌水率,坍落度在 $180 \sim 220$ mm 之间,扩展度为 $600 \sim 700$ mm,坍落度经时损失小;由于拼宽段钢筋较密,要求混凝土具有良好的流动性,便于密实,还要求混凝土具有良好的保水性和粘聚性,避免泌水离析而使混凝土不均匀。考虑到粉煤灰在大跨径后张预应力结构的应用还没有规范可循,掺入粉煤灰的混凝土早期强度低,对混凝土收缩和徐变的影响不确定等,箱梁混凝土不掺入粉煤灰。

为保证混凝土既能满足上述性能要求,又能取得较好的经济效益,须认真筛选混凝土原材料,其中外加剂和粗骨料的性能是关键。外加剂应具有 25% 以上的减水率,同时具有缓凝、保塑和早强作用。粗骨料除其本征强度和含泥量符合规范要求外,其级配是配制高性能混凝土的重要因素。

1.1 水泥

考虑到大流动度高性能泵送混凝土的特点,选用质量稳定、早期强度较高、活性较好的浙江湖州三狮水泥厂生产的三狮牌 42.5 普通硅酸盐水泥。该水泥的密度为 3.10 g/cm^3,比表面积为 372 m^2/kg,3 d 抗折和抗压强度分别达到 5.2 MPa 和 28.2 MPa,28 d 抗折和抗压强度分别达到 8.7 MPa 和 53.0 MPa。

1.2 细骨料

为了减少大流动度高性能混凝土的单位用水量,有利于新拌混凝土的和易性及混凝土硬化后的性能,细骨料选用级配良好的江西九江河砂,细度模数在 $2.6 \sim 2.9$ 之间,含泥量为 $0.1\% \sim 0.6\%$,2.5 mm 筛孔的累计筛余不得大于 15%,0.315 mm 筛孔的累计筛余宜在 $85\% \sim 92\%$ 范围内,筛分曲线符合Ⅱ区中砂。

1.3 粗骨料

大流动度高性能泵送混凝土,可泵性是其关键的性能之一,因此粗骨料宜选用级配良好、质地坚硬的碎石。通过试验筛选,并考虑到拼接段钢筋较密及混凝土强度要求,选用了湖州鹿山坞的花岗岩碎石,为 $5 \sim 25$ mm 连续级配,含泥量 $\leqslant 1.0\%$,泥块含量 $\leqslant 0.5\%$,压碎指标 $\leqslant 12\%$,针片状含量 $\leqslant 5\%$。

1.4 水

混凝土采用河水拌制,pH 值、不溶物、可溶物、氧化物、硫酸盐等指标均符合《JGJ63—89 混凝土拌合水标准》的要求。

1.5 外加剂

大流动度高性能泵送混凝土的水灰比较小,流动性大。为方便施工,还要求混凝土坍落度经时损失较小,这主要靠高效减水剂来调节。为满足 C50 混凝土的上述技术经济要求,外加剂应具有 25% 以上的减水率,同时具有缓凝、保塑和早强作用。外加剂中的缓凝成分用来调整坍落度的经时损失和初凝时间,弥补因高效减水成分引起的坍落度损失过快和初凝时间过早的缺点。为了达到上述要求,选用了浙江五龙化工有限公司 ZWL-A-I 型、ZWL-G 型及江苏苏伯特外加剂厂 JM-3 型 3 种高效减水剂来进行试拌比较,主要从新拌混凝土的和易性、坍落度经时损失、硬化后混凝土性能等几方面考虑,经试验比较后选用浙江五龙化工有限公司 ZWL-A-I 型缓凝高效减水剂。

2 混凝土试配及结果分析

2.1 配合

早强、大流动度高性能泵送混凝土的设计比较困难,它受多种因素的影响,需要进行多次试配,来获得最佳配合比,以满足设计和施工的要求。根据《JTJ041—2000公路桥涵施工技术规范》的规定,混凝土水泥用量不宜大于 500 kg/m³。配制时采用绝对体积法进行配合比设计。C50 大流动度高性能混凝土的配制强度为 59.9 MPa,出料坍落度控制在 180～220 mm。

2.2 试配

为选用更好、更合理的外加剂,获得更经济合理的混凝土配合比,施工前利用两个厂家、3 个品种的外加剂,对 3 个配合比进行比较试验。外加剂品种及各参数见表 1。

表 1 试配参数

序号	外加品种	掺量/%	水灰比	原材料用量/(kg/m³)				
				水	水泥	黄沙	碎石	外加剂
A	ZWL-A-I	1.8	0.33	155	470	639	1136	8.46
B	ZWL-G	1.7	0.33	155	470	639	1136	7.99
C	JM-3	1.5	0.33	155	470	639	1136	7.05

2.3 试配结果分析

外加剂的掺量与性能是影响配合比主要因素,其次是水灰比和单位用水量,最后是砂率。在试配过程中,通过固定水泥、砂、石等原材料的方法,对外加剂的早强、减水率、保塑及缓凝等一系列性能向厂家提出更高要求,并据此来选择高性能的外加剂,以配制高性能混凝土。试配结果见表 2。

表 2 试配结果

序　号	坍落度/mm			展度/mm	和易性	强度/MPa		
	t_0	$t_{30\ min}$	$t_{60\ min}$			3 d	7 d	28 d
A	210	200	185	640	良好,无泌水	50.4	53.5	64.9
B	240	220	210	600	不佳,有泌水离析现象	46.3	49.1	61.9
C	150	130	90	350	一般,流动性不佳	52.2	55.0	68.9

经过试验的筛选,浙江五龙化工有限公司 ZWL-A-I 型外加剂的配比满足了设计、施工的要求,达到经济合理的目的,初步决定采用其作为混凝土的外加剂及配合比。

2.4 验证试验与结果

为了验证 A 配合比所用的浙江五龙化工有限公司 ZWL-A-I 型外加剂在混凝土配合比中的重要性、稳定性以及该配合比的适用性,决定对其进行验证性试验,为此抽取了 6 批次的该外加剂进行 6 次重复性验证试验。重复验证试验结果表明,外加剂的选用和配合比的设计达到了预期的要求,并且比较经济,能满足设计、施工规范和现场施工的各方面要求。

3 施工应用

3.1 现场试拌

为了确保 C50 混凝土的正常生产和施工,按配合比对 C50 混凝土进行了现场试拌。由于混凝土水灰比小,并且掺入了高效减水剂,搅拌要充分,以保证混凝土的质量,且混凝土搅拌时间不得少于 90 s。试拌时测得初始气温 26 ℃,坍落度为 220 mm,1 h 后坍落度为 210 mm,初凝时间为 325 min,终凝时间为 530 min。现场试拌的混凝土强度满足了要求。

为了优化混凝土配合比的稳定性及其适用性,对其进行了 6 次重复性验证试验和一次现场试拌。配合比的优化达到了预期目的,不但比较经济,而且强度同步增长,完全满足了设计、施工规范和现场施工的各方面要求。

3.2 现场应用

根据优化后的 C50 混凝土配合比进行现场施工,拼宽连续箱梁混凝土共进行了 4 次浇筑,混凝土的施工性能均满足了浇筑技术要求。现在全桥已经合拢,C50 混凝土共取样 16 组,性能均满足了设计要求,获得了预期的效果。

4 结 语

现在昆山东城大道 1 号拼宽桥已经竣工,通过 C50 大流动度高性能混凝土的试配与现场施工应用,得出以下施工体会:① 配制大流动度高性能混凝土应掺用减水率大于 25% 的高效减水剂,并应考虑高效减水剂与水泥的相容性及减水剂的掺量,以保证混凝土坍落度的经时损失小。② 通过优选外加剂,解决了延长凝结时间和提高早强这对矛盾的问题。由于选用的复合型高效减水剂具有缓凝、早强的作用,使得混凝土初凝时间大于 6 h,3 d 强度达到了设计强度等级,为加快工期、推进工程建设提供了可靠的质量保证。③ 选用质量可靠、稳定的高效减水剂,可以优化混凝土配合比,达到经济实用的目的。④ 严格控制好原材料是保证高性能混凝土正常生产和质量稳定的必要手段。⑤ 为了确保混凝土的可泵性,除了合理选用外加剂和砂率外,对现场新拌混凝土坍落度应增加抽检频率,正常生产后,至少应每隔 1 h 检测一次。

参考文献

[1] 路桥集团第一公路工程局:《JTJ041—2000 公路桥涵施工技术规范》,人民交通出版社,2000 年。

[2] 中华人民共和国建设部:《JGJ55—2000 普通混凝土配合比设计规程》,中国建筑工业出版社,2001 年。

玻纤高聚物抗裂贴在公路养护大中修工程
"白改黑"路面上的研究及应用

朱国娟　丁文胜　高原　王晶　刘德友

（镇江市公路管理处 镇江 212028）

摘　要　本文结合玻纤高聚物抗裂贴的材料构成，重点分析了抗裂贴的主要技术指标，总结了抗裂贴强度大、延伸率低、与沥青相容性好、耐高温、耐腐蚀的优点。通过分析路面典型病害的产生机理，结合抗裂贴的材料特性，阐述抗裂贴防治路面病害的原理，并介绍抗裂贴防裂隔水层的设置方法，总结抗裂贴施工技术，为抗裂贴的进一步推广应用总结经验、提供依据。

关键词　公路养护　裂缝处理　抗裂贴　施工技术

目前我国的高等级公路，其基层防水层的性能指标尚没有明确规定，而常规的透层加封层（如透层加碎石封层或稀浆封层等）的做法不能有效解决抗裂防水问题，大大缩短了高等级公路的使用寿命。在路面交通荷载重复作用下，刚性、半刚性基层的干缩裂缝和温缩裂缝会扩展到沥青路面面层形成反射裂缝。路面裂缝不仅影响美观，降低平整度，而且会削弱路面的整体强度。

为了探讨解决高等级公路基层抗裂防水层的新型材料性能，本文在研究《公路沥青路面施工技术规范》中下封层、透层的基础上，在 G104 镇江市句容段路面大中修工程中使用玻纤高聚物抗裂贴，以减缓旧水泥混凝土路面接缝的反射并使其具有防水功能。通过这次的试验，总结经验，试图找出符合镇江市高等级公路建设养护的抗裂防水新型产品，为今后高等级公路建设养护提供可靠的依据。

1　玻纤高聚物抗裂贴的工程性质

1.1　玻纤高聚物抗裂贴材料简介

玻纤高聚物抗裂贴由沥青基高分子聚合物改性的材料与高强抗拉、耐高温且与沥青相容性好的抗拉玻纤织物复合而成。这种结构将现在公路上防止裂缝的几种措施进行了有机综合应用，是目前公路防裂产品的前沿升级产品。

玻纤高聚物抗裂贴克服了单纯使用土工布、玻璃纤维格栅抗裂而造成的界面性，具有抗裂、防水密封、吸收应力的作用，又克服了用土工布、玻璃纤维格栅在摊铺过程中造成推移、折叠，影响上下结构层粘连的问题；同时玻纤高聚物抗裂贴的高抗拉强度设计使其能够抵抗较严重裂缝的破坏，为水泥混凝土路面"白改黑"前裂接缝的处理提供很好的解决方案。

玻纤高聚物抗裂贴的低温柔性设计使其具有良好的抗温缩裂缝性能。玻纤高聚物抗裂贴良好的热稳定性使其在高温热混合料摊铺前后仅发生微小形变,从而保证其卓越的路用效果。

玻纤高聚物抗裂贴的结构如图 1 所示。

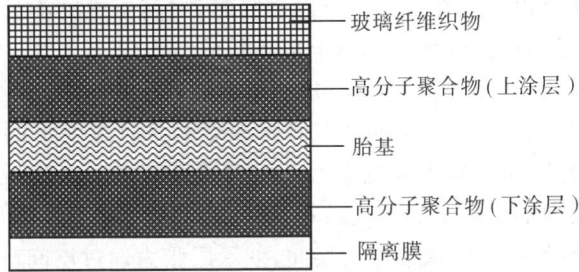

图 1　玻纤高聚物抗裂贴的结构

1.2　玻纤高聚物抗裂贴的材料性能

1.2.1　抗裂性能

玻纤高聚物抗裂贴表面的高强度玻纤织物具有较高抗拉强度,能有效抵抗层间裂缝处拉应力,限制裂缝宽度发展,起到加筋、抗裂的作用。

1.2.2　防水性能

玻纤高聚物抗裂贴铺设在层间裂缝表面,形成一个完整的隔水防渗层,可隔断雨、雪、水下渗路径,从而减少路面水损害。

1.2.3　消能性能

玻纤高聚物抗裂贴中的高分子聚合物具有一定粘弹的材料,有较好的低温柔韧性,铺设在沥青路面层间,相当于设置了一粘弹性层,裂缝处拉应力通过抗裂贴中高聚物层扩展到更宽范围,起到吸收拉伸能量的作用。

1.2.4　自粘性能

玻纤高聚物抗裂贴的材料具有自粘性,揭去隔离膜后粘结性能良好,采用压路机或小型压实设备稳压后,与路面粘结更加牢固,无推移,能够满足上层沥青混合料摊铺施工要求。

根据环境温度的变化,抗裂贴中的高分子聚合物采用了常温、低温、高温 3 种配方,保证了不同环境温度季节材料与路面的粘结性能。

1.3　玻纤高聚物抗裂贴的工作原理

玻纤高聚物抗裂贴的工作原理如图 2 所示,路面有无抗裂贴的效果如图 3 所示。

图 2　高聚物抗裂贴工作原理

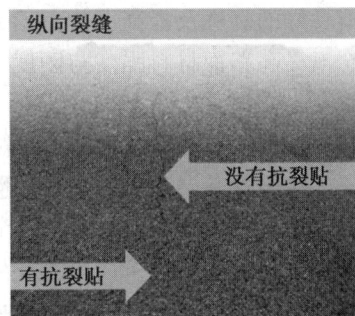

图 3　有无抗裂贴路面的效果

1.4 玻纤高聚物抗裂贴防水工作原理

（1）合理的产品设计，首先可以满足防水层的厚度，达到良好的防水效果；上薄下厚的结构，又有效地保证了其与基面层的粘结强度。由于抗裂防水膜耐高温织物的熔点高于沥青混合摊铺温度，这样可以保证在摊铺沥青混合料时，耐高温织物不熔化，高聚物在高温下从织物的缝隙处往上迁移可很好地起到承上启下的粘结作用。

（2）抗裂防水膜置于面层与水稳基层或旧水泥混凝土板块之间，能减小面层与基层间的结合力。当路面发生温缩时，沥青面层不但要承受本身收缩变形的拉应力，而且下承层的收缩变形会在面层底部引起较大的拉应力。层间设置抗裂防水膜后，降低了下承层与面层间的结合力，下承层对面层的附加应力减小，面层底部所受拉应力下降而不致造成拉裂。

（3）有较大延伸性的抗裂防水膜作为层间，下承层张力通过层间可使应力扩展，从而缓解裂缝处的应力集中，即弹性层间起到了吸收部分拉伸能量的作用，并承担部分水平应力，增加地基的承载力。

1.5 玻纤高聚物抗裂贴防反射裂缝机理

1.5.1 反射裂缝的产生及常规处理方法

沥青面层上反射裂缝基本分为两大类，即荷载型裂缝和非荷载型裂缝。荷载型裂缝，如行车引起的疲劳裂缝；非荷载型裂缝，如沥青面层本身的低温收缩裂缝以及半刚性基层的干温缩裂缝。在原有开裂路面上加铺罩面时，由于温度循环变化和车辆荷载的反复作用，使原有裂缝反射到加铺层，形成反射裂缝。现有路面结构层纵向拼缝以及老路纵、横裂缝的处理方案大多采用乳化沥青封层，而后在其上铺设玻纤格栅。这种方案从机理到现场使用的效果都不太理想。玻纤格栅是一种网格的筋条状材料，它和半刚性基层及沥青混合料面层的整体协调性均较差。另外由于这种材料不能回收利用，还常常需要用铁钉来加强固定，会给今后路面的养护带来很大的麻烦（损坏铣刨机齿、旧料无法使用等），且现场施工状况很差。如果接缝两边有一定的高差，则玻纤格栅很难服帖，固定后在施工车辆的行驶下会产生松动。最大的问题在于铺设高温沥青混合料和玻纤格栅会产生延伸，从而使其与原固定界面分离。

1.5.2 抗裂贴防治反射裂缝

在半刚性基层表面或旧水泥混凝土板块接缝处设置抗裂贴，能够改变沥青层在车辆荷载和温度作用下的受力状态，大幅度降低基层裂缝处沥青层的应力集中，从而阻碍反射裂缝的产生和发展。

抗裂贴区别于普通土工织物之处就在于，它结合了土工织物和土工格栅的双重优点，既具有良好的韧性及提高沥青混合料抵抗变形破坏的能力，同时还具有较高的抗拉强度，能够全面提高路面材料强度与刚度，改变路面结构的应力分布状态。其力学作用主要体现在以下几个方面：

（1）抗裂贴并不是依靠自身的较大变形来扩散应力，其防裂作用实质是一种隔离功能，它分隔了半刚性基层和沥青面层，避免了沥青层直接处于裂缝尖端的应力集中区域，而由抗拉强度较高的织物本身承受较大的拉应力，从而阻碍了裂缝的迅速扩展。有研究认为，在保证抗拉强度满足要求的前提下，土工织物延伸率越小其防裂效果越好。因此，抗裂贴这种高强度、低延伸率的土工材料，拥有良好的防裂效果。

（2）温缩裂缝主要是由于温度骤降，混合料的应力松弛赶不上温度应力的增长，层底的弯拉应变超过极限弯拉应变而造成的。加铺抗裂贴后,沥青面层和基层之间不再直接接触,层间结合能力受到削弱,基层裂缝处在低温收缩时产生的位移可以通过抗裂贴夹层吸收,不在沥青面层底部产生较大的拉应力,降低沥青面层底部在基层裂缝处的应力集中现象,同时提高沥青面层的应力松弛能力,抵抗温缩荷载疲劳破坏。

(3)温度型反射裂缝一般沿基层裂缝面发展,车辆荷载型反射裂缝的扩展方向与基层裂缝面一般呈20°夹角,抗裂贴能增大基层内垂直裂缝沿界面向水平方向发展的可能性,从而延缓裂缝反射到路表的时间。

1.6 玻纤高聚物抗裂贴主要技术指标

玻纤高聚物抗裂贴主要技术参数见表1。

表 1 玻纤高聚物抗裂贴主要技术参数

技术指标		参数值	参照标准
最大延伸率(纵向)/%		≤10	GB 18242—2000
最大延伸率(横向)/%		≤10	
最大拉伸强度(纵向)/(kN/m)		≥30	GB 18242—2000
最大拉伸强度(横向)/(kN/m)		≥30	
软化点 (聚合物)	高温环境(≥38 ℃)/℃	≥85	JTG 052—2000
	常温环境(16~37 ℃)/℃	80~84	
	低温环境(≤15 ℃)		
弹性恢复(聚合物)/%		≥75	JTG 052—2000
织物耐高温性/℃		>230	GB/T 328.11—2007
低温柔性/℃		−20	GB 18242—2000
织物耐酸性		通过	JTG E50—2006
织物耐碱性		通过	
厚度/mm		2	GB 18242—2000
宽度/cm		24,32,48,96	GB 18242—2000

2 玻纤高聚物抗裂贴施工技术

本项目为2010年G104镇江市句容段路面大中修工程,具体位置在 K1162+862~ K1168+150,路面宽度9~15 m,全长5.288 km,为水泥混凝土路面,始建于1992年。首先对水泥砼病害进行处理(如水泥压浆和换板处理)后,用玻纤高聚物抗裂贴(宽32~48 cm)粘贴所有接缝,再施工6 cm中粒式沥青砼下面层和4 cm细粒式沥青砼上面层。

2.1 施工工艺

2.1.1 工艺流程

抗裂贴的施工工艺流程如图4所示。

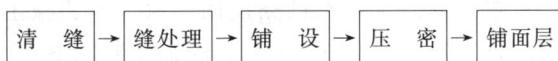

清　缝 → 缝处理 → 铺　设 → 压　密 → 铺面层

图 4 抗裂贴施工工艺流程

2.1.2 影响粘贴质量的主要因素

（1）材料选择

① 粘结性能：应根据施工季节的气候条件选择聚合物不同软化点的抗裂贴。夏季气温≥38 ℃高温环境，应选择聚合物软化点≥85 ℃的抗裂贴；春秋气温 16～37 ℃常温环境，应选择聚合物软化点在 80～84 ℃的抗裂贴；冬季气温≤15 ℃低温环境，应选择聚合物软化点上在 75～80 ℃的抗裂贴。

② 宽度：对于单条轻、中度裂缝，宜选择宽度为 32 cm 的抗裂贴；对于单条重度裂缝，宜选择宽度为 48 cm 的抗裂贴。

（2）材料搭接

在铺设过程中，应尽可能避免搭接。若因剩余材料出现不可避免的搭接时，搭接重叠长度应不小于 5 cm，且同一裂缝处不应出现两处搭接。

（3）材料压密

抗裂贴压密过程中，应注意抗裂贴底部或顶面有无异物，避免异物将抗裂贴刺破。

（4）施工衔接

① 抗裂贴铺设后，应及时铺筑上面层，避免行车碾压及长时间暴晒或雨淋。

② 为防止施工车辆车轮将抗裂贴粘起，粘层油洒布后，应待热沥青完全固化或乳化沥青完全破乳后，方可进行加铺罩面层施工。

2.2 工后检测及效果评价

试验路自施工完成后，2012 年 6 月通过 CICS 路况检测车对完工后路面平整度的检测，路面行驶质量 RQI 指数为 95.9，行驶质量属"优"。通车一年多来，沥青路面平整，没有产生反射裂缝。历经环境考验及车辆荷载的反复作用，对其进行工后使用情况的检测，以评价抗裂贴在新建沥青道路中防裂隔水的使用效果。具体的检测项目包括路面使用情况调查、路面弯沉、防渗效果。

（1）路面使用情况调查

对于整个试验段进行全面的路面使用情况调查，并根据施工期间所调查的基层裂缝的位置重点进行了裂缝调查，全段未发现任何裂缝、车辙等病害，只是在局部地区有少许泛油现象，整体路面性能良好，说明抗裂贴在短期内能够很好的实现防治沥青路面早期损坏的目标，至于其长期性能仍需进一步加强观测和调查才能得出结论。

（2）路面弯沉

路面弯沉是路面在垂直荷载作用下，产生的垂直变形，反映路面结构的承载能力，是表征路面整体刚度大小的指标。使用贝克曼梁弯沉仪分别在铺设抗裂贴路段和未铺设抗裂贴路段测定路面回弹弯沉，结果见表 2。

表 2　路面回弹弯沉测定结果

路面类型	施工前	完工后（有抗裂贴）
代表弯沉值	14.0	4.4

从测定结果可以看出，施工铺设抗裂贴的路面回弹弯沉值比施工前的路段小，说明抗裂贴对于沥青面层确实有加筋的作用，可以有效提高路面承载能力。

（3）施工完成后取芯检测

通过取芯观察，抗裂防水膜与新旧沥青结构层黏结成为完整的一体，起到了防水阻裂的预期效果。

3 结论与展望

3.1 主要结论

通过对抗裂贴的工程性质进行分析，阐述抗裂贴作为沥青道路防裂隔水层的机理及作用，并结合试验工程对抗裂贴的施工技术进行了总结，得到以下主要结论：

（1）聚酯玻纤防裂布是继土工布、土工格栅、条带聚合物之后发展起来的一种新型土工合成材料。抗裂贴是聚酯纤维和玻璃纤维的复合物，在聚酯纤维土工布的表面经编纵横交错的玻璃纤维束，它融合了聚酯纤维的韧性和玻璃纤维的强度。

（2）抗裂贴具有强度大、延伸率低、与沥青相容性好、耐高温、耐腐蚀的优点，用于沥青路面建设和改造中可以防治反射裂缝、抵抗水破坏、增强路面承载能力。

（3）抗裂贴夹层可以通过加筋沥青面层，隔离面层基层接触，降低基层裂缝处应力集中，减少基层裂缝沿界面向水平方向发展的可能性来有效抑制与缓解半刚性基层沥青路面的反射裂缝现象。同时削弱面层基层约束条件，减少温缩裂缝的产生和发展。

（4）抗裂贴的施工工序主要包括清理基层、铺设抗裂贴、喷洒粘层油、面层摊铺 4 个步骤。为保证良好的粘结性能，一定要对基层顶面进行仔细的清理，为抗裂贴的铺设提供一个平整清洁的工作面。粘层油品种包括热沥青、乳化沥青、改性乳化沥青及其他粘结剂，喷洒粘层油的关键在于喷洒均匀、适量。抗裂贴的铺设需要注意搭接、避免出现褶皱。面层摊铺的施工车辆应尽量保持匀速缓慢行驶，严禁急刹车、急转弯。

3.2 待研究的问题

本项目对抗裂贴这种新型土工合成材料进行了一些理论及实践的研究工作，但是仍存在大量问题需要进一步深入研究：

（1）抗裂贴实际上是一种复合土工合成材料，它的主要技术指标仍需进一步的研究。如厚度指标包括了一部分玻璃纤维束的高度，但是在实际工程中这一部分厚度基本不吸收沥青粘层油，且是嵌锁在沥青混凝料中的。

（2）对于抗裂贴提高高温稳定性的研究。从理论上讲，抗裂贴的玻璃纤维网格可以提高沥青混凝土粒料之间的嵌锁能力，从而提高沥青混凝土抵抗推移变形的能力，但是如何采用试验方法进行评价仍需进一步研究。

（3）本文对于抗裂贴防裂隔水的机理主要是结合病害机理和材料特性两方面进行阐述的，仍需加强对抗裂贴在道路结构中力学响应的分析。

（4）仍需结合大量的实体工程，以总结抗裂贴的施工经验，并通过长期的检测工作检验抗裂贴的长期路用性能。

参考文献

［1］沙庆林：《高速公路沥青路面早期破坏现象及预防》，人民交通出版社，2001 年。

［2］马春蕊：《高分子聚合物抗裂贴在京泰高速公路裂缝病害中的应用》，《交通世界》，2010 年第 9 期。

SUP13 HW 型橡胶粉改性沥青混凝土配合比设计

傅文辉

（镇江市四通公路工程有限公司 镇江 212200）

摘　要　近年来随着我国交通事业迅速发展,全国各地修建了大量的沥青混凝土公路。经过多年的运行后,由于当初设计能力偏低或超负荷运载等,不少公路出现了不同程度的损坏,这对公路的养护和维修提出了新的课题。本文将从使用水泥就地冷再生施工方面,结合工程实践,提出水泥就地冷再生施工的方案和意见。

关键词　SUP13　HW 型橡胶粉改性沥青　配合比设计

旧轮胎是国际公认影响环境而必须处理的固体废弃物,利用报废的轮胎制成胶粉,将其用于公路养护,不仅有利于废旧物资的再生利用,使其变废为宝,同时能改善沥青混凝土的高低温性能、抗老化性能,延长路面使用寿命,而且采用橡胶粉改性沥青铺筑的路面可以降低噪声、节约成本,具有明显的经济和环保效益。目前橡胶粉改性沥青在我国的公路工程应用中还处于验证与推广阶段。2010 年至 2011 年的扬中市三栏路改造工程中使用的就是本地产的文盛牌 HW 型橡胶粉改性沥青。HW 型橡胶粉改性沥青是江苏文昌新材料科技有限公司采用独有的专利技术,将废弃轮胎粉进行物理化学处理后与沥青混合,同时加入特制的助剂经剪切、反应而制成,该产品是对废弃轮胎的再生利用,具有良好的高温稳定性、低温柔韧性、不离析性、抗老化性、抗疲劳性、抗水损坏性等,是较为理想的环保型路面材料。

1　原材料试验

每批进场的原材料都按相关规范和标准进行试验,并加强施工中试验自检和抽检力度,保证原材料质量的稳定。

（1）HW 型橡胶粉改性沥青

随机抽取江苏文昌新材料科技有限公司供应的 HW 型橡胶粉改性沥青,按照《设计图纸》、《JTJ052—2000 公路工程沥青及沥青混合料试验规程》及《橡胶改性沥青路面施工指导意见》要求进行了规定项目的试验检测,各项技术指标符合相关的技术要求（见表 1）。

表 1　橡胶粉改性沥青检测结果

试验项目	技术要求	测试值	试验规程
针入度(25 ℃,100 g,5 s)/0.1 mm	60~80	78	T0604
针入度指数 PI	>0	1.21	T0604
延度(5 ℃,5 cm/min)/cm	≥12	20	T0605
软化点(环球法)/℃	≥60	67.5	T0606
溶解度(三氯乙烯)/%	≥99.5	99.8	T0607
含蜡量(蒸馏法)/%	≤2.2	1.3	T0615
密度(15 ℃)/(t/m³)	≥1.01	1.01	T0603
运动粘度(180 ℃)/(Pa·s)	1.5~4.0	2.4	T0625
闪点(COC)/℃	≥260	336	T0611
弹性恢复/%	≥70	86	T0662
离析/℃	≤3.5	3.0	T0661
RTFOT 后残留物			
质量变化/%	≤±0.8	−0.18	T0610
针入度比(25 ℃)/%	≥61	85	T0604
延度(5 ℃,5 cm/min)/cm	≥6	15	T0605

（2）矿料

工程所用粗、细集料产地是忠春建材厂生产的石灰岩，矿粉为高资城建建材生产，并按照《设计图纸》、《JTG E42—2005 公路工程集料试验规程》要求进行了规定项目的试验检测，各项技术指标符合相关的技术要求（见表 2 至表 4）。

表 2　粗集料检测结果

试验项目	技术要求	测试值
石料压碎值/%	≤30	23
洛杉矶磨损损失/%	≤35	22.5
视密度/(t/m³)	≥2.45	2.718
吸水率/%	≤3.0	0.75
对沥青的粘附性/级	≥4	5
坚固性/%		
细长扁平颗粒含量/%	≤20	12
水洗法<0.075 mm 颗粒含量/%	≤1	0.80
软石含量/%	≤5	0.70

表 3　细集料检测结果

试验项目	技术要求	测试值
视密度/(t/m³)	≥2.45	2.705
坚固性/%	/	/
砂当量/%	≥50	83
含泥量(<0.075 mm 含量)/%	≤5	2.7

表 4　矿粉检测结果

试验项目		技术要求	测试值
视密度/(t/m³)		≥2.45	2.663
含水量/%		≤1	0.3
亲水系数/%		<1	0.6
粒度范围/%	<0.6mm	100	100
	<0.15mm	90~100	99.7
	<0.075mm	70~100	96.5

2　配合比设计

2.1　确定目标配合比设计

根据以往试验经验,建立 SUP13 目标配合比设计结果(见表 5 至表 10)。

表 5　SUP13 目标配合比设计级配　　　　　　　　　　%

混合料类型		筛孔/mm									
		16.0	13.2	9.5	4.75	2.36	1.18	0.6	0.3	0.15	0.075
目标		100	99.1	84.2	42.9	30.5	22.0	13.3	8.1	6.7	5.7
设计	上限	100	100	85	68	50	38	28	20	15	8
	下限	100	90	68	38	24	15	10	7	5	4

表 6　矿料配合比及沥青用量

混合料类型	下列各种矿料所占比例/%				最佳沥青用量/%
	1#	2#	4#	矿粉	
目标配合比	58.0	6.0	35.5	0.5	5.0

表 7　设计沥青用量验证试验结果

橡胶沥青用量	设计次数时			F/A	初始压实度/%	最大压实度/%
	压实度/%	VMA/%	VFA/%			
5.0	95.94	14.41	71.85	1.27	86.15	96.49
Superpave 标准		≥14.0	65~75	0.6~1.2 *	≤89	≤98

注:* 表示当级配通过限制区下方,粉胶比可增加到 0.8~1.6。

表8　浸水马歇尔试验结果

混合料类型	马歇尔稳定度/kN	浸水马歇尔稳定度/kN	残留稳定度 S_0/%	要求/%
目标配合比	12.67	11.19	88.3	≥85

表9　冻融劈裂试验结果

混合料类型	无条件劈裂强度/MPa	条件劈裂强度/MPa	TSR/%	要求/%
目标配合比	0.720 4	0.607 9	84.4	≥80

表10　车辙试验结果

混合料类型	橡胶沥青用量/%	动稳定度/(次/毫米)				
		1	2	3	平均	要求
目标配合比	5.0	6190	6180	6190	6187	≥3000

通过旋转压实和马歇尔试验验证,其空隙率、VMA、VFA(饱和度)等均能满足要求;通过车辙试验得到其动稳定度满足要求;由浸水马歇尔试验、冻融劈裂试验知,该级配抗水害能力满足要求。因此该目标配合比设计结果可作为生产配合比设计依据。

2.2　确定生产配合比设计

根据设计配合比设计,对拌和楼热料仓取料进行了密度和筛分试验,结果见表11及表12。

表11　热料仓集料密度试验结果

检测项目	4#仓 (11~15 mm)	3#仓 (6~11 mm)	2#仓 (3~6 mm)	1#仓 (0~3 mm)	矿粉
表观密度	2.727	2.723	2.718	2.716	2.663
毛体积密度	2.680	2665	2.626	2.619	
吸水率/%	0.64	0.80	1.29	1.36	

表12　热料仓筛分结果　　　　　　　　　　　%

料仓名称	方筛孔/mm									
	19	13.2	9.5	4.75	2.36	1.18	0.6	0.3	0.15	0.075
4#仓	100	96.1	8.1	0.2	0.2	0.2	0.2	0.2	0.2	0.2
3#仓	100	100	91.3	10.8	1.6	0.4	0.2	0.2	0.2	0.2
2#仓	100	100	98.3	71.4	4.5	2.0	20.	2.0	2.0	0.8
1#仓	100	100	100	99.4	85.3	55.4	28.4	20.1	15.0	11.6
矿粉	100	100	100	100	100	100	100	99.9	99.7	96.5

按照筛分结果进行生产级配调试,基本满足要求,结果见表13。

表 13　生产级配调试结果　　　　　　　　　%

料仓名称及用量/%	方筛孔/mm									
	19	13.2	9.5	4.75	2.36	1.18	0.6	0.3	0.15	0.075
4#仓(13.0)	13.0	12.5	1.1	0.0	0.0	0.0	0.0	0.0	0.0	0.0
3#仓(46.0)	46.0	46.0	42.0	0.7	0.2	0.1	0.1	0.1	0.1	0.1
2#仓(11.0)	11.0	11.0	10.8	7.9	0.5	0.2	0.2	0.2	0.2	0.1
1#仓(28.0)	28.0	28.0	28.0	27.8	23.9	15.5	8.0	5.6	4.2	3.2
矿粉(2.0)	2.0	2.0	2.0	2.0	2.0	2.0	2.0	2.0	2.0	1.9
混合料合成级配	100.0	99.5	83.9	42.7	27.1	17.9	10.3	7.9	6.5	5.3
目标级配	100	99.1	84.2	42.9	30.5	22.0	13.3	8.1	6.7	5.7

2.3　最佳沥青用量确定

根据生产配合比设计结果,分别用 4.7%,5.0%,5.3%的沥青用量进行旋转压实试验。压实次数设定在 $N_{设计}=100$ 次。试验结果见表 14 和表 15。

表 14　3 种沥青用量试验结果汇总

沥青用量/%		4.7			5.0			5.3	
最大理论相对密度		2.511			2.502			2.491	
试件编号	1	2	3	1	2	3	1	2	3
高度/mm　8 次	134.6	133.2	134.2	131.2	131.6	130.7	128.9	127.5	129.3
100 次	117.5	117.3	117.5	115.7	115.9	115.4	114.2	112.8	114.3
空气中重/g	4 751.5	4 800.1	4 789.6	4 812.4	4 819.6	4 822.5	4 741.0	4756.1	4759.2
水中重/g	2 791.4	2 819.3	2 821.2	2 825.8	2 830.6	2 826.4	2 791.9	2 800.1	2 807.3
饱和面干重/g	4 779.1	4 826.9	4 824.9	4 826.5	4 841.2	4 835.1	4 757.2	4 773.2	4 781.9
毛体积相对密度	2.390	2.391	2.391	2.405	2.397	2.401	2.412	2.410	2.410
初始压实度/%		83.3			84.6			85.7	
初始压实度/%		95.2			95.9			96.8	

表 15　3 种沥青用量沥青混合料体积性质

沥青用量/%	在设计压实次数时			矿粉/有效沥青比例	初始压实度/%
	压实度/%	VMA/%	VFA/%		
4.7	95.2	14.9	70.7	1.26	83.3
5.0	95.9	14.6	74.8	1.16	84.6
5.3	96.8	14.8	79.6	1.10	85.7
Superpave 标准	≥14.0		65~75	0.6~1.2 *	≤89

注:* 表示当级配通过限制区下方,粉胶比可增加到 0.8~1.6。

根据旋转压实试验结果,确定最佳沥青用量为 5.0%。

根据 superpave 设计方法得到的 SUP13 HW 型橡胶粉改性沥青混合料,采用最佳沥青用量进行马歇尔击实成型,试验结果见表 16。

表 16　马歇尔试验结果

试验项目	实验结果	要　　求
击实次数/次	正反 75	正反 75
稳定度/kN	12.8	≥8.0
流值/(0.1 mm)	35.0	20～50
空隙率/%	4.99	4～6
沥青饱和度/%	67.39	65～75
VMA/%	15.30	≥14.0

2.4　生产配合比验证及水稳定性检验

依据室内设计得到的最佳沥青用量 5.0%,成型旋转压实试件,验证 5.0%沥青用量下设计混合料在压实次数 $N_{最大}$ 时(本次 $N_{最大}$ 为 160 次)对应的体积性质指标结果,试验结果见表 17。对设计混合料进行了浸水马歇尔试验验证,验证结果见表 18。

表 17　设计沥青用量验证试验结果

橡胶沥青用量/%	在设计压实次数时			矿粉/有效沥青	初始压实度/%	最大压实度/%
	压实度/%	VMA/%	VFA/%			
5.0	96.0	14.4	74.1	1.15	84.5	97.6
Superpave 标准		≥14.0	65～75	0.6～1.2 *	≤89	≤98

注:* 表示当级配通过限制区下方,粉胶比可增加到 0.8～1.6。

表 18　最佳沥青用量浸水马歇尔检验

混合料类型	马歇尔稳定度/kN	浸水马歇尔稳定度/kN	残留稳定度 S_0/%	要求/%
SUP13 橡胶沥青	13.18	11.80	89.5	≥85

3　结　语

按照 SUP13 HW 型橡胶粉改性沥青混凝土配合比设计过程,所有试验数据都满足相关技术指标要求,最佳 HW 型橡胶粉改性沥青含量为 5.0%,矿料配比为 4♯仓:3♯仓:2♯仓:1♯仓:矿粉=13:46:11:28:2。试验表明 SUP13 HW 型橡胶粉改性沥青混凝土具有良好的高温稳定性、低温柔韧性、不离析性、抗老化性、抗疲劳性、抗水损坏性等,是较为理想的环保型路面材料。

参考文献

[1] 中华人民共和国交通部公路科学研究所:《JTJ 052—2000 公路工程沥青及沥青混合料试验规程》,人民交通出版社,2000 年。

[2] 中华人民共和国交通部公路科学研究所:《JTG E42—2005 公路工程集料试验规程》,人民交通出版社,2005 年。

[3] 中华人民共和国交通部公路科学研究所:《JTG F40—2004 公路沥青路面施工技术规范》,人民交通出版社,2004 年。

拓宽改造工程路基填筑施工质量控制

符卫国　尹银火　吴轶群

（丹阳市交通运输局 丹阳 212309）

摘　要　本文结合目前参与施工的公路拓宽改造工程项目，讨论如何通过施工方法、处治措施等，加强新老路基的衔接，保证路基的填筑质量。

关键词　公路拓宽改造　路基填筑　质量控制

1　工程概况

338 省道丹阳段起自常州与丹阳行政交界处的 338 省道老线，终点接 338 省道镇江段起点，是连接常州、丹阳与镇江的省干线公路。本拓宽改造工程全长约 14.1 km，按一级公路标准实施改造，设计时速 80 km/h，路面宽 32 m。项目起点至常麓桥段（设计里程号：K0＋000～K9＋880）约 10 km 为老路拓宽段（老路宽 15 m），其余约 4.1 km 为改线新建。

老路扩宽段，从原来的双向两车道，拓宽为双向六车道；从原来的 15 m 路基总宽拓宽到 32 m。

2　路基填筑施工质量控制要点

2.1　边界处理

对填方体而言，边界处理分为填前地基处理和填前排水处理。由于原地面与填料结构不同，且二者密度、承载能力不同，如果不对原地面进行有效处理，易发生接合部沉降病害。填前地基处理首先是对地基进行简易的挖探，如果地表下面土质良好，状况稳定，则清除地表植被、树根、垃圾和不良土质后即可进行填前压实；如存在超过常规清表厚度的软弱区（如淤泥、高液限土体等），无法进行填前压实，则须进行专门处理。

填前排水处理也可视为边界处理的一项重要内容。由于填方区多位于地势低凹处，水系发育且水量富集，如不采取措施或未彻底根治，地基长期浸水将导致承载力降低，从而引起路基沉降。临时排水设施应和永久性排水设施相互结合施工。对地表水主要采取"截"的办法，一般地说，影响路基稳定的地面水在设计中已加以考虑，可沿路线纵向在填筑区外开沟截水，有条件的可先行施工边沟，总之是要将地表水引入附近涵洞或其他临时横向排水通道；施工图设计对地下水的处理可能不够完善，应予以补充，可采取纵向渗沟、横向盲沟或铺垫反滤层（片石、碎石、砂等）排水等措施，关键是要保证这些排水隐蔽工程的施工质量，确保其在道路使用年限内起到排水通道的作用。

2.2 填筑体的填筑质量

2.2.1 选择合适填料

填料性质是影响压实作业的内在因素,填筑施工应首选利于压实的填料,但是受现场实际条件的限制,如挖方材料、经济运距、借方条件等,不可能都能使用理想的填筑材料。施工时应根据实际情况,量材作业,区别对待,采取合适的控制手段达到压实目的。一个首要的原则是:严格进行填料试验检测。在施工前取得有关数据,使用符合规范要求的填料,超过规范要求的填料不用或慎用;强调做好填方试验段,掌握填料在现有设备和施工条件下的压实规律。本工程主要填料为现场部分挖方的利用土方和选择的取土坑土方。

2.2.2 填方机具

推土机和平地机是填方作业必不可少的设备,特别是平地机,在控制填层厚度和形成平整度方面效果显著。但有的施工单位总抱有侥幸心理,试图用推土机甚至装载机替代平地机进行相关作业,导致填筑质量下降、返工频繁。

压实机具对压实效果的影响十分重大。同一种土的最佳含水量随压实功的增加而减少,而最大干密度随压实功的增加而增加。在相同含水量下,压实功越大,密度越高。一般地说,不同的填料和场地要选择不同的压实机具,由于本工程大部分采用的是取土坑的砂性土,因此现场基本先采用振动压路机在路基机动车道内进行稳压,接着用振动压路机进行开振碾压,先弱振碾压一次,然后强振碾压一次,最后采用 3Y21—25t 三轮压路机进行碾压。

2.2.3 分层压实,控制层厚

本工程改线新建段严格要求在路基全宽范围内分层平铺填筑,拓宽改造段严格要求单侧拓宽部分分层平铺填筑,这不仅有利于填平和压实,也可以保证性质差异的土按规定层次填筑。不同性质的土应按水平分层分别填筑,以保证该层强度均匀。合理确定路基填筑厚度是至关重要的,在土质、土的含水量和碾压设备一定的情况下,土层越厚,压实效果越差。为保证在各种压实功能机具条件下达到有效压实深度,严格控制土方分层压实厚度为 20 cm,松铺厚度为 25 cm 左右。

2.2.4 旧路路堤边坡开挖

为了缓和新旧路基拼接部位的应力集中,调整新旧路基拼接部位的应力状态,保证加宽路基与旧路基的良好衔接,使其成为一个较好的整体,避免或减少横向错台和纵向裂缝的发生,在填筑加宽路基前对原路基边坡上开挖台阶,宜采用自下而上的方式挖台阶,挖至与原路肩齐平。本工程拓宽改造部分新旧路基拼接采用倾斜式台阶处理,第一级台阶从老路行车道边缘向下开挖 0.6 m,宽度 1.5 m,竖向倾斜坡度为 1:0.25,台阶面设 3% 内倾坡度;其下各级台阶开挖高度 0.6 m,宽度 0.75 m。台阶自下而上随填土进度逐层开挖。

2.2.5 增加土工格栅

老路拓宽改造成败的关键因素之一就是避免新旧路基的不均匀沉降而产生的路基纵向开裂。在新旧路基的填筑上运用土工合成材料能有效地增强旧路基与拼接路基土体间的联结性,限制和协调路基土体的变形,均匀荷载,提高拼接路基的抗剪强度,增强拼接路基的整体性。土工合成材料常采用高强度、高模量双向塑料土工格栅。本工程拓宽改造部分在旧路基底部、上部分别设一层土工格栅做搭接处理。

2.2.6　施工期间排水

南方地区即使不是在雨季,也常见间断性阵雨,填方施工如不做好临时排水工作,不仅影响填筑质量,也耽误雨后施工,影响工程进度。良好的平整度、路拱度是确保施工期间临时排水的前提。为防止雨水沿边坡漫流毁坏路基,在填方表面边沿做矮土埂拦水,土埂高20～30 cm,沿路线约每 50 m 设一道泄水槽,槽底应铺隔水布或抹砂浆隔水。阵雨来临前,应将正在施工的填层突击摊铺碾压,减少该填层含水量,便于雨后翻晒处理。总之,一定要做好施工期间填方表面的临时排水处理,施工图设计的地面排水系统应进行实地核对,并尽早实施,使其和临时排水设施一起发挥作用。

2.3　三背回填

结构物和路基交界处由刚性构造和柔性填土衔接,二者在强度、稳定性方面差异较大,加之填土压实不够,易产生不均匀沉降,造成今后路面起伏、开裂和桥头跳车现象。挡墙背、涵墙背、桥台背的回填被统称为三背回填,虽然规范明确提出了选用透水性材料分层填筑、分层夯实的要求,但在实际施工中该部位仍是薄弱环节。本工程在施工管理过程中主要抓了几个重点:一是抓填料控制,严格选用内摩擦角较大的透水性材料,最好是岩渣、洞渣、碎石、砂砾石或片石,细料含量不宜过大,如果是砂性土,含砂量应达到 60% 以上,同时积极与业主、设计单位沟通,台背回填采用固化粉煤灰填筑;二是抓小型压实机具到位,一般使用小型压路机或强夯机;三是抓规范化施工,填筑前应形成土拱,并在土拱上设置泄水管和盲沟,分层填筑要求事先在墙、台背上用红漆标识,每层厚度不得超过 15 cm;四是明确并提高控制指标,规定砂性土填料按压实度控制比规范规定提高 2 个百分点,最大限度地减少工后路基的压缩沉降。

3　结　语

(1)本拓宽改造工程公路填方工程由于其受地形、地质和气候影响,出现了高填方、半挖半填、填挖交界、浅层软弱富水地基处理等状况,并要克服施工期间季节性降雨和阵发性降雨等难点,如果处理不好,留下质量隐患,将影响行车舒适及安全,并给运营以后的管养带来很大的困难,因此要格外重视。

(2)填方工程质量控制没有应用尖端技术,其成败的关键在于管理,应该制定行之有效的管理措施,确保规范和设计的要求不折不扣地付诸实施。

(3)试验、检测、观测是必要的,以数据说话,只有及时发现问题,总结经验,质量管理水平和档次才能不断提高。

基于节能环保的大孔隙沥青混合料性能研究

王亚奇　张频频　黄晔

（江苏省镇江市公路管理处 镇江 212028）

摘　要　大孔隙沥青路面具有优越的排水性、全天候的抗滑性和不良气候条件下更好的可视性等优点，符合现代节能环保、以人为本的新设计理念，有着广阔的研究和发展前景。本文在国内外对大孔隙沥青混合料已有研究成果的基础上，采用 SK 高粘改性沥青，对节能环保型的大孔隙沥青混合料的低温抗裂性、高温稳定性、排水特性、抗滑特性进行了研究，分析 SK 高粘改性沥青运用于节能环保路面的可行性。

关键词　节能环保　路面SK 高粘改性沥青　大孔隙　低温抗裂性　高温稳定性

1　前　言

目前我国城市化发展迅速，硬化地表覆盖率急剧提高。不透水地面铺装严重地破坏了城市地表土壤的生态环境，改变了大自然原有的生态环境，城市建筑、道路、广场等设施代替了森林、绿地和田野，形成了"城市荒漠"。而城区硬化地面常常出现雨水蓄积和地表径流现象，这种情况下非透水性铺装无疑会加重城市排水系统的压力，它是很多城市夏季产生城区内涝（城市型洪水）的重要因素。

大孔隙沥青路面具有优越的排水性、全天候的抗滑性、优良的降噪性和不良气候条件下更好的可视性，它既兼顾了人类活动对于硬化地面的使用要求，又能通过自身性能接近天然草坪和土壤地面的生态优势，减轻城市硬化地面对大自然的破坏程度。透水性地面铺装下的动植物及微生物的生存空间得到有效的保护，体现了自然环境可持续发展的要求。因为其很好地体现了"与环境共生"的可持续发展理念，所以有着广阔的研究和发展前景。

本文在国内外对大孔隙沥青混合料已有研究成果的基础上，采用 SK 高粘改性沥青，通过 OGFC-13 的级配确定大孔隙沥青混合料的目标空隙率为（20±1）%，并在此基础上对节能环保型的大孔隙沥青混合料的低温抗裂性、高温稳定性、排水性、抗滑性等性能进行研究，分析了大孔隙沥青混合料运用于节能环保路面的可行性。

2　原材料性能

2.1　原材料

沥青的技术性能对沥青混合料性能有重要影响，不同孔隙率的沥青混合料需要使用不同品质的沥青，但均应满足以下几点要求：① 与集料表面有较好的粘附性；② 具有较小的针入度和较高的软化点；③ 有较好的抗裂性，避免沥青面层低温开裂。本研究中大孔隙沥青混合料性能试验选用 SK 高粘度沥青，沥青的主要试验指标如表1所示，集料技术指标如表2所示。

表1　SK 高粘改性沥青性能

试验项目	PG 等级	针入度指数 (PI)	延度 /(5 ℃/cm)	软化点 /℃	韧性 /(N·m)	60℃粘度 /(Pa·s)	闪点
试验指标	PG76-28	0.935	75.3	88	39	1 480 000	287
技术要求		≥−0.2	≥30	≥60	≥20	≥200 000	≥230

表2　集料技术指标

试验项目	压碎值	视密度 /(g/cm³)	吸水率 /%	洛杉矶磨耗损失量 /%	对沥青的 粘附性	针片状含量
试验指标	10.5	2.74	0.9	22	4 级	4.2
技术要求	≤28	≥2.50	≤2.0	≤30	4 级	≤15

2.2　混合料的级配

国内对 OGFC-13 沥青混合料级配的研究已有一定的工程实例作为支撑，其路面性能稳定，是学者研究大孔隙沥青路面的常用级配，故本研究采用 OGFC-13 矿料级配，目标空隙率(20±1)％，并以现行《JTG F40-2004 公路沥青路面施工技术规范》规定的级配范围中值为目标级配，合成的矿料级配如图1所示。在此级配和目标空隙率下，通过谢论堡析漏试验和垦塔堡飞散试验，并结合马歇尔试验，最终确定大孔隙沥青混合料的最佳油石比为 4.7％。

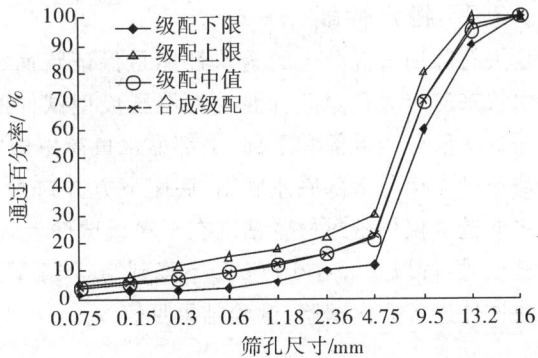

图1　大孔隙沥青混合料级配图

3　大孔隙沥青混合料性能

3.1　低温抗裂性

采用低温弯曲试验评价大孔隙沥青混合料的低温性能。每种沥青混合料分别采用由轮碾法成型的车辙试验板切制成长(250±2.0)mm，宽(30±2.0)mm，高(35±2.0)mm的棱柱体小梁(其跨径为(200±0.5)mm)，试验温度为−10 ℃，加载速率为50 mm/min。沥青混合料低温弯曲试验结果见表3。

表3　沥青混合料低温弯曲试验结果(−10℃)

材料类型	空隙率/%	应变/10^{-3}	抗弯拉强度/MPa	劲度模量/MPa
普通改性沥青	20.9	3.5	3.8	1 086
SK 高粘改性沥青	20.3	1.7	8.2	4 823

由表 3 可知,采用 SK 高粘改性沥青的大孔隙沥青混合料的劲度模量是普通改性沥青混合料的 4.4 倍,具有良好的低温抗裂性。

3.2 高温稳定性

采用 60℃的高温车辙试验评价沥青混合料的高温稳定性能。依据《JTJ052—2000 公路工程沥青及沥青混合料试验规程》要求,将沥青混合料成型为 300 mm×300 mm×50 mm 的板式试件,在 60 ℃温度下同一轨道上,以轮压为 0.7 MPa 的实心橡胶轮作一定时间的反复碾压,形成辙槽,以辙槽深度(总变形量)RD 和动稳定度 DS(每产生毫米辙槽所需的碾压次数)评价沥青混合料的抗车辙能力。不同沥青混合料车辙试验结果见表 4。

表 4 不同沥青混合料车辙试验结果(60℃)

材料类型	空隙率/%	动稳定度/(次/毫米)	材料类型	空隙率/%	动稳定度/(次/毫米)
AC13 沥青混合料	4.5	3 579	SK 高粘改性沥青	20.3	4 426
普通改性沥青	20.2	2 871	技术要求		≥3 000

由表 4 可知,采用 SK 高粘改性沥青的大孔隙沥青混合料的动稳定度是密集配 AC13 沥青混合料的 1.2 倍,是普通改性大孔隙沥青混合料的 1.5 倍,具有良好的高温稳定性。

3.3 排水性能

大孔隙沥青混凝土的透水性能是保证路面结构排水性的重要指标。本研究采用路面透水仪来测定大孔隙沥青混合料碾压成型试件的透水系数,以检验该混合料的透水性能。路面透水仪分为上部和下部,上部盛水量筒由透明有机玻璃制成,容量 600 mL,上有刻度;量筒通过支架与下部底座联结,底座下方开口内径 φ150 mm,外径 φ165 mm。试验时将装满水的透水仪用密封材料粘结在车辙板试件上,确保水不会从底座与密封材料间渗出。试验开始时,读取水面在 100 mL 下降到 500 mL 段所需的时间 t。试验共选 3 块车辙板试件,每块试件进行 3 次试验,试验结果见表 5。

表 5 混合料渗水系数测试结果

项 目	渗水量/mL	渗水时间/s	渗水系数
A	400	4.11	5 831
B	400	4.00	6 000
C	400	4.09	5 868
平均值	400	4.07	5 899
技术要求	400	≤6.7	≥3 600

大孔隙沥青混合料透水系数采用如下计算公式:

$$c_W = \frac{V_2 - V_1}{t_2 - t_1} \times 60$$

式中:c_W——混合料试件的渗水系数,mL/min;

V_1——第一次读数时的水量(通常为100 mL),mL;

V_2——第二次读数时的水量(通常为 500 mL),mL;

t_1——第一次读数时刻,s;

t_2——第二次读数时刻,s。

从渗水系数测试的结果来看,空隙率为 20.3% 的 SK 高粘改性沥青大孔隙沥青混合料具有很强的透水性能。将 SK 高粘改性沥青大孔隙沥青混合料铺筑在道路表面时,雨水能够较快地沿大孔隙沥青混合料内部连通空隙排出路表,从而减少水溅、水雾等现象,保证驾驶员的行车安全。

不透水路面只能依靠表面汇水系统及城市排水管网排除地表降雨,在暴雨时这种地面径流急剧增高,很快出现峰值,流量急升急降。透水性铺装地面由于自身良好的透水性能,能有效地缓解城市排水系统的泄洪压力,径流曲线平缓,其峰值较低,并且流量也是缓升缓降,这对于城市防洪十分有利。

3.4 抗滑性能

车辆行驶的道路上,要求沥青面层的表面具有良好的抗滑性,特别是在潮湿多雨的地区,面层应具有优良的构造深度,以消除雨大时高速行车后的水雾、轮胎的水漂现象,保证行车的安全性。

本文以摩擦系数仪法来检测混合料的抗滑性能。在已经成型的 300 mm×300 mm×50 mm 的车辙试件上,采用英国 ELE—6000 型便携式摆式仪按照《JTJ059-95 公路路基路面现场测试规程》中有关方法测定其摆值,试验结果见表 6。

表 6　摆值测试结果

沥青混合料	实验条件	摆值				均值	技术指标
大孔隙沥青混合料	干燥	87	83	89	85	86	≥45
	湿润	65	65	60	62	63	
AC13	干燥	62	63	64	62	63	≥45
	湿润	53	51	51	52	52	

由表可知:

(1) SK 高粘改性沥青大孔隙沥青混合料干燥条件下的摆值在 80 以上,远超过《公路路面验收规范》中高速公路的摆值应大于 45 的要求;即使是在湿润的条件下,其摆值也在 60 以上,抗滑性能优异,足可以保证在雨天等不良气候条件下的行车安全。

(2) 常见的沥青混合料干燥条件下摩擦系数一般在 64 左右,而大孔隙沥青混合料在湿润条件下的摩擦系数为 63,这说明大孔隙沥青混合料与密级配沥青混合料相比,具有更好的表面抗滑性能,能够保证雨天车辆行驶的安全,这也正是排水性沥青混合料的优点之一。

4 结 语

本文以 SK 高粘改性沥青大孔隙沥青混合料为研究对象,结合国内外大孔隙沥青混合料研究经验,对 SK 高粘改性沥青大孔隙沥青混合料的性能进行了研究,结论如下:

(1) SK 高粘改性沥青大孔隙沥青混合料劲度模量和动稳定度是普通改性大孔隙沥青混合料的 4.4 倍和 1.5 倍,具有良好的低温抗裂性和高温稳定性。

(2) SK 高粘改性沥青大孔隙沥青混合料具有优秀的排水性能,将大孔隙沥青混合料铺筑在道路表面时,雨水能够较快地沿大孔隙沥青混合料内部连通空隙排出路表,从而减少水溅、水雾等现象,保证驾驶员的行车安全。

（3）SK 大孔隙沥青混合料具有良好的表面抗滑性能，尤其是湿润条件下仍具备较高的摩擦系数，保证了雨天行车的安全性和舒适性。

参考文献

［1］McDaniel R，Thornton S W D. Field evaluation of a porous friction course for noise control. Transportation Research Board ，2005.

［2］Bolzan P E，Nicholls J C，Huber G A. Searching for superior performing porous asphalt wearing courses. Transportation Research Board，2001.

［3］苗英豪，王秉纲：《沥青路面降噪性能研究综述》，《中外公路》，2006 年第 26 期。

［4］严军，叶奋，黄彭，等：《排水沥青混合料透水性能的评价研究》，《公路交通科技》，2002 年第 19 期。

［5］Prithvi S K，Rajib B Mallick. Open-Graded Friction Course：State of the Practice. NCAT Report，1999.

［6］刘清泉：《路面防滑机理与应用研究》，东南大学硕士学位论文，2000 年。

滑模水泥混凝土摊铺机中液压振捣棒的工作特性

黄烨[1,2]　胡北京[1,2]　杨宝林[2]　田晋跃[1]

（1. 江苏大学工程机械研究所 镇江 212000，2. 江苏华通动力重工机械有限公司 镇江 212000）

摘　要　振捣棒是滑模摊铺机的主要组成部分，摊铺机工作装置的性能直接影响着路面的施工质量。振捣棒系统采用液压传动，可以实现无级变频。对不同性质的混凝土（如不同坍落度），使混凝土充分液化的最佳振动频率也不同。本文分析了液压振捣棒的工作特性，针对振捣棒液压系统静态特性和在不同频率下的动态特性进行了研究。

关键词　滑模摊铺机　液压振捣棒　工作特性

在大型滑模水泥混凝土摊铺机中，一个最重要的工作装置是振捣棒，它主要起振捣和提浆作用。振捣棒安装在可升降的振动梁上，等距离均匀布置，由于其外形设计成"L"型，在摊铺施工时，可在较低坍落度的混凝土中由摊铺机拖动前进。液压式振捣棒具有较高的振动频率和较大激振力，广泛使用在各种型号的水泥混凝土摊铺设备上。

1　振捣棒液压系统

振捣棒液压系统由振动泵、振动增压泵、振动压力歧管、流量控制阀、液压油冷却器、回油冷却歧管、控制阀及油箱组成。液压振捣棒的外部构件包括外壳、油管及油管保护套管，内部则由液压马达、轴承和偏心块组成。其中偏心块和轴承安装在头部，起激振作用，驱动马达安装在尾部，外壳的头部与尾部通过螺纹连接在一起。为适应不同路拱的施工需要，摊铺机振捣器装置设计成振捣棒可整体垂直升降，也可单独左边、右边及中间段升降，通过操作者操作液压平行连杆机构来实现。

振动泵位于变速箱输出部分的前下方；振动增压泵位于变速箱输出部分后下方的末端（变速箱输出部分的后下方共有 3 个泵串联在一起，分别为辅助泵、捣实泵和振动增压泵）；振动压力歧管位于机器的前半部，紧贴着伸缩套；流量控制阀分为 3 个部分，分别位于机器的左、中、右方；液压油冷却器位于发动机的左端；回油冷却歧管位于机器的后中部，和后面的伸缩套接在一起。液压系统原理简化如图 1 所示。

该系统主要通过调节流量阀改变流入或流出执行元件的流量来达到调速的目的，可调节节流阀进行整体调速或调节流量控制阀进行单个调速；溢流阀控制回路压力，球阀用来开关振捣棒。这种回路具有结构简单、工作可靠、成本低、使用维护方便、调速范围大等优点，但其能量损失大、效率低、发热量较大。

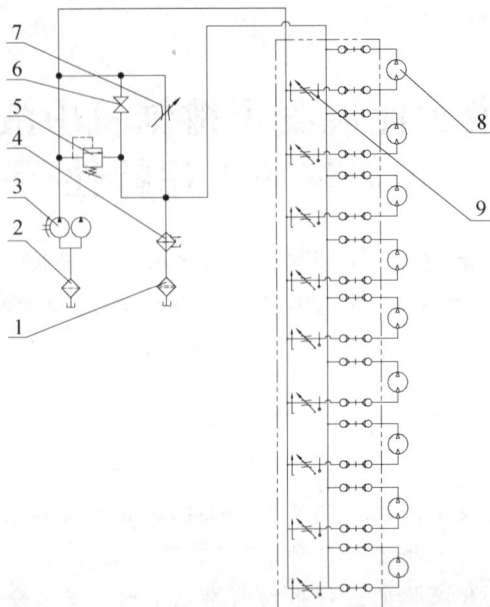

1—精过滤器;2—粗过滤器;3—泵;4—冷却器;5—溢流阀
6—球阀;7—节流阀;8—液压振捣棒;9—流量控制阀

图 1　液压系统

2　振捣棒结构

每根振捣棒均有一个单独的油路可单独调频。每根振捣棒上面都安装有一个液压马达,靠其输出的动力来单独控制振捣棒的工作。振捣棒结构如图 2 所示。

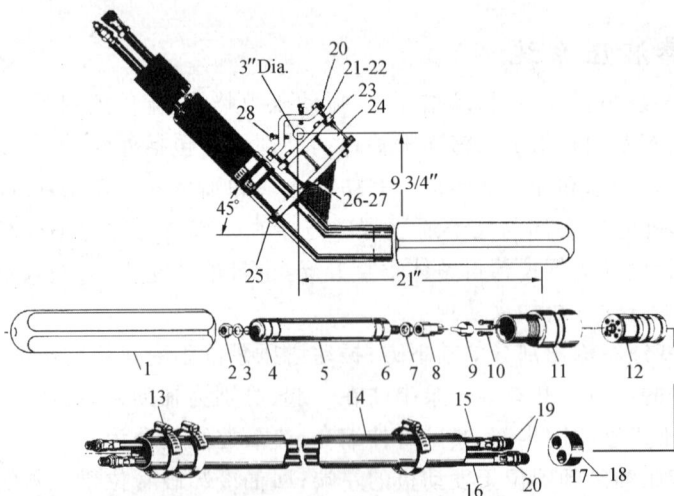

1—偏心器壳;2—锁紧螺母;3—锁紧垫圈;4—支撑座;5—偏心器;6—偏心器支承座;7—锁紧螺母;
8—联轴器左;9—联轴器右;10—螺栓;11—马达外壳;12—液压马达;13—夹箍;14—保护套;15—高
压油管;16—低压油管;17—油管支架;18—支架;19—接头;20—垫圈;21—螺栓;22—垫圈;23—装
配压板;24—橡胶隔振体;25—装配托架;26—螺母;27—垫圈;28—定位螺钉

图 2　振捣棒结构

3 仿真参数的确定

（1）液压泵：排量 $q=100$ cm³/r，工作转速 $n=2\,200$ r/min，泵机械效率 $\eta_{Bj}=0.9$，容积效率 $\eta_{BV}=0.9$。

（2）机械马达：马达排量 $q=1.44$ cm³/r，最高工作转速 $n=10\,000$ r/min，工作时负载 1.6 N·m。

（3）溢流阀：开启压力 $p=7.8$ MPa，最高溢流压力 $=11.3$ MPa，弹簧预压缩量 $=31.2$ mm。

（4）节流阀：圆型孔 $n=10\,000$ r/min，此时圆孔内径 $d=10$ mm，通流截面 $A=\dfrac{\pi}{4}d^2$。

4 仿真模型的建立及分析

根据 SimulationX 软件所建立的仿真模型如图 3 所示。

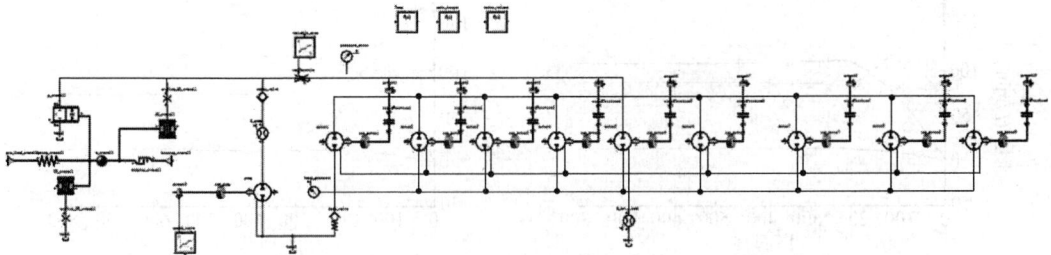

图 3 仿真模型

（1）振动棒在不同转速下，液压系统各组成部分压力曲线变化如图 4 所示。

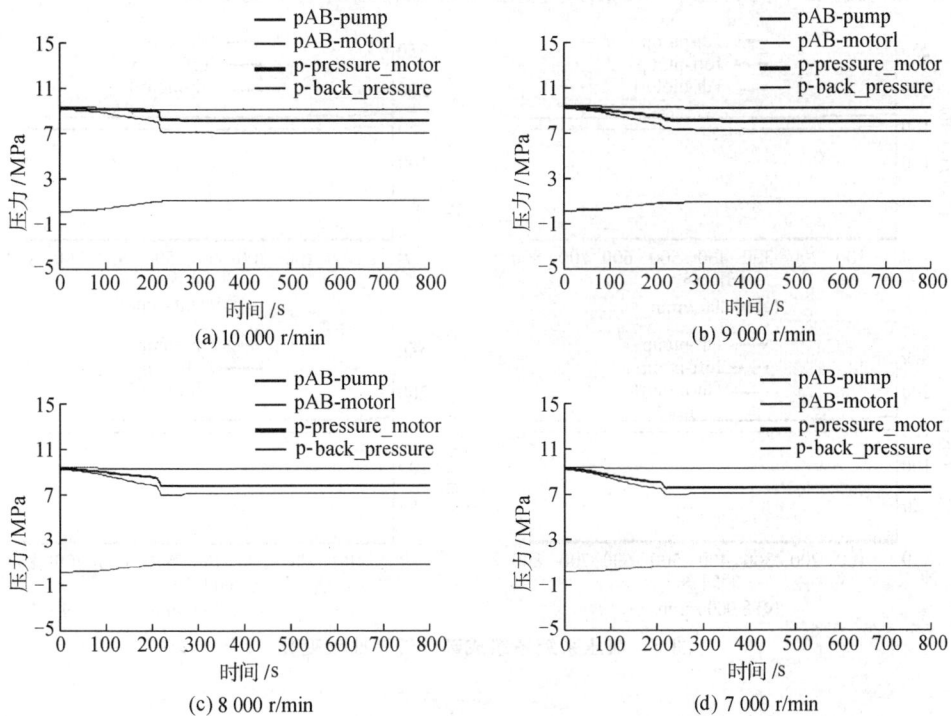

图 4 液压系统各组成部分压力曲线变化

（2）振动棒在不同转速下，液压系统各组成部分流量曲线变化如图 5 所示。

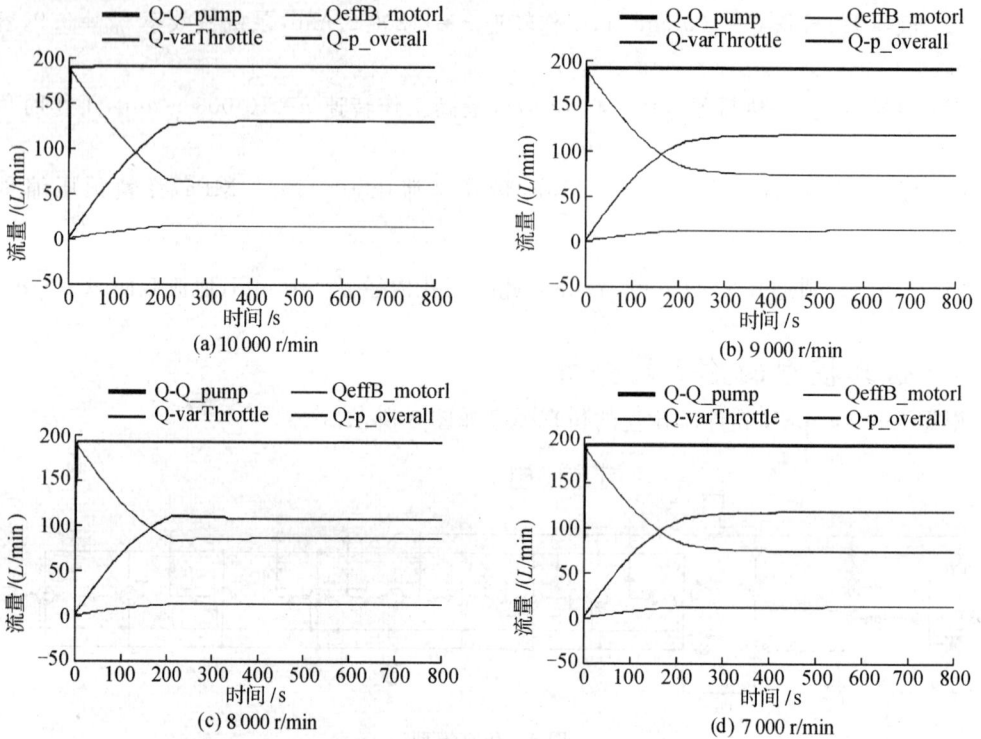

图 5　液压系统各组成部分流量曲线变化

（3）振动棒在不同转速下，液压系统各组成部分转矩曲线变化如图 6 所示。

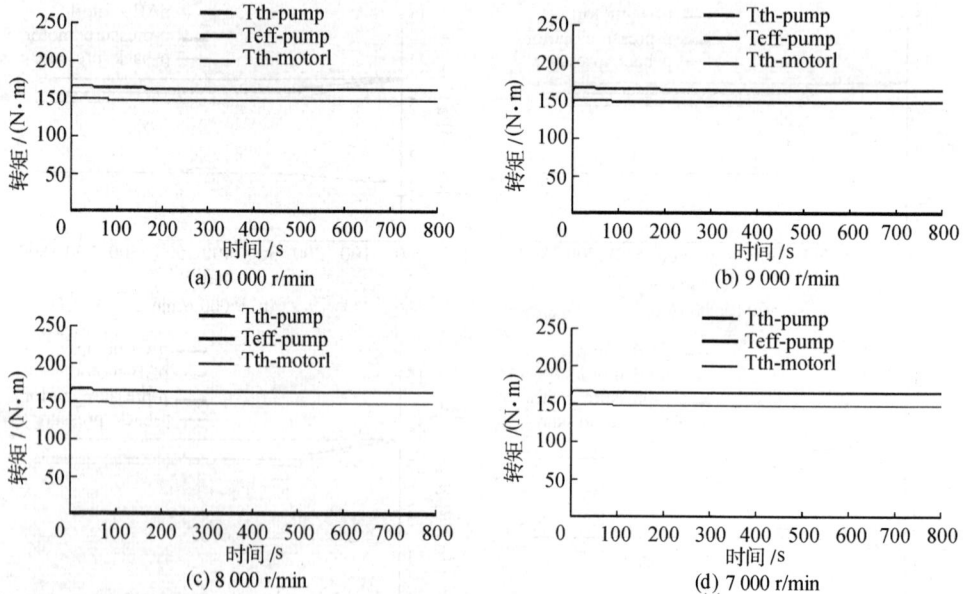

图 6　液压系统各组成部分转矩曲线变化

（4）振动棒在不同转速下，液压系统各组成部分功率曲线变化如图 7 所示。

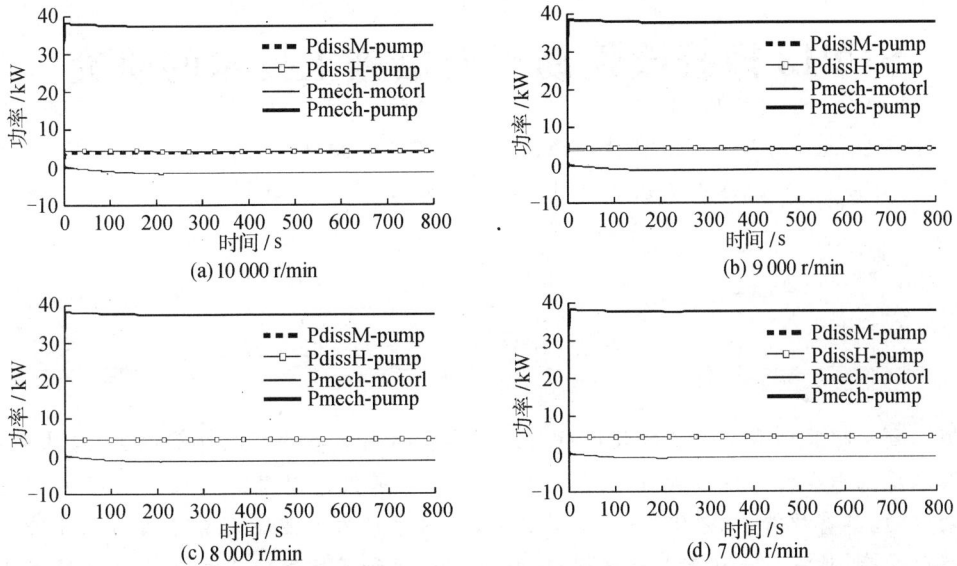

图 7 液压系统各组成部分功率曲线变化

5 结 语

本文对振捣棒液压系统组成、静态特性和在不同频率下的动态特性做了研究，通过对液压系统建模，分析泵、马达、节流阀等在不同频率下流量、功率、转速等的关系，并对这些结果进行验证，最终验证了模型的正确性。

参考文献

[1] 焦生杰：《沥青混凝土摊铺机国内外发展与研究现状》，《建筑机械》，2003 年第 3 期。

[2] 于槐三：《摊铺机的技术现状与展望》，《建筑机械》，2005 年第 2 期。

[3] 王秋江：《滑模式混凝土摊铺机液压系统分析》，《建筑机械化》，2007 年第 3 期。

[4] 赵国普，何慧国：《路缘石滑模摊铺在国内外的发展与应用》，《筑路机械与施工机械化》，2009 年第 11 期。

[5] 颜荣庆，李自光，等：《滑模式水泥混凝土摊铺机及施工技术》，人民交通出版社，1999 年。

SUP13 橡胶改性沥青面层施工技术的研究

管鹤楼　赵秀娟　季仲华　李顺

（江苏省镇江市路桥工程总公司 镇江 212017）

摘　要　橡胶沥青是轮胎橡胶粉粒在充分拌和的高温条件下（180℃以上）与基质沥青充分溶胀反应形成的改性沥青胶结材料，它解决了一般沥青混凝土路面容易渗水、路基易变形的难题，具有抗滑、抗老化、抗高温等特点，使用寿命约为常规沥青路面的 1.3 倍，并在降低路面噪音、延缓灯光反射和路面裂缝、抵抗重交通和不良气候等方面具有明显优势，更利于环保和行车安全。加入橡胶粉后的沥青路面，加大了与轮胎间的摩擦力，提高了行车的舒适性和安全性。此外，该工艺可利用废旧橡胶材料作为橡胶沥青混凝土的橡胶粉原料，符合国家"节能减排、资源再生利用"的环保要求。

S238 省道镇江扬中段 A7 标路面面层采用了 SUP13 橡胶改性沥青的施工新工艺，并进行了先导段的施工，取得了良好的效果。本文结合 A7 标施工工程实践，介绍了 SUP13 橡胶改性沥青面层施工各技术参数的选取和施工工艺的控制。

关键词　橡胶沥青　碾压成型　压实度　油石比　强度

1　前　言

目前沥青面层的设计与施工存在以下方面问题：

（1）室内成型方式与现场碾压方式不匹配

室内试验要准确有效地预测和控制现场施工质量，需要使成型方式尽可能地模拟面层施工条件，才能使得室内成果与实际施工效果有可比性。如今施工现场大量使用振动压路机和轮胎压路机，而室内却采用马歇尔重型击实法确定最佳用油量及最大干密度，而用抽提法作为设计标准来控制沥青用量，这势必会使试验结果与现场情况产生偏差。

（2）规范规定的级配范围太宽，难以保证工程质量

规范规定的混合料级配范围太宽，在此范围内，不同级配的混合料其力学性能有很大差异，因此不同级配的改性沥青混合料各种力学指标即使全部满足规范要求，也不能说明这些混合料一定具有良好的性能。

2　沥青实验要求

本项目沥青上面层均采用橡胶改性沥青，其技术要求见表1。

沥青性能整套检验交由江苏东交工程检测有限公司负责，项目部工地实验室对沥青针

入度、延度、软化点和密度进行检验,检验频率为施工单位每车检验一次,监理组每 5 车抽检一次。基质沥青及橡胶改性沥青全套指标和 PG 分级检验,由施工单位和监理组联合委托有关单位进行,每个标段至少送检 1 次。

表 1　橡胶改性沥青技术要求

检验项目		技术要求
针入度(25 ℃,100 g,5 S)/0.1mm		40～80
延度(5 cm/min,5 ℃)/cm		≥10
软化点(环球法)/℃		≥58
粘度(180 ℃)/(Pa·s)		1.5～4.0
弹性恢复/%		≥55
RTFOT 后残留物	质量变化/%	≤±1.0
	针入度比(25 ℃)/%	≥60
	延度(5 cm/min,5 ℃)/cm	≥5

3　橡胶改性沥青混合料压实试验参数的确定

3.1　混合料级配设计

238 省道镇江(扬中)段改造工程上面层 SUP13 橡胶改性沥青混合料目标配合比设计结果见表 2 至表 7。

表 2　238 省道镇江(扬中)段改造工程 SUP13 目标设计级配　　　　通过率/%

混合料类型	筛孔/mm									
	19	13.2	9.5	4.75	2.36	1.18	0.6	0.3	0.15	0.075
SUP13	100	96.0	81.5	44.5	31.5	19.7	15.1	9.9	7.7	6.1

表 3　矿料配合比及沥青用量

混合料类型	各种矿料所占比例/%					最佳沥青用量/%
	1#	2#	3#	4#	矿粉	
SUP13	12.0	37.0	14.0	35.0	2.0	4.8

表 4　设计沥青用量验证试验结果

沥青用量/%	设计次数时			F/A	初始压实度/%	最大压实度/%
	压实度/%	VMA/%	VFA/%			
4.8	96.02	14.13	71.83	1.40	85.66	97.80
Superpave 标准	≥14.0	65～75	0.6～1.2*		≤89	≤98

注:* 表示当级配通过限制区下方,粉胶比可增加到 0.8～1.6。

表 5　浸水马歇尔试验结果

混合料类型	马歇尔稳定度/kN	浸水马歇尔稳定度/kN	残留稳定度 S_0/%	要求/%
SUP13	12.58	11.21	89.1	≥85

表 6　冻融劈裂试验结果

混合料类型	无条件劈裂强度/MPa	条件劈裂强度/MPa	TSR/%	要求/%
SUP13	0.542 7	0.463 8	85.6	≥80

表 7　车辙试验结果汇总

混合料类型	沥青用量/%	动稳定度/(次/毫米)				
		1	2	3	平均	要求
SUP13	4.8	4 213	4 428	4 675	4 439	≥3 000

混合料级配调试和相关验证试验表明,本次上面层 SUP13 目标配合比设计结果满足238 省道镇江(扬中)段改造工程施工指导意见要求,可用于 238 省道镇江(扬中)段改造工程 SUP13 橡胶改性沥青混合料生产配合比调试。

3.2　矿料配合比设计计算

238 省道镇江(扬中)段改造工程集料采用镇江船山生产的石灰岩,对拌和楼热料仓取出的集料进行了密度和筛分试验,结果见表 8 和表 9。

表 8　热料仓集料密度试验

检测项目	4#仓	3#仓	2#仓	1#仓	矿粉
表观相对密度	2.725	2.724	2.722	2.731	2.720
毛体积相对密度	2.696	2.694	2.685	2.651	
吸水率/%	0.39	0.41	0.51	1.10	

表 9　热料仓筛分结果　　　　　　　　　　　　　　　　通过率/%

料仓名称	方孔筛/mm									
	19.0	13.2	9.5	4.75	2.36	1.18	0.6	0.3	0.15	0.075
4#仓	100	89.9	4.4	0.4	0.3	0.3	0.3	0.3	0.3	0.3
3#仓	100	100	92.2	1.5	0.5	0.4	0.3	0.3	0.3	0.3
2#仓	100	100	100	66.4	0.9	0.6	0.4	0.4	0.4	0.4
1#仓	100	100	100	100	75.8	43.2	29.4	20.5	13.8	6.3
矿粉	100	100	100	100	100	100	100	95.3	90.0	78.0

按照筛分结果进行生产级配调试,结果见表 10。

表10 生产配合比级配设计结果 通过率/%

料仓名称及用量/%	方孔筛/mm									
	19	13.2	9.5	4.75	2.36	1.18	0.6	0.3	0.15	0.075
4#仓(13.0)	13.0	11.7	0.6	0.1	0.0	0.0	0.0	0.0	0.0	0.0
3#仓(38.0)	38.0	38.0	35.0	0.6	0.2	0.2	0.1	0.1	0.1	0.1
2#仓(10.0)	10.0	10.0	10.0	6.6	0.1	0.1	0.0	0.0	0.0	0.0
1#仓(35.0)	35.0	35.0	35.0	35.0	26.5	15.1	10.3	7.2	4.8	2.2
矿粉(4.0)	4.0	4.0	4.0	4.0	4.0	4.0	4.0	3.8	3.6	3.1
生产级配	100.0	98.7	84.6	46.3	30.8	19.4	14.4	11.1	8.5	5.4
目标级配	100	96.0	81.5	44.5	31.5	19.7	15.1	9.9	7.7	6.1

生产配合比设计级配曲线如图1所示。

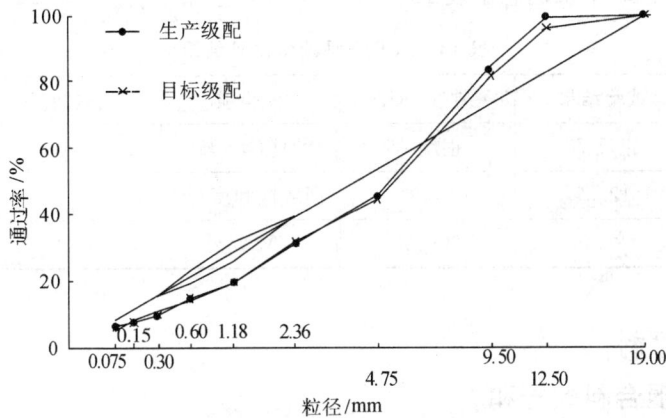

图1 生产配合比设计级配曲线

3.3 生产配合比设计确定最佳沥青用量

根据目标配合比设计结果,分别用4.5%,4.8%,5.1%的沥青用量进行旋转压实试验,压实次数设定在 $N_{设计}=100$ 次。试验结果见表11、表12。

表11 3种沥青用量试验结果汇总

沥青用量/%		4.5		4.8		5.1	
最大理论相对密度		2.538		2.527		2.516	
试件编号		1	2	1	2	1	2
高度/mm	8次	126.8	126.7	126.1	126.0	125.3	125.1
	100次	113.4	113.3	113.1	112.9	112.5	112.4
空气中重/g		4 832.6	4 830.3	4 821.3	4 818.2	4 816.6	4 810.2
水中重/g		2 833.3	2 835.2	2 835.4	2 834.6	2 843.6	2 840.9
饱和面干重/g		4 841.9	4 840.8	4 827.1	4 824.9	4 820.3	4 814.0
毛体积相对密度		2.406	2.408	2.421	2.421	2.437	2.438
初始压实度/%		84.99		86.05		87.18	
设计压实度/%		95.03		95.99		97.06	

表 12　3 种沥青用量沥青混合料体积性质

沥青用量/%	在设计压实次数时			矿粉/有效沥青比例	初始压实度/%
	压实度/%	VMA/%	VFA/%		
4.5	95.03	14.32	65.30	1.34	84.99
4.8	95.99	14.10	71.54	1.25	86.05
5.1	97.06	13.79	78.71	1.16	87.18
Superpave 标准		≥14.0	65～75	0.8～1.2 *	≤89

注：* 表示当级配通过限制区下方，粉胶比可增加到 0.8～1.6。

根据旋转压实试验结果，确定最佳沥青用量为 4.8％（油石比为 5.0％）。

依据 Superpave 设计方法得到的 SUP13 橡胶改性沥青混合料，采用最佳沥青用量进行马歇尔击实成型，试验结果汇总于表 13。

表 13　SUP13 马歇尔试验结果

试验项	试验结果	要　求	试验项	试验结果	要　求
击实次数/次	正反 75	正反 75	空隙率/%	5.0	4.0～6.0
稳定度/kN	12.37	≥8	沥青饱和度/%	66.9	60～70
流值/0.1mm	29.5	20～50	VMA/%	15.2	≥14

4　施工控制

4.1　沥青混合料的拌和

（1）拌和采用 ACP4000 型沥青拌和楼拌和，设定产量为 220 t/h。拌和楼操作员按试验室提供的生产配合比设定。ACP4000 型拌和楼采用的生产配合比是 4♯仓∶3♯仓∶2♯仓∶1♯仓∶矿粉＝13∶38∶10∶35∶4，油石比为 5.0％。

（2）沥青材料采用导热油加热，拌和的沥青混合料出厂温度符合要求（175～185 ℃），当混合料出厂温度过高（195 ℃以上），混合料废弃。拌和楼控制室要逐盘打印沥青及各种矿料的用量和拌和温度，并定期对拌和楼的计量和测温进行校核；没有材料用量和温度自动记录装置的拌和机不得使用。

（3）每天上午、下午各取一组混合料试样做旋转压实试验、马歇尔试验和抽提筛分试验，检验油石比、矿料级配和沥青混凝土的物理力学性质。油石比与设计值的允许误差为 －0.1％～＋0.2％。

4.2　沥青砼上面层松铺系数

通过对试铺前下面层测点的高程、摊铺后同一测点的高程，以及碾压结束后同一测点高程的检测计算，对试铺前确定的松铺系数进行了复核，实测松铺系数为 1.23。具体测量数据及结果见表 14。

表 14　松铺系数检测结果

桩号	距中桩位置 /m	下面层顶高程 /m	摊铺完高程 /m	压实后高程 /m	松铺厚度 /cm	压实厚度 /cm	松铺 系数
K8+020	3	1.755	1.804	1.795	4.9	4.0	1.196
	7	1.615	1.665	1.655	5.0	4.0	1.25
	11	1.521	1.570	1.565	4.9	4.4	1.12
K8+060	3	1.792	1.844	1.834	5.2	4.2	1.242
	7	1.652	1.709	1.698	5.7	4.6	1.232
	11	1.532	1.581	1.571	4.9	3.9	1.252
K8+100	3	1.780	1.836	1.831	5.6	5.1	1.10
	7	1.640	1.695	1.684	5.5	4.4	1.24
	11	1.549	1.614	1.603	6.5	5.4	1.204
K8+140	3	1.629	1.686	1.676	5.7	4.7	1.213
	7	1.489	1.541	1.532	5.2	4.3	1.21
	11	1.369	1.423	1.416	5.4	4.7	1.15
K8+180	3	1.627	1.676	1.668	4.9	4.1	1.20
	7	1.483	1.534	1.526	5.1	4.3	1.19
	11	1.367	1.424	1.412	5.7	4.5	1.26
K8+220	3	1.858	1.905	1.898	4.7	4.0	1.18
	7	1.719	1.781	1.770	6.2	5.1	1.22
	11	1.592	1.649	1.636	5.7	4.4	1.29
松铺平均值					5.38	4.45	1.23

4.3　沥青混合料的压实成型

两台摊铺机摊铺后，上面层压实方案有两种：

（1）K7+960～K8+140 段采用碾压组合 A：初压采用一台 DYNAPAC CC622HF、一台 BAOMAG 203 双钢轮各碾压 2 遍，每台双钢轮压路机对应一台摊铺机对半幅碾压，接缝处每台压路机均碾压到位。每台压路机均为前进静压，后退振动，速度为 2.5～3.0 km/h；复压为 3 台 32 t 胶轮压 8 遍，速度为 3.5～4.5 km/h；终压采用一台 DYNAPAC CC522HF 双钢轮压路机碾压 1 遍，以消除轮迹。

（2）K8+140～K8+330 段采用碾压组合 B：初压采用一台 DYNAPAC CC622HF、一台 BAOMAG 203 双钢轮先各前静后振碾压 1 遍，然后再前振后静碾压 1 遍，每台双钢轮压路机对应一台摊铺机对半幅碾压，接缝处每台压路机均碾压到位，速度为 2.5～3.0 km/h；复压为 3 台 32 t 胶轮压 6 遍，速度为 3.5～4.5 km/h；终压采用一台 DYNAPAC CC522HF 双钢轮压路机碾压 1 遍，以消除轮迹。

5　施工路段各项技术指标检查结果

5.1　抽提试验

抽提试验时，中午、下午从拌和楼取样 2 次分别进行试验，试验结果见表15。从表中抽提结果看，拌和楼试铺混合料级配和油石比满足控制范围要求。

表 15 沥青混合料抽提试验结果汇总 通过率/%

筛孔要求	油石比/%	方孔筛/mm												
		31.5	26.5	19.0	16.0	13.2	9.5	4.75	2.36	1.18	0.6	0.3	0.15	0.075
抽提中午	4.98					96.4	84.6	44.3	30.4	17.9	12.3	9.3	7.0	5.1
抽提下午	4.96					95.6	84	44.5	31	18.3	12.8	9.8	7.3	5.2
生产配合比中值	4.97					98.7	86.4	46.3	30.8	19.4	11.4	10.3	8.5	5.4

5.2 马歇尔试验

对取样进行马歇尔试验,结果见表 16。

表 16 马歇尔试验结果

拌和楼型号	油石比/%	空隙率/%	马歇尔稳定度/kN	流值/0.1mm
4000 型(中午)	4.98	5.5	12.24	30.7
4000 型(下午)	4.96	5.4	12.32	30.5
技术要求	5.00	4~6	>8	20~50

5.3 现场检测试验结果

本次试铺段项目部工地试验室对试铺段钻芯取样,共钻取 8 个芯样,芯样厚度、压实度见表 17。

表 17 路面芯样厚度、压实度试验结果

标准密度		2.420 g/cm³			理论密度			2.536 g/cm³	
芯样编号	芯样厚度/cm	芯样密度/(g/cm³)	压实度/% 毛/马	理论压实度/% 毛/理	芯样编号	芯样厚度/cm	芯样密度/(g/cm³)	压实度/% 毛/马	理论压实度/% 毛/理
K7+960~K8+140:碾压组合 A					K8+140~K8+330:碾压组合 B				
1	4.2	2.354	98.8	93.3	5	3.8	2.346	98.4	93.0
2	4.4	2.331	97.8	92.4	6	4.4	2.310	96.9	91.6
3	5.0	2.344	98.4	93.0	7	5.2	2.355	98.8	93.4
4	4.8	2.350	98.6	93.2	8	6.5	2.364	99.2	93.7
K7+960~K8+140: 厚度平均值:4.6					K8+140~K8+330: 厚度平均值:5.0				
马氏压实度平均值:98.4					马氏压实度平均值:98.3				
理论压实度平均值:93.0					理论压实度平均值:93.0				
总体厚度平均值:4.8									

6 结 语

沥青混合料及现场试验检测结果显示，各项性能指标全部符合规范要求，施工中沥青砼上面层采用的施工工艺全部可行，因此本次 SUP13 沥青砼上面层施工是可行的。

根据现场施工情况，建议大面积沥青砼上面层施工时采用如下（SUP13）沥青砼配合比和经济可靠的沥青砼上面层施工工艺：

(1) 采用本次试铺时的沥青混合料配合比作为 ACP-4000 型拌和楼热料仓配合比：4♯仓：3♯仓：2♯仓：1♯仓：矿粉＝13：38：10：35：4；生产油石比为 5.0％。

(2) 沥青加热温度控制在 170～180 ℃，矿料加热温度控制在 180～185 ℃，出厂温度根据当天气温进行微调，但均控制在 175～185 ℃之间。

(3) 摊铺采用 2 台 ABG423 摊铺机梯队作业，采用非接触平衡梁方式控制，摊铺速度为 2.0 m/min，保持速度均匀；摊铺温度控制在 140 ℃以上，摊铺机夯锤频率 4 级，熨平板振动为 4 级。梯队摊铺时 2 台摊铺机距离不大于 10 m。

(4) 碾压方案采用碾压组合 A：初压采用一台 DYNAPAC CC622HF、一台 BAOMAG 203 双钢轮各碾压 2 遍，每台双钢轮压路机对应一台摊铺机对半幅碾压，接缝处每台压路机均碾压到位。每台压路机均为前进静压，后退振动，速度为 2.5～3.0 km/h；复压为 3 台 32 t 胶轮压 8 遍，速度为 3.5～4.5 km/h；终压采用一台 DYNAPAC CC522HF 双钢轮压路机碾压 1 遍，以消除轮迹。

(5) 松铺系数采用 1.23。

参考文献

[1] 中华人民共和国交通部：《JTG F40—2004 公路沥青路面施工技术规范》，人民交通出版社，2004 年。

[2] 张登良：《沥青和沥青混合料》，人民交通出版社，1993 年。

[3] 李小利：《Superpave 沥青混凝土路面技术的应用》，《公路》，2005 年第 10 期。

厂拌热再生技术在沥青路面养护中的应用

姚文达

（镇江市路桥工程总公司机械设备租赁分公司 镇江 212000）

摘　要　本文通过对我国沥青路面公路概况的分析,说明传统养护方式存在的不足和厂拌热再生技术的优势,并阐述厂拌热再生技术在沥青路面日常病害修复和沥青路面大中修中的应用,具有一定的实际意义。

关键词　沥青路面　养护　厂拌热再生

随着经济的飞速发展,我国公路里程特别是高等级公路里程在不断增加,至 2010 年底,全国公路通车总里程已达 3.98×10^4 km。其中,高速公路达 7.41×10^4 km,一级公路达 6.44×10^4 km。而沥青路面已成为我国高等级公路最主要的路面形式。沥青路面在营运过程中由于受环境、气候、交通荷载等诸多因素的影响,不可避免地出现各类病害,需要及时地进行养护维修。我国 80 年代末以来建成的高等级公路现在已逐步进入中修或大修期,近期建成的高等级公路也需要做好日常性的养护工作。

1　传统养护方式的不足

在我国沥青路面传统的养护维修过程中,普遍采用挖补和铣刨重铺的工艺。大量的旧沥青混合料被废弃,同时每年还需要消耗数千万吨的石料和上百万吨的沥青,这一方面造成环境的污染,另一方面由于大量地开采石矿,会导致森林植被减少、水土流失等严重的生态问题。对于我国这样一个优质沥青极为匮乏的国家来说,需要杜绝这样的资源浪费。

从施工质量来说,采用传统沥青路面养护维修方法进行施工时,热的沥青混合料摊铺在冷的下承层上,并且与周围接触的界面都是冷的混合料,这样会造成层间薄弱界面和纵向冷接缝,施工时这些部位的压实度较难满足要求。在这种情况下一旦对接缝处治不当,雨水就容易从纵向冷接缝处下渗,滞留在路面结构内,同时层间接触不良会导致路面抗剪强度降低,整体受力性能变差,缩短道路的使用寿命。

在施工周期方面,传统沥青路面养护维修方法由于工序较多,施工时间较长,影响了道路的正常通行。过长的占道维修时间与高速公路日益增长的交通量需求已经产生了矛盾,有时候为了保证交通,就必须缩短占道维修时间,由于维修时间得不到保证,病害来不及处理,因此病害就越来越多,从而形成恶性循环。

2 厂拌热再生技术的优势

厂拌热再生技术是先将旧沥青砼路面材料铣刨后运回工厂,通过破碎、筛分,并根据旧料中沥青含量、沥青老化程度、碎石级配等指标,掺入一定数量的新集料、沥青和再生剂(必要时)进行拌和,使混合料达到规范规定的各项指标,按照与新建沥青砼路面完全相同的方法重新铺筑路面的一整套工艺。相对于传统的路面病害处治方式,厂拌热再生技术的优势主要体现在以下几个方面:

(1)热再生混合料可以通过加入新集料、沥青与再生剂,调节再生混合料的级配、沥青含量和特性,使之完全与新拌混合料同质。

(2)翻修工艺简单,所用设备除冷铣刨机外均为常规的沥青路面施工机械。

(3)翻修的深度和再生混合料的应用对象不受限制,有很大的灵活性。

(4)能完全修复沥青面层的各种病害缺陷,适应性强,能校正路面的纵向与横向轮廓和高程,可以完全恢复路面的使用性能和服务能力。

(5)能够节约大量的沥青、砂石等原材料,节省工程投资,同时还有利于处理废料和保护环境,因而具有显著的经济效益、社会效益和环境效益。

(6)热再生技术符合环保要求,使废旧沥青混凝土在加热和烘干过程中产生的大量蓝烟和废气,通过烟道进入沥青搅拌设备主机干燥滚筒进行二次燃烧,清除有害气体。

3 厂拌热再生技术的应用

3.1 日常病害修复

热再生技术适用于由沥青面层原因导致的各种变形类、裂缝类、崩解类、表面损坏类的病害和损坏,能够完全恢复路面的使用性能,但是不适用于由基层和路基病害导致的面层损坏。

厂拌热再生技术具有较好的适应性,除了无法解决软弱路基或基层的强度问题外,适用于各类沥青面层的损坏情况。经过严格的配合比设计,再生沥青混合料能确保技术指标不低于全部使用新料拌制的沥青混合料。其路用性能满足高等级路面的使用要求,且既可利用原路废弃材料重新铺筑路面,也可以将回收材料再生后用于其他工程,从而最大限度地发挥沥青砼路面废料的作用。

3.2 沥青路面大中修

沥青路面使用一定年限之后需要进行大中修施工,以恢复道路的行车舒适性并延长道路的使用寿命。目前采用较多的是铣刨重铺或直接加铺的工艺,但施工效果并不理想。从施工的质量、费用、速度和环保等多方面综合考虑,厂拌热再生技术具有明显的优势,适用于各种沥青路面损坏的情况,通过配合比设计能满足各种技术标准和使用性能的要求,尤其适用于条件恶劣的重载交通、炎热地区和大交通量条件下的路面修复。厂拌热再生技术是非常适合我国沥青路面维修养护的技术手段,在公路养护工程中已得到比较多的应用。

以河北省高速公路为例,其半刚性基层沥青混凝土路面病害主要是坑洞、裂缝等结构性破坏,而车辙、泛油、磨光、掉粒等表层病害相对较轻微。考虑到早期施工的沥青混凝土路面病害状况和程度离散性大的特点,最后确定采用厂拌热再生技术进行修复。该试验段通车近两年,未发现明显不良效果。

下面以路面维修施工中常用的厂拌热再生工艺为例，简单说明其施工过程的主要步骤。

3.2.1 旧路的翻挖、破碎和筛分

旧路面沥青面层与基层间有一定的结合力，翻挖或铣刨有时会将基层的少部分材料带起，如果基层是灰土类材料，应尽量清除，否则会影响再生料的性能；如果基层为碎石类（如二灰碎石、水泥稳定碎石），即使基层材料混于再生料中，对再生料的影响也不会太大。应特别注意的是，在铣刨过程中要避免破坏基层，并应在气温合适的季节进行施工。

旧料使用前必须破碎，其粒径不能过大，一般破碎后的旧料粒径不宜大于 25 mm，最大不超过 35 mm，否则再生剂较难渗入内部，且旧油不易释放，会影响整个混合料的性能。破碎方法有人工破碎、机械破碎、加热分解等。

3.2.2 再生剂的添加

再生剂的添加方式对整个再生混合料的使用品质有很大的影响，按工序来分主要有两种方法：① 在混合料拌和前将再生剂喷洒在旧料上，拌和均匀，静置数小时至 1~2 d，使再生剂充分渗透到旧料中，将旧料软化。静置时间的长短，应根据旧料老化的程度、施工温度和试验喷洒结果而定。② 先将旧料加热至 100℃ 左右，然后在拌缸内边喷洒再生剂边拌和旧料，接着将加热过的新料与旧料拌和，再加入新沥青材料拌和均匀。这种方法工序简单，生产效率高。

3.2.3 施工配料

按再生混合料的组成设计，将旧料、新集料、新沥青及再生剂（如有需要）进行配料，每次掺入新沥青的数量为总沥青量与旧料掺配量中旧沥青和再生剂含量之差。高等级再生沥青路面工程对再生路面的质量要求较高，再生混合料设计应注意选用品质良好的集料和沥青材料。若旧料老化严重，则应注意选用合适的再生剂，并注意通过各项试验确定材料配合比。

3.2.4 再生混合料的拌和

再生混合料的拌和按机械设备的不同主要可分为连续式和间歇式两种。拌和时必须准确掌握加热、掺配工艺和剂量，切实控制拌和温度，新集料先进入高温区，加热温度范围为 160~240℃，而旧料宜进入余热区通过热交换和余热升温融化，待新旧集料混合且热传递平衡后，再加入新沥青拌和至颜色均匀一致后出料，出料温度应在 140~160℃ 之间。不同的掺配比例、废料不同的含水量，使新料的加热温度和新旧料在搅拌缸中的热传递拌和时间都不相同，具体数据见表1。

表1 掺配不同比例废旧料时新料的加热温度和热传递拌和时间

项 目	掺配 10%旧料		掺配 20%旧料		掺配 30%旧料	
	含水量 2%	含水量 3%	含水量 2%	含水量 3%	含水量 2%	含水量 3%
新集料的加热温度/℃	174	177	199	205	230	241
新旧料热传递拌和时间/min	55		10		20	

表1所示为掺配不同比例的废料在废旧料不同含水量的情况下,新料的加热温度和拌和时间(假设废旧料为常温20℃,拌和出料温度为160℃)。

3.2.5 摊铺、碾压和初期养护

(1)准备工作

再生混合料摊铺前的准备工作包括修整原有路基、清理基层上的泥土及污秽杂物、修整基层表面、浇洒透层油或粘层油,必要时还应考虑设置下封层。如果基层拱度不当,则要进行调拱。在摊铺前一两天,应对基层表面状况进行一次检查,无论是未补强而仅设置整平层,还是加铺了补强层,其上面又设置了下封层,如果发现局部出现坑洞、脱皮等损坏现象,都应加以修补。

对于粒料基层,如不设置下封层,应在摊铺前扫除浮动石子和尘土,并浇洒透层油,以保证基层与沥青面层能良好地粘结。若基层设置有下封层,或再生沥青面层直接加铺在旧沥青面层上,则应在表面浇洒粘层油。在陡坡、急弯路段尤其要注意浇洒粘层油,以免沥青面层产生滑移。

(2)混合料摊铺、碾压和初期养护

再生沥青路面的摊铺、碾压和初期养护等工艺的质量要求与一般路面施工基本相同。厂拌热再生施工工艺流程如图1所示。

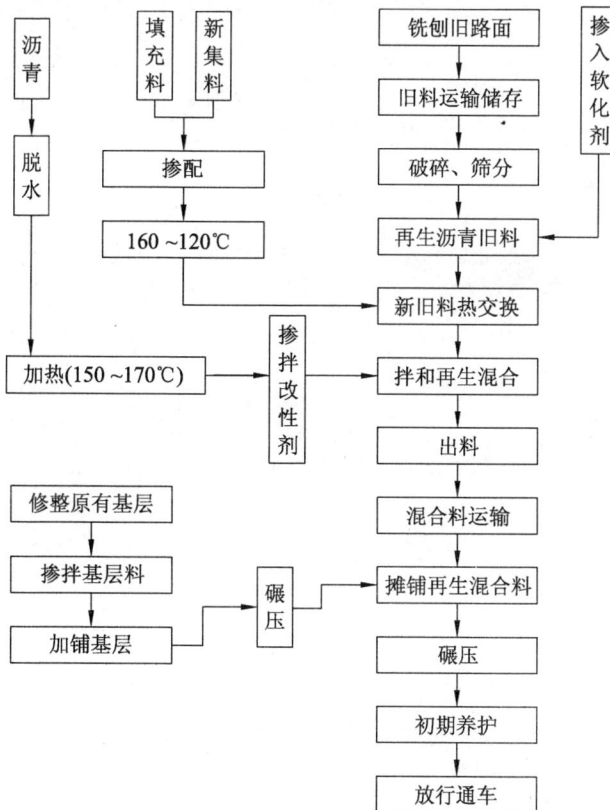

图1 厂拌热再生施工工艺流程

3.2.6 施工质量控制与验收

再生沥青路面施工质量控制和验收参照《JTJ 032—94 公路沥青路面施工技术规范》和《JTJ 032—98 公路工程质量检验评定标准》进行。

4 结 语

厂拌热再生技术在国际上已是一项成熟的先进技术,随着我国经济的发展、交通运输负荷的增加、原材料资源的日益紧张、环保意识的增强及降低工程费用要求的提高,在我国采用厂拌热再生技术的意义重大,其研究推广与应用已迫在眉睫。在完成大规模交通基础设施建设之后,我国公路旧路改造、维护保养的高峰即将到来,厂拌热再生技术必将得到大规模的应用,这也是实现循环经济、走可持续发展之路的必然选择。

参考文献

[1] 刘先淼,等:《厂拌热再生沥青技术在广佛高速公路路面大修工程中的应用》,《公路》,2004 年第 11 期。

[2] 杨平:《沥青路面厂拌热再生利用研究》,长沙理工大学硕士学位论文,2005 年。

[3] 孙祖望:《沥青路面再生技术的现状与发展(一)》,《建筑机械》,2005 年第 3 期。

S243省道填石路基的施工方法

刘来新

（镇江市路桥工程总公司 镇江 212017）

摘　要　本文以S243省道拓宽改造工程新建段的填石路基为例，对填石路基的施工工艺和方法作了全面介绍，阐述了填石路基的施工工艺要求，指出了路基施工中的常见问题，并针对性地提出了相应的处理方法。

关键词　填石路基　填筑质量　施工工艺　公路施工

1　工程概况

S243省道戴家门—陈武立交段自2006年5月份开工，2007年年底竣工，是镇江市的重点工程。镇江市路桥工程总公司施工的路基1标段（S243-zjlj1）位于镇江市丹徒区及润州区境内，起讫桩号为K0+000—K4+200，其中断链K3+738.889—K3+845.256，短链长度106.367 m，路线全长4.094 km。公路等级为平原微丘一级公路，设计行车速度100 km/h，路基宽度为26 m。其中0K+400—3K+640为新建段，主体穿越五洲山段，填挖方量大且多为深挖高填。

五洲山段的山体多为石质挖方，弱风化岩石多、强风化岩石少，因此高填方路堤路床底以下利用爆破开挖的石渣回填，既能保证高填方路堤的填筑质量，又节约了工程造价，贯彻了因地制宜、就地取材、方便施工的方针。

路穿地带地形狭窄，沟壑较深，其中最大填高12.75 m，填筑路段最长220 m，最短90 m。在施工过程中保证路基的填筑质量，确保路基不下沉，对确保整个S243省道的整体质量起着重要的作用。

2　路基的设计与要求

2.1　路基的压实度与填料强度要求

根据《JTGD30—2004公路路基设计规范》的要求，路基应分层填筑，均匀压实，压实度按重型压实标准，路基填料最小强度不低于表1的规定。

表 1　路基压实标准及填料最小强度

分　　类	路床顶面以下深度/cm	压实度/%	填料最小强度(CBR)/%
上路床	0～30	≥96	8
下路床	30～80	≥96	5
上路堤	80～150	≥94	4
下路堤	＞150	≥93	3
土路肩		≥90	3

2.2　土石混合料

土石混合料的土石重量比例为 20∶80,碎石的含量不小于 80%,所含石料强度大于 20 MPa 时,最大粒径不超过层厚的 2/3,超过的石料人工清除;当所含石料为软质石(强度小于 15 MPa)时,石料最大粒径不超过压实厚度,超过的要打碎。

2.3　填石路基

膨胀性岩石、易溶性岩石、盐化岩石等均不得用于路堤的填筑,回填料岩性主要是大理岩、变质砂板岩,其内摩擦角大,密度较高,压实性、稳定性均好,是理想的填筑材料。

3　施工工艺与方法

3.1　土石混合料

3.1.1　摊铺

分层填筑,分层压实,每层的松铺厚度为 35 cm.,对应压实厚度为 30 cm。

采用挖掘机加自卸汽车装运,运到填筑地段用推土机推平,按水平分层,先低后高、先两侧后中央卸料,每侧填料铺设的宽度要超过填层设计宽度 50 cm。为了控制填料的层厚,应在路基两侧钉钢钎并拉线,每 10 m 设一个。

3.1.2　填筑

采用羊足碾与振动光轮压路机组合压实。

先用光轮压路机稳压 1 遍,接着上 18 t 羊足碾振动碾压 2 遍,再上 18 t 振动压路机压 6 遍,直到压实层顶面稳定、无明显轮迹为好。

振动压路机碾压时,第一遍采用光轮振动压路机不振动静压,时速控制在 1.5 km/h;然后先慢后快,由弱振至强振振压 3 遍,压路机的碾压行驶速度开始时采用慢速,最大速度不超过 4 km/h;碾压时从低向高进行,直线段由两边向中间纵向式进行;压路机的错轮宽度不小于轮宽的 1/3,横向接头振动压路机重叠 1.0～1.5 m;对路基的边缘碾压时,压路机与线路横断面成 45°角,达到无漏压、无死角,确保碾压均匀。之后再用光轮压路机激振 1 遍,静压 1 遍进行收面。

3.1.3　不同土质混合料填筑应注意的问题

不同性质的土石混合料应分别填筑,不得混填。每种填料层累计总厚度不小于 50 cm。

压实后渗水性差异较大的土石混合填料应分层或分段填筑,不宜纵向分幅填筑。如确需纵向分幅填筑,应将压实后渗水良好的土石混合料填筑于路堤两侧。

3.2 填石路基

3.2.1 摊铺

分层填筑,分层压实,每层填筑厚度上路堤为 40 cm,下路堤为 50 cm,最大粒径小于每层填筑厚度的 2/3。摊铺采用大型推土机粗平,每卸一车填料,由推土机向前摊铺一车,在局部坑洼不平的地方,人工配合采用细石块、石屑整平。

3.2.2 填筑

填筑机械采用冲击压路机配合振动压路机施工。

先用冲击压路机(3YCT25)压 30 遍,再用 18 t 振动压路机压 4 遍。

推土机粗平后,即上冲击压路机,碾压顺序为从外至内沿圆形行走,行走时速控制在 12 km/h,每压 5 遍过后用平地机整平,及时消除表面冲击形成的凹块,保证压实效果。

振动压路机压实时,顺序为先两侧后中间,速度先慢后快,振幅先弱振后强振,速度不超过 4 km/h;压路机的错轮宽度不小于轮宽的 1/3,横向接头振动压路机重叠 1.0~1.5 m;最后 1 遍用静压进行收面。

在摊铺与碾压的过程中,将超粒径的石块进行破解或予以剔除,并用细料进行嵌缝,经压路机反复激振,如果发现细料有明显的下沉,再次用细料嵌缝,反复几次,直至细料在振动后不再下沉,确保石块之间无空洞。

对于边角以及与山体交界处等大型压路机不能实施正常碾压的地方,采用人工铺填粒径 25 cm 以上石料,先铺填大块石料,大面向下,小面向上摆平放稳,再用小石块找平,石屑塞缝,然后采用振动压路机开启激振静压,保证石料之间填塞饱满,确保路堤填筑质量。

3.3 压实检测

由于块石路堤填料粒径较大,采用挖坑灌砂法或表面波密实度仪测定压实度,效果不太好,因而采用压沉差检测。一般在压路机碾压 6~8 遍后或通过试验段确定的碾压遍数后,压实层面稳定、没有明显的碾压轮迹、石块紧密、表面平整时进行检测。本合同段采用 22 t 压路机,按照试验段确定的碾压遍数之后进行检测。

(1)布点方法:一般在压实表面沿路堤纵向并排布点,点位间纵向间距为 5 m,横向间距视现场情况而定,布点避免位于凸出大石上和压路机不能压到的地方。

(2)检测频率:每 2 000 m² 至少布 20 个点,压实面积不足 200 m² 时至少布 4 个点。

(3)压实标准:测点压沉值平均不大于 5 mm,标准差不大于 3 mm。

(4)压实层厚检测:填石路堤应检测填筑完工后每压实层顶面的标高,相邻层位的高程差加上两次高程检测间路堤的压沉量应不大于相应路堤填筑厚度。

3.4 土工格栅的铺设

在半填半挖处原地面挖成宽度不小于 2 m,向内倾斜 3% 的台阶。在最底部的两层台阶上分别铺设单向土工格栅,横向宽度 4 m。土工格栅设计主筋为高密度聚乙烯单向土工格栅(HDPE),抗拉强度≥50 kN/m,延伸率≤10%。

土工格栅长度方向搭接宽度不小于 20 cm,横向搭接用 0.9 mm 铅丝绑扎连接固定,固定间距不大于 30 cm。周边及纵向搭接采用 6 mm 钢筋弯制成 U 形钉固定,固定间距不大于 1 m。

回填应在土工格栅铺设后及时进行,避免阳光直接暴晒,用推土机或装载机运送回填料,从两端向中间铺填。

4 沉降观测

在高填路堤(填筑高度≥6 m)段设置沉降观测点。观测点采用 50 cm×50 cm×1 cm 的钢板,中心焊接 φ32 mm 锌水管制成,每填筑一层都要观测沉降量。每次接管后用精密水准仪前后观测两次,高程误差小于±2 mm。

在 1K+600、1K+620、1K+650、1K+880、1K+900、1K+920、2K+500、2K+540 分别设置沉降观测点,每个断面设 3 个点,分别是路中心和路两侧 10 m 处。每周至少观测 3 次,观测记录必须准确、规范。

在路基填筑过程中,累计总沉降量分别为 75,87,104,118,85,69,81 mm,路基成型后继续观测,当连续两个月的沉降量小于 6 mm 时,视为达到稳定标准,方可进行路面底基层和护坡的施工。

5 路基施工中常见问题及防治方法

5.1 施工质量问题

路基整体或局部不均匀沉降;路基纵横向开裂;路基滑动或者边坡滑坍,都是路基施工中的质量问题。

5.2 常见问题防治方法

(1)合理优化施工组织设计,根据施工现场情况安排施工段的先后顺序,对高填方路段应优先安排施工,合理调配人员、设备。

(2)保证高填方路基的施工质量,做好施工前的准备工作。开工前要认真研究施工图设计,详细了解施工现场的具体情况,对重要地段进行重点勘察研究。

(3)认真清除地表土不良土质,加强地基压实处理,地表植被、树根、垃圾等必须予以清除,同时采用大重型振动压路机处置填筑路基前,必须做好以下几方面工作:① 疏通路基两侧纵横向排水系统,避免路基受水浸泡;② 选取级配好的路基填料;③ 路基坡角范围内的杂草、树根、淤泥等一定要予以清除并碾压。

(4)填石路基施工,可利用重型夯实设备进行强夯处理,防止或减缓细料在填料空隙中的流动。

(5)路基施工必须分层填筑,分层碾压。

6 结 语

按照以上方法施工的高路堤路基 S243 工程路基 1 标于 2007 年上半年完成施工,经观测,沉降量符合设计和规范要求,其弯沉值、路基宽度、边坡度、横坡等各项指标均符合设计及规范要求。路面施工结束后,道路状况良好,在高填路段和填挖交接段均未出现任何病害,有力地验证了该施工方法的科学性。

参考文献

[1]邓国珍:《填石路基施工技术与质量控制研究》,《中国高新技术企业》,2008 年第 16 期。

[2]申战军,贾新发,王安华:《填石路基施工的探讨》,《山西建筑》;2009 年第 28 期。

沥青砼路面平整度的影响因素

严维成

（镇江市路桥工程总公司 镇江 212017）

摘 要 本文通过分析摊铺机械、摊铺过程和碾压机械、碾压工艺等工程实践，阐述了影响沥青砼路面平整度的因素。

关键词 沥青砼路面 平整度 摊铺 碾压

国民经济的发展带动了公路事业的迅猛发展，随之公路行车舒适性的要求也越来越高。平整度反映了公路通车后的整体效果，体现公路的使用品质，是行车环境舒适性的一个重要指标。如何提前发现影响沥青砼路面平整度的因素成为工程施工中的一个关键问题。

1 摊铺过程中的影响因素

1.1 钢丝及装置

施工中一般采用"走钢丝"的基准控制方法，它可以较好地控制平整度。下面层施工前，先要张拉好基准线（2～3 mm 钢丝绳），然后设好各桩（直线段桩距 10 m、弯道处 5 m），根据测量的挂线高度确定各桩位钢丝的高度，测量不准确、量线失误或拉力不够钢丝下挠等都会反映到摊铺路段上，造成路面波浪状起伏，影响路面平整度。

1.2 摊铺机熨平板加热及平直度的调整

摊铺前，如果熨平板加热不均匀，摊铺时会造成温度较高的混合料与温度较低的熨平板粘结，使得摊铺层面出现拉毛、小坑洞等不规则的凹凸，从而影响整个公路的平整度。因此，摊铺机开工前熨平板温度必须提前 0.5～1 h 预热到 100 ℃。

摊铺前还应认真检查熨平板的平直度，若有正拱或反拱现象，则必须调整撑拉熨平板的拉杆长度，使熨平板下表面同属一坡度，以确保路面横向平整度。

1.3 摊铺速度的影响

摊铺机摊铺时必须连续、缓慢、均匀，不得随意变换速度或中途停机。摊铺速度宜控制在 2～6 m/min 的范围内，对改性沥青混合料及 SMA 混合料宜放慢至 1～3 m/min。摊铺速度过快，易造成摊铺层表面的粗颗粒在熨平板下沿摊铺方向滑动，使表面粗颗粒后方出现小坑或小空洞，从而影响面层平整度和预压密实度。

2 碾压施工中的影响因素

2.1 碾压方式及碾压速度的控制

碾压沥青混合料应采用组合碾压的方式,初压时首先采用双钢轮压路机碾压 2 遍,速度为 1.5~2 km/h;复压紧接在初压后进行,应采用重型轮胎压路机碾压 4~5 遍,速度为 3.5~ 4.5 km/h;终压采用双钢轮压路机碾压 2 遍,速度为 2.5~3.5 km/h。碾压时应注意,碾压路线和方向不得突然改变,以免使混合料产生推移或开裂。碾压区的长度应大体固定,两端的折返位置应随摊铺机前进而推进,横向不得在相同的断面上。

2.2 碾压温度的控制

沥青混合料的温度控制是沥青路面施工过程中的关键,现场应有专人负责对来料车、摊铺后、碾压前、碾压中及碾压终了的温度进行测试。碾压在混合料较高温度下进行最为有利,一般情况下开始碾压的混合料内部温度不低于 135 ℃,碾压终了的表面温度不低于 70 ℃。温度相对较高容易提高路面的平整度与压实度,温度偏低会导致沥青混合料颗粒间摩擦阻力加大,使沥青面层压实度不均匀,且容易形成局部松散和开裂,影响路面平整度。

2.3 压路机使用中应注意的问题

轮胎压路机使用时,应注意检查各个轮胎的新旧程度和轮胎压力,必须做到新旧一致、压力相等。如果轮胎软硬不一,在碾压过程中会形成轮迹,使沥青面层横向平整度超标。钢轮压路机应装雾状喷水装置以防混合料粘轮,轮胎压路机应有专人负责用 1∶3 的油水混合液喷洒轮胎表面(严禁刷柴油),防止碾压时将沥青混合料粘起造成路面不平整。

3 沥青的拌和及运输中的影响因素

3.1 拌和站的生产能力必须与摊铺机的摊铺能力相匹配

首先要保证摊铺机连续、均匀、不间断作业。若在低温季节施工,供料不及时,摊铺机待料时间过长,使得混合料温度下降,会引起局部不平整,而且自动找平系统在每次启动后,需行驶 5~8 m 后才能恢复正常,因此切忌摊铺机中途停机。其次应加强拌和站管理,保证连续供料,运行中途不停机加油,操作手应轮换休息,并做到每天早晨开机,晚上收工关机,中途力争不停机,以确保路面摊铺作业连续不间断。

3.2 运输车辆与摊铺机的配合

摊铺作业时,常因运输车辆操作不熟练而与摊铺机配合不协调,使混合料洒落在摊铺机行走履带前,如不及时清除会使摊铺机左右晃动,造成自动调平系统工作仰角发生变化,影响路面平整度。因此,必须专人负责指挥倒车,严禁运料车撞击摊铺机。

3.3 施工缝的处理

沥青路面施工缝处理的好坏对平整度有一定的影响,往往连续摊铺路段平整度较好,而接缝处的平整度较差。因此,接缝施工好坏是制约平整度的重要因素之一。处理好接缝的关键是要做好接头的切除,用 3 m 直尺检查端部平整度,以摊铺层面直尺脱离点为界限,用切割机切缝挖除。新铺接缝处采用斜向碾压法,适当结合人工找平,可消除接缝处的不平整,使前后两路段平顺衔接。

4　路面上设置的各种检查井盖、雨水井盖对路面的影响

为节约占地，城市道路下往往铺设有各种市政、公用设施，如雨水、污水、给水、天然气、煤气、电信等管道及热力、电力等方沟，这些设施相隔一定距离在路面上都留有检查井盖，尤以雨、污水管道检查井盖布置最密。除此之外，为解决路面雨水排放问题而在道路边缘设置的雨水口对路面平整度也有影响。

目前的城市道路沥青混合料面层一般为两层，常规的沥青混合料与井盖相接处的施工方法有两种。一种是在摊铺下面层混合料时，为使摊铺机能连续作业，只好在井筒上用钢板暂时覆盖，待混合料摊铺完成后及时铲掉钢板上的沥青混合料。摊铺上面层前，将井盖根据路面设计标高（纵横向）安砌完毕。另一种是在两层混合料铺筑过程中，井盖均用钢板覆盖，待路面整体成型后再掘出所有的钢板，然后安砌井盖，井盖安砌完成后由人工分层铺筑混合料成型。但以上两种方法都不能保证路面平整。一方面因为道路设计既有纵坡又有横坡，施工中稍不细致就有可能导致井盖与路面纵横坡度不一致；另一方面因为井盖呈一平面，而许多道路横向表面呈抛物面状，这就客观上导致了路面不平整。

5　结　语

在沥青路面施工过程中影响沥青路面平整度的因素很多，有些是由机械性能引起的，有些则是由人为操作失误引发的，有些可能是施工组织管理不到位造成的，不管是何种因素，在施工过程中都要做到心中有数、未雨绸缪。因此，只有认真研究分析施工中的各种影响因素，针对不同的因素加强工程施工现场的管理，精心组织，周密部署，抓好施工中的每一个环节，才能提高路面的平整度质量。

参考文献

[1] 张超，郑南翔，王建设：《路基路面试验检测技术》，人民交通出版社，2004年。

[2] 周爱军：《道路工程施工》，机械工业出版社，2008年。

[3] 中华人民共和国交通部公路科学研究院：《公路路基路面现场测试规程》，人民交通出版社，2008年。

振动成型法在抗裂型水泥稳定碎石基层中的应用

王矿山

（镇江市路桥工程总公司 镇江 212017）

摘　要　水泥稳定碎石基层是目前我国在高等级沥青路面中应用最为广泛的基层形式，其具备整体强度高、板体性好，稳定性与抗冻性较好，对地材要求低、造价低等优点，但也同样具备反射裂缝、早期破坏及结构性破坏，最后丧失板体性等缺点。本文主要通过分析振动成型法在水泥稳定碎石级配设计及施工过程中的应用，介绍避免裂缝等提高水泥稳定碎石基层施工质量的方法。

关键词　振动成型　水稳混合料　重型击实　设计强度

1　我国水泥稳定碎石基层的应用现状

（1）水泥稳定碎石基层是在我国沥青路面中应用最为广泛的基层形式，在新建及改扩建工程中所占比例在 90％以上。作为承受路面主要荷载的水泥稳定碎石基层具有以下优势：水泥稳定碎石强度形成快、养生期短、开放交通早；水稳定性高、抗冲刷能力强；能消除粉煤灰中硫、磷等元素对路面的不利影响等。但水泥稳定碎石基层缺点同样明显，主要表现在：荷载作用下强度与模量逐年衰减；因反射裂缝导致沥青面层出现裂缝；对荷载大小的敏感性较大，容易出现致命破坏；密水性好，容易积水，导致沥青路面水损坏；收缩、温缩系数大，导致路面早期破坏。

（2）水泥稳定碎石基层强度和裂缝是半刚性基层的一对矛盾体。强度是半刚性基层材料的立身之本，但并不是越大越好，应有一个适宜的值，强度高必然增加结合料用量，而细料增加导致裂缝出现的频率增高。为了更好地利用水泥稳定碎石的优点，弱化缺点，应在保证强度的基础上尽量优化级配、降低结合料用量，避免裂缝的出现。振动成型法就是一种突出其优点弱化其弱点的施工方法。

2　振动成型法原理及特点

2.1　振动成型法原理

（1）普通标准击实方法是在室内通过施加冲击荷载对被压材料进行压实与现场夯实过程一致，虽与现场静力压路机的作用过程不尽相同，但就通过对材料产生剪应力使之压实这一效果来说是相似的。其与振动压实法通过高频振动作用使材料产生液化来压密的过程完全不同。静力压实成型试件的原理和静力压路机滚压的机理是相同的,但是和振动压路机的振动压实机理则不同。

(2)室内试验作为现场施工质量控制的基础,应当力求使室内试验真正模拟现场的施工压实工艺。为模拟振动压实对材料的作用,振动成型法通常采用自上而下振动的振动成型压实机。本研究使用该成型机进行振动压实试验,确定材料的最佳含水量、最大干密度及振动成型试件无侧限抗压强度。

2.2 振动成型法特点

(1)设计的水泥碎石混合料上下限均为骨架密实结构,0.075 mm 筛孔通过率低,干缩抗裂系数是静压成型条件下的 1.5 倍,可显著提高基层抗裂能力。

(2)振动成型法确定的水泥稳定碎石最大干密度有所提高,平均为重型击实法的1.024倍,因此避免了压实度虚假超密的尴尬。

(3)振动成型试件吸水率只有标准击实试件的 1/10,更加致密,无侧限抗压强度更大,因此在满足设计强度的条件下可以尽可能地减少水泥剂量。

(4)振动成型法在提高混合料强度的同时,对刚度的影响较小,试件表现出更优的抗干缩性能。

(5)振动法设计的混合料可以达到强度及抗裂能力同时增加的最优效果,而静压法则只能取其一,因此振动法设计可降低工程施工成本。

3 振动成型法施工质量控制

3.1 原材料控制

水泥稳定碎石的原材料质量不如沥青面层的质量高,另外水稳混合料采用连续式拌和机,原材料规格(级配)的水稳性至关重要。因此,水泥稳定碎石质量控制的关键之一是原材料的质量控制。

3.2 设计级配

设计级配的目标是骨架密实结构,采用0.45 次方级配配图,最好呈 S 型(其优点是既能嵌挤,又能密实,且能够减少离析现象)。

筛孔的控制是关键,各规格筛孔的通过率如下:19 mm 筛孔通过率在80％左右、4.75 mm 筛孔通过率小于35％、0.075 mm 筛孔通过率小于5％。

3.3 设计强度

设计强度是配合比设计时的唯一控制参数,其作用可想而知。关于设计强度大小的问题,现行《公路路面基层施工技术规范》规定"对于高速公路和一级公路,水泥定土的 7 d 浸水抗压强度应根据交通量在3～5 MPa 之间",而新版《公路沥青路面设计规范》规定"对于重交通而言,水泥稳定类材料的 7 d 无侧限抗压强度应在3～4 MPa 之间,且不宜超过高限"。根据实践经验,静压成型的设计强度在 3.5 MPa 左右,7 d 芯样较为完整,振动成型的设计强度可设定在 4.0～5.0 MPa。

3.4 水泥剂量

水泥剂量的大小对于控制裂缝至关重要。一般来说,在确定的成型方法下设计强度标准决定着水泥剂量的大小，一般水泥剂量增加一个百分点，强度提高 40％左右。为了保证尽可能少地出现裂缝，应在满足设计强度的基础上限制水泥用量。由于水稳碎石施工中存在较大的变异性，考虑芯样的完整性，建议水泥剂量控制在 3.5％～4.5％。

4   振动成型法存在的不足

（1）试验参数不明确。影响振动击实效果的参数主要是静压力、振动效率和振动时间，对于前两者学者们已经基本上达成共识，但对振动时间的控制一直存在争议，目前存在几个版本：100 s、120 s、140～150 s、回弹跳起、无规则回弹跳起、无规则回弹跳起后 20～30 s 等，因此对振动时间的控制是研究的重点。

（2）试验过程需进一步细化。混合料含水量较高时，混合料中的水泥浆易被振动挤出，影响试验结果的有效性。

（3）振动压实时间的不确定性，导致击实功变化，对于过振的混合料，集料破碎较严重。

（4）试验强度的离散程度大，比对困难。

5   结   语

根据已建项目施工经验，采用静压成型方法设计的水稳混合料，最大干密度小，现场压实度出现虚假的超密，且试件强度小，为了满足设计强度必须用较高的水泥用量，因而出现裂缝较多的现象。静压成型方法设计水稳混合料室内的击实功与现场的压实机具不匹配，室内试验的目的是指导生产，而振动成型法能很好地模拟现场，设计的混合料更接近现场压实的混合料性质，能很好地指导生产。但振动成型法尚存在一些不足，需要同行们在日常的科学试验、施工生产中不断研究、共同探讨，使之成为一种科学成熟的施工工法。

参考文献

[1] 浙江省交通厅：《水泥稳定碎石基层振动成型法施工技术指南》，2009 年。

水准测量误差的来源及其控制方法

韦 冽

（镇江市路桥工程总公司 镇江 212017）

1 工程施测过程中水准测量的问题

水准测量是采用几何原理,利用水平视线测定两点间高差的方法。水准测量仪器使用水准仪,工具是水准尺和尺垫。公路工程测量一般使用 DS₃ 型微倾式自动安平水准仪,每千米能达到的精度是 3 mm。水准仪在一个测站使用的基本程序是安置仪器、粗略整平、瞄准水准尺、精确整平和读数。在实际勘测过程中应按这个顺序施行,在每一水准点段测完后复核结果。同一条公路采用同一个高程系统,测量方法是基平与中平同时测量,间视和转点由两个人立水准尺,但两台水准仪总是同时观测一个水准尺进行读数,一个水准点段测完后检核。在每一测站,若没有检查、复核,则为误差的积累创造了条件,容易返工,既耽误时间又浪费人力。工程实践证明,这一方法经常出现错误。5 个水准点连续错误中的一个测段结果如表 1 和 2 所示。

表 1 宁波绕城公路 BM4 至 BM5 水准点外业测量结果

点号	后视	视线高	间视	前视	高程	点号	后视	视线高	间视	前视	高程
BM4	3.300	15.750		3.286	15.529	557.8	1.483	15.765		1.450	14.282
254.6			1.442		14.308	600			1.386		14.379
284.6			1.424		14.326	650			1.357		14.408
314.6	1.425	15.715		1.460	14.290	700	1.672	16.005		1.432	14.333
344.6			1.420		14.295	750			1.482		14.523
374.6			1.387		14.328	800			1.476		14.529
406.2	1.493	15.716		1.492	14.223	850	1.488	16.021		1.472	14.533
ZD1	1.175	15.732		1.159	14.557	900			1.475	14.546	
C6			1.415		14.317	950			1.428		14.593
437.8			1.425		14.307	K4	1.540	16.204		1.357	14.664
467.8			1.363		14.369	50			1.439		14.765
497.8			1.312		14.420	ZD2	2.240	17.684		0.760	15.444
527.8			1.41		14.322	BM5				0.826	16.864

表 2　宁波绕城公路 BM4 至 BM5 水准点复核测量结果

点号	后视	视线高	间视	前视	高程	点号	后视	视线高	间视	前视	高程	平均高程
BM4	1.637			1.637	12.585	BM4	1.798			1.798	12.539	12.562
ZD1	1.848			0.202	14.020	ZD1	1.884			0.366	13.971	
ZD2	1.424			1.399	14.469	ZD2	1.452			1.436	14.419	
ZD3	1.372			1.359	14.534	ZD3	1.436			1.388	14.483	
ZD4	1.330			1.283	14.623	ZD4	1.392			1.349	14.570	
ZD5	1.348			1.301	14.652	ZD5	1.364			1.367	14.595	
ZD6	1.413			1.279	14.721	ZD6	1.521			1.295	14.664	
ZD7	1.533			1.200	14.934	ZD7	1.580			1.307	14.878	
ZD8	1.525			1.065	15.402	ZD8	1.531			1.113	15.345	
ZD9	2.012			1.350	15.577	ZD9	1.890			1.355	15.521	
BM5				0.485	17.104	BM5				0.363	17.048	17.076

表 1 经过整理,读数差 $\Delta h = \sum$ 后视 $- \sum$ 前视,Δh 小于 2 mm,满足规范要求。但是施工过程中,施工单位提出问题,经过表 2 复核补充测量成果证实,外业测量的结果不正确,因此,有必要分析水准测量的误差,找出控制纠正的方法,避免错误的出现,保证项目的顺利施工。

2　水准测量的现状

现在常应用水准点与中桩分开观测的方法,水准点观测采取往返测量,成果整理要求高差闭合差 $f_{h容}$($f_{h容} = \sum h_{往} + \sum h_{返}$)达到平原微丘区三等水准测量的精度(不大于 $\pm 20 L^{\frac{1}{2}}$)。平原微丘地区影响水准测量精度的主要因素是水准路线的长度,长度越长,精度越低;山区,则是测站,测站越多,精度越低。

3　水准测量的误差分析及控制方法

水准测量误差有仪器误差、观测误差和外界条件的影响误差。

3.1　仪器误差

3.1.1　水准仪的望远镜视准轴不平行于水准管轴所产生的误差

仪器虽在测量前经过校正,仍会存在残余误差,造成水准管气泡居中,水准管轴居于水平位置而望远镜视准轴却发生倾斜,致使读数产生误差。这种误差与视距长度成正比。观测时可通过中间法(前后视距相等)和距离补偿法(前视距离和等于后视距离总和)消除。针对中间法在实际过程中的控制,立尺人是关键,通过应用普通皮尺测距,之后立尺,简单易行。而距离补偿法不仅繁琐,而且不容易掌握。

3.1.2 水准尺误差

水准尺误差主要包含尺长误差(尺子长度不准确)、刻划误差(尺上的分划不均匀)和零点误差(尺的零刻划位置不准确)。对于较精密的水准测量,一般应选用尺长误差和刻划误差小的标尺。零点误差可以通过在一个水准测段内,两根水准尺交替轮换使用(在本测站用作后视尺,下测站则用为前视尺),并把测段站数目布设成偶数,即在高差中相互抵消的方法控制,同时还可以减弱刻划误差和尺长误差的影响。

3.2 观测误差

3.2.1 符合水准管气泡居中的误差

符合水准气泡未能做到严格居中,会造成望远镜视准轴倾斜,从而产生读数误差。读数误差的大小与水准管的灵敏度有关,主要是水准管分划值 τ 的大小。此外,读数误差与视线长度成正比。水准管气泡居中误差一般认为是 0.1τ,根据公式 $m_{居}=0.1\tau S/\rho$,DS$_3$ 级水准仪水准管的分划值一般为 $20''$,视线长度 S 为 75 m,$\rho=206\,265''$,那么,$m_{居}=0.4$ mm。由此看来,只要观测时符合水准管气泡能够严格居中,且对视线长度加以限制(与中间法一致),此误差即可消除。

3.2.2 视差的影响

当存在视差时,尺像不与十字丝平面重合,观测时眼睛所在的位置不同,读出的数也不同,从而产生读数误差。因此在每次读数前,应仔细进行物镜对光,消除视差。

3.2.3 水准尺的倾斜误差

如果水准尺向视线的左右倾斜,观测时通过望远镜十字丝很容易察觉而纠正。如果水准尺的倾斜方向与视线方向一致,则不易察觉。尺子倾斜总是使尺上读数增大,它对读数的影响与尺的倾斜角和尺上读数的大小(即视线距地面的高度)有关。尺的倾斜角越大,对读数的影响就越大;尺上读数越大,对读数的影响就越大。

水准尺的倾斜误差为 $\Delta a=a(1-\cos\gamma)$。当 $\gamma=3°$,$a=1.5$ m 时,$\Delta a=2$ mm,由此可以看出,此项影响是不可忽视的。通常立镜高度是 1.7 m,则 $\Delta a=2.33$ mm。因此,在水准测量中,立尺是一项十分重要的工作,一定要认真立尺,使尺处于铅垂位置。尺上有圆水准的应使气泡居中。必要时可用摇尺法,即读数时尺底置于点上,尺的上部在视线方向前后慢慢摇动,读取最小的读数。当地面坡度较大时,尤其应注意将尺子扶直,并应限制尺的最大读数。

3.3 外界条件和下沉的影响

用水平面代替水准面对高程的影响所产生的误差可用公式 $\Delta h=D^2/2R$ 表示,地球半径 $R=6\,371$ km,当 $D=75$ m 时,$\Delta h=0.04$ cm;当 $D=100$ m 时,$\Delta h=0.08$ cm;当 $D=500$ m时,$\Delta h=2$ cm;当 $D=1$ km 时,$\Delta h=8$ cm;当 $D=2$ km 时,$\Delta h=31$ cm。显然,以水平面代替水准面时高程所产生的误差要远大于测量高程的误差。因此,对于高程而言,即使距离很短,也不能将水准面当作水平面,一定要考虑地球曲率对高程的影响。实测中采用中间法可消除该影响。大气折光使视线成为一条曲率约为地球半径 7 倍的曲线,而使读数减小,可以用公式 $\Delta h=D^2/(2\times 7R)$ 表示,视线离地面越近,折射越大。因此,视线距离地面的角度不应小于 0.3 m,其影响也可用中间法消除或减弱。此外,应选择有利的时间,如一日之中上午 10 时至下午 4 时这段大气比较稳定的时间测量,以消除大气折光的影响。但在中午前后观测时,尺像会有跳动,影响读数,应避开这段时间,阴天、有微风的天气可全天观测。

仪器下沉是指在一测站上读的后视读数和前视读数之间仪器发生下沉,使得前视读数减小,算得的高差增大。为减弱其影响,当采用双面尺法或变更仪器高法时,第一次先读后视读数再读前视读数,而第二次则先读前视读数再读后视读数,即以"后、前、前、后"的观测程序进行。这样两次高差的平均值即可消除或减弱仪器下沉的影响。

水准尺下沉的误差是指仪器在迁移过程中,转点发生下沉,使迁站后的后视读数增大,算得的高差也增大。如果采取往返测,则往测高差增大,返测高差减小,因此取往返高差的平均值,可以减弱水准尺下沉的影响。最有效的方法是应用尺垫,即在转点的地方放置尺垫,并将其踩实,以防止水准尺在观测过程中下沉。

根据表 1,应用偶然误差 $M_\Delta = \pm([\Delta \cdot \Delta]/[4 \cdot n \cdot R])^{1/2}$ 公式计算则误差合格,利用附合路线闭合差公式计算,误差同样合格。那么,这个比较隐蔽的错误主要来源是立尺方向出现倾斜和转点位置下沉或移动,中间法距离控制不好。解决的方法是首先改变水准测量的模式,基平与中平分开;其次在每一个测站检核,在同一测站上以不同的仪器高度(或称视线高度)观测两次,两次所测高程之差不超过规定的容许值 2.0 mm,取其算术平均值作为本测站的观测结果。严格执行上述控制误差的方法,就能够有效地把误差控制在精度要求内。

4　结　语

减小和消除误差的方法都是以增加时间或采取更多的步骤为代价。在测量中只有操作熟练,才能提高观测的速度,只有采取规范的办法,严格执行正确步骤,司仪与立尺互相配合,才能得到正确结果。

实践证明,将误差控制方法应用到实际工作中后,没有出现过错误,达到了"多干事、动作快、效率好、省时间"的目的。

路孚 8000 在道路交叉口沥青砼中的应用

姚国辉　田喜东

（镇江市交通工程建设管理处 镇江 212003）

摘　要　由于国内国省道干线公路红绿灯处车辙严重,因而影响道路通行以及安全。路孚 8000 是一种由多种聚合物和其他成分组成的功能强大、储存性能稳定的沥青混凝土添加剂。它具有卓越的融合能力,可极大地改善沥青胶体的结构,通过沥青和矿料之间特别的物理、化学作用来发挥功效,使沥青混凝土高温稳定性和低温抗裂性得到提高。常熟市在建工程 S227 省道红绿灯处的沥青砼中掺入路孚 8000,提高了抗车辙能力,从而改善了公路红绿灯处车辙的问题。

关键词　公路车辙　路孚 8000　高温稳定性　低温抗裂性

国内国省道干线公路红绿灯处由于汽车刹车频繁,重载车长时间等红灯等原因,在红绿灯前造成了车辙,严重影响了道路的通行及安全。路孚 8000 是一种由多种聚合物和其他成分组成的功能强大、储存性能稳定的沥青混凝土添加剂。它具有卓越的融合能力,可极大地改善沥青胶体的结构。在沥青混合料中添加路孚 8000,通过沥青和矿料之间特别的物理、化学作用来发挥功效,使沥青混凝土高温稳定性和低温抗裂性得到改善,较大地提高了沥青路面的抗车辙能力。

1　原材料要求

由于国省道干线公路通常采用两层沥青混凝土工艺,上面层多采用 SBS 改性沥青和玄武岩,且厚度为 4 cm,其本身的抗车辙能力较强,通过对车辙路段取芯观察发现,车辙主要在下面层。因此,在下面层中掺路孚 8000 对改善道路抗车辙的能力,以及节约成本有重要意义。

1.1　沥青

沥青面层采用优质道路石油沥青,标号 70 号,技术要求见表 1。

表 1　道路石油沥青技术要求

检验项目	技术要求
针入度(25 ℃,100 g,5 s)/0.1 mm	60～80
延度(5 cm/min,15 ℃)/cm	≥100
延度(5 cm/min,10 ℃)/cm	≥20
软化点(环球法)/℃	≥46

续表

检验项目		技术要求
溶解度(三氯乙烯)/%		≥99.5
针入度指数 PI		−1.3～+1.0
薄膜加热试验 (163 ℃,5 h)	质量损失/%	≤0.6
	针入度比/%	≥65
	延度(10℃)/cm	≥6
闪点(COC)/℃		≥260
含蜡量(蒸馏法)/%		≤2
密度(15 ℃)/(g/cm³)		≥1.01
动力粘度(绝对粘度,60 ℃)/(Pa•s)		≥180

注:沥青需达到 PG64−22 标准。

1.2　粗集料

　　粗集料应采用石质坚硬、清洁、不含风化颗粒、近立方体颗粒的碎石,粒径大于 2.36 mm。下面层采用石灰岩等碱性石料,并选用反击式破碎机轧制的碎石,严格控制细长扁平颗粒含量,以确保粗集料的质量。粗集料技术要求见表 2。

表 2　沥青下面层用粗集料质量技术要求

检验项目	技术要求
石料压碎值/%	≤24
软石含量/%	≤3.0
视密度/(t/m³)	≥26
吸水率/%	≤2.0
对沥青的粘附性	≥4 级
针片状颗粒含量/%	≤12
水洗法(<0.075 mm 颗粒含量)/%	≤1.0
坚固性/%	≤12
洛杉矶磨耗损失/%	≤28

1.3　细集料

　　细集料应采用坚硬、洁净、干燥、无风化、无杂质并有适当级配的人工轧制的米沙,石质为石灰岩。细集料技术要求见表 3。

表 3　沥青下面层用细集料质量技术要求

检验项目	技术要求
视密度/(t/m³)	≥26
砂当量/%	≥60
水洗法(<0.075 mm 颗粒含量)/%	≤12.5
棱角性/s	≥30

1.4 填料

填料应采用石灰岩碱性石料经磨细得到的矿粉。矿粉必须干燥、清洁,质量技术要求见表4。

表4 矿粉质量技术要求

检验项目		技术要求
视密度/(t/m³)		≥2.50
含水量/%		≤1
粒度范围/%	<0.6 mm	100
	<0.15 mm	90~100
	<0.075mm	75~100
外观		无团粒结块
亲水系数		<1
塑性指数		<4

1.5 抗车辙剂

路孚8000是一种由多种聚合物和其他成分组成的功能强大、储存性能稳定的沥青混凝土添加剂。

2 沥青混合料

路孚8000改性沥青混合料的配合比设计,采用Superpave混合料设计方法设计后,路孚8000按照车辙试验确定的用量外掺到混合料中,混合料的级配见表5。

表5 Superpave混合料级配

筛孔(方孔)/mm	26.5	19.0	13.2	9.5	4.75	2.36	1.18	0.6	0.3	0.15	0.075
通过率/%	100	94.4	83.6	65.5	40.3	24.5	18.7	14.7	8.5	6.8	4.6

用表5所确定的混合料级配,分别进行SUP20的动稳定度试验以及掺混合料质量的4‰的路孚8000的动稳定度试验,结果见表6。

表6 动稳定度试验结果

混合料类型	沥青用量/%	动稳定度/(次/毫米)				要求
		1	2	3	平均	
SUP20	4.2	1 520	1 450	1 650	1 540	1 000
SUP20掺4‰路孚8000	4.2	6 480	6 630	6 420	6 510	

从表6可以看出,SUP20中掺4‰路孚8000,显著提高了沥青混凝土的动稳定度。由此可见,路孚8 000可有效提高沥青混凝土抗车辙的能力。

用马歇尔试验检验其他指标均满足国家标准,结果见表7。

表 7　SUP20 中掺 4‰路孚 8000 马歇尔试验技术指标

试验项目	试验结果	技术要求
稳定度/kN	13.5	≥8.0
流值/0.1 mm	27.6	20～40
空隙率/%	4.9	4～6
沥青饱和度/%	66.5	60～70
残留稳定度/%	92.4	≥85

3　沥青混合料的拌和及摊铺

室内试验各种技术指标均满足施工要求后,通过施工单位在常熟 S227 省道中使用。施工单位在沥青砼拌和过程中将路孚 8000 掺入沥青砼中,由于只在路口铺筑,因此正常拌和中在需要时将路孚 8000 及时掺入拌和楼,拌和好后在道口处铺装,掺路孚 8000 时拌和延长 3 s,温度提高 10 ℃。摊铺及碾压按正常的施工工艺进行。

4　使用效果

S227 省道是常熟连接苏州的主通道,车流量多,特别是载重车多,截至现在 S227 省道莫城段已通车一年,通过对道路的观察发现,其效果非常明显,各道口均没有发现车辙,减轻了养护压力,取得了较好的社会效益。

5　结　语

路孚 8000 沥青混合料通过将新材料路孚 8000 添加到沥青混凝土中使沥青混合料的土高温稳定性和低温抗裂性得到较大的提高,大大降低了车辙病害的发生,有效地提高了路面铺装层使用性能和使用寿命,因此具有较高使用价值和社会价值,值得大力推广应用。但路孚 8000 材料价格较高,在沥青砼中普遍使用,性价比不高。通过对国省干道的观察发现,只在道口、红绿灯等处车辙严重(最严重时距离道口、红绿灯只有 50～200 m),因此在道口 50～200 m 的范围内掺加路孚 8000,以期望达到相关要求,节约成本。

参考文献

[1] 中华人民共和国交通部公路研究所:《JTG F40—2004 公路沥青路面施工技术规范》,人民交通出版社,2005 年。
[2] 沈金安:《沥青及沥青混合料路用性能》,人民交通出版社,2006 年。

超细水泥基灌浆材料力学性能及其水化过程研究

石 帅[1] 莫立武[2]

(1. 镇江市交通工程建设管理处 镇江 212005；2. 南京工业大学材料科
学与工程学院，材料化学工程国家重点实验室 南京 210009)

摘 要 本文通过掺加超细粉煤灰和硅灰，研究超细矿物掺合料对超细水泥浆体力学性能的影响，并采用 XRD，SEM，TG-DSC 和化学结合水量法对超细水泥基灌浆材料的水化过程进行分析。结果表明，超细水泥水化很快，28 d 已基本水化完毕，生成大量的 $Ca(OH)_2$，并具有很高的早期强度，后期强度有所下降；掺加超细粉煤灰降低了早期强度，而硅灰可以提高浆体的强度，两者水化后期还可以进行较强的水化反应，并一定程度上降低浆体的 $Ca(OH)_2$ 含量；复掺超细粉煤灰和硅灰可以获得具有优异后期强度的超细水泥基灌浆材料。

关键词 超细水泥 力学性能 水化

水泥作为灌浆材料具有强度高、耐久性好、无毒、材料来源方便、价格低廉、操作简单等优点，在灌浆工艺中应用广泛。普通水泥粒径较大，粗颗粒多，当水灰比较大时，浆液的稳定性差，易析水回浓，不能有效灌入细微裂隙，难以满足细小裂隙的灌浆要求。随着粉磨技术的发展，一种新型的灌浆材料——超细水泥应运而生，国内外很多学者正致力于超细水泥的研究，以改善其可灌性，超细水泥灌浆材料的应用领域也越来越广泛。很多国家的工程实践已证实超细水泥灌浆材料的可灌性好，具有与化学浆液大致相同的渗透能力。但是，超细水泥还存在一些问题有待解决：粉磨成本较高，造成灌浆成本较高；灌浆时泌水较多等。针对这些问题，可将粉煤灰这种工业废渣超细磨后掺入超细水泥中，既有利于环保，又可以降低超细水泥的成本；硅灰由于其更为细小的颗粒，有利于提高可灌性，并可以提高浆体的保水效果。通过这些措施，可开发出性能优良的超细水泥基灌浆材料，而强度是衡量灌浆材料性能必不可少的指标，它与材料的组成和结构直接相关。但是这些材料的加入势必会对浆体的力学性能和水化过程产生影响。本文旨在研究超细矿物掺合料对超细水泥浆体力学性能的影响并对其水化过程进行分析。

1 原材料和试验方法

1.1 原材料

超细水泥是由中国水泥厂生产的 42.5 级硅酸盐水泥熟料掺加 5％二水石膏经振动磨粉磨而成；超细粉煤灰是由华能电厂所产Ⅰ级粉煤灰经振动磨粉磨而成；硅灰由 Elkem 有

限公司生产。各材料的化学成分见表 1,粒径大小见表 2。

表 1 超细水泥、超细粉煤灰和硅灰的化学成分   质量分数/%

原材料	烧失量	SO_3	SiO_2	Fe_2O_3	Al_2O_3	CaO	MgO	K_2O	Na_2O
超细水泥	2.54	2.01	20.75	3.61	4.90	65.00	1.09	0.76	0.11
超细粉煤灰	2.24	0.58	54.70	5.24	28.98	4.48	1.23	1.65	0.45
硅灰	2.57	1.00	91.36	0.28	0.63	0.63	1.96	1.19	0.52

表 2 超细水泥、超细粉煤灰和硅灰的粒径

材料名称	平均粒径/μm	粒径参数/μm			
		D10	D50	D90	D95
超细水泥	7.4	0.70	5.5	16.5	19.9
超细粉煤灰	6.5	1.10	5.2	14.2	17.3
硅灰	0.1	0.02	0.1	0.5	0.8

1.2　试验方法

1.2.1　力学性能测试

水泥净浆采用 20 mm×20 mm×20 mm 净浆试模成型;砂浆强度采用 40 mm×40 mm×160 mm 三联试模成型,$W/C=0.5$,灰砂比为 1∶2.5,标准养护条件下养护 24 h 后拆模,然后放入 20 ℃水中养护至预定龄期,测量其强度。

1.2.2　材料的矿物组成分析 (XRD)

将试样烘干至恒重后,用玛瑙研磨体研细至 10 μm 以下,压入样品凹槽内,用日本理学 ARL X'TRA 型 X 射线衍射仪进行测量。

1.2.3　差热-热重分析 (TG-DSC)

差热-热重采用美国 TA 公司生产的 SDT Q600 差热/热重同步热分析仪进行分析。

1.2.4　扫描电镜分析 (SEM)

采用日本电子公司生产的 SJM—5900 型扫描电镜对各种试样的微观结构进行观察。

1.2.5　化学结合水量测定

将不同龄期的水化样品经无水乙醇终止水化后磨细,在烘箱中 105 ℃烘 24 h 至恒重后取出,再放进高温炉中,升温至 1 000 ℃保持 30 min,待试样冷却后称重,然后按下式计算材料的化学结合水量:

$$W_{nel} = (m_1 - m_2)/m_2 - W_{M,C}/(1 - W_{M,C})$$

式中:W_{nel}——材料的化学结合水量,%;

m_1——105 ℃烘干后的质量,g;

m_2——1 000 ℃灼烧后的质量,g。

$$W_{M,C} = W_M \times W_{M,i} + W_C \times W_{C,i}$$

式中:W_M 和 W_C 分别为矿物掺合料和水泥的质量分数;$W_{M,i}$ 和 $W_{C,i}$ 分别为矿物掺合料和水泥的烧失量。

2 结果与结论

2.1 超细水泥浆体力学性能的研究

2.1.1 超细粉煤灰对超细水泥浆体力学性能的影响

图 1 所示为掺加超细粉煤灰对浆体砂浆强度的影响。由图可知,纯超细水泥浆体 3 d 强度很高,已达到 49.85 MPa,28 d 强度达到 72.96 MPa,这主要是因为其颗粒较细,水化活性高,水化充分,结构致密所致。超细粉煤灰的加入,降低了浆体 3 d、7 d 和 28 d 的抗压强度和抗折强度,并且随着掺量的增加,强度降低增大,掺加 30% 超细粉煤灰的浆体抗压强度与纯水泥浆体相比,3 d 强度降低 47.1%,7 d 强度降低 27.8%,28d 强度降低 16.5%。但与超细水泥浆体相比,掺加超细粉煤灰浆体有较大的强度发展趋势,超细水泥 3～7 d 的强度增长率为 26.9%,而掺加 20% 超细粉煤灰的浆体 3～7 d 的强度增长率为 55.8%;超细水泥 7～28 d 的强度增长率为 15.3%,而掺加 20% 超细粉煤灰的浆体 7～28 d 的强度增长率为 26.6%。

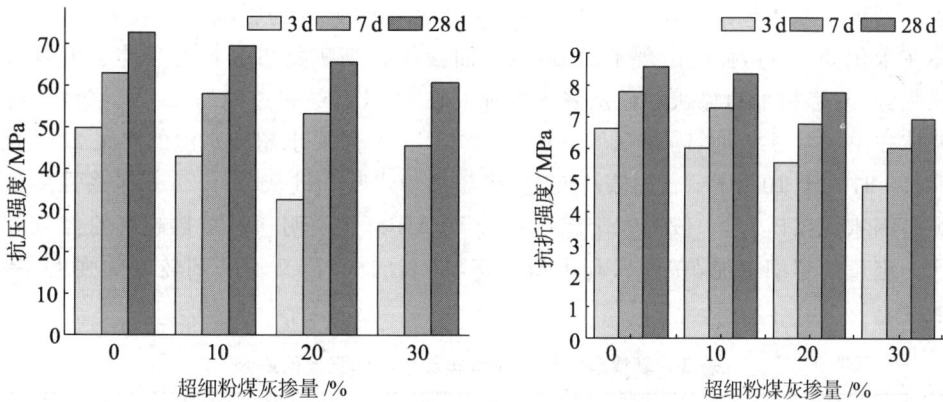

图 1　超细粉煤灰对浆体强度的影响

2.1.2 硅灰对超细水泥浆体力学性能的影响

图 2 所示为掺加硅灰对浆体强度的影响。由图可知,硅灰的加入略微降低了浆体 3 d 的抗压强度和抗折强度,掺量越大,降低程度越大。与纯超细水泥浆体相比,掺加 8% 硅灰浆体 3 d 抗压强度降低 5.5%,3 d 抗折强度降低 4.6%。这是由于浆体水化 3 d 时,硅灰的火山灰活性还没有发挥作用,只起到矿物充填作用,从而降低了浆体的 3 d 强度。随着龄期的增加,水化 7 d 和 28 d 后,掺加硅灰的浆体强度明显高于纯水泥浆体强度,并随着硅灰掺量和水化龄期的延长,表现的更为明显。掺加 8% 硅灰浆体 28 d 抗压强度为 78.67 MPa,比纯水泥浆体强度增加了 7.8%,抗折强度达到 9.01 MPa,比纯水泥浆体强度增加了 6.9%;掺加 12% 硅灰的砂浆 28 d 抗压强度达到 82.96 MPa,比纯水泥浆体强度增加了 13.7%;抗折强度达到 9.88 MPa,比纯水泥浆体强度增加了 14.6%。

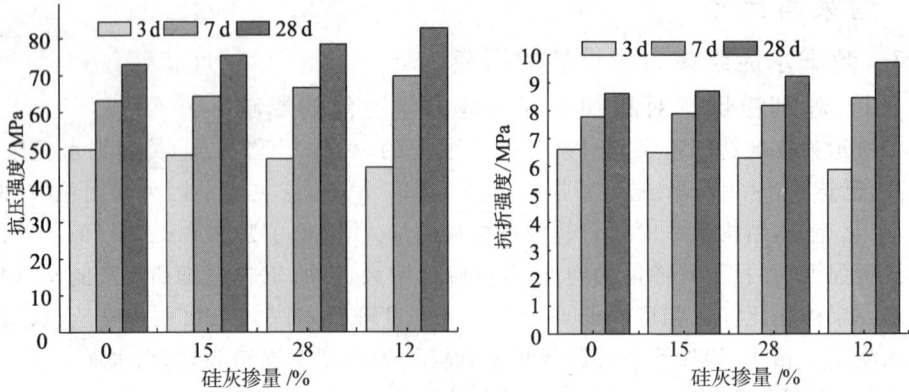

图 2 硅灰对浆体强度的影响

2.1.3 复掺超细粉煤灰和硅灰对超细水泥浆体力学性能的影响

表 3 列出了复掺超细粉煤灰和硅灰对超细水泥浆体强度的影响。由表可知,纯超细水泥浆体在水化 90 d 时,强度出现了倒缩现象,而掺加超细矿物掺合料的浆体强度具有很大的增长趋势,复掺超细粉煤灰和硅灰浆体的强度在 90 d 已经超过纯超细水泥浆体。纯超细水泥浆体在 $W/C=1.0$ 时,净浆强度可达 17.3 MPa(一般要求超细水泥的净浆 28 d 强度在 $W/C=1.0$ 时大于 10 MPa)。由表可知,复掺超细粉煤灰和硅灰浆体 28 d 净浆强度虽然略低于纯超细水泥浆体,但一般都大于或接近于 10 MPa,这说明通过复掺超细粉煤灰和硅灰来取代一定量的超细水泥,在环保利用粉煤灰、硅灰的同时,又可获到较好的强度,特别是后期强度。

表 3 复掺超细粉煤灰和硅灰对浆体强度的影响

编号	灌浆材料固体成分/%			胶砂抗压强度/MPa		$W/C=1.0$ 时 28 d 净浆强度/MPa
	超细水泥	超细粉煤灰	硅灰	28 d	90 d	
1	100	0	0	72.96	69.55	17.3
2	80	15	5	71.13	77.52	14.6
3	75	20	5	68.21	74.96	12.3
4	70	25	5	65.17	70.17	9.7
5	70	20	10	76.85	83.92	16.2

2.2 超细水泥浆体的水化过程

2.2.1 XRD 研究

通过 X 射线衍射分别分析了纯超细水泥、掺加 20% 超细粉煤灰和掺加 10% 硅灰浆体的 3 d,28 d 和 180 d 的矿物组成,本文主要比较 $Ca(OH)_2$ 含量的变化。图 3 为纯超细水泥浆体不同龄期的 XRD,图中仅标出 $Ca(OH)_2$。从这些 XRD 谱线可以看出:各试样的 XRD 图谱中衍射峰位置对应,这说明纯超细水泥浆体与掺和超细矿物掺合料的复合水泥浆体的水化产物种类相同,只是材料组成不同或水化龄期不同。产物的生成量不同,具体体现在其衍射峰高度的差异。

由图可知,随着水化龄期的增加,纯超细水泥浆体 Ca(OH)₂ 衍射峰高度逐渐增大,这说明水泥的水化程度随着龄期的增加而增大。其中,28 d 浆体 Ca(OH)₂ 衍射峰明显高于 3d 浆体Ca(OH)₂ 衍射峰,而 28 d 浆体Ca(OH)₂ 衍射峰与 180 d 浆体 Ca(OH)₂ 衍射峰相差不大,这说明超细水泥水化极快,28 d 已经基本水化完毕,并生成较多的 Ca(OH)₂。

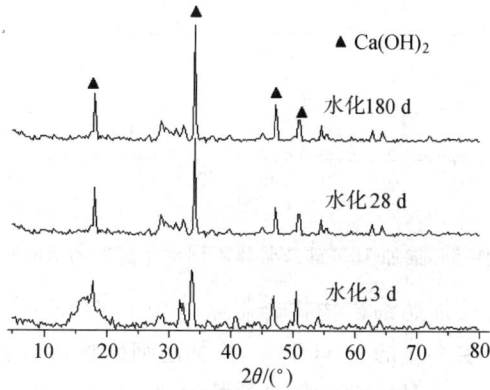

图 3 纯超细水泥浆体不同水化龄期的 XRD

图 4 为掺加 20%超细粉煤灰浆体不同龄期的 XRD。由图可知,随着龄期的增加,浆体 Ca(OH)₂ 衍射峰高度逐渐降低,这是因为超细粉煤灰在水化后期发生了火山灰反应,吸收了部分 Ca(OH)₂,所以 Ca(OH)₂ 的含量会有一定的降低。笔者认为,超细水泥水化极快,在水化早期就能产生大量的 Ca(OH)₂,而粉煤灰通过超细粉磨后,活性也有一定的提高,当超细粉煤灰遇到大量的 Ca(OH)₂,就会更加有利于火山灰反应的进行,从而产生更多的水化产物,这对提高硬化浆体的强度有利。因此就会出现掺加超细粉煤灰浆体 3～7 d 强度增长率明显高于纯超细水泥浆体的现象。

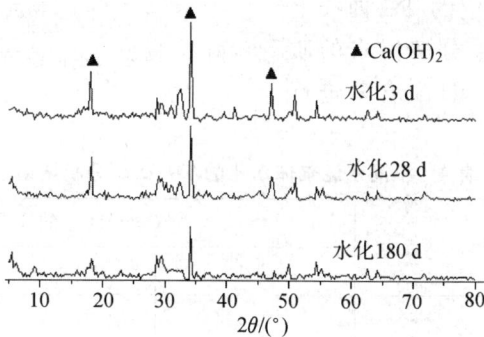

图 4 掺加 20%超细粉煤灰浆体不同水化龄期的 XRD

图 5 为掺加 10%硅灰浆体不同龄期的 XRD。由图可知,随着龄期的增加,浆体 Ca(OH)₂衍射峰高度明显降低,这是由于硅灰与超细粉煤灰相比,火山灰活性更高,更容易进行二次水化,从而吸收更多的 Ca(OH)₂。

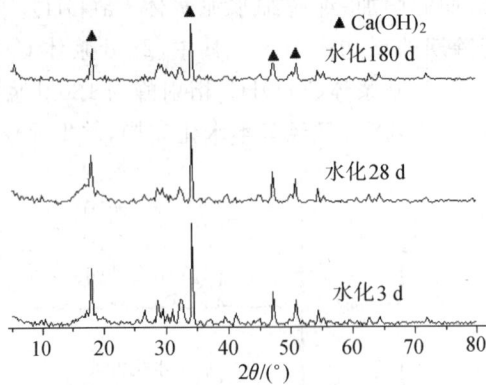

图 5 掺加 10% 硅灰浆体不同水化龄期的 XRD

由纯超细水泥浆体与掺加超细矿物掺合料浆体中 $Ca(OH)_2$ 含量变化规律可知,纯超细水泥浆体水化极快并产生大量的 $Ca(OH)_2$,掺加超细矿物掺合料后,$Ca(OH)_2$ 衍射峰降低幅度很明显,这说明在 $Ca(OH)_2$ 含量较高的情况下,有利于矿物掺合料进行二次水化反应,使 $Ca(OH)_2$ 含量降低,这对于提高材料的耐久性具有重大意义。

2.2.2 TG-DSC 研究

为进一步研究材料组成对水化过程的影响,在用 XRD 分析的基础上,采用 TG-DSC 综合热分析方法对水泥浆体进行测试。图 6 所示为纯超细水泥浆体水化 28 d 的 TG-DSC。通过差热和热重曲线可知,$420\sim480$ ℃ 为 $Ca(OH)_2$ 的脱水温度区间,此温度之间所对应的 TG 曲线上的重量损失为 $Ca(OH)_2$ 分解后水的质量,从而对浆体中的 $Ca(OH)_2$ 含量进行定量分析,结果见表 4。

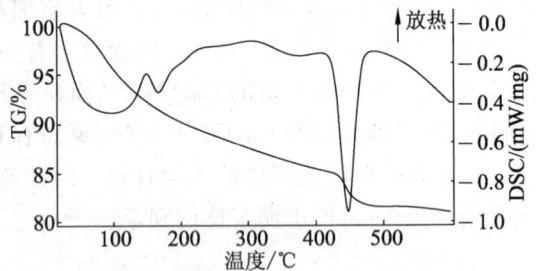

图 6 纯超细水泥浆体水化 28 d 的 TG-DSC

表 4 不同水泥浆体水化的 TG-DSC 分析结果

样品	$Ca(OH)_2$ 的质量分数/%		
	3 d	28 d	180 d
纯超细水泥浆体	10.59	15.76	17.65
掺加 20% 超细粉煤灰浆体	8.95	8.31	6.32
掺加 10% 硅灰浆体	9.26	6.28	4.16

由表 4 可知,纯超细水泥浆体水化物中 $Ca(OH)_2$ 的含量最大,且随着水化龄期的延长而增加;而掺加超细粉煤灰和硅灰浆体的水化物中 $Ca(OH)_2$ 的含量减少,且随着水化龄期的延长而减少。这是因为超细水泥水化早期产生大量的 $Ca(OH)_2$,这促进了超细粉煤灰和硅灰进行二次水化反应,从而消耗了 $Ca(OH)_2$ 的含量,这与 XRD 测试所得的规律是一致的。

2.2.3　硬化浆体化学结合水量

表 5 为不同材料组成、不同龄期的浆体化学结合水量。由表可知：随着龄期的延长，浆体的化学结合水量增加，纯超细水泥浆体 28 d 化学结合水量为 17.31%，而水化 180 d 浆体的化学结合水量为 17.82%，这再次说明了超细水泥在 28 d 已基本水化完毕。掺加 20% 超细粉煤灰浆体水化 28 d 以内，浆体的化学结合水量均小于纯超细水泥浆体。这是因为虽然超细粉煤灰能与 $Ca(OH)_2$ 进行二次水化反应，但超细粉煤灰的活性终究低于超细水泥，硬化浆体总的化学结合水量相对较小。但水化 28 d 后，超细水泥水化基本完毕，后期的水化反应主要是超细粉煤灰的二次水化，从而继续增加硬化浆体中的 C-S-H 凝胶数量，因此水化 180 d 后，掺加超细粉煤灰浆体的化学结合水量超过纯超细水泥浆体。掺加 10% 硅灰浆体的早期化学结合水量均小于纯超细水泥浆体，但水化 28 d 后，浆体的化学结合水量开始超过同龄期的纯超细水泥浆体，并且还具有较强的增大趋势。这归结于硅灰具有细度大、高度无定形的性质和高 SiO_2 含量特征，小的球状硅灰填充于水泥颗粒之间，从微观尺度上增加了水泥石的密实度，另一方面加大了二次水化的程度，从而提高了浆体的强度。

表 5　材料的化学结合水量

样品	硬化水泥浆体中化学结合水量/%				
	1 d	3 d	7 d	28 d	180 d
纯超细水泥浆体	8.21	13.33	15.25	17.31	17.82
掺加 20% 超细粉煤灰浆体	5.29	8.52	12.59	15.36	20.79
掺加 10% 硅灰浆体	7.56	12.87	15.61	19.25	22.03

2.2.4　微观结构分析

为了更进一步研究材料的结构与性能的关系，采用 SEM 对纯超细水泥、掺加 20% 超细粉煤灰和掺加 10% 硅灰浆体各龄期的微观结构进行了测试。由各试样的扫描电镜图可以看出，随着水化龄期的延长，浆体结构日趋均匀和密实，这是水泥浆体高强度的主要原因。但是对于纯超细水泥浆体、掺加 20% 超细粉煤灰浆体和掺加 10% 硅灰浆体，水化早期和后期的微观结构有明显的区别。

图 7 为纯超细水泥浆体不同龄期的 SEM 图。由图可以看出，纯超细水泥浆体在水化 3 d 时，浆体就形成了较密实的网络结构，因此超细水泥浆体的早期强度高。随着水化龄期的延长，结构也越来越密实，水化 28 d 时，结构已经变得非常致密。

(a) 水化 3 d　　　　　(b) 水化 28 d　　　　　(c) 水化 180 d

图 7　纯超细水泥浆体不同水化龄期的 SEM

图 8 为掺加 20% 超细粉煤灰浆体不同龄期的 SEM 图。由图可以看出，浆体在水化 3 d

时,还能看到很多的玻璃圆珠,表面也比较光滑,超细粉煤灰镶嵌于水泥水化产物中,纤维网状结构不是很明显,结构也比较疏松;水化 28 d 时,超细粉煤灰的表面开始变得不光滑,颗粒表面起伏,玻璃圆珠的量变少,这说明超细粉煤灰已经水化,并在超细粉煤灰上出现了一圈水化层,粉煤灰颗粒与周围凝胶结合良好;水化 180 d 时,浆体结构变得较紧密,几乎看不到玻璃圆珠形貌,这说明超细粉煤灰在水化后期,进行了较大程度的二次水化。由此可认为超细粉煤灰在浆体水化过程中主要表现为:早期超细粉煤灰的形态效应和微集料效应居于主要地位,几乎不参与水化,大量的超细粉煤灰密实填充于水泥浆体的孔隙中;之后,超细粉煤灰的火山灰效应逐渐发挥出来,其二次水化反应生成一定量的水化产物,进一步密实填充于已完成的水化产物的孔隙中,系统的密实度进一步提高,水泥的强度也随之提高,这与强度的发展规律基本一致。

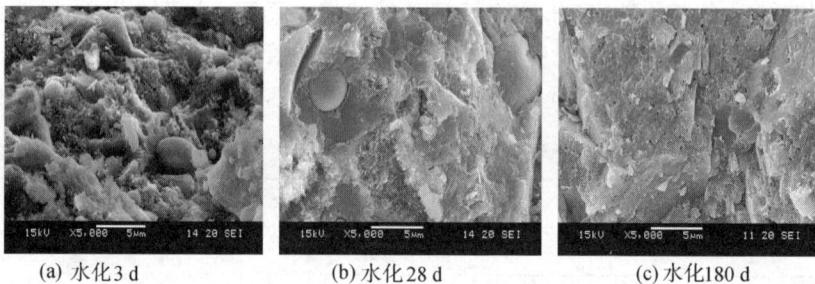

(a) 水化 3 d   (b) 水化 28 d   (c) 水化 180 d

图 8　掺加 20% 超细粉煤灰浆体不同水化龄期的 SEM

图 9 为掺加 10% 硅灰浆体不同龄期的 SEM 图。由图可以看出,掺加硅灰浆体水化 3 d 时,只有少量的硅灰发生二次火山灰反应,大部分硅灰仍粘附在水泥水化产物及水泥颗粒之上;浆体水化 28 d 时,硅灰的"火山灰效应"已较为明显,有大块凝胶体生成,细小的硅灰颗粒填充在水泥颗粒及水化产物之间的空隙中,此时硅灰的"填充效应"已经十分明显,水泥浆体的内部孔结构得到改善,水化产物层次分明,结构致密;水化反应至 180 d 时,由于二次水化的继续进行,形成极为致密的空间网状结构。

(a) 水化 3 d   (b) 水化 28 d   (c) 水化 180 d

图 9　掺加 10% 硅灰浆体不同水化龄期的 SEM

3　结　论

(1) 超细水泥浆体具有较高的早期强度,后期强度增长较小;超细粉煤灰的加入,降低了浆体的早期强度,但具有较高的强度增长率;硅灰的加入虽降低了浆体的 3 d 强度,但增加了浆体的 7 d 和 28 d 强度。

（2）超细水泥浆体水化 90 d 时出现强度倒缩,通过复掺超细粉煤灰和硅灰,可以在后期获得比纯超细水泥浆体更高的强度,避免了超细水泥后期强度倒缩的现象。

（3）超细水泥在 28 d 时已基本水化完全,28 d 以后主要为超细矿物掺合料的二次水化反应;超细水泥水化早期产生较多的 Ca(OH)$_2$,有利于超细矿物掺合料进行二次水化;掺加超细矿物掺合料浆体后期还具有较强的水化程度,并降低了浆体中的 Ca(OH)$_2$ 含量。

参考文献

［1］ Lucie Svermova. Influence of mix proportions on rheology of cement grouts containing limestone powder. Cement and Concrete Research,2003,25(6).

［2］ 米承勇,王道平:《超细水泥灌浆材料的研究与发展》,《粉煤灰综合利用》,2008 年第 6 期。

［3］ Jong-Sun Kim. Groutability of cement-based grout with consideration of viscosity and filtration phenomenon. International Journal for Numerical and Analytical Methods In Geomechanics,2009, 33(16).

［4］ Wei-H sing Huang. Improving the properties of cement-fly ash grout using fiber and superplasticizer, Cement and Concrete Research,2001,31(3).

［5］ 韩韧:《CX 型超细水泥使用性能总结》,《水泥》,1993 年第 6 期。

［6］ Tian Oian,Sun Wei. Performance of grouts for post-tensioned prestressed structures. Journal of Southeast University,2004,20(4).

［7］ 王凯:《大掺量煤矸石粉注浆材料的研究》,《新型建筑材料》,2005 年第 2 期。

［8］ 肖佳:《粉煤灰、硅灰对水泥胶砂性能影响的试验研究》,《混凝土》,2005 年第 8 期。

石灰稳定土基层常见病害原因分析及防治措施

王 健

(镇江市市政建设工程总公司 镇江 212001)

摘 要 石灰稳定土具有良好的力学性能,初期强度和水稳定性较低,后期强度和水稳定性较高,是一种较好的路面基层(非高等级公路)和底基层材料。石灰稳定土虽然有许多优点,且应用较广,但相对于其他稳定结合料仍有不少缺点,且容易出现病害。因此需要经过有效的病害机理分析并采取一定的防治措施,才能最大限度地发挥其性能。

关键词 石灰稳定土基层 病害原因分析 防治措施 特点

石灰稳定土具有良好的力学性能,初期强度和水稳定性较低,后期强度和水稳定性较高。实践证明,强度形成较好的石灰稳定土具有较高的抗压强度(最高能达到 4～5MPa)和一定的抗拉强度,且成本低,板体性好,具有很大的刚度和荷载分布能力。因此,它是一种较好的路面基层(非高等级公路)和底基层材料。石灰稳定土虽然有许多优点,且应用较广,但相对于其他稳定结合料仍有不少缺点,且容易出现病害。因此需要经过有效的病害机理分析并采取一定的防治措施,才能最大限度地发挥其性能。

1 石灰稳定土强度形成原理

在土中掺入适量的石灰,并在最佳含水量下拌和均匀并压实,使石灰与土之间发生一系列的物理、化学作用,从而使土的性质发生根本变化。这些变化归纳起来分为 4 个方面:一是离子交换作用;二是结晶硬化作用;三是火山灰作用;四是碳酸化作用。

1.1 离子交换作用

土的微小颗粒一般都带有负电荷,表面吸附着一定数量的钠、氢、钾等低价阳离子(Na^+、H^+、K^+)。石灰是一种强电解质,在土中加入石灰和水后,石灰在溶液中电离出来的钙离子(Ca^{2+})就与土中的钠、氢、钾离子产生离子交换作用。原来的钠、钾变成了钙土,土颗粒表面所吸附的离子由一价变成了二价,减少了土颗粒表面吸附水膜的厚度,使土粒相互之间更为接近,分子引力随之增加,许多单个土粒聚成小团粒,形成一个稳定结构。

1.2 结晶硬化作用

在石灰中只有一部分熟石灰进行了离子交换作用,绝大部分饱和 $Ca(OH)_2$ 自行结晶。熟石灰与水作用生成熟石灰结晶网格,其化学反应式为

$$Ca(OH)_2 + nH_2O \longrightarrow Ca(OH)_2 \cdot nH_2O$$

1.3　火山灰作用

熟石灰的游离 Ca^{2+} 与土中的活性 SiO_2 和氧化铝（Al_2O_3）作用生成含水的硅酸钙和铝酸钙，其化学反应式为

$$xCa(OH)_2 + SiO_2 + nH_2O \longrightarrow CaO \cdot SiO_2 \cdot (n+1)H_2O$$

$$xCa(OH)_2 + Al_2O_3 + nH_2O \longrightarrow CaO \cdot Al_2O_3 \cdot (n+1)H_2O$$

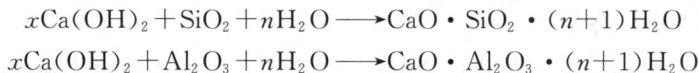

以上形成的熟石灰结晶网格及含水的硅酸钙和铝酸钙结晶都是胶凝物质，它们具有水硬性并能在固体和水两相环境下发生硬化。这些胶凝物质在土微粒团的外围形成一层稳定保护膜，或填充颗粒空隙而使颗粒间产生结合料，减小空隙与透水性，同时提高密实度。这是石灰土获得强度和水稳定性的基本原因，但这种作用比较缓慢。

1.4　碳酸化作用

在土中的 $Ca(OH)_2$ 与空气中的二氧化碳作用，其化学反应式为

$$Ca(OH)_2 + CO_2 \longrightarrow CaCO_3 + H_2O$$

$Ca(OH)_2$ 是坚硬的结晶体，它和其他已生成的复杂盐类结合起来，从而大大提高了土的强度和整体性。

由于以上的各种反应，减弱了土的吸附水膜作用，促使土颗粒凝集和凝聚，形成团粒结构，从而降低土的塑性指数；石灰稳定土的最佳含水量随石灰剂量增加而增大，而最大干密度则随石灰剂量增加而减少；石灰的掺入能明显地提高土壤侧限抗压强度及整体强度。

2　石灰稳定土常见病害原因分析与防治

根据多年从事石灰稳定土基层施工的经验，石灰稳定土常产生的病害可归纳为 3 种：① 成型时弹簧、起皮、拥包；② 成型初期隆起、开裂；③ 缩裂。

以上各种病害的产生减小了石灰稳定土基层的强度、板体性、刚度和荷载分布能力，从而导致路面面层出现断裂、沉陷、碎裂等破坏，缩短了道路的使用寿命。

2.1　石灰稳定土成型时弹簧、起皮、拥包的原因分析与防治

2.1.1　病害原因分析

石灰稳定土碾压成型时常会出现局部弹簧、松散并有大面积起皮现象；局部含水量过大易产生弹簧现象；拌和不均或局部粗细颗粒离析易导致松散现象；表面过干，平地机薄层找平易造成大面积起皮；压路机碾压方式不当易产生拥包。

2.1.2　病害防治

为防止上述病害出现，在施工过程中应注意以下几点：

（1）土块要粉碎，最大尺寸不应大于 15 mm，且拌和要充分均匀。

（2）控制好原材料（土、石灰）及混合料的含水量，拌和时混合料的含水量宜大于最佳含水量 1% 左右，且要拌和均匀。

（3）碾压过程中，石灰稳定土表面应始终保持湿润。

（4）严禁薄层贴补，摊铺时"宁高勿低"，最后整平时"宁漏勿补"。

（5）碾压时，压路机应遵从"先轻后重"、"先边后中"、"先慢后快"的原则，连续不断地碾压至规定的密实度。

2.2　石灰稳定土成型初期隆起、开裂的原因分析与防治

2.2.1 病害原因分析

（1）生石灰中常含有过火石灰，在石灰稳定土成型后，过火颗粒才逐渐消解，体积膨胀，引起成型后的石灰土层隆起。

（2）目前，我国不少厂家开始生产袋装生石灰粉，它在使用时可不需消解，但拌入土中后，生石灰粉消解过程中会放出大量水化热，如碾压成型过早，会由于生成的水化热过多而使土体积膨胀，产生隆起现象；如成型过晚，则石灰与土之间各种有利反应作用不能够充分得以利用，且难以压实。

（3）在施工过程中，经常会发现石灰稳定土成型 1～2 d 之后出现大量裂缝现象，高温季节尤为明显。这主要是由两方面原因造成的：一方面是石灰稳定土自身含水量过大；另一方面是保湿养生不及时，水化反应后，石灰稳定土含水量减少，产生干缩裂缝。

2.2.2　病害防治

（1）为消除生石灰中含有的过火石灰而造成的病害，将生石灰提前 10～12 d 运进施工现场，并进行充分消解；对于镁质石灰，由于难消解，则需提前 12～15 d 进行消解，且加水速度不宜过快、过急，以便镁质石灰能够充分得以消解。

（2）在使用袋装生石灰时，拌和均匀后，不要急于碾压，宜闷料 3～8 h，待生石灰粉在土中充分消解，水化热放出后，成型效果最佳。但需注意时间不要拖得过长。

（3）石灰稳定土宜在接近最佳含水量时成型，成型后必须采取有效措施保湿养生，养生期一般为 7 d 左右，养生期应封闭交通。

2.3　石灰稳定土缩裂的原因分析与防治

2.3.1　病害原因分析

石灰稳定土缩裂类型主要有以下 3 种：

（1）干缩。由于蒸发和混合料内部发生水化作用，混合料水分不断减少导致毛细管作用，材料矿物晶体间水化作用和碳酸化收缩作用等引起材料产生体积收缩。

（2）温缩。由于不同矿物颗粒组成的固相、液相（水）和气相在降温过程中相互作用，使半刚性材料产生体积收缩。

（3）反射裂缝。路基因某一种因素产生的裂缝反射至石灰稳定土上层而造成裂缝。石灰稳定土缩裂不但会降低石灰土自身强度，破坏板体结构，而且会映射到基层、面层，影响工程整体质量，从而大大降低公路工程的整体使用年限。

2.3.2　病害防治

为防止石灰稳定土基层产生缩裂，应采取如下措施：

（1）改善土质。石灰稳定土的缩裂性质与土的粘性有关，粘性越大，缩裂越严重。工程最适宜用塑性指数为 12～20（搓条法测塑限）的石灰稳定土；对于塑性指数大于 20 的土，适量掺入砂性土以降低塑性指数或改用其他形式的稳定结合料。

（2）控制压实含水量。石灰稳定土因含水量过多产生的干缩裂缝显著，因而碾压时应控制含水量接近最佳含水量，偏差不超出 ±1% 时最好。

（3）严格控制压实标准。实践证明，压实度小时产生的干缩要比压实度大时严重，因此要尽可能压缩到最大压实度。

（4）干缩最容易发生在石灰稳定土成型初期，因此要重视初期养护，保证石灰稳定土表面处于潮湿状态，防止干晒。

（5）石灰稳定土施工结束后要及早铺筑面层，使石灰土基层含水量不发生大的变化，以减轻干缩裂缩。

（6）温缩的最不利季节是温度在0～10 ℃时，尽量避免在不利季节施工。最好在当地气温进入0 ℃前一个月结束石灰稳定土施工，以防在不利季节前产生严重缩裂。

（7）掺入适量粗粒料，如碎石、石屑等，不但可以减少裂缝，而且可以提高石灰稳定土的强度，改善碾压时拥包推挤现象。

（8）施工前，对出现裂缝的路基进行返工处理，以减少反射裂缝的出现。

土工格栅在道路路基中的应用

巫宏云

（镇江市交通规划设计院 镇江 212003）

摘　要　土工格栅材料具有良好的化学稳定性、生物稳定性，同时具有较高的抗拉强度，将其埋置在土体之中，可以增强地基的承载力，同时可改善土体的整体受力条件，提高整体强度，减小路基沉降，增强路基的稳定性。本文着重介绍了土工栅格的工程特性和工程施工应用。

关键词　土工栅格　路基　稳定性　沉降

土工格栅是在聚丙烯（PP）或高密度聚乙烯（HDPE）板上打孔，然后加热进行单向或双向拉伸，提高了高分子键的定向排列性，加强了分子链间的联结力，大大提高其抗拉强度（较拉伸前提高 5～10 倍），而延伸率却只有拉伸前的 10％～15％，粒料在格栅网格内互锁力增高，摩擦系数显著增大（可达 0.8～1.0）。在众多的土工合成材料中，在同等应变下土工格栅抗拉强度最高。它具有粘弹性的力学特性，即随着试验速度和温度的变化，强度与变形的关系也发生变化。因而土工格栅的补强效果在作为半永久性的情况下，拟根据徐变试验得出的值作为设计强度。

1　土工格栅的工程特性

1.1　土工格栅常规力学特性

土工格栅具有较为明显的粘弹性，同时多方面因素影响着其力学特性。常规的力学试验表明，土工格栅的拉伸强度和弹性模量会随着环境和温度的变化而变化。不同温度下单根格栅的抗拉强度如表 1 所示，单根格栅在不同环境温度下荷载与应变之间的关系如图 1 所示，单根格栅在不同应变速率下荷载与应变之间的关系如图 2 所示。

由图 1 和表 1 得出，格栅的弹性模量和抗拉强度会随着温度的升高而明显降低，也就是说，格栅的弹性模量和抗拉强度在低温状态下将会呈现出明显的提高。土工格栅的刚度和最大负荷如果是在同一外界温度下，则会随着加荷速率的增大而增大。因土工格栅温度形变系数较高，如果单独考虑温度效应，如发生整体形变则对加筋材料影响不高，但在实际的施工中，可能会发生局部不均匀形变，格栅的路用性能将受严重影响。同时，单根格栅的抗拉试验表明，应变约为 15％ 的情况下格栅开始断裂，但是在实际工程应用中为考虑一定的安全系数，极限应变通常取 10％。

表 1　不同温度下土工格栅的抗拉强度结果统计

温度/℃	25	35	50	60	70	80	90	110	120
抗拉强度/N	265	215	180	155	142	127	116	75	36

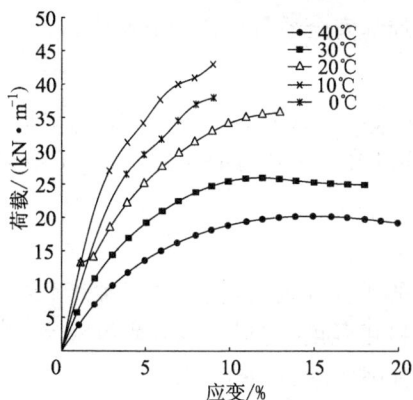

图 1　不同温度下荷载与应变之间的关系

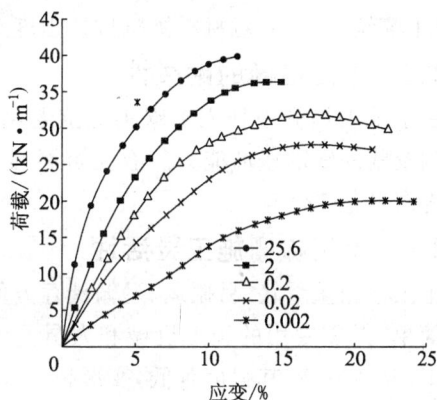

图 2　不同应变速度率下荷载与应变之间的关系

1.2　土工格栅的徐变特性和疲劳韧性

作用在格栅加筋结构上的荷载可以持续许多年,格栅加筋材料将产生徐变,在设计过程中,一般将格栅加筋材料上作用的荷载限制在一定范围(即为设计荷载)内,并可以求出允许形变。在实际工程应用中,要保证格栅在设计荷载作用下的允许形变和实际总形变量保持一致。一般采用蠕变系数法来估算材料的蠕变量,计算公式为

$$\varepsilon_t = \varepsilon_0 + b\log t$$

式中:ε_t——静荷载作用下 t 时间的总应变量;

ε_0——受力开始时的初始应变量;

b——蠕变系数;

t——表示时间。

蠕变系数在不同的应力水平下是不同的。图 3 为不同荷载产生的应变-时间关系对比曲线(半对数),其斜率即为不同应力水平下的蠕变系数。同时在施工现场进行了交变荷载作用下的土工格栅模拟疲劳试验,具体做法为:将石灰土铺在土工格栅上,用平地机整平,采用 12,16,20 t 振动压路机进行压实(前振后静),碾压 1 h,间歇半小时为 1 个周期,共计进行 4 个周期,然后铲除灰土重做试验,与原试验数据对比,结果如图 4 所示。

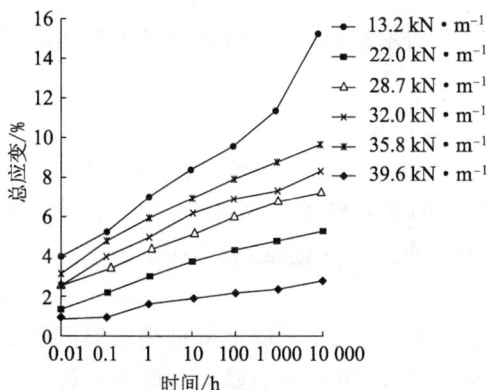

图 3　不同荷载作用下的应变-时间关系

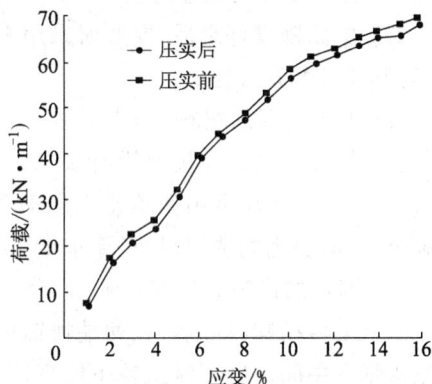

图 4　压实前后格栅拉伸性能对比曲线

从图 4 可以看出，格栅承受交变荷载周期性作用后，处于工作应变状态下的材料刚度没有明显变化，但一般情况下，材料的极限抗拉强度有所降低，降低的幅度与土壤粒径有关。在实际应用中一般采用局部安全系数，对于常采用的 SR80 格栅，局部安全系数为 1.1～1.3。土壤粒径越小，对材料极限抗拉强度影响越小，局部安全系数可适当取低值。

1.3 土工格栅的耐久性

由于土工格栅中加入了碳黑等抗老化助剂，因此具备了抗酸、碱、盐及酒精、汽油等有机溶剂及紫外线的侵蚀能力。有关资料显示，在常温和设计允许荷载作用下，土工格栅的使用寿命可达 120 年。

1.4 土工格栅施工灵活性

土工格栅重量轻、易搬运、运输储存方便，有一定的柔性和韧性，便于现场加工和搭接，施工简单，无需专用的施工机械和人员。此外，土工格栅强度、变形受温度影响较大，一般情况下，温度越高，其强度越低，变形越大；温度越低，其强度越高，变形越小。

2 工程应用

某改建工程，大部分路段都有帮宽现象，施工分段进行一段时间以后，帮宽部位由于沉陷不同出现了纵向裂缝。原路基部分已经固结稳定，沉降量极小，而拓宽部分的路基，即使压实度达到了规范要求，路基土还是有一个固结稳定的过程，其固结过程可延续很长时间，必然会造成路基不断沉降，而且其沉降量必然大于原路基。根据土工栅格的工程特性，对拓宽部分采用灰土和二灰碎石基层中加土工格栅的方法进行处理。

土工格栅在施工的过程中有一些须注意的事项，列举如下：

（1）土工格栅的连接

一般采用绑扎作为土工格栅的连接，搭接宽度应该大于 10 cm。搭接处需要满足受力要求，绑扎点一般会每隔 10～15 cm 取一处，在这个距离内受力方向应有两个绑扎点；错缝布置一般应用在多层铺设时，并采用上下层搭接处理。

（2）土工格栅的固定

施工中，土工格栅的设计应按要求张拉、铺设、搭接、铺固，做到无摺皱、无扭曲，张紧度尽量高一些，固定时使用 U 形插钉。

（3）土工格栅的填盖时间

土工格栅铺设好之后，要及时采用土料填盖，一般不超过 2 d。紫外线照射较弱的情况下，覆盖时间可适当延长。

（4）土工格栅的填料

土工格栅的填料应按照设计要求进行选取。实践证明除生活垃圾、硅藻土和白垩土、冻结土、沼泽土外均可用作填土。但力学性能稳定的要属砂类土和砾类土，它们受含水量影响较小，适合优先选用，粒径要小于 15 cm，填料级配应稍加注意，以确保压实质量。

（5）填料的摊铺和压实

当土工格栅铺设好后，在两端摊铺填料，将土工格栅固定，再向中部推进。碾压的顺序是先两侧后中间。碾压时压轮不能直接与土工格栅接触，压实的加筋体一般不允许车辆在上面行驶，以免筋材错位。分层压实厚度为 20～30 cm，碾压密实度应达到工程要求。这也是加筋土工格栅工程成败的关键。

3 工程效果检测

笔者对土工格栅在拓宽道路减少路基沉降的效果应进行观测,并以弯沉检测判断其处理的效果。

弯沉检测点布置在拓宽部分与老路相接处左右各 60 cm 处,纵向距离为 10 m,路基填筑完成时进行了检测,检测数据用数理统计的方法进行处理,结果见表 2。

表 2 路基弯沉检测对比

位置	设计弯沉值 /0.01 mm	多层土工栅格 /0.01 mm	单层土工栅格 /0.01 mm	未加土工栅格 /0.01 mm
K1200—1600	223.6	60.8	128.7	197.3
K1600—1900	223.6	70.4	130.4	187.3

由表 2 可以看出,设有土工格栅材料的路基段的沉降明显低于单层或未加土工格栅的路段,可见土工格栅对于预防路基沉降,加强路基稳定性有良好的工程效果。

4 结 语

本文通过对土工格栅工程特性的研究试验分析,认识到土工格栅的工程实用性,它必将更加广泛地应用于我国的公路改扩建工程中。在施工过程中,应注意土工栅格材料的施工特殊性,严格按照土工栅格材料的施工规范,使土工格栅在铺设中更科学、更合理、更节约、更规范,从而提高工程经济效益。

参考文献

[1] 周志刚,郑健龙:《公路土工合成材料设计原理及工程应用》,人民交通出版社,2001 年。
[2] 张留俊,王福胜,刘建都,等:《高速公路软土地基处理技术》,人民交通出版社,2002 年。
[3] 吴进明:《土工合成材料防治半刚性路面反射裂缝技术》,《山西建筑》,2002 年第 2 期。

橡胶沥青在"白改黑"项目中的应用

陈 敏

（句容市公路管理处 句容 212400）

摘 要 本文介绍了江苏省旧水泥砼路面沥青砼加铺层结构的主要形式，同时介绍了按不同工艺的生产橡胶沥青的分类以及"湿法"橡胶沥青的改性机理，并且就"湿法"橡胶沥青 SMAI 应力吸收层以及"湿法"橡胶沥青混合料 AR-AC13 的施工应用情况进行了阐述，为橡胶沥青路面应用于旧水泥混凝土路面改造项目中新型沥青加铺层结构提供应用经验。

关键词 橡胶沥青 白改黑 SMAI 应力吸收层 橡胶沥青混合料配合比设计 施工工艺

1 概 述

综观江苏省近几年旧水泥砼路面改造工程，旧水泥砼路面的加铺层结构主要有两大类：一是全厚式沥青砼加铺层，加铺层结构为沥青砼，最小厚度一般不少于 10 cm（一级公路），同时根据旧水泥砼路面的评价结果确定专门的抗裂设计，如在加铺层中设置中间夹层（如应力吸收层、土工织物等）或裂缝缓解层（如大粒径沥青稳定碎石、沥青处治碎石等）；二是半刚性基层沥青砼加铺层，即在旧水泥砼路面加铺半刚性基层，基层材料一般采用水泥稳定碎石或二灰碎石，最小厚度不小于 15 cm。由此可见，全厚式沥青砼加铺层一般为 10～22 cm，半刚性基层沥青砼加铺层厚度则至少达到了 25 cm，现有的旧水泥砼路面加铺层厚度普遍较高。沥青砼加铺层材料一般采用 AC，SUP，SMA 等混合料，随着经济的发展，道路功能需求变化，橡胶沥青也开始应用于旧水泥砼路面改造工程中。

2 橡胶沥青

2.1 橡胶沥青的生产工艺

橡胶沥青的生产工艺总体可分为"干法"和"湿法"两种，工艺不同，路用性能存在较大的差异。

2.1.1 干法

"干法"将胶粉直接添加到正在搅拌的拌和楼中，生产胶粉改性沥青混合料，拌和工艺与常规混合料基本相同，无需专用的设备或对生产厂加以大的改造，但是拌和温度比普通的拌和温度要高一些。由于拌和时间较短，橡胶与沥青之间只能产生较少的反应，这种较少的反应不能使旧轮胎中所含的橡胶烃、紫外线抑制剂、抗氧化剂等改性成分释放出来，胶粉也难以发生充分的熔胀作用，因此，"干法"所生产的混合料性能不及"湿法"橡胶沥青。

目前"干法"生产的沥青混合料一般摊铺在路面的中下面层或更低的层位,而较少摊铺在表面层。

2.1.2 湿法

"湿法"工艺应用最为广泛。目前国外应用的橡胶沥青中大部分采用"湿法"生产,国内近年来也主要针对这种工艺进行了相关研究。"湿法"将橡胶粉添加到较高温度(176～226 ℃)的基质沥青中,经过高速剪切后,泵送到反应罐中保持一定的温度(150～218 ℃),并经过一定时间(一般为45～60 min)的反应制成。典型的"湿法"加工流程如图1所示。

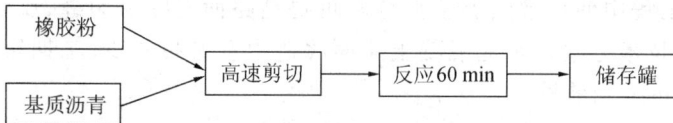

图1 "湿法"橡胶沥青典型生产流程

按照橡胶沥青工艺和性能不同,"湿法"又可分为"高粘橡胶沥青(Wet Process-High Viscosity)"和"可存储橡胶沥青(Wet Process-No Agitation)"两种。

"高粘橡胶沥青"需要较高的橡胶粉用量,一般在15%以上,且需采用粒径较大的胶粉(如20目胶粉),其粘度较高,177 ℃粘度通常要求在1.5 Pa·s以上,因此具有优良的路用性能,是国外应力吸收层、沥青混合料中应用最多的橡胶沥青类型。但是由于胶粉粒径较大,存储过程中容易离析,通常需要现场加工使用。

"可存储橡胶沥青"采用80～100目左右的橡胶粉,由于橡胶粉很细,能较好地熔融、分散于沥青中,存储一段时间不会发生离析,可像常用的SBS改性沥青一样厂拌生产,远距离运输施工。这种橡胶沥青胶粉掺量不高,通常为10%以下,粘度较低,177 ℃粘度一般很难达到1.5 Pa·s,混合料中的沥青用量不如前者高。

由于"高粘橡胶沥青"具有良好的路用性能,且可以消耗更多的废轮胎橡胶粉,因此应用较为广泛,本文主要介绍这种类型橡胶沥青的应用情况。

2.2 "湿法"橡胶沥青改性机理

添入橡胶粉后,沥青由原来的近似匀质体变成了橡胶粉、沥青等共同组成的多相体,粗细不同的胶粉之间互相靠近,形成有利于改善橡胶沥青性能的网格结构体系。胶粉在橡胶沥青生产过程中发生互换和传质过程。一方面胶粉吸收沥青中的轻质组分发生熔胀;另一方面部分橡胶粉发生降解、脱硫反应,溶于沥青,改变了沥青的组分构成。胶粉的主要成分橡胶烃为"聚异戊二烯(天然胶NR)+聚丁二烯橡胶(顺丁胶)"或"聚异戊二烯(天然胶NR)+丁苯胶(SBR)",这些都可使沥青改性。

橡胶沥青的改性效果来自两个方面:熔胀后的胶粉构成的网络构架体系作用和胶粉降解后对沥青组分的改善作用。橡胶沥青中胶粉吸收沥青中的轻质成分而熔胀,且表面吸附沥青形成界面层,熔胀后的胶粉构成网络构架体系与吸附沥青一起对沥青的微观流动形成阻尼作用,从而显著提高了橡胶沥青的粘度。部分胶粉在高温剪切过程中发生降解、脱硫反应,由硫化橡胶(立体交联网状结构)降解为含有一定不饱和双键的线型结构聚合物,并进一步发生分解,降解产物溶于沥青,改变了沥青的组分比例,使胶质等成分增加,提高了沥青的低温性能和粘性;同时,橡胶烃自身所含有的聚丁二烯橡胶和丁苯胶也对沥青有改性作用。

2.3 橡胶沥青在"白改黑"项目中的应用

橡胶沥青是通过废橡胶粉和热沥青进行热反应制成的,沥青中加入橡胶粉后,使沥青的性能发生了较大变化,具体表现为针入度降低、软化点提高、低温延度增加,并明显增加了回弹性能。使用橡胶沥青加碎石作为 SAMI 应力吸收层具有良好的抗裂性能,能够承受由于下承层的水平位移引起的拉应力,阻止下层裂缝尖端延伸至罩面层,延缓裂缝的产生,同时形成的富油层起到较好的防水渗作用。由于橡胶沥青混合料具有优异的高温稳定性、低温抗裂性、抗水损坏能力,其抗老化性能和抗疲劳性能更优于其他改性沥青混合料,尤其是"白改黑"改造工程中使用橡胶沥青混合料可提高路面对疲劳裂缝、反射裂缝的抵抗能力,同时橡胶沥青技术方案在水泥混凝土路面改造中有着投资少、工期短、环保降噪等优势,因此有着广阔的应用前景。

3 橡胶沥青 SAMI 应力吸收层

橡胶沥青应力吸收层 SAMI(stress absorbing membraneinterlayer)是指铺筑于半刚性基层与沥青路面之间或者水泥混凝土路面与沥青路面之间的、具有高变形能力的改性沥青层,其以应力吸收能力优良、施工设备简单、施工速度快等特点在国内逐步得到推广与应用。采用橡胶沥青应力吸收层技术,能够很好地解决半刚性基层、原水泥路面的裂缝反射和雨水下渗等问题。

3.1 材料选择

3.1.1 集料

应力吸收层应采用石质坚硬、清洁、不含风化颗粒、近立方体、反击式破碎机轧制的玄武岩或者辉绿岩碎石,其 0.075 mm 筛孔通过率应小于 0.4%,否则应进行拌和楼除尘沥青预裹附。建议以 0.1%~0.3%(按照集料重量计)的沥青进行预裹附(裹附温度在 120 ℃以上),预裹附的集料堆放时间不宜超过两周。橡胶沥青 SAMI 应力吸收层石料级配和石料性能要求见表 1 和表 2。

表 1 应力吸收层集料规格

方筛孔尺寸/mm	16	13.2	9.5	2.36	0.075
通过率要求/%	100	75~100	0~15	0~5	0~0.4

表 2 SAMI 用粗集料技术要求

检验项目	技术要求
石料压碎值/%	≤24
洛杉矶磨耗损失/%	≤28
视密度/(t/m³)	≥2.6
吸水率/%	≤2.0
对沥青的粘附性	≥4 级
坚固性/%	≤12

续表

检验项目	技术要求
针片状颗粒含量/%	≤15
水洗法<0.075 mm 颗粒含量/%	≤0.4
软石含量/%	≤3.0

3.1.2 基质沥青

生产橡胶沥青所用的基质沥青采用 70♯道路石油沥青,其技术要求见表3。

表 3　70♯道路石油沥青技术要求

检验项目		技术要求
针入度(25 ℃,100 g,5 s)/0.1 mm		60~80
延度(5 cm/min,15 ℃)/cm		≥100
延度(5 cm/min,10 ℃)/cm		≥20
软化点(环球法)/℃		≥46
溶解度(三氯乙烯)/%		≥99.5
针入度指数 PI		−1.3~+1.0
薄膜加热试验 (163 ℃,5 h)	质量损失/%	≤0.6
	针入度比/%	≥65
	延度(15 ℃)/cm	≥100
	延度(10 ℃)/cm	≥6
闪点(COC)/℃		≥260
含蜡量(蒸馏法)/%		≤2
密度(15 ℃)/(g/cm³)		≥1.01
动力粘度(绝对粘度,60 ℃)/(Pa·s)		≥180
PG 等级		PG64−22

3.1.3 橡胶粉

橡胶粉颗粒规格应符合表4要求。橡胶粉筛分应采用水筛法进行试验。橡胶粉密度应为(1.15±0.05) g/cm³,应无铁丝或其他杂质,纤维比例应不超过0.5%,要求含有橡胶粉重量4%的碳酸钙,以防止胶粉颗粒相互粘结。

橡胶沥青技术要求见表5。

表 4　橡胶粉筛分规格

筛孔尺寸/mm	2.00	1.18	0.60	0.30	0.075
通过率/%	100	65～100	20～100	0～45	0～5

表 5　橡胶沥青技术要求

检测项目	技术指标
粘度(177 ℃)/(Pa·s)	1.5～4.0
针入度(25 ℃,100 g,5 s)/0.1 mm	≥25
软化点/℃	≥54
弹性恢复(25 ℃)/%	≥60

供应商应提供橡胶粉质量保证书,说明橡胶粉规格、加工方式、加工的废旧轮胎类型、橡胶粉的储存方式等。

3.2　SAMI 应力吸收层施工控制

3.2.1　应力吸收层铺设条件

(1) 空气温度和地面温度都不得低于 10 ℃。

(2) 下承层必须干燥,路缘石防护良好。

(3) 风速不影响橡胶沥青洒布效果。

(4) 同步碎石封层车(或者橡胶沥青洒布车、碎石撒布机)和胶轮压路机进入待命状态。

3.2.2　橡胶沥青与碎石洒布

橡胶沥青 SAMI 应力吸收层采用的是同步碎石封层车,橡胶沥青的喷洒和骨料的撒布同步进行,使沥青结合料和骨料之间有最充分的表面接触以达到最大限度的粘结性。

在橡胶沥青洒布车的沥青罐内设有强力卧式搅拌装置,使罐内的橡胶沥青形成快速对流,有效地解决了橡胶沥青颗粒极易沉淀、离析的难题;驾驶室内设有电脑控制器,可全程控制洒布,能精确的计算出设备在施工过程中沥青喷洒量和碎石撒布量;料门控制采用角度传感器,保证设备下料的精度和撒布均匀性;设备采用加工精度高的喷嘴,使每个喷嘴喷洒一致性和喷洒效果得到充分保证。

(1) 橡胶沥青洒布要求

一般认为碎石层洒布压实之后,橡胶沥青被挤压到石料高度的 3/4 比较合适。若沥青洒布量过大,易导致面层油量过大而出现泛油,同时也会提高面层的层底弯拉应变;若沥青洒布量过小,碎石周边无充分约束,而在面层和下卧层之间形成一个不稳定夹层,不仅不能起到应力吸收的作用,还可能加快面层的破坏。经过实验室的大量数据测试以及橡胶沥青试洒结果,最终确定沥青洒布量为 2.2 kg/m²。

(2) 橡胶沥青洒布注意事项

洒布车计量准确时,事先应计算车速,使洒布量控制在合理范围内。在起步和停止位置铺设沥青毡,以便于准确地进行横向衔接,洒布车经过后及时取走沥青毡。应力吸收层的铺设应在沥青洒布、石料撒布、胶轮碾压完成后,再进行另一幅沥青洒布,不可跨幅施工。另一幅洒布的沥青应与前期铺设完成部分重叠 10 cm 左右。洒布橡胶沥青时,应封锁交通,以防止局部沥青被粘走,破坏应力吸收层整体效果。

（3）碎石洒布注意事项

喷洒橡胶沥青后立即撒铺碎石,碎石应经过预裹覆。本工程碎石撒铺量推荐采用（12±2）kg/m²,根据试铺情况确定,以满铺、不散失为标准,局部碎石撒铺量不足的地方,应立即人工补足;同步碎石封层车撒布完之后,由人工迅速将散失在沥青膜以外的碎石扫入沥青膜内。

3.2.3 碾压

（1）施工机械

本工程采用两台 XP261 胶轮压路机。

（2）注意事项

碎石撒铺后应立即进行碾压作业,2 台胶轮压路机应同时呈梯队式进行碾压,紧跟同步碎石封层车,碾压 3 遍,从洒布橡胶沥青到碾压完成应在 10～20 min 内完成。为防止粘轮现象,胶轮压路机轮胎上应适当少量喷水。

4 橡胶沥青混合料

国内外的研究证明,橡胶沥青混合料具有优良的高温稳定性、低温抗裂性及抗水损害能力,其抗老化性能和抗疲劳性能更优于其他改性沥青混合料,用橡胶沥青混合料铺筑的高速公路具有平稳、舒适、噪音低等优点,能明显改善路面的质量并延长其使用寿命。AR-AC 结构与传统 AC 结构混合料有一定的区别,在设计级配上为典型的断级配混合料,其级配类型与 SMA 和 OGFC 较为接近,粗集料用量（大于 2.36mm 颗粒）达到 80％以上,细集料用量与 SMA 结构基本相当,与 SMA 有所不同的是 AR-AC 可不添加矿粉,而采用水泥代替,其水泥掺量一般为 2％左右,为密实嵌挤型骨架结构。

4.1 AR-AC13 混合料配合比设计

4.1.1 材料要求

（1）粗集料

粗集料应采用石质坚硬、清洁、不含风化颗粒、近似立方体颗粒的碎石,粒径大于 4.75 mm。本项目采用玄武岩集料和辉绿岩集料,粗集料技术要求见表 6。

表 6 沥青上面层用粗集料质量技术要求

检验项目		技术指标
石料压碎值/%	常温	≤20
	高温	≤24
洛杉矶磨耗损失/%		≤28
视密度/(t/m³)		≥2.6
吸水率/%		≤2.0
对橡胶沥青的粘附性		≥5 级
坚固性/%		≤12
针片状颗粒含量/%		≤12

检验项目	技术指标	
水洗法＜0.075 mm 颗粒含量/%	1 号料	≤0.6
	2 号料	≤0.8
	3 号料	≤1.0
软石含量/%	≤3	
上面层石料磨光值/BPN	≥42	
抗压强度/MPa	≥120	

（2）细集料

细集料采用坚硬、洁净、干燥、无风化、无杂质并有适当级配的人工轧制的机制砂，石质宜与粗集料相同，不用山场的下脚料。细集料的尺寸规格见表 7。

表 7　细集料规格　　　　　　　　　　　　　　　　　　通过率/%

规格	公称粒径/mm	筛孔尺寸/mm						
		4.75	2.36	1.18	0.6	0.3	0.15	0.075
S16	0～3	100	80～100	50～80	25～60	8～45	0～25	0～15

（3）外掺剂

AR-AC13 橡胶沥青混凝土需要掺入必要的外掺剂以改善橡胶沥青与集料的粘附性及混凝土的水稳定性能，掺量为混合料重量的 1%～2%。适宜的外掺剂为普通硅酸盐水泥或消石灰。

4.1.2　配合比设计

根据江苏省的气候条件以及橡胶沥青混合料的技术特点，在综合考虑预防路面水损害和车辙、泛油等病害的基础上，取 5.5% 作为断级配橡胶沥青混合料的设计空隙率。其设计级配范围指标要求见表 8，马歇尔技术标准见表 9。

表 8　橡胶沥青混凝土 AR-AC13 矿料级配范围(不含外掺剂)

结构类型筛孔尺寸/mm	16.0	13.2	9.5	4.75	2.36	0.075
AR-AC13	100	90～100	45～65	12～32	8～18	0～3.0

表 9　橡胶沥青混凝土马歇尔技术标准

试验项目	技术要求
击实次数/次	两面各 75 次
稳定度/kN	≥8.0
流值/0.1 mm	20～50
空隙率/%	5.5±1.0
沥青饱和度/%	70～85
矿料间隙率 VMA/%	≥19.0
浸水马歇尔试验残留稳定度/%	≥85
冻融劈裂试验残留强度比/%	≥80

4.2　AR-AC 混合料施工工艺

4.2.1　橡胶沥青的加工

橡胶沥青加工采用现场改性方法。橡胶沥青制备完成后应及时使用,如遇特殊情况需要现场存贮。橡胶沥青不能超过两个加热循环,同时应在使用前对橡胶沥青质量进行检测,检测合格后才能使用。

4.2.2　沥青混合料的拌制和运输

AR-AC 沥青混合料粗集料用量比例较大,生产过程中需严格控制好拌和楼冷料上料速度与热料仓的料位平衡。橡胶沥青为现场直接加工,加工过程中需严格控制好沥青质量,成品罐直接与拌和楼对接。由于沥青粘度高,泵送难度大,需控制好沥青温度。此外橡胶粉需堆放于阴凉干燥处,不得受潮。

为了保证摊铺温度,混合料应采用大吨位自卸车运输,运料时所有车辆采取加盖双层棉被等切实可行的保温措施。开始摊铺时,现场待卸料车辆不得少于 5 辆,以保证连续摊铺。

4.2.3　沥青混合料的摊铺与碾压

橡胶沥青混合料摊铺与其他级配类型混合料基本相似,摊铺采用 2 台摊铺机梯队作业,摊铺速度根据拌和机的产量、摊铺厚度、摊铺宽度综合确定。

为了保证摊铺路面的均匀性,需不断调整摊铺机工作状态,使料门开度、链板送料器的速度和螺旋布料器的转速相匹配。螺旋布料器中的混合料以略高于螺旋布料器高度的 2/3 为度,使熨平板的挡板前混合料的高度在全宽范围内保持一致,避免摊铺层出现离析现象。为保证连续摊铺,摊铺过程中应做好运输车与摊铺机的衔接,不得出现停机等料现象,且应合理选择收斗时机,避免混合料出现温度离析。

AR-AC 混合料碾压方式与 SMA 混合料基本类似,由于沥青用量较高,为防止胶轮压路机粘轮和泛油现象,碾压过程中不宜使用胶轮压路机,全部由双钢轮压路机完成。在碾压过程中为提高铺面密水性,对钢轮压路机喷水量进行严格控制,做到雾化喷洒,不出现流淌。

4.2.4　温度控制

AR-AC 混合料温度过高易产生析漏现象,温度过低,沥青粘度较大,易产生压实度不足或铺面密水性较差等现象,施工中对温度的控制非常重要。为了保证 AR-AC 沥青混合料摊铺碾压温度,施工过程中采取了多项措施控制沥青、骨料加热温度。运输车在卸料时,每辆运料车卸料均不掀开篷布,减少了混合料在运输过程中的温度散失,保证了混合料摊铺及碾压温度。

4.2.5　施工中应注意的问题

(1) 橡胶沥青混凝土表面层和改性沥青 SMA 的施工工艺类似,沥青混凝土的拌和、运输、摊铺、碾压等各环节的控制基本相同。

(2) 由于橡胶沥青混凝土的油石比远大于普通沥青混凝土,稍有不慎,则容易发生离析和泛油现象,因此应严格按照生产配合比进行生产,对现场空隙率的控制至为关键。

5　结　语

因为橡胶沥青具有优异的低温柔性和低温抗裂性能,以及较强的高温稳定性、抗老化性能、抗疲劳性能和抗水损坏性能；橡胶沥青应力吸收层和橡胶沥青混凝土表面层方案在水泥混凝土路面改造过程中具有投资少、工期短、抗裂性能突出等优点，所以有着广阔的应用前景。

参考文献

［1］中华人民共和国交通部公路科学研究院：《JTG F40—2004 公路沥青路面施工技术规范》，人民交通出版社，2005 年。

［2］林琳：《橡胶沥青在旧水泥砼路面改造工程中的应用》，《江苏交通科技》，2010 年第 2 期。

气压劈裂真空预压法施工工艺的探讨

邵伯贤　王爱斌

（江苏省镇江市路桥工程总公司 镇江 212017）

摘　要　气压劈裂真空预压法是一种地基处理方法，适用于软土地基的处理。本文主要阐述气压劈裂真空预压法在实际施工应用中的工艺控制，为新型的软基处理推广应用提供成熟的、可供参考的施工工艺和操作方法。

关键词　地基处理　气压劈裂真空预压法　施工工艺

1　施工流程

（1）平整场地，调拱（1%～2%）。

（2）铺设砂垫层 20 cm。

（3）打设塑料排水板，按正三角形布置，间距 1.2 m，板长 20 m（暂定），塑料排水板在砂垫层面上外露 20 cm。

（4）打设喷气管，按正三角形布置，间距 4.8 m，管长 12，14，16，18 m，外露 60 cm。

（5）埋设真空度测头。

（6）铺设喷气管路和抽真空管路。

（7）安装喷气设备，试喷、检查，进行抽真空前的气压劈裂试施工。

（8）铺设剩余 15 cm 砂垫层，在砂垫层顶部铺设一层无纺土工布。

（9）挖密封沟、铺密封膜、回填密封沟、安装喷气和抽真空设备。

（10）安放地表沉降板，试抽气、检查、正式喷气和抽真空。

（11）真空度达到 80 kPa 负压，起算预压时间，达 80 kPa 负压后 7 天进行联合堆载。堆载前在真空膜上铺一层无纺土工布，维持 80 kPa 负压至满足卸载时要求的固结度条件为止。

（12）根据监测数据进行加固后效果检验。

具体工艺流程如图 1 所示。

```
┌─────────────────────────────┐
│   平整场地(调1%~2%路拱)      │
└─────────────────────────────┘
              │
┌─────────────────────────────┐
│    铺设砂垫层（20 cm）       │
└─────────────────────────────┘
              │
┌─────────────────┐      ┌─────────────────┐
│   打设塑料排水板  │──────│  埋设真空度测头   │
└─────────────────┘      └─────────────────┘
              │
┌─────────────────────────────┐
│       打设喷气管             │
└─────────────────────────────┘
              │
┌──────────────────────────┐   ┌──────────────────────┐
│ 铺设抽真空管路和喷气管注气管路 │───│ 进行气压劈裂试验，     │
└──────────────────────────┘   │ 检查管路是否漏气       │
              │                └──────────────────────┘
┌─────────────────────────────┐
│    铺设砂垫层（15 cm）       │
└─────────────────────────────┘
              │
┌─────────────────────────────┐
│  砂垫层上铺设一层无纺土工布   │
└─────────────────────────────┘
              │
┌─────────────────────────────┐
│  铺设密封膜、开挖和回填密封沟 │
└─────────────────────────────┘
              │
┌─────────────┐   ┌─────────────────────────┐
│  安放沉降板  │───│    安装抽真空和喷气设备    │
└─────────────┘   └─────────────────────────┘
              │
┌───────────────┐ ┌──────────────────┐ ┌──────────────────────────┐
│ 检查密封沟是否漏气 │─│ 进行气压劈裂和抽真空试验 │─│ 检查抽真空、注气和真空    │
└───────────────┘ └──────────────────┘ │ 度测头出膜装置是否漏气    │
              │                        └──────────────────────────┘
┌─────────────────────────────┐
│     进行气压劈裂和抽真空      │
└─────────────────────────────┘
              │
┌─────────────────────────────┐
│  密封膜上铺设一层无纺土工布   │
└─────────────────────────────┘
              │
┌─────────────────────────────┐
│      上土进行联合堆载        │
└─────────────────────────────┘
              │
┌─────────────────────────────┐
│ 达到设计要求后停止气压劈裂和抽真 │
└─────────────────────────────┘
```

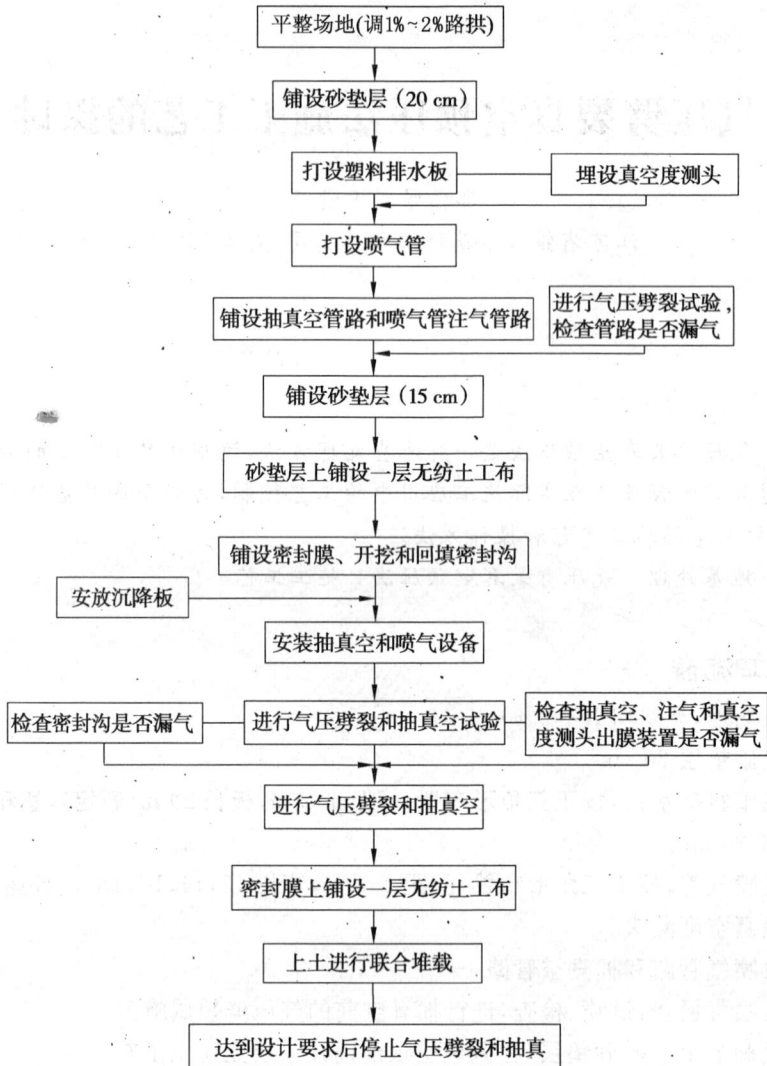

图 1　气压劈裂真空预压法施工工艺流程

2　施工工艺及质量要求

2.1　砂垫层

整平地表调拱(1％~2％)以后铺设砂垫层。砂垫层采用中、粗砂,泥质等杂质的含量应小于 5％,现场干密度≥16 kN/m³,严禁砂中混有尖石、铁器等利刃硬物,发现后必须清除。

气压劈裂真空预压法砂垫层铺设厚度为 35 cm,分两次铺设,打设塑料排水板前铺设 20 cm,打设塑料排水板、抽真空及注气管路铺设完毕后再铺设剩余的 15 cm。砂垫层厚度容许偏差分别为 3 cm,每 100 m² 设一个检测点。

砂垫层施工可以采用机械施工法及人工铺设法。

2.2 插塑料排水板

气压劈裂真空预压法处理段的塑料排水板均按正三角形布置,间距 1.2 m,板位偏差不得大于 5 cm。排水板宜选用滤膜连接为胶粘式槽型塑料排水板,本次地基处理加固选用 C 型排水板,性能指标见表 1。

表 1　塑料排水板性能指标

项　　目		C 型	条　　件
外形尺寸	宽度/mm	100 ± 2	
	厚度/mm	$\geqslant4$	
纵向通水量/(cm³/s)		$\geqslant40$	侧向压力 350 kPa
滤膜渗透系数/(cm/s)		$\geqslant5\times10^{-4}$	试件在水中浸泡 24 h
滤膜等效孔径/μm		<75	以 O98 计
复合体抗拉强度(干态)/(kN/10 cm)		$\geqslant1.5$	延伸率为 10% 时
滤膜抗拉强度	纵向干态/(N/cm)	$\geqslant40$	延伸率为 10% 时
	横向湿态/(N/cm)	$\geqslant35$	延伸率为 15% 时,试件在水中浸泡 24 h

排水板的外露长度不小于 20 cm,经监理工程师验收合格后,将其埋入砂垫层中。塑料排水板接长时需将待接排水板的滤膜完整地剥开,将板芯对插搭接,搭接长度不小于 300 mm,再将滤膜包好、裹紧后,用大号钉书钉钉接。排水板施插垂直度控制在 1.5% 以内。施工时回带长度不可超过 0.5 m,否则应在该板位旁 450 mm 内重新补插一根。回带排水板根数不应超过打设总根数的 5%。

打设塑料排水板时,严禁出现扭结、断裂和撕破滤膜等现象。当一个段落施工结束后,应及时将打设塑料排水板时形成的孔洞用砂填好。

2.3 喷气系统

注气孔采用正三角形布置,间距 4.8 m。喷气孔深度分别为 12,14,16,18 m。注气塑料管直径 25.4 mm,壁厚 3 mm,压力大于 1 MPa。

打设注气塑料管的设备与打设塑料排水板的设备相同,施工工艺相同。在打设注气塑料管期间,要注意不能破坏已施工完的塑料排水板。

注气塑料管打设完毕后,在 20 cm 砂垫层上铺设注气系统的支管和干管。施工时,要认真、仔细,确保每个接头都不漏气。

在整个注气系统管路安装完毕后进行试压,检查注气系统是否有漏气现象。在确保没有漏气的情况下,先进行气压劈裂试施工。注气的施工顺序为:首先对各个区域内深度为 18 m 的注气管进行喷气,喷气时间为 10 min,然后对深度分别是 16,14,12 m 的注气管喷气,喷气时间相同。在这一轮喷气结束后,间隔 4 h 进行下一轮喷气施工。每一轮的喷气时间、间隔时间及整个持续时间要根据现场测的监测结果,特别是砂垫层表面出气和出水情况、孔压变化等进行调整。喷气完成后进行预压系统的设置。

2.4 真空预压

2.4.1 开挖密封沟

按设计要求在抽真空区域四周开挖密封沟,密封沟采用素粘土,分层压密。

2.4.2 铺设抽真空管路

真空传递滤管采用 PVC 塑料管,壁厚≥1.2 mm,滤管布置间距不大于 6.5 m。滤管采用 $\phi76$ mm 高强度 PVC 管,在其上钻 $\phi8$ mm 花孔,然后用 80 g 无纺布加工成 $\phi80$ mm 袋状,将滤管套上并绑紧。干管采用 $\phi76$ mm 高强度 PVC 管。

2.4.3 铺设密封膜

真空预压密封膜采用 2 层聚乙烯(或聚氯乙烯)薄膜,厚度要求大于 0.14 mm。为防止塑料排水板和砂垫层的硬物将密封膜刺坏,铺膜前,在砂垫层上铺设一层针刺无纺布（250 kg/m²)。

2.4.5 出膜装置

每 800~1000 m² 按要求安装 1 个出膜装置。

2.4.6 真空射流泵系统

每 800~1 000 m² 按要求安装 1 个真空射流泵。

所有管路宜埋于砂垫层顶面下约 15 cm 深,膜下真空度观测表埋设于具代表性的两滤管平行距离的中间,按约每 800 m² 一个点排布,严禁将膜下真空度采集端头埋入滤管或主管内。

试抽真空并检查是否漏气。试抽时在膜面、密封沟和出膜装置处仔细检查有无漏气处,若发现应及时修补。在布设沉降标时,应在沉降标的底部铺一块针刺无纺布,防止将密封膜损坏。在进入气压劈裂真空预压法区域时,抽真空初期每 4 h 注气 1 次,注气压力为 0.5 MPa,注气的施工顺序为:首先对各个区域内深度为 18 m 的注气管进行喷气,喷气时间为 10 min;接着对深度分别是 16,14,12 m 的注气管喷气,喷气时间相同;然后开始抽真空,在抽真空中后期,每一轮的喷气时间、间隔时间要根据现场测的监测结果,特别是砂垫层表面出气和出水情况、孔压变化和真空度等进行调整。

2.5 联合堆载

气压劈裂真空预压法施工中,只有在膜下真空度稳定时才可以进行路基填筑。一般要求膜下真空度到达 600 mmHg(相当于 80 kPa 的荷载),且确认膜上无漏气孔洞后,再进行上层堆载施工。

为保护真空膜,堆载前需在真空预压膜面上铺一层土工布,材质选用裂膜丝机织土工布,规格见表 2。

表 2　土工布的规格

项 目		指 标	备 注
单位面积质量/(g/m²)		240	参考指标
断裂强力	经向/(kN/m)	≥50	规格指标,必须满足
	纬向/(kN/m)	≥50	必须满足
断裂伸长率/%		≤25	必须满足

项　目	指标	备　注
撕破强力/kN	≥0.41	必须满足
CBR 顶破强力/kN	≥4.0	必须满足
等效孔径 O90/mm	0.07～0.5	
垂直渗透系数/(cm/s)	10^{-1}～10^{-4}	
随机抽样,每 5 000 m² 抽样一个,每供货批抽样不少于 1 个。		

土工布拼接应采用工业缝纫机缝合,缝合尼龙线强度不小于 150 N,采用包缝或丁缝。在填筑前要对沉降标进行一次测量,同时在填筑过程中保护好沉降标,以免破坏。第一层填土厚度不宜大于 30 cm,需要进行人工摊铺,在碾压时,由轻到重多次碾压。

2.6　卸载标准

通过实测的地基变形-时间和孔隙水压力-时间曲线,分别推算地基的最终沉降、不同时间的固结度和孔隙水压力消散速率(有效应力增长速率)。若满足加固要求达到的固结度,同时满足各区的工后残余沉降要求,即可卸载并停止抽真空。

2.7　监测

为监控施工质量,评价加固效果,设计以下监测内容:表层沉降标监测、孔隙水压力监测、水位监测、分层沉降监测、深层位移监测、加固前后钻孔取土试验监测、加固前后现场CPT 试验监测等。

2.7.1　真空度

真空度测头和真空表由软管连接。在软管跨过密封沟时,不能被折,不能绞起,更应防止被回填土弄断,确保管子通畅。

在每段处理区内均布置了膜下真空度测头,另外还在每段加固区中央附近布设一组深层真空度测头,埋深分别为 3,6,9,12,15,18 m。抽气开始的头几天,每隔 2 h 测读一次,以便能准确地测出真空压力的上升过程,有利于检查密封情况;当真空压力达到设计要求之后,可每 4～6 h 测读一次,最后绘制成膜下真空度的时间过程曲线。

2.7.2　表层沉降监测

布设沉降观测标,沉降标应在插排水板前埋设并记录原始标高,观测误差要求不大于2 mm。插板期间和抽真空初期为 1 次/1～2 天,静压期和卸载期的观测次数为 1 次/3～7天,并结合具体施工情况进行调整。临近预压期后期,应根据实测沉降值计算固结度,预测沉降趋势,确定具体预压卸载时间。

2.7.3　深层沉降

由于沉降板监测结果反映的仅仅是地基面的总沉降,而各地基土层的沉降变形量无法区分开来,为了监测各深度土层的固结、沉降情况,就必须用深层沉降仪进行观测。由于该观测项目具有一定的难度,埋设工作不容易做好,加上所需费用较大,因此在每段试验区内布置 1 个分层沉降观测孔,孔中布置 8 只沉降(磁环)指示器,磁环埋设深度分别为 1.3,4.2,7.6,9.6,13.6,16,18,20 m。在加载期间的观测频率为 1～2 次/天,预压期的观测次数为 1次/3～7 天,并结合具体施工情况进行调整。

2.7.4　孔隙水压力监测

在每段真空预压中心布置一组孔隙水压力传感器,推荐使用振弦式孔隙水压力计,在插板后埋设,每组 5 只传感器,各层深度传感器均需满足不同深度量程需要。

抽真空初期的观测频率为 1 次/1～2 天,静压期和卸载期的观测频率为 1 次/3～7 天,并结合具体施工情况进行调整。根据实测的孔隙水压力的增长和消散过程,计算土体固结度和强度增长情况。

2.7.5　测斜(深处水平位移)

由于淤泥土性极软,随着抽真空的进行,淤泥层产生朝向加固区的收缩变形。为了解土体侧向移动量的大小,判断侧向移动量度对土体垂直变形的影响,抽真空时第一周观测频率为 1 次/天,后期观测频率根据施工进展情况及水平位移速率的大小作适当调整。

2.7.6　地下水位观测

观测抽真空后的地下水位变化情况,确定静水压力,校验孔隙水压力的计算。观测时先测出观测井孔口标高,然后用水位计测出地下水位,从而计算出地下水位的标高。试验区内布置了 1 个水位观测孔。

加载期间观测频率为 1 次/天,静压期间为 1 次/3～7 天,可根据现场情况进行调整。

2.7.7　取土钻孔

取土钻孔试验的目的是检查加固软土层在加固前后的物理力学指标,查明土体在加固过程中的排水固结和强度增长状况,以此与其他监测设备所测资料相对比印证。试验区中心布置了 2 个取土孔位置,取样测试含水量和强度等变化规律。

2.7.8　原位强度测试

为了评价整体加固效果,处理完成前后在加固区分别布置了 6 个点进行 CPT 试验,对比加固前后地基土强度变化。

参考文献

[1] 刘松玉,韩文君,章定文,等:《劈裂真空法加固软土地基试验研究》,《岩土工程学报》,2012 年第 4 期。

经济、行业管理

镇江市区公交线网优化布局研究

谢秋峰

（镇江市运输管理处 镇江 212007）

摘　要　针对镇江公交线路布局不均衡,结构层次不分明,线网重复率高,线路过长等问题,镇江市运输管理处利用《城市公交线网优化技术指南》所提供的实用方法,对镇江市公交线网布局进行了优化调整,实现了"明确主干线功能、提高次干线发车频率、增加支线"的目标。研究成果可以为政府和相关企业改善公共交通基础设施、优化公交线路布局提供指导和参考,也可以为带状城市公交线网的优化提供借鉴意义。

关键词　镇江　公交线网　优化布局　功能分级

公交线网优化是在公交线网现状的基础上,根据居民出行调查和公交专项调查的数据资料,运用数学规划方法、图论方法、人工智能等方法,依托城市道路网络系统进行的公交线网优化调整。科学的公交线网优化可以在有限的道路、资金等条件下,合理配置公交运能,提高公交运营效率、增大载客容量、改善公交系统的整体服务水平,适应城市不同时期发展的需求。目前,国内公交线网优化技术主要分为两大类:理论模型和实用方法。前者集中于数学寻优法的模型构建和已有模型算法的研究,但是却面临模型难以求解或数据较难收集的问题而无法应用于实践。实用方法以王炜教授提出的"逐条布设,优化成网"为基础,经相关专家学者的扩展延伸后,逐渐成为我国工程实践的主导方法。

不管是理论模型还是实用方法,均以"重新布局"为手段。但是,我国很多城市的空间布局、土地利用已基本成型,居民的出行习惯也已依赖于现有的公交线路。因此,对于城市公交线网的优化应更强调"微调",整合线路走向,明确线路功能,满足居民的出行需求。基于此,江苏省交通运输厅运输管理局于 2011 年 6 月下发了《城市公交线网优化技术指南》(以下简称《指南》)。本文依托《镇江城市公交线网优化布局研究》,利用《指南》的方法,结合镇江市的城市状况,优化调整了公交线网布局。本文的研究成果可以为政府和相关企业改善公共交通基础设施、优化公交线路布局提供指导和参考,也可为带状城市公交线网优化提供借鉴意义。

1　镇江市公交布局现状分析

镇江是典型的带状城市,空间布局呈现为"一体两翼,一核四区"的结构。根据现状用地布局,镇江市工业主要集中在东部,行政中心已南拓至南徐分区。因此,镇江客流走廊呈现明显的东西走向和南北走向。东西走向表现为中心城区向东西两翼间放射,即高资—市中心,丁卯、谏壁、大港—市中心之间的客流互动;南北走向表现为市中心和南徐、谷阳、丁卯分区之间的客流互动。

1.1　公交线网的特征

目前镇江市区共有 96 条公交线路,其中 83 条在本次的优化调整范围内,总里程为

1 435.9 km。公交线路主要分布在学府路、丁卯桥路、中山路、解放路、正东路、梦溪路等主干道上,其他路段线路较少。依据线路长度划分,里程大于 30 km 的公交线路为 8 条,占总线路的 9.64%;20～30 km 的公交线路为 19 条,占总线路的 22.89%;10～20 km 的公交线路为 42 条,占总线路的 50.6%;10 km 以下的公交线路为 14 条,占总线路的16.867%。由此可见,镇江目前的公交线路过长,且线路长度以 10～20 km 最多,其次是20～30 km。

1.2 公交客流的特征

2010 年镇江公交年客运量达 8 269 万人次,2011 年公交年客运量达 8 170 万人次,2012 年上半年公交客运量达 4 233 万人次,其客流量基本稳定在 8 200 万人次/年。以 2012 年上半年的数据为基准,以每月 30 天来统计,平均每天的客流量达 23.5 万人次。依据全日客流大于 10 000 人次、5 000～10 000 人次、小于 5 000 人次将线路分为 3 类,各类占比分别为 5%,13.75%和 81.25%,各类线路承担的客流量占比分别为 21.99%,31.54%和 46.47%。由此可见,镇江市公交客流过于集中,大多数线路满载率过低。

1.3 公交场站的设置情况

截至 2012 年 8 月底,镇江市区共有枢纽站 13 个,占地面积 75 286 m²;公交首末站共 57 个,车辆专用首末站只有 20 个,其余均靠占用车道或借(租)用其他单位的用地来满足车辆停车需求;公交车专用停车场地 6 处,占地 119 271 m²。公交场站数量和面积均小于国家相关标准规范,造成车辆占道停放现象严重,对车辆安全管理、公交运营调度、道路交通运行均产生不利影响。

1.4 镇江市公交现状问题的分析

(1)线路层次不分明,功能不明确。如 D2,D3 等线路,从功能设置上看属于城市主干线,承担组团间快速大运量的交通出行;但是从其运营线路上看,在末端迂回严重,兼具了支线集中客流的功能。

(2)线路布局不均衡,部分道路重叠线路多,部分支路尚无公交线路覆盖。大部分线路均经过以大市口为中心的主城区,导致中山路、解放路、正东路线路设置过多,交通压力较大,而如第一楼街、南门大街等支路尚无公交线路覆盖。

(3)组团间线路较长,缺乏换乘理念和机制。联系组团间的主干线、通往火车站等大型枢纽的线路过长,超过大城市公交线路的设计推荐值。居民换乘理念的缺失和公交枢纽场站建设的滞后是造成线路较长的原因。

(4)公共交通运营理念落后。诸如大站快车、区间车等先进的运营方式还未引入。特别是组团间的线路线路长、站点多,采用常规运营方式极易造成线路结串,准点率低,大站快车是解决此类问题的有效措施。

(5)公共场站建设相对滞后。现有公交停保场、首末站不能满足车辆停放需求,影响了公交线网的合理布局和交通流的畅通有序。

(6)公交服务水平较低。发车间隔大,到站准点率较低。公交车发车间隔最长为30～40分钟,如 100 路、K205 路;仅有 11 条线路的发车间隔小于 10 分钟,占总线路的13%。运营时间短。大多数车辆的收班时间在 18：00—19：00 之间,19：00—22：00 运营的线路较少,居民晚间出行不便,公交线路不能满足居民下班回程的需求。

2 镇江市公交线网布局调整措施

2.1 优化目标

镇江公共交通线路布局具体优化目标如下：

（1）设施目标：理顺线网层次结构，均衡线网分布，提高公交站点的覆盖率，降低线路的非直线系数和线路长度。

（2）服务目标：提高线路发车频率和准点率，提高公交车的运行速度。

（3）运营目标：降低公交运营成本，提高公交资源利用率，缓解交通压力。

2.2 优化思路

镇江公交线路东西向偏长，南北向亟待加强联系，公交线路的走向应与城市的客流走廊匹配，结合镇江市客流走廊特征。基于此，本次公交线路的优化调整采用"分区分层，群组优化"的思路来进行。具体步骤为：

（1）将老城分区、丁卯分区、南徐分区看做一个整体（称为主城区），梳理谏壁分区、大港分区、丹徒分区与主城区之间的公交线路，确定区域主干线，作为长途客运出行的主通道。这些主干线后期可发展为公交快速线路。

（2）根据客流走向，确定主城区内部的公交主干线。主干线不仅包括现状客流走廊，还应根据城市未来发展的需要，包括公交一级换乘枢纽之间的连接线，以承担谏壁、大港、丹徒分区的中转客流。

（3）待主干线确定以后，梳理主城区、谏壁、大港、丹徒分区内部的次干线和支线。

（4）从网络整体以及单条线路两个层面对线路问题进行分析诊断，分区分层逐条优化。

2.3 功能分级

2.3.1 主干线架构

根据镇江市公交线路的客流现状，结合城市空间、土地利用布局及未来发展需要，筛选出9条公交主干线，作为城市居民出行的骨架线路。从本次规划形成的骨架线路客流特征看，占镇江公交线路总量约10.6%的骨架线路承担了市区约30.1%的公交客流，"骨架"作用明显。

2.3.2 支线筛选

从客流量上看，除2.3.1节所确定的公交主干线外，镇江其他线路公交车发车频率偏低，造成客流量过于集中于主干线，次干线和支线客流偏低，区分不明显，因此依据线路客流量来筛选公交支线的方法并不适用于镇江；从支线的功能上看，镇江居民出行过分强调直达性，欠缺换乘观念，造成主城区内部次干线和支路较难区分。因此，本次优化调整对于支路的筛选，兼顾了公交客流量和支线功能。

首先，通过分析客流量发现：日均客流量小于1 000人次的线路，明显具有支线的功能特征。这些线路属于谏壁、大港、丹徒分区内部支线或者城乡公交。

其次，根据公交支线的功能，剔除日客流量小于1 000人次而连接综合枢纽及大型换乘枢纽的线路（如K202，D5等）。

再次，通过分析其余线路，发现一些线路具有明显的公交支线特征。如：穿过狭窄的支路，便于区内居民出行，连接片区内主要居住区、就业地、枢纽点、客流集散点等，将这些线路划分至公交支线。

通过以上方法,确定镇江公交支线共 27 条。

2.3.3　镇江公交线网分级汇总

镇江公交线网分级汇总如表 1 所示。

表 1　镇江公交线网分级汇总表(共统计 80 条公交线路)

线路分级	数量		里程		客流量	
	线路数/条	比例/%	规模/km	比例/%	人次	比例/%
公交主干线	9	11.3	148.8	10.6	70 676	30.1
公交次干线	44	55.0	823.3	58.5	145 327	61.8
公交支线	27	33.8	435.9	31.0	19 013	8.1
合计	80	100.0	1 408.0	100.0	235 016	100.0

2.4　调整措施

镇江公交线路的现状体现为:主干线功能不明确,绕行过多;次干线发车频率低,线路客流量少;支线密度低,站点覆盖率不足。针对这些特点,对不同等级的线路,优化的侧重点也有所不同。"明确主干线功能,减少绕行;合并次干线,提高发车频率;增加支线,提高站点覆盖率",是本次优化调整的指导思想。

2.4.1　主干线的调整

根据优化调整措施统计,公交主干线共调整 4 条:截弯取直 3 条,增加 1 条(见表 2)。

表 2　公交主干线优化方案汇总表

线路	首末站	问题分析	调整建议(走向)	调整措施
D2	城铁镇江线—镇江新区	非直线系数高;功能不明确	黄山西路、黄山北路、中山西路、中山东路、梦溪路、丁卯桥路、金港大道、赵声路、兴港西路	截弯取直。正东路部分改线至中山东路;大港新区内部改线
D3	焦山公园—公交丹徒新城枢纽站	非直线系数高;功能不明确;北段与 4 路重合	东吴路、长江路、宝塔路、黄山北路、黄山南路、南徐大道、檀山路、千禧路、长山路、龙山路、金谷东路、谷阳大道	截弯取直。解放路部分改线至宝塔路
6 路	迎江桥—瑞丹花苑	非直线系数高	电力路、长江路、解放路、官塘桥路、镇荣路、谷阳大道、长山路、盛丹西路、茅以升大道	截弯取直。正东路、梦溪路、天桥路部分改至解放南路
新增内环线	三茅宫—三茅宫		朱方路、中山西路、中山东路、梦溪路、正东路、解放路、运河路、北府路、朱方路	增加主城区内部通达性

镇江市公交"骨架"调整前后对比如图 1 所示。

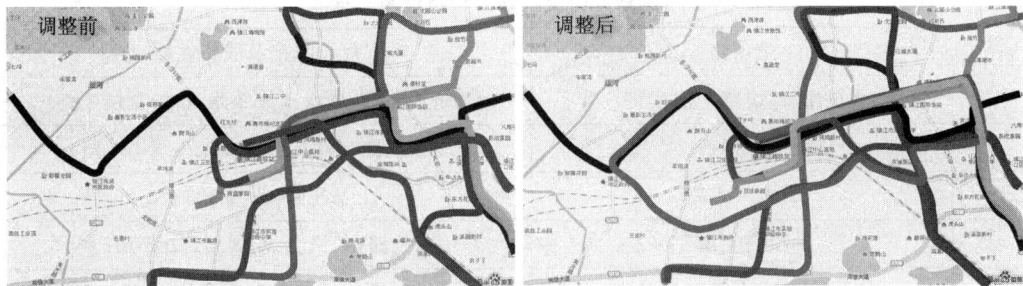

图 1　镇江市公交"骨架"调整前后对比图

2.4.2　次干线的调整

本次共优化调整次干线 15 条,根据线路优化措施统计,共截弯取直 1 条,线路改线 4 条,线路延伸 2 条,改线＋延伸 2 条,线路拆分 1 条,线路合并或取消 3 条,新增线路 1 条。

2.4.3　支线的调整

本次共调整支线 15 条,其中线路改线 4 条,延伸 1 条,改线、延伸 4 条,取消 1 条,拆分 1 条,新增 4 条。

2.5　优化调整小结

本次公共交通布局优化共调整了 4 条主干线,15 条次干线和 15 条支线,基本形成了大型组团间居民出行的换乘系统。该换乘系统分为两个方面,一是大港新区、谏壁分区、丹徒分区等外围组团与主城区之间的换乘;二是主城区内部的换乘。

组团之间的换乘依靠大型公交枢纽来实现,本次规划充分利用了公交江大枢纽站、镇江新区枢纽站、公交丹徒新城枢纽站。以大港分区与主城区之间的出行为例,上班上学为出行目的的非弹性出行客流量较大,且对出行速度和舒适性有较高要求,所以本次规划保留了 D2、24 路、29 路。对于客流量较少的 20 路、K208 路,则依靠镇江新区枢纽站或公交江大枢纽站采取换乘的方式实现客流有序流通。

主城区内部的换乘依靠公交站点实现。本次规划新增了市区内环线,实现了主城区内部的公交通达。任何与内环线对接的公交线路均可以通过换乘到达主城区内部的三茅宫、行政中心、大市口、火车站等居住、办公、商贸中心。随着南徐新城以及长江路沿线居住、旅游、医疗中心的开发,本次规划保留的两条外环线(106 路、130 路)也将发挥积极作用。这两条线路一方面保证了长江路、南徐大道交通流的贯通,另一方面在三茅宫与内环线对接,也能保证乘客换乘的便捷。

2.6　配套改善措施

2.6.1　改善道路设置

道路是公交线路敷设的基础,也是线网优化调整的基础和重要因素,为了配合公交线网优化方案的实施,有必要结合道路网络规划提出相应的设施改善措施,如断头路的打通、支路系统的建设、干路的改造(相应公交车站设施改造)。现阶段应重点考虑重要道路的打通及路网运行条件的改善。根据本次公交线路布局优化调整方案,新增公交线路的道路如表 3 所示。近期应对这些道路进行排查,改善道路设施条件,以支撑公交线路敷设。

表 3 新敷设公交线路的城市道路一览表

编号	道 路	敷设线路及线路性质
1	焦山路(禹山路—江滨路)	2 条线路(新增次干线 1 路,新增支线 1 路)
2	第一楼街	2 条线路(新增支线 3 路,改线 123 路)
3	万古一人路	1 条线路(改线 123 路)
4	南门大街	1 条线路(新增支线 33 路,改线 102 路)
5	运河路(南门大街—梦溪路)	2 条线路(改线 K201 路,新增支线 3 路)
6	中冷路	3 条线路(新增次干线 1 路,延伸 102 路、115 路)
7	京江路	3 条线路(新增次干线 1 路,延伸 102 路、115 路)
8	镜天路	1 条线路(新增次干线 1 路)
9	石马湾路	1 条线路(改线 132 路)
10	纬三路	1 条线路(新增支线 1 路)
11	经七路	1 条线路(新增支线 3 路)
12	楚桥路(纬三路—春晖路)	1 条线路(新增支线 1 路)
13	春晖路	1 条线路(新增支线 1 路)
14	纬八路(丹徒路—智慧大道)	1 条线路(改线 K201 路)
15	蛋山路	1 条线路(新增支线 4 路)
16	凤凰山路(檀山路—润兴路)	3 条线路(新增支线 4 路,延伸 113 路,改线 25 路)
17	兴园路(龙山路—谷阳大道)	1 条线路(改线 131 路)
18	盛丹中路	1 条线路(改线 131 路)
19	龙山路(金谷东路—兴园路)	1 条线路(改线 131 路)

2.6.2 建设公交场站

公交场站的布局与发展是本次公交线网方案顺利实施的关键之一。

(1)公交换乘枢纽站

对于线路长而客流量小的跨区域线路,本次规划采用了以公交枢纽为锚固点的线网模式,该模式形成的关键就是公交换乘枢纽体系。线网优化方案工作完成后,一方面需要对已经规划的公交枢纽和首末站进行整理分析,提出场站建设建议;另一方面,要结合本次线网优化调整,提出新的场站规划建设方案。

(2)公交站点

区域间的主干线(如 D2,D3,6 路)由于线路较长,极易造成运营速度慢,准点率低,不能满足乘客长途快速出行的需求。大站快车是解决这些问题的有效措施,因此有必要结合线路的客流 OD 调查,对 D2,D3,6 路的公交停靠点进行梳理和改善。

公共交通站点停靠,对社会车辆运行,尤其是其他公交车辆的停靠有很大影响。如果站点周边交通组织不善,也会给乘客的出行安全造成影响,建议将有条件的线路改造成港湾式公交停靠站。

2.6.3　管理公交运营

镇江公共交通突出的特点是线路发车频率低,时空上缺少公交优先的软硬件设施,公交准点率低,乘客等车困难。为解决此问题,一方面需要提高公交车的发车频率,另一方面有必要建立智能公交管理系统。

（1）提高发车频率

提高公交车的发车频率建立在公交线路的分层分级之上,表4列出了不同等级的公交线路发车间隔的建议值。根据镇江公交运营现状,近期可先行提高早晚高峰期间的公交车发车频率。

表 4　不同等级公交线路发车间隔建议值

等级	发车间隔建议值/分钟
主干线	5～6
次干线	10～12
支线	不大于 15

（2）延长公交车运营时间

镇江大部分公交线路运营至 19 点左右,只有 15% 的公交车运营至 22 点之后,给乘客晚间出行带来了很大的不便。应该根据客流 OD 调查,有针对性地开通夜班车或延长公交车运营时间。

3　镇江市公交线网布局调整的对策建议

3.1　建议推行公交快速系统,实施公交优先战略

公交车辆与社会车辆混行的模式受城市交通拥堵限制,无法真正体现“公交优先”理念。快速公交(BRT)系统通过专用路权、交叉口信号优先,引进大容量、高性能的公交车辆,依靠智能化的运营管理系统,能够实现“轨道交通”的服务水平,解决走廊内公交车的拥挤和延误现象。镇江“带状”城市的空间特性以及“结构轴线”式的用地布局决定了镇江适合且应当发展快速公交系统。近期可对长江路、南徐大道、学府路、丁卯桥路、金港大道等条件适宜的道路进行 BRT 系统的可行性研究,也可以对主城区内部较为狭窄的中山路、解放路的扩宽事宜展开调研,为快速公交系统的实施做准备。

3.2　建议加快城市道路建设,完善城市路网结构

道路是公交线路敷设的基础,也是线网优化调整的基础和重要因素。一个覆盖广、多样化、有特色的公交网络必须有级配合理、干支分明、布局均衡的道路网络的支撑。因此,为了配合公交线网优化方案的实施,有必要结合道路网络规划提出相应的设施改善措施,配合线网的优化调整,如断头路的打通、支路系统的建设、干路的改造（相应公交车站设施改造）等。目前,镇江亟须打通焦山路、九华山路北段、黄山东路、润兴路、檀山路北段等“断头路”,扩宽天桥路、健康路、双井路等狭窄路段,以完善城市道路网络结构。

3.3　建议推行环支线链接网,减少线路重叠运行

公交环线衔接了城市内部的各个片区,减少居民换乘和线路重复系数。构建内外环相结合、主干线放射的公共交通网络,对于缓解镇江公交绕行严重、线路过长、线路重叠、城区

拥堵有重大意义。支线密度的增加以及支线衔接环线的网络结构又能够增加公共交通的覆盖率,提高公交的吸引力,集聚客流以提高线路的运营效益。本次规划新增了市区内环线,实现了主城区内部的公交通达,保留了两条外环线(106 路、130 路)。近期,应着力提高内外环线和主干线的服务水平,引导居民转变出行理念,逐步取消不合理的公交线路。

3.4 建议加快公交枢纽建设,提高换乘服务效能

公共交通枢纽作为锚固城市公共交通网络体系的基础以及各种客运交通方式衔接的纽带,是公共交通系统的重要基础设施。功能完善、级配合理、分布有序的公共交通枢纽是城市公共交通网络得以正常运行的前提与基础。镇江公交站点、场站、枢纽等设施建设滞后,导致居民换乘不便、公交线路偏长、运营效益较低。因此,近期应当加强公交基础设施的建设和管理力度,从资金安排、场站布局规划、场站选址、场站建设和管理等方面加强引导,提高换乘服务的效能。

3.5 建议推行智能公交工程,提升运营管理水平

城市公交系统正常、高效地运营,不仅取决于道路和车辆等设施条件,更有赖于运营管理手段和技术手段的先进性。智能公交系统是全球定位技术、无线通信技术、地理信息技术等技术的综合运用,可以实现公交车辆运营调度的智能化、公交车辆运行的信息化和可视化,实现面向公众乘客的完善信息服务,推动智慧交通与低碳城市的建设。目前镇江公交运营发车频率低、到站不规律指数较大,服务水平偏低;缺少电子站牌系统和公众信息查询系统,信息化水平不高;尚未建立公交企业内部 ERP 管理系统,企业管理效率较低。因此,近期应就这些问题展开研究,早日构建智能化的公交系统,提高公交系统的运营管理水平。

4 结 语

优化调整城市公交线路是提高公交服务质量、增加公交吸引力的重要途径。本文首先分析了镇江公交布局的现状及其存在的问题;其次,提出了镇江市公交线路调整的思路,并利用《城市公交线网优化技术指南》所提供的实用方法对镇江市 4 条主干线、15 条次干线、15 条支线进行了优化调整;最后提出了镇江市公交线网布局调整对策建议。

参考文献

[1] 于晓东,孙宇:《混合策略遗传算法的公交线路优化模型研究》,《计算机与数字工程》,2012 年第 1 期。

[2] 杨庆芳,魏领红,杨兆升:《公交线路调度优化模型的研究》,《合肥工业大学学报》,2009 年第 11 期。

[3] 朱海清:《城市常规公交线路优化方法研究》,东南大学硕士学位论文,2003 年。

[4] 江苏省交通运输厅运输管理局:《城市公交线网优化技术指南》。

[5] 东南大学交通学院,镇江市规划设计研究院:《镇江市综合交通规划研究报告》。

G-BOS 智慧运营系统在客车上的推广及运用

尹红军

（镇江江天汽运集团有限责任公司 镇江 212004）

摘　要　从 2008 年开始，我国道路客运车辆全面采用电子控制达到欧Ⅲ排放水平的发动机，整车 CAN 总线、胎压报警等技术也得到了大力发展和应用，同时 GPRS 技术已在全国范围内得到全面应用，3G 通信等现代通信技术也逐渐普及，使得及时准确地获知车辆运行信息成为现实。

关键词　车辆运行　电子控制　G-BOS 系统

金龙联合汽车工业（苏州）有限公司（以下简称"苏州金龙"）积极探索现代车辆技术及通讯技术在旅客运输过程中节能减排、安全运营管理上的应用。凭借车辆研发技术优势，创新探索"车联网"应用技术，集成智能化、电子化、信息化等尖端科技，苏州金龙以海量数据挖掘、3G 无线物联与智能远程控制为核心手段，为客运行业量身定制了名为 G-BOS 的智慧运营系统，为运输企业的管理提供了有效的技术支撑。客运企业可运用 G-BOS 智慧运营系统有效解决节能减排工作中存在的难点，如：统计考核范围有限、传统统计方法统计的数据及时性和准确性有待提高、科学动态的考核指标体系尚未构建等，实现了从经验管理到科学管理、定性管理到定量管理、结果管理到过程管理的转变。

1　G-BOS 智慧运营系统的工作原理

G-BOS，G 代表着 3G（GPS，GIS，GPRS），意味着多种信息技术的集成应用，BOS 是客车运营系统 Bus Operation System 的英文缩写。G-BOS 智慧运营系统是 Telematics（特力玛）技术（无线通信技术、卫星定位、网络通信技术、车载电脑）、CAN 总线技术、商业智能技术、先进管理技术在客车上的综合应用。G-BOS 智慧运营系统通过在客车上安装车载终端来采集发动机运行数据（转速、扭矩、机油压力、机油温度、进气温度、大气压力、蓄电池电压、瞬时油耗、累计喷油量、累计运行时间等）、驾驶行为数据（车速、里程、ABS 动作次数、刹车次数、离合器动作次数、缓速器动作次数、空调开启时间、加热器开启时间、前门开启次数、中门开启次数、倒车次数等）、车辆故障信息（发动机故障、空滤器报警、刹车蹄片报警等）以及 GPS 地理位置等信息，实时传递至数据处理中心进行分析、整理，将驾驶员的不良驾驶行为、油耗数据、车辆运行情况、维修保养计划等内容以直观的报告、图表等形式展现出来，为管理过程中的各个环节提供翔实的量化依据。G-BOS 终端同时还融合了行车记录仪、倒车监视器、故障报警显示台、视频播放器、短消息接收器等设备的功能，实时将车辆故障信息提供给驾驶员。

2 G-BOS 智慧管理系统的五大功能

（1）安全驾驶管理功能：通过系统对车辆状态进行实时监控（见表1）来管理驾驶员不良驾驶行为，纠正违规操作，确保安全行驶。

（2）油耗管理功能：通过系统对不良驾驶行为的监控数据（见表2）进行准确计量与测算油耗量，防止人为偷油；通过管理不良行为，纠正高油耗驾驶习惯，确保油耗下降。

（3）远程故障报警管理功能：掌握车辆运行的实时动态，通过对系统采集的车辆故障报告进行分析（见表3），获取车辆故障预警与实时报告，实现远程故障报修和服务网络支持。

（4）维修保养管理功能：通过管理车辆运行实时动态，系统可以制订出更为精准的保养维修计划（见表4），减少人工劳动，降低维修成本。

（5）车线匹配管理功能：通过分析系统采集的车辆配置组信息（见表5），对车辆运行数据与运行路线综合匹配，实现人、车、线最优配置，提升经济效益。

表1　G-BOS 智慧管理系统实时监控数据

车牌号	状态	地理位置	速度	定位时间	方向	开关量	经度	纬度	里程数/km	转速/(r/min)
苏L15755	停车在线	江苏省宿迁市泗阳县淮海东路顺风餐厅附近	0	2012-10-20 11:35:16	正东68°	前门关、中门关	118.715 029	33.712 688	388 866.68	0
苏L92432	行驶在线	江苏省扬州市邗江区南华路丰裕南路附近	62	2012-10-20 11:35:06	正南82°	前门关、空调已开、离合器状态已开、中门关	119.636 487	32.317 968	248 701.74	1130

自动刷新　　5分钟　　10分钟　　15分钟

表2　G-BOS 智慧管理系统不良行为监控数据

排名	车牌号	运行时长	运行里程	超速行车	超转	急加速	急减速	绿区驾驶	怠速	超长怠速	空档滑行	怠速空调	最后评分
1	苏L92422	848小时33分	43 517.81	69.95	100	100	95.4	97.13	73.58	0	0	17.82	69.75
2	苏L16899	1 105小时3分	52 913.34	0	100	100	62.2	72.17	58.26	0	0	5.58	42.65
3	苏L16881	662小时3分	13 068.76	0	100	98.46	77.04	76.5	0	0	0	0	38.97

表3　G-BOS 智慧管理系统车辆故障报告

车辆故障报告		时间范围:2011-05-26—2012-09-27						
故障号	车牌号	分公司	车队	线路	故障级别	故障类型	故障地点	故障时间
9711	苏L92422	客运二公司	226车队	旅游	一般故障	发动机故障	江苏省镇江市春色江南馨兰苑（西北门）	2012-9-26 18:28
162402	苏L12156	镇江客运分公司	24车队	旅游	一般故障	发动机故障	江苏省镇江市丰泽新苑（南门）	2012-9-26 16:40

表 4   G-BOS 智慧管理系统维修保养管理计划

车牌照:					
基于里程提醒					
最后一次保养里程数	km	保养间隔里程数	km	提醒期	km
基于周期提醒					
最后保养日期		保养间隔	天	提醒期	天
基于发动机运行时间提醒					
基于发动机运行时间提醒					
最后一次保养运行时间	km	保养间隔	km	提醒期	km

表 5   G-BOS 智慧管理系统车辆配置组信息表

配置组名称	G-BOS 标准配置
急加速	加速度大于 6 km/h/s
	并且持续时间大于 5 s
急减速	加速度大于 15 km/h/s
	并且持续时间大于 1 s
超速	速度大于 100 km/h
	并且持续时间大于 60 s
超转	速度大于 2 200 r/min
	并且持续时间大于 1 s
过长急速	连续急速时间大于 600 s
急速空调	连续急速时间大于 600 s

3   G-BOS 智慧管理系统的四大优点

（1）智能管理：G-BOS 对所有运营车辆的海量运行数据采集，通过与优秀运营管理模式的对照，对"人、车、线"三者的匹配进行深入分析，实现优化匹配；通过对不良的驾驶行为和高油耗的行为进行分析，用数据说话，减少人工劳动，提高管理效率，提升管理精度，实现管理智能化。

（2）安全运行：G-BOS 实时反馈的数据使管理者能够同步了解所有运营车辆的驾驶情况，并针对各种违规操作予以实时记录；在管理周期内，用于检验驾驶员的规范驾驶状况，从而纠正不良驾驶行为，保障行车安全。

（3）节能高效：G-BOS 对所有运营客车全天候的油耗情况进行记录与监控，防止人为偷油；对驾驶员在运营中产生的各种违规的高油耗行为进行实时记录，检验和纠正驾驶员的操作行为，培养驾驶员的节油习惯，从而实现节能。

（4）持久耐用：G-BOS 的数据管理系统将对所有运营车辆实现故障预警管理，通过远程诊断，提前知晓车辆运行故障，并及时、高效地解决车辆可能存在的故障，保障车辆良性运行。按照车辆实际情况量身制订科学、精确的维保计划，降低维修成本，延长车辆工作寿命,从而使车辆更持久耐用。

4　G-BOS 智慧管理系统的推广和运用

至 2012 年 10 月底,我公司已在丹阳市公共交通公司和句容分公司的部分公交车上安装 G-BOS 智慧运营系统共 89 台套。通过对不良驾驶行为和各种违规高油耗行为的纠正,平均每车公里油耗下降幅度达到了 2.98%,每辆营运车安装 G-BOS 智慧运营系统增加投入成本 3 元左右,每车平均每年可节约燃油 500～600 L。按 2011 年燃油的市场价每升 7.25 元计算,投资回收期约为 12 个月。安装 G-BOS 智慧运营系统的 89 辆车 2011 年累计节油 4.5 万升,相应减少二氧化碳排放量约 120 t。

苏州金龙的 G-BOS 智慧管理系统目前已经为包括苏汽集团、重庆冠忠公交等在内的 700 多家运输企业提供服务,安装车辆超过 5 900 辆,年平均节约燃油 590 万升,折合 7 420 多吨标煤,相应减少二氧化碳排放量 1.6 余万吨。按 2011 年初燃油的市场价计算将节约成本 4 000 万元,具有显著的经济和社会效益。

5　G-BOS 智慧管理系统的推广建议

(1) 交通运输和车辆管理部门应积极引导集 GPS、行车记录仪于一体的 G-BOS 智慧运营系统的安装和运用,进一步提高系统数据传输的可靠性和稳定性,制定采集数据格式及数据通讯协议标准,作为营运车辆市场准入的车辆标准配置。

(2) 交通运输主管部门组织立项开展基于 G-BOS 智慧运营系统采集数据的分析方法研究,完善监控平台功能,整合报表数据,优化查询和统计功能,进一步优化驾驶员行为的评价分析方法。

(3) 对已安装 G-BOS 智慧运营系统的运输车辆,应定时进行维护,确保车辆传感器等设备处于正常的工作状态。

(4) 政府部门给予安装 G-BOS 智慧运营系统的车辆单位和个人予以优惠政策和资金补助以支持该项目的推广和运用。

6　结　语

G-BOS 智慧管理系统自 2010 年 7 月上市以来,已得到了道路客运企业的认可和使用,并列入交通运输行业第四批节能减排示范项目。相信通过广大道路客运企业的积极推广和运用,G-BOS 智慧管理系统会进一步促进企业管理创新,重塑企业运营管理体制,提高服务质量,降低运营成本,为增强企业的经济效益打下坚实的基础。

座椅占用传感器在客车上的应用

王 骏

（镇江江天汽运集团有限责任公司 镇江 212004）

摘　要　为维护市场秩序，保障旅客和经营者的合法权益，提升班线经济效益，树立良好的企业形象，规范客运班车的经营管理已十分必要。新的座椅占用系统的开发与应用，将实现数据的接收、分析统计以及终端接收的过程，便于对车上乘客数量的精确统计和车辆行驶全过程的监管。

关键词　客车　座椅占用传感器　数据库建立　乘客数统计　车辆监管

1 引 言

规范客运班车经营管理的目的是加强对所有出站班车的清车和安全检查，严禁车上有人无票乘车，确保车载人数与三联单人数相符，严禁超载车辆出站。部分客运企业提出了运用 GPS 摄像头进行实时抓拍来统计客运量。但从操作的可行性来看，这种方法存在着一定的难度。例如在部分线路上对于短途乘客的上下客的统计存在难度；另外 GPS 监控拍摄的照片不清晰、摄像头安装位置不准确等，容易造成拍摄的照片与实际人数不符，客车长度超过 12 m 时后排座位的人数清点比较困难（见图 1），在对照照片清点人数的过程中也将消耗大量的时间和人力。因此寻找一种更为科学和简便的监管和统计方式已经成为必要。

图 1 12 m 左右的客车上 GPS 拍摄的监控照片

目前传感器正处于传统型向新型转型的发展阶段。新型传感器的特点是微型化、数字化、智能化、多功能化、系统化、网络化,它不仅促进了传统产业的改造,还可以促进新型工业的产生,是 21 世纪新的经济增长点。

迄今为止国内外将传感器应用于客车座椅的还很少,将多个传感器安装于座椅上并将收集的信息进行融合,从而达到人数统计将会是一个突破。

多传感器数据融合的定义是:把分布在不同位置的多个同类或不同类传感器所提供的局部数据资源加以综合,采用计算机技术对其进行分析,消除多传感器信息之间可能存在的冗余和矛盾,再把各有效信息加以互补,降低其不确实性,获得被测对象的一致性解释与描述,从而提高系统决策、规划、反应的快速性和正确性,使系统获得更充分的信息。

传感器与微处理机相结合,不仅具有检测功能,还具有信息处理、逻辑判断、自诊断以及"思维"等人工智能,称之为传感器的智能化。借助于半导体集成化技术把传感器部分与信号预处理电路、输入输出接口、微处理器等制作在同一块芯片上,即成为大规模集成智能传感器。

本文提出了把一种已经在轿车上普遍应用的座椅占用传感器应用到客车上的构想。

2 轿车座椅占用传感器

座椅占用传感器早已应用于一汽大众迈腾、途安和宝马等品牌的车型上,其作用是感应副驾驶有无乘客。如果副驾有乘客却没有扣上安全带,仪表就"叮叮"响,安全带警告灯也会亮起;如果副驾无乘客,遇紧急情况气囊不会打开,以免浪费。

以宝马某车型为例,图 2 为座椅下方的传感器,图 3 为该车型的座椅占用识别传感器电路图。

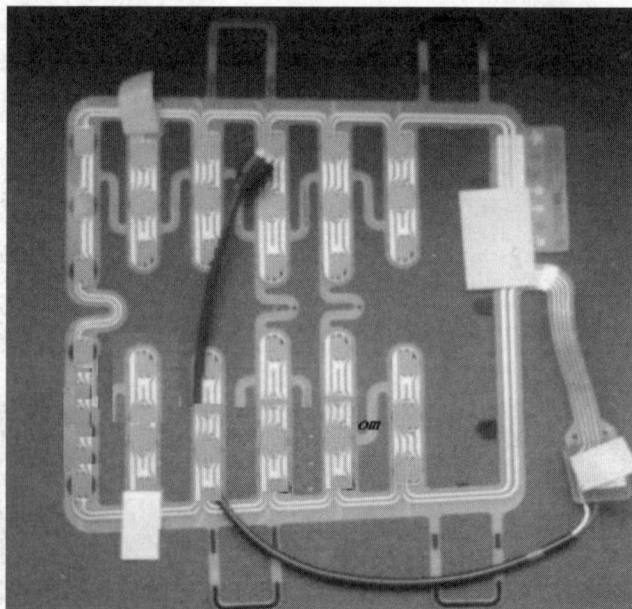

图 2　宝马某车型的座椅占用传感器

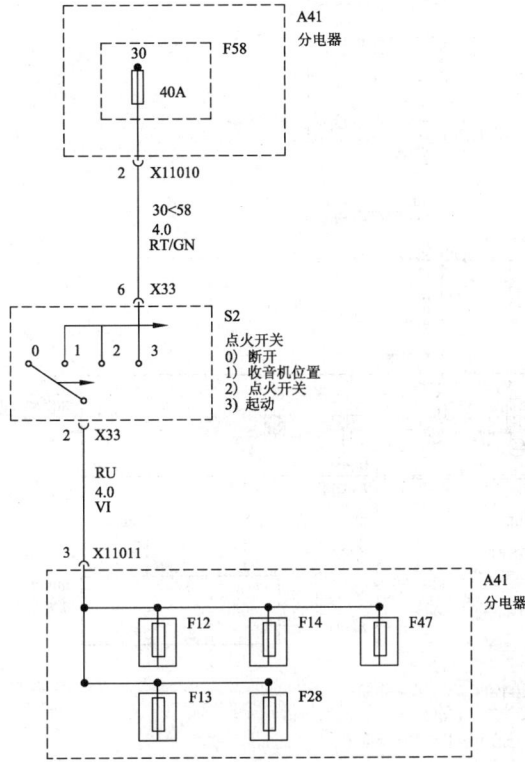

A41
分电器

30   F58

40A

2   X11010

30<58
4.0
RT/GN

6   X33

S2
点火开关
0) 断开
1) 收音机位置
2) 点火开关
3) 起动

2   X33

RU
4.0
VI

3   X11011

A41
分电器

F12   F14   F47

F13   F28

（a）

便捷进入及起动系统

R   R

3   X13376   4   X13376

R_SBE_FA   R_SBE_BF
0.25   0.35
VI/GR   VI/WS

10 X275   10 X279

R_SBE_FA   R_SBE_BF
0.35   0.35
VI/GR   VI/WS

2   X13592   2   X13593

A221   A222a
乘坐识别电子装置 驾驶员   前乘客座位占用识别装置

3   1   3   1

12   11   12   11

46   47

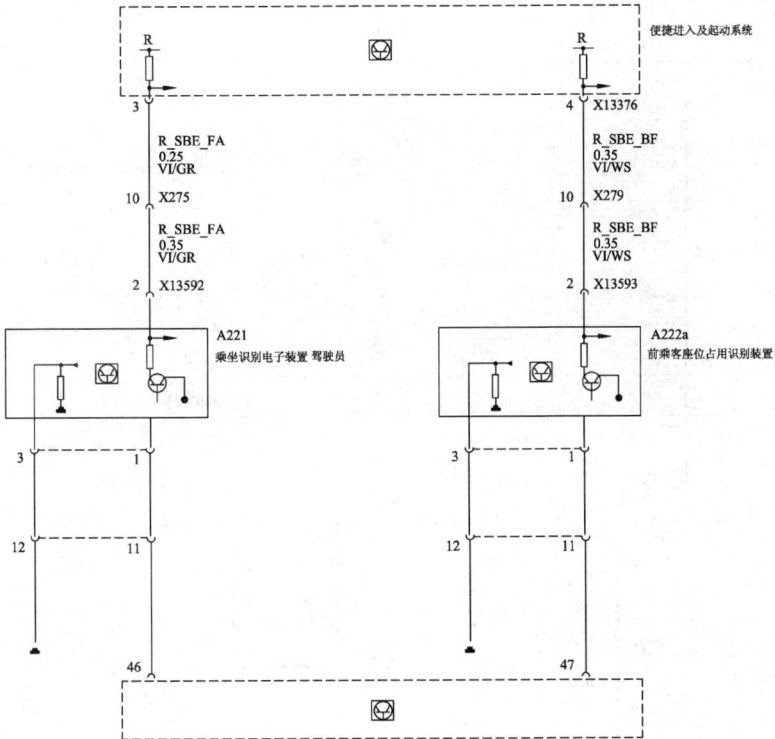

E70座位占用识别装置 前部

（b）

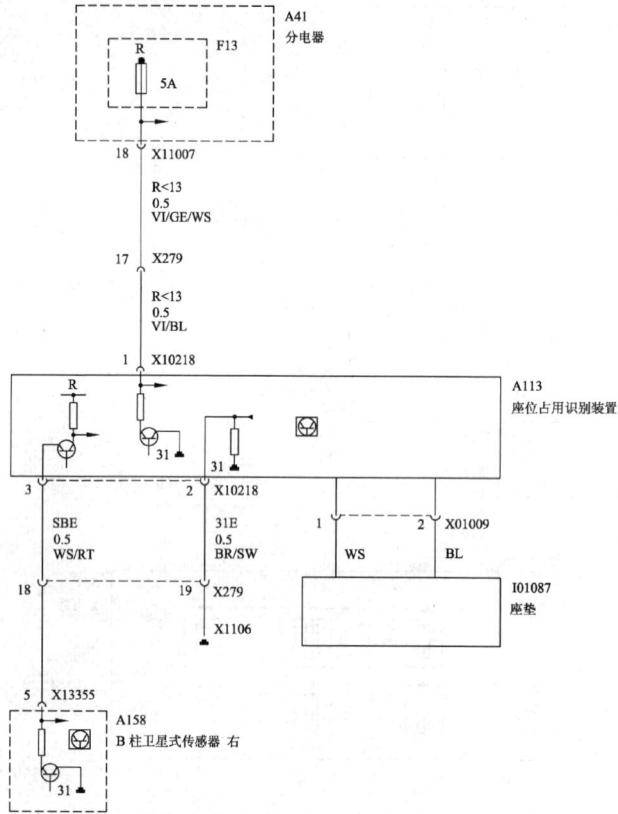

(c)

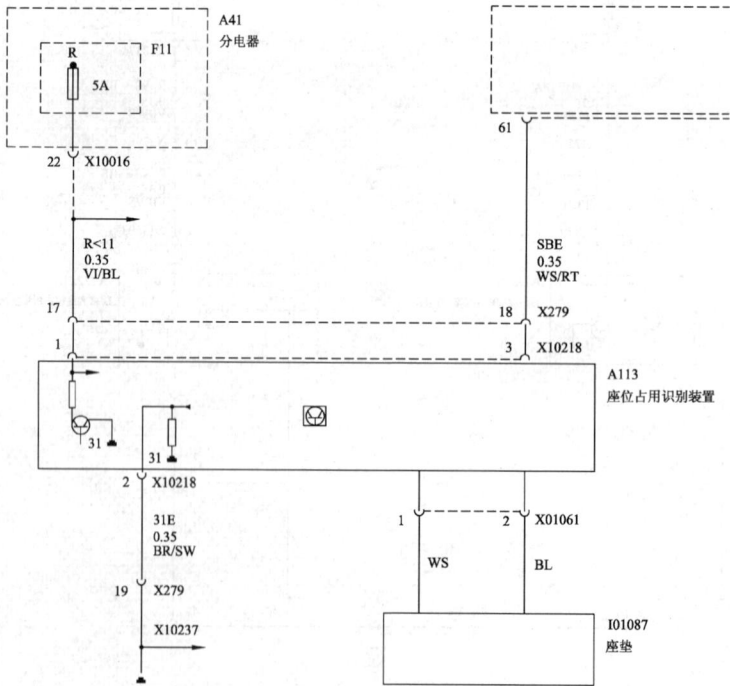

(d)

图 3   宝马某车型的座椅占用识别传感器电路图

座椅占用传感器分多种,在选择时应进行实际操作难易和性价比方面的考虑,除宝马等轿车应用的座椅占用传感器外,还有国内生产的上海米尔圣传感器(见表1)。

表 1 MS11 干簧管传感器系列

	特点	优点	用途
	• MS11 为磁场驱动干簧接近开关 • 当导磁件靠近或远离磁场将决定于干簧开关的吸合和断开	• 干簧开关触点形式有 1 和 2 • 可选其他线缆、连接器和颜色 • 多种外壳尺寸 • 4 个磁场灵敏范围 • 可选线缆端子、长度	• 位置和端点感测 • 安全系统 • 液位感测 • 门窗控制

产品尺寸(单位:mm)

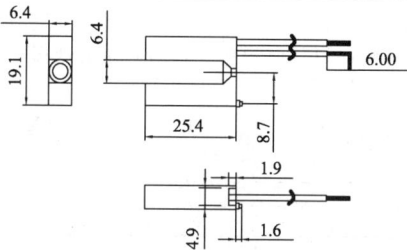

sketch	Switch Type
──── Black ──── Black	1&2

客户选项—干簧管型号

TABLE 1 干簧管型号		选择传感器形式→	1	2		
		接触形式	常开	常开(高压)		
触点额定参数	最大功率	瓦	10	10		
触点电压	最大开关电压 最小击穿电压	最大电压 最小电压	200 250	265 450		
触点电流	最大开关电流 最大载流	最大电流 最大最流	0.5 1.0	0.3 1.4		
触点电阻	接触电阻 绝缘电阻	最大电阻 最小电阻	0.1 10^{10}	0.1 10^{10}		
触点电容	触点	ρ^4—典型	0.2	0.2		
时间	启动时间 释放时间	ms—最大 ms—最大	0.55 0.2	0.6 0.2		
温度	操作温度 储存温度	温度 温度	−40 to +80 −65 to +80	−40 to +80 −65 to +80		
冲击	11 ms 1/2 正弦波	G—最大	100	100		
振动	50—2 000 Hz	G—最大	30	30		
谐振频率		Hz—典型	5 200	4 000		
TABLE 2 磁性特征(灵敏度)	AT 可以选择的 Pull in 值	10—30	1	2	3	4
			10—15	15—20	20—25	25—30

Pull in 值范围定义为未剪切前的干簧管值。

客户选项_灵敏度,电线长度和端子规格(也欢迎客户提出要求进行特殊的定制)

TABLE 3 电线型号和长度		TABLE 4 端子		
UL1007 AWG24		选择项目	描述	图例
选择型号	长度/mm	A	端部去皮浸锡	
1	100	B	带装端子	
2	300	C	6.35 mm fastons	
3	500	D	AMP MTE 2.54 mm	
4	750	E	JST XHP 2.5 mm	
5	1 000			

订购信息(以上所有资料仅供参考,客户新订购品以当时提供的最新确认的规格书为准)

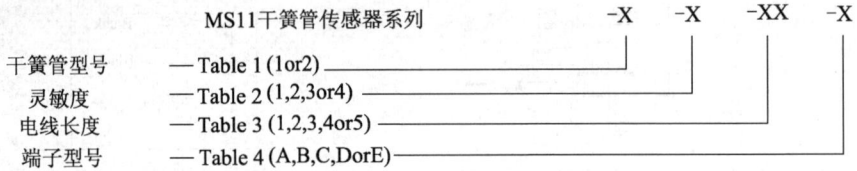

```
                    MS11干簧管传感器系列            -X   -X   -XX  -X
       干簧管型号   —— Table 1 (1or2) ─────────────────┘   │   │    │
       灵敏度      —— Table 2 (1,2,3or4) ───────────────────┘   │    │
       电线长度    —— Table 3 (1,2,3,4or5) ───────────────────────┘    │
       端子型号    —— Table 4 (A,B,C,DorE) ──────────────────────────────┘
```

3 座椅占用传感器在客车上的应用

在我们现阶段的汽车电子中,各位置的传感器已经普遍应用,但主要用于发动机的控制,分为空气流量传感器、水温传感器、曲轴位置传感器、氧传感器、车速传感器、节气门位置传感器等。系统根据发动机工况的不同,对发动机进行控制,使发动机处于最佳工作状态。ECU还预留了 CAN 总线接口,与车内其他电子控制单元通过 CAN 总线法式实现数据通讯,形成车内局域网。

基于以 ECU 为中心的电子控制系统,将座椅占用传感器与独立的 ECU 连接,实现座椅占用传感器数据的传输就能对车内乘客数量进行统计。图 4 为座椅占位传感系统的系统结构。

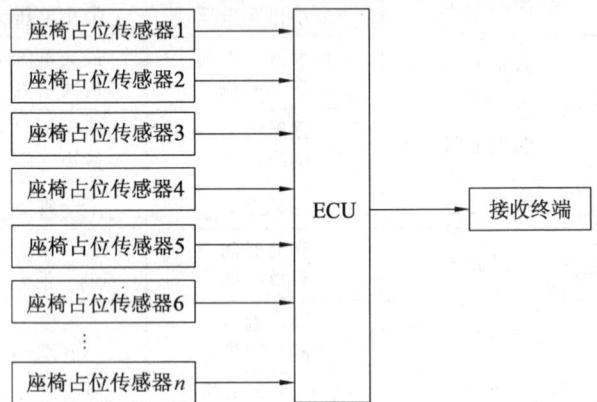

图 4 座椅占位传感系统的系统结构

对于电控单元 ECU 的数据接收分为几种情况:第一,当车辆未发动时,ECU 对接收的信号不处理,待所有乘客坐定,车辆发动以后 ECU 开始接收数据;第二,对于长短数据进行分类,从车辆发动开始至车辆到达目的地为一类数据库进行人数统计。如途中发生乘客离车、又有乘客乘坐同一个座椅又分为两种情况:一种情况是同一乘客短暂离车又回座位,根据相同体重产生的信号不另进入数据库;另一种情况是乘客途中下车后有另一乘客上车乘坐同一座位,由于体重不同,座椅占位传感器会把不同的信息计入另一数据库。这样不仅避免重复计数,而且可以统计途中上下客的人数和途中上下客次数,对车辆的全程监管也有一定帮助。但是,我们还需要对 ECU 系统进行研究和开发,将相应的程序编入 ECU,从而达到自动数据识别、分类和统计的目的。

本设计的接收终端的接收方式可分为两种,一种是 USB 端口数据导出,导入电脑分析;另一种可将 ECU 处理数据直接与车载 GPS 或车载 G-BOS 进行对接,并将电脑作为数据接收终端。

参考文献

[1] Smith C S. piezoresistive effect in germanium and silicon phys.

[2] 冯景星:《静电封接与硅杯腐蚀的新技术》,《福州大学学报》,1994 年第 5 期。

[3] Desnical UV, SanticB. Trap-induced photoconductivity in semi-insulating gallium arsenide. 1989.

[4] 白韶红:《光纤压力传感器的发展》,《工业仪表与自动化》,1990 年第 2 期。

[5] Yuelin Wang, et al. The structures for electrostatic servo capacitive vacuum sensor. sensors and actuators A. 1998.

[6] Dirk De Bruyker, et al. A combined piezoresitive pressure sensor and function based on thermal actuation sensors A. 1998.

[7] 张维新,等:《半导体传感器》,天津大学出版社,1990 年。

镇江公路养护管理体制与机制改革初探

石小武　程祖辉　王军　王刚

(镇江市公路管理处 镇江 212028)

摘　要　本文根据调研情况,对镇江市的公路养护现状进行了全面分析,就其中存在的主要问题进行了归纳总结,并结合国内外公路养护管理经验以及面对新时期国家事业单位改革、公路养护与公路事业发展日益突出的新矛盾,提出了进一步深化全市公路养护体制机制改革的对策和建议。希望借此对全市的公路养护体制机制创新提供参考和决策支撑,同时也能为努力实现公路养护的现代化出谋划策。

关键词　镇江　公路　养护　体制　机制

1　镇江市公路养护的现状及存在问题

1.1　公路养护的现状

根据江苏省交通厅苏交法〔2002〕29 号文件和镇江市人民政府镇政发〔2002〕169 号文件的精神,镇江市公路部门所属工程、养护、工贸等生产性、经营性、服务性单位于 2002 年12 月 31 日经市政府与各市(直)、市交通局正式办理脱钩移交手续。至 2003 年 6 月 30 日,全市及各辖市(区)公路管理机构全部完成事企脱钩以及人、财、物移交工作,市公路管理机构与所属生产经营性单位实现完全脱钩,彻底剥离。目前,全市干线公路养护企业共 5 家,其中丹阳市公路道路养护工程有限公司、扬中市通润公路养护工程处已改制为民营企业;镇江市丹徒区公路养护处、句容市昌达公路养护工程有限公司、镇江市润达公路养护工程公司已脱钩但未彻底改制,主管单位分别为丹徒区交通运输局、句容市交通运输局、镇江市国资委。

对刚脱钩的养护企业实行"扶上马、送一程"的原则,对养护市场实行 5 年的保护期。2003 年由镇江市公路处对我市公路养护小修保养进行了招投标,并分别签订了养护合同;2004 年至 2008 年续签了养护合同;2009 年由辖市(区、站)公路管理机构对各自管理辖区的公路进行了第二次招投标,施行合同管理。在对小修保养工程招标的同时,还对公路大中修、危桥改造及水毁工程等专项养护工程进行了公开招投标。在工程管理中,实行合同制和工程社会监理制,不断完善质量监督体系。

1.2　公路养护主要存在的问题

在全市公路养护体制机制运行过程中,由于诸多方面的原因,还存在一些问题,主要表现在以下几个方面:

(1)养护体制方面,改革步调的不一致,致使全市的公路养护行业无法形成统一、规范的市场转入机制与有效的市场调控机制,导致整个公路养护市场的公平性缺失以及养护人员的不满情绪强烈等社会性矛盾尖锐,体制遗留问题突出。此外,养护工区的运营体制不明朗,尤其是养护工区所配备的养护资源的使用存在许多体制障碍,空有养护机械而无法给养护企业合法使用的矛盾较为突出。

(2) 养护管理方面,由于改制的进度不一,致使各公路养护管理机构所实施的养护管理制度也存在较大差异,且养护监管机制的实施方面也存在不足之处。加之激励扶持机制尚未形成体系,全市的公路养护很难得到充足的制度保障。另外,公路管理部门在公路养护业务的供给模式上与养护作业特点、养护市场现状也不完全适应,使得全市公路养护市场体系的建立面临许多障碍。

(3) 养护资金方面,养护定额体系缺乏必要的滚动发展机制,定额标准也不够健全,导致公路养护经费水平多年来都没有明显改善。另外,由于税费改革之后带来的一系列后续问题以及公路养护经费所采用的财政拨款模式和其资金来源渠道较为缺乏,致使相关经费中可用于公路养护工程的养护资金更少。而养护投资又主要集中在修复性投资领域,预防性养护投资则不足,很难应对未来复杂多变的公路养护形势以及更高的公路养护要求。

(4) 养护作业方面,根据对全市的 5 家公路养护企业的相关调研情况,按照公路养护企业的隶属关系将全市的 5 家公路养护企业划分为 3 种不同体制的养护模式。对其养护生产经营等养护作业情况进行综合比较,可以看出:民营型养护企业占有较强的市场化优势,而事业型、国有型养护单位在人员方面的差异较为明显。这一比较结果也说明,养护市场化改革需要进一步推进和完善。

2 省内外公路养护管理的经验借鉴

通过对江苏省内外典型地区的公路养护管理情况进行分析总结得出以下几点,对做好镇江市的公路养护管理工作具有参考和借鉴意义。

(1) 深化养护体制改革,是国内外养护管理改革的大势所趋。无论是从公路发展的国际惯例,还是从我国经济社会发展的趋势来看,公路养护的市场化都是公路养护运行机制改革的必然方向,也是提高养护效率和养护质量、节约养护成本的必由之路。以瑞典为例,改革前瑞典共有 260 个养护基地和 8 500 名职工,但改革后只有 200 个养护基地和 5 000 名职工。

(2) 坚持循序渐进的改革,是实现改革与稳定相统一的重要前提。为了确保稳定性和及时性,在市场化广度上,对于日常性养护和紧急情况抢修,美国、日本等国家仍采用传统模式——由政府公路管理部门直管的专业养护机构负责;英国则是根据养护工程规模的大小即合同估价,采用 3 种不同的招标方式;在市场化深度上,江苏省内及天津、重庆等地对竞争机制的引入程度不同,如招投标条件、范围等都存在一定的差异。

(3) 强化养护经费保障,是新时期加强公路养护发展的普遍共识。在美、日等发达国家,主要通过税收的方式解决养护资金的来源问题。随着我国燃油税费改革的实施,各地区也都进一步明确养护资金的来源,例如天津市人民政府出台的《关于深化我市公路养护管理体制改革的意见》就对养护资金的来源进行了明确规定。由于公路养护管理机构的经费渠道已发生变化,江西省以及我国部分地区将本地的公路养护管理机构由自收自支的事业单位变更为本级全额拨款的事业单位,其运行经费和养护职工的基本支出纳入同级财政预算。

（4）加强养护监督考核是建立公路养护市场秩序的重要基础。在公路养护管理改革过程中,国内主要地区纷纷加强了监督考核的力度。在考核方式上,除了传统的行业内部考核(直接将考核结果与养护经费挂钩)外,江西省还将考核上升到省政府的层面,将检查结果纳入省政府设区市目标管理考核体系中,监督、考核力度大大提高。此外,在监督形式上,重庆市积极建立公路热线电话和网站,引入群众和社会的共同监督。

（5）完善配套的改革政策,是养护体制改革顺利实施的重要保障。在养护过程中,各国(地区)普遍注重养护立法的作用。如美国公路养护主要按照 AASHO 出版的《成员组织现场承包养护概况》《典型承包养护工程工作和各种范围及单位成本》及其他养护手册规定进行;日本按照《道路公团法》的规定编报养护资金计划。在中国国内主要注重于配套的改革政策,如上海制定的免税政策、退休人员的待遇政策等。

3 镇江公路养护体制机制改革对策

根据目前全市的公路养护现状和存在的主要问题,结合国家《公路安全保护条例》对养护资质提出的新要求和《公路养护管理发展纲要》提出的体制机制改革重点,以及事业单位改革指导意见中所提出的进一步改革的基本思路,在全省公路交通规划纲要以及镇江市"十二五"公路发展规划的框架下,参考国内外公路养护管理的成功经验,镇江市应重点从以下几方面加强和完善公路养护体制机制。

3.1 完善养护体制

一是深化养护单位体制改革。在燃油税改革和国家事业单位改革的大背景下,建议按照以下方案有序推进:在全市事业单位改革的总体方针、政策未出台前,对于事业单位性质的公路养护单位应按照公路养护改革的基本思路对其进行改革,冻结养护事业单位人员身份,推进其与事业单位局部脱钩;在全市事业单位改革的总体方针、政策明确以后,严格按照"管养分离、事企分开、公开透明"的原则,稳步妥善解决人员身份转换和安置问题,剥离和处置相关资产,实现养护管理和生产作业的彻底分离和脱钩。二是建立养护工区监管体制。在省厅公路局、市公路处的指导下,市公路处、县公路站按照管理权限分别负责相应的工区管理。其中,市级公路管理机构(市公路处)在省级公路管理机构的指导下重点负责市级一类工区的直接管理;县级公路管理机构(县公路站)在省、市两级公路管理机构的指导下重点负责县级一、二类工区的直接管理;此外,市级一类工区受市级公路管理机构的委托在应急情况下对县级一类工区的日常管理进行指导,与此同时县级一类工区受县级公路管理机构的委托在应急情况下对二类工区的日常管理进行指导。

3.2 完善供给机制

在深化养护体制改革的同时,应在坚持养护市场化改革方向的前提下,结合养护作业的特点,进一步完善不同类型养护作业的供给模式,具体应做到以下3个方面。一是坚定不移地推进养护大中修市场化供给模式,打破养护大中修区域间有形、无形的壁垒,努力建立区域间统一、开放、公平竞争的养护大中修市场;二是完善小修保养社会化供给,以非市场化(或不完全市场化)的方式委托社会力量提供养护生产服务的供给方式,这是推进市场化供给改革的一种过渡方式;三是健全应急保障部门化供给,着力推进市、县两级应急处置中心的建设,组建专业化应急养护队伍,承担应急抢险的部门化供给任务。

3.3 健全运行机制

一是完善招标投标机制。根据养护供给机制的改革,在现有养护招投标制度的基础上,尽快出台相应的招投标制度,明确养护大中修、小修保养和应急抢险招投标的条件、范围、方式,在全市范围内建立统一有序的养护招投标市场秩序。同时,把好资格审核关,杜绝资质挂靠、资质借用;推行合理价位中标,防止哄抬标价及恶意低价抢标。二是建立定额调整机制。结合社会平均工资水平、主要材料价格、养护机械化推广和使用费率等因素,定期对公路养护定额体系进行修订,调高养护定额标准并建立养护定额动态调整机制,积极适应公路技术等级不断提升、公路交通流量快速增长、公路越来越多地承担城市道路功能等发展趋势。三是健全工区运营机制。对于一类工区,在保证市、县级应急处置中心(基地)为事业单位的前提下,公路管理部门一次性出资完成一类养护工区的房屋、设备的建设和配套后,直接划拨给应急处置中心(基地)负责后期的日常运营、维护和管理。对于二类工区,在完成养护单位体制改革后,公路管理部门一次性出资完成工区的房屋、设备的建设和配套后,与养护作业招投标相结合,按照工程承包甲供场所设备供给的模式,将工区交由养护企业使用。

3.4 强化监管机制

一是健全资质管理机制。严格市场准入,实行资质分类和数量限制,杜绝公路施工、建筑、市政养护、绿化等行业进入公路养护市场;进一步加强资质评定、复审和确认管理,对存在养护质量、安全责任的事件应与养护资质挂钩,暂停或取消养护从业资质。二是建立信誉评价机制。建议在现有的养护监督考核的基础上,将考核结果作为养护市场化供给推广和养护招投标资格审查的重要参考依据,建立养护企业信誉与养护工作挂钩的新机制。三是完善合同管理机制。为努力适应复杂变化的市场经济环境和不断发展的社会经济需求,必须对全市现有的公路养护合同制度进行改革,即在公路养护承包合同三年一签、五年一签的原有基础上,加入养护合同动态更新管理条款与合同履行情况考核条款。四是强化养护监理机制。参照现行的公路建设工程的监理手段和模式,实施以"关系清晰、标准明确、绩效挂钩、按质论价、合理计量、奖优罚劣"为核心的公路养护监理制,强化养护监理制度;建立健全小修保养养护监理工程师制度或工程监理制度。

4 结 语

公路养护改革是一件功在当代利在千秋的伟大事业,努力做好全市的公路养护工作,除了进一步深化体制机制改革以外,还必须在完善制度建设、加强资金保障、争取税收减免、加强人才扶持等方面下工夫,为全市的公路养护企业创造一个良好的政策环境和竞争环境。通过全面、深入、系统地对公路养护资源进行统筹规划、合理分配与有效利用,切实发挥每一份资源的最大效用,在努力提高镇江市的公路养护服务质量与服务水平的同时,为率先形成基本完善的现代公路养护体系和良好的公路养护市场格局而不懈奋斗。

参考文献

［1］湖南省公路管理局:《全国公路养护管理体制与养护运行机制改革资料汇编》,2003 年。

［2］郑娟:《公路养护市场化改革研究》,长安大学硕士学位论文,2008 年。

［3］吉军晓:《市场化改革中的江苏公路养护管理研究》,上海交通大学硕士学位论文,2006 年。

［4］徐智鹏:《中外公路管理体制比较研究》,长安大学硕士学位论文,2003 年。

［5］陈金干:《浅析公路养护企业的纳税管理》,《交通财会》,2012 年第 5 期。

QC 小组——让企业步入可持续发展的良性循环

吴 云

（江苏省交通工程集团有限公司 镇江 212003）

摘 要 质量改进是企业的永恒主题，本文根据 QC 小组活动的特点，结合施工企业的经营战略、方针、目标及存在问题，阐述在施工企业中开展 QC 小组活动，不断提高工程质量，以最大满足顾客需求的重要性和必要性。

关键词 施工企业 质量改进 QC 小组 PDCA 循环

QC（Quality Control），自 1962 年创始以来，在许多国家取得了显著成果。这种质量管理方式作为全面管理中不可或缺的一部分，通过小组活动解决技术和质量问题，提高质量和效益，促进了企业生产和经营的发展。

围绕着"质量改进"这一中心效益，QC 小组对企业发展产生了许多"附加效益"，培养和锻炼了职工队伍的素质，造就了企业发现问题、解决问题的人才。可以说，QC 小组在解决自身问题和提高企业综合能力方面起了巨大作用，使企业步入可持续发展的良性循环。

江苏省交通工程集团有限公司为公路工程总承包一级施工企业，每年新承接工程金额达 50 亿元左右。近年来，随着市场经济体制的逐步确立，公司从生产型逐步向经营型过渡，所面临的竞争也越发激烈。要使施工企业在竞争激烈的市场中立于不败之地，就必须提供优质的施工产品。目前，我公司已经建立 ISO 质量管理体系，经过一段时期的发展，广大员工形成了质量与安全至上的观念，并相应形成支持与鼓励开展质量与安全改进活动的制度与秩序，形成了质量管理的企业文化氛围。QC 小组作为企业全体职工参与推进企业质量改进的有效形式，贯穿于生产经营活动的每个环节。近年来，QC 小组在我公司各项目部得到积极推广。各小组紧紧围绕企业经营战略、方针、目标和存在问题，运用现代先进的管理方法开展质量管理，在不断提高质量、降低成本、增加效益、促进项目部管理等方面，取得了显著的成绩。

QC 小组的建立，必须遵循"小、实、活、新"的基本原则，从 PDCA 循环程序出发：

在 P（计划）阶段，应对课题进行严格仔细地审查，防止选题相似，广泛听取各方意见，保证选题的科学性、实用性和经济性；

在 D（执行）阶段，企业应该为 QC 小组活动的开展提供必要的时间、场所、工具和经费，使活动严格按照程序进行，分工负责，协作推进，遇到措施、计划与实际情况不符时应及时调整；

在 C（检查）阶段，评审人员要严格依照制定好的评价标准，实事求是地对结果进行效益评估，同时也要注意不能挫败小组成员的积极性；

在 A（总结）阶段，要将 QC 小组成果向各级各部门发表，采取照片呈现、实物对比等灵活方式，让员工切身感受 QC 小组的活动，表达自己的意见和观点，培养职工的 QC 参与意识。

1 针对项目施工难点、要点创建小组，确定选题并进行可行性分析

QC 小组在选择课题时，应紧紧抓住目前存在的影响产品质量、生产效率或造成高消耗的具体问题，以求实创新为根本，在"实"的基础上，力求技术进步和不断创新。

问题解决型课题与创新型课题，是我公司目前 QC 小组选题的两大主要类型。问题解决型课题的主题是在原有基础上改进和提高施工项目；创新型课题的主题是具有一定技术难度与风险的课题。

我公司承建的 338 省道镇南立交至丁岗段拓宽改造工程 A3 标 QC 小组选题与内蒙古鄂尔多斯东胜大桥 QC 小组的选题就是两个典型的例子。

1.1 338 省道镇南立交至丁岗段拓宽改造工程 A3 标 QC 小组选题及建组

1.1.1 项目现状及选题理由

338 省道镇南立交至丁岗段拓宽改造工程 A3 标段京杭运河大桥长 460 m，分两幅桥，单幅桥宽 21.5 m。新建桥的左幅桥位处有老桥，故在建新桥的左幅桥前，需拆除老桥。

针对本工程的特点，为解决工程中的难点，进一步进行技术攻关，并创造经济效益和社会效益，特制定本小组的选题为"京杭运河大桥变截面连续箱梁拆除施工"。

（1）选题理由

选题理由见图 1。

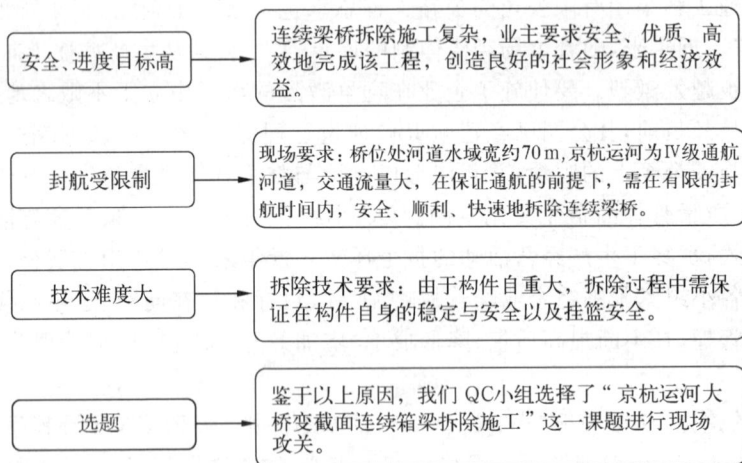

图 1 选题理由

（2）现状调查

QC 小组首先结合本工程特点，在老桥拆除施工前，搜集、仔细研究老桥建设资料，并整理、分析 14 例老桥拆除事故案例，对桥梁拆除事故发生的因素进行了总结，发现大多数事故因素具有共性，且同一案例具有多个事故因素，各事故因素汇总见表 1。

表1 桥梁拆除事故因素汇总

项　目	频数	频率/%	累计频率/%
拆除方案不科学、不完善	10	30.3	30.3
拆除单位、人员无资质	9	27.3	57.6
监督管理不到位	7	21.2	78.8
技术交底培训不到位	4	12.1	90.9
其他	3	9.1	100
合计	33	100	

按照上表提供的数据，绘制出桥梁拆除事故因素排列图（见图2）。

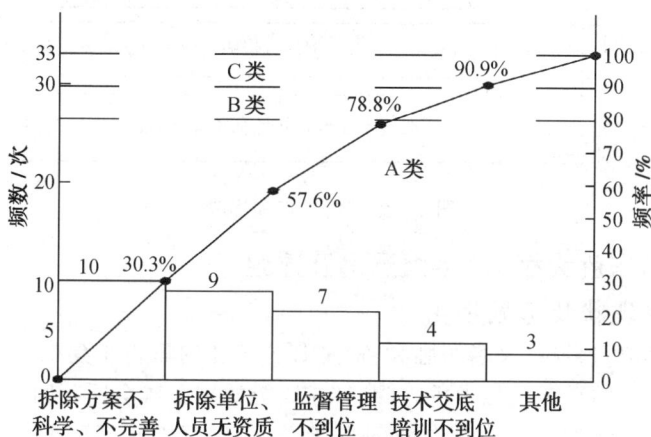

图2　桥梁拆除事故因素排列

由图2可以得出，我公司在老桥拆除施工中，应避免拆除单位及施工人员无资质，拆除方案不科学、不完善，监督管理不到位等事故因素。

1.1.2　确定目标值并进行可行性论证

在确定选题和成立QC小组后，小组成员在组长的带领下，各司其职，开展工作。

首先，针对选题确定目标值。目标值包括安全目标值、进度目标值以及封航控制目标值。

（1）安全目标值

本工程即桥梁拆除工程的安全管理目标为：① 死亡事故为零；② 重大安全事故为零；③ 轻伤、负伤事故率低于1.2‰。

（2）进度目标值

主桥拆除总工期为50天，其中：主桥中跨（通航孔）拆除工期为31天。

（3）封航控制目标值

封航次数不超过23次，每次封航时间不超过4小时。

确定各方面的目标值之后，小组成员需要对该工程的施工进行可行性论证，分析施工中的难点和优势（见图3）。

结论：小组成员对安全拆除连续桥梁充满信心。本小组成员一致认为，按照国家法规进行分包施工，制定合理的施工方案，加强监督与管理，将各项防范措施落实到实处，本小组所制定的目标值是可行的。

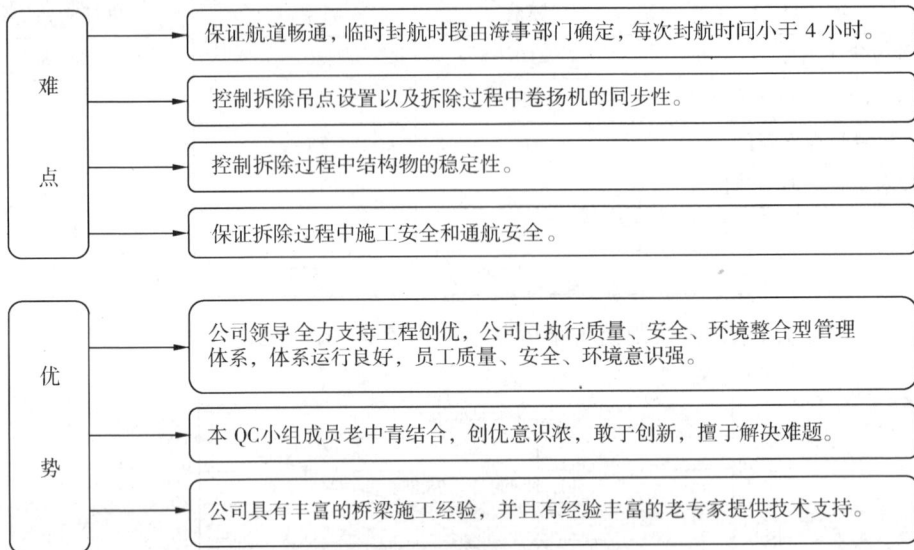

图 3 施工的难点和优势

1.2 内蒙古东胜大桥 QC 小组选题及建组

1.2.1 项目现状及选题理由

内蒙古韩土公路二号桥(又名东胜大桥)是我公司在内蒙古承建的一座景观大桥,该桥为桥梁总长 1 170 m 的自锚式悬索桥,其跨径在同类桥型中居全国第四,宽度居全国第一。

由于本工程钢箱梁施工工艺是厂内预制板单元,需运至现场胎架上拼装焊接,有别于其他同类桥型梁段整体吊装的施工工艺,难度系数更大,质量要求更高。

针对本工程流线型全封闭正交异型钢箱梁的施工特点,关键工序是钢箱梁单元板的拼装、焊接。为实现高质量的施工目标,经本 QC 小组认真讨论分析,决定选题为"提高钢箱梁拼装施工质量的优良率"。

(1)选题理由

选题理由见图 4。

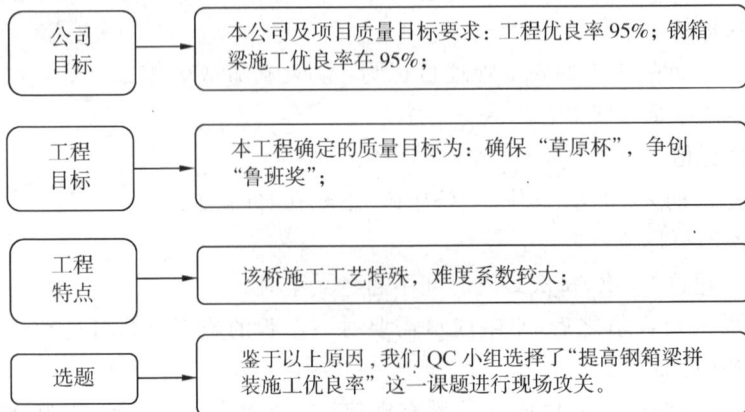

图 4 选题理由

（2）现状调查

小组成员对已拼装好的梁段进行抽样检查分析，共选取 2 185 个点。根据《韩土公路二号桥制造细则》的要求，经检查统计，其中优良点数为 1 857 个，缺陷点数为 328 个。统计钢箱梁拼装施工优良率约为 85%（见表 2）。

表 2　箱梁制造控制参数调查表

检查项目	检查点数	优良点数	缺陷点数	优良率/%
纵向线型	552	467	85	
梁体旁弯	544	464	80	85
锚箱扭矩	544	462	82	
顶板高程	545	464	81	
合　　计	2 185	1 857	328	85

QC 小组继续对调查数据进行分析，对存在的缺陷进行整合、统计、归类（见表 3、表 4）。

表 3　梁段缺陷点数统计表　　　　　　　　　　　　　　　　点数

检查项目	焊接变形	温度变形	单元板加工缺陷	吊装损伤	横纵隔板拼装错台	钢箱梁顶底板平整度误差	合计
纵向线型	71	4	5	1	2	2	85
梁体旁弯	64	1	7	3	3	2	80
锚箱扭矩	55	9	5	6	3	4	82
顶板高程	66	6	3	2	2	2	81
纵向线型	256	20	20	12	10	10	328

表 4　质量缺陷项目统计表

质量缺陷	频数/点	频率/%	累计频率/%
焊接变形	256	78	78
温差变形	20	6	84
单元板加工缺陷	20	6	90
吊装损伤	12	4	94
横、纵隔板拼装错台	10	3	97
钢箱梁顶、底板平整度超差	10	3	100
合　　计	328	100	

按照上述质量缺陷表，小组成员绘制了影响钢箱梁拼装施工的缺陷排列图（见图 5）。

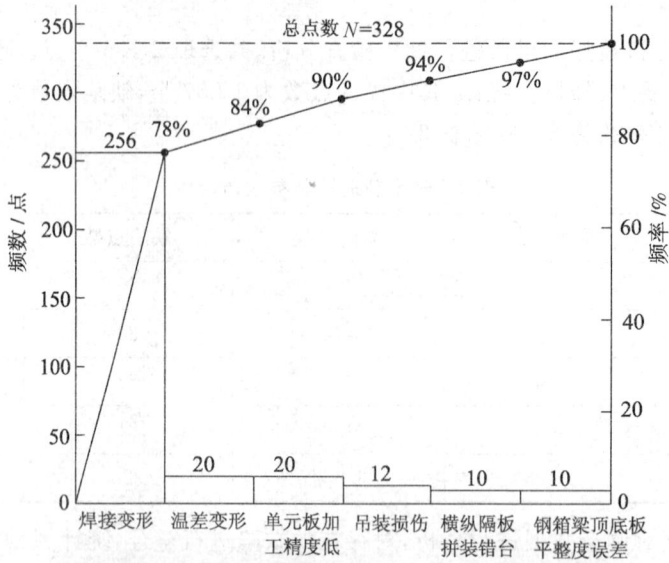

图 5　影响钢箱梁拼装施工的缺陷排列图

由图 2 可以得出,我公司在对钢箱梁单元板的拼装施工时,应注意焊接变形,温差变形,单元板加工精度低,吊装损伤,横纵隔板拼装错台,钢箱梁顶底板平整度误差等影响施工质量的因素。

1.2.2　确定目标值和进行可行性论证

（1）目标值

QC 小组根据《公路工程质量检验评定标准》和本桥施工制造规则,为确保本工程钢箱梁拼装施工质量,我们 QC 小组提出了将钢箱梁拼装的施工质量优良率由 85% 提升到 95% 的活动目标。

（2）目标设定的依据

① 由于钢箱梁拼装中焊接变形影响占到总缺陷数的 78%,如完全解决 15% 中的 78%,则优良率为:

$15\% \times 78\% = 11.7\%$,合格率即为 $85\% + 11.7\% = 96.7\%$,

超出预设目标优良率,所以所设目标经过努力,是完全可以达到的。

② 选择专业施工队伍,施工人员都具有较丰富的施工经验和技术能力。

③ 小组成员均有过创优工程经历,积累了丰富的施工经验,具有一定的管理与技术能力。

结论:本工程施工难度虽然大,但我们在施工前制定了切实可行的施工技术方案并组织专家进行了论证,得到专家的指导和肯定;施工中制定严格的质量管理办法和制度。我们相信只要我们积极参与,发挥长处,实事求是,一定能够实现目标。

通过以上两个选题实例我们不难看出,QC 小组选择课题时,首先要明确改进对象是什么,以及所选课题是否能找出问题的症结所在,是否目标单一、针对性强,是否在 QC 小组成员力所能及的范围之内等。

QC 小组关于 338 省道镇南立交至丁岗段拓宽改造工程 A3 标的选题力求务实,以安全、顺利、快速、高效为出发点,创造经济效益与社会效益;内蒙古鄂尔多斯东胜大桥 QC 小组的选题则针对技术难度较大的关键工序,追求对新技术的创新、追求科技含量的体现,最终达到实现高质量这个目标,提高整个工程的施工优良率。

2 围绕选题,进行原因分析和要因确认

在课题选择及建组完成后,QC小组要针对工程实际情况,进行详细的原因分析及要因确认。

以内蒙古东胜大桥为例:

首先,QC小组根据"5M1E"的方法对焊接变形进行了详细分析,并绘制了末端因素统计表(见表5)和焊接变形原因分析鱼骨图(见图6)。

表5 末端因素统计表

序号	末端原因	确认内容	确认方法	验证人	确认日期
1	技术交底不全面	是否技术交底到每一个工人	现场验证	王济东	2011 - 3 - 27—2011 - 3 - 28
2	工人操作水平差	是否持证上岗,考核合格	现场验证	王勇	2011 - 3 - 27—2011 - 3 - 28
3	进场板单元质量缺陷	进场板单元是否有质量缺陷	现场验证	王大威	2011 - 3 - 27—2011 - 3 - 28
4	焊条焊丝不合格	进场焊丝焊条是否有合格证明	现场验证	王大威	2011 - 3 - 27—2011 - 3 - 28
5	胎架整体刚度不够	胎架稳定性及地基沉降	现场验证	张振环	2011 - 3 - 27—2011 - 3 - 28
6	风大	风速对焊接的影响	查阅资料	王大威	2011 - 3 - 27—2011 - 3 - 28
7	温度影响	温度对焊接的影响	查阅资料	王大威	2011 - 3 - 27—2011 - 3 - 28
8	焊机问题	焊机是否工作良好	现场验证	王勇	2011 - 3 - 28—2011 - 3 - 29
9	专用设备配备不齐全	现场平板机、铣边机是否良好	现场验证	陆汉中	2011 - 3 - 27—2011 - 3 - 28
10	焊接顺序不规范	焊接顺序是否合理规范	现场调查	孟泽祥	2011 - 3 - 27—2011 - 3 - 28
11	焊接方法及参数不明确	焊接工艺参数是否详细明确	现场调查	王大威	2011 - 3 - 28—2011 - 3 - 30
12	测量放样误差	测量放样误差对施工是否有影响	现场调查	张振环	2011 - 3 - 27—2011 - 3 - 29

面对12个末端因素,QC小组成员深入现场进行调查、认证及查阅资料,经过详细的分析论证和验证,确认了以下5个要因:技术交底不全面、工人操作水平差、胎架整体刚度不够、焊接顺序不规范以及焊接方法及参数不明确。

我们可以看出,调查不仅要针对技术因素,还要考虑天气因素,虽然有些因素最终确定为非要因,但原因分析的全面覆盖,为下一步组织实施奠定了良好的基础。

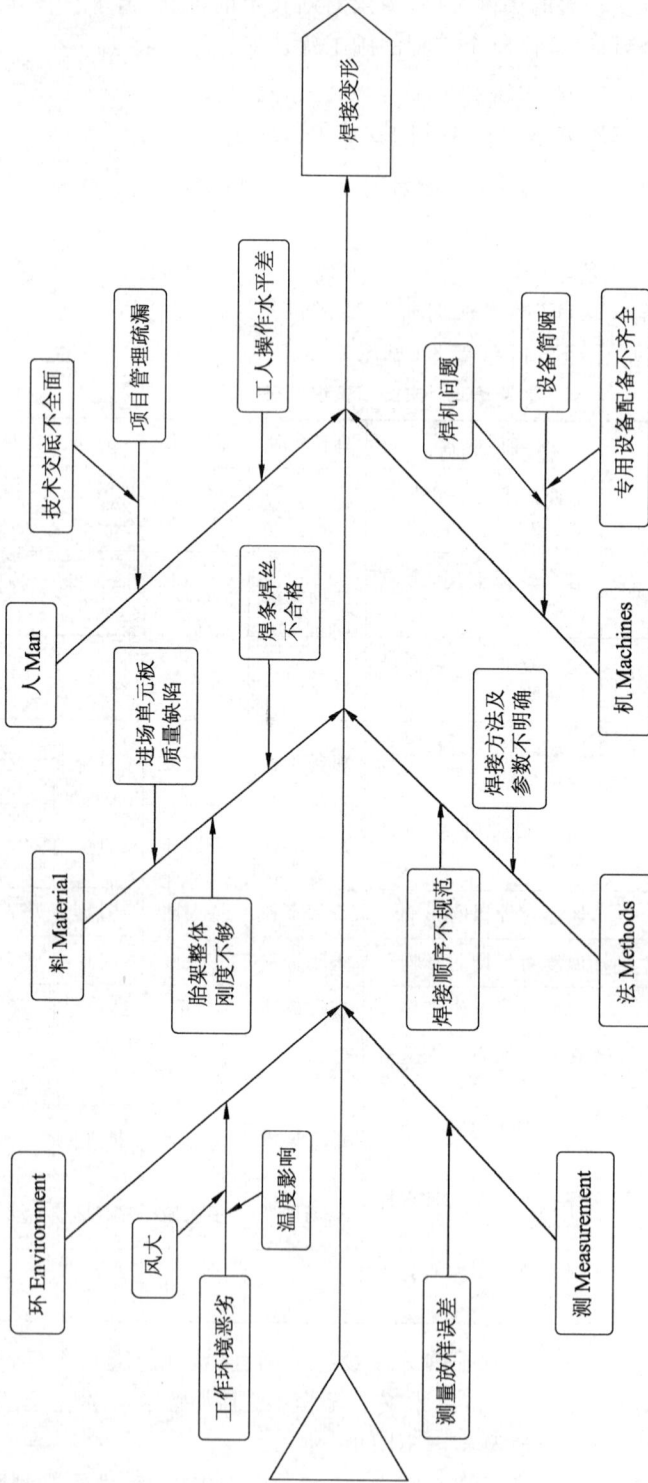

图 6　焊接变形原因分析鱼骨图

3 制定对策、组织实施及效果检验

制定对策及组织实施,是QC小组活动的关键环节。

负责内蒙古东胜大桥的QC小组,在确认针对钢箱梁拼装施工质量问题的5个要因后,根据"5W1H"的原则,研究对策、制定目标、采取措施、专人负责,制定了专门的对策措施表(见表6)。

表6 对策措施表

序号	要因	对策	目标	措施	地点	时间	责任人
1	技术交底不全面	专人负责,对工人进行技术交底。	保证技术交底人数100%。	① 要求全体施工班组皆进行技术交底;② 每位交底人员在交底书上签字。	项目部	2011-3-30	王济东 王大威
2	工人操作水平差	对工人进行考核、培训。	保证焊工持证上岗率达100%。	① 进行焊工考核及考试;② 焊工必须经培训后持证上岗。	项目部和施工现场	2011-3-30—2011-4-5	王勇 王大威
3	胎架整体刚度不够	对胎架进行加固,横向联系;三级施工预压。	保证胎架承重变形量≤5mm,合格率在99%以上。	① 支架施工横纵向增加一道横向联系;② 钢箱梁施工班组,分三级预压。	施工现场	2011-3-30—2011-4-30	张振环 孟泽祥
4	焊接顺序不规范	明确焊接顺序和合龙段以及梁段的焊接顺序;专人负责监督检查记录。	按照制定规则进行实际操作,严格焊接组拼顺序,确保焊接质量100%。	① 制定合理的焊接顺序;② 组织专人现场监督指导;③ 实施效果检查。	项目部和施工现场	2011-4-1—2011-4-30	陆汉中 王勇
5	焊接方法及参数不明确	通过前期生产实测收缩值来控制后续生产;施焊前进行交底,现场技术员参与监督,结合第三方检测及时纠正。	焊接工人均持有焊工证上岗焊接,焊接质量99%以上。	① 制定和完善工艺参数;② 向现场技术人员以及施工人员传达;③ 组织现场监督检查;④ 第三方检测。	项目部和施工现场	2011-4-1—2011-4-30	陆汉中 王济东

根据上表,相关责任人应按以下步骤实施:

第一,针对工人培训、技术交底不到位的问题,编制作业指导书并进行技术交底;技术交底详细到位,确保每一位施工人员及技术人员明确施工工艺及参数,明确焊接质量要求;增强施工班组的责任心。

第二,针对工人操作水平差的问题,组织焊工学习培训以及考试,合格的焊工才能上岗,不合格的焊工需进行再次培训或者清退处理。

第三，针对胎架整体刚度不够的问题，增加横纵向剪刀撑数量，对基础和胎架进行预压，及时对预压效果进行数据观测和检查，检查数据以表格的形式进行详细记录。通过对支架的加固以及多次预压，使胎架的柔性变形量减小，保证了施工的刚度，达到了施工要求，防止因支架刚度不足或基础沉降等原因导致的拼装质量问题。

第四，针对焊接顺序不规范的问题，根据顺序制定措施，组织人员对施工现场进行监督。通过对焊接顺序的具体规范化，大大提高焊接质量，钢箱梁的焊接合格率达到 100%。

第五，针对焊接方法及参数不明确的问题，做好焊接工艺参数的完善工作，组织人员对施工现场进行监督检查。QC 小组进一步对实施的有效性进行抽样验证，小组抽取钢箱梁第六分段左右幅检查发现，钢箱梁的焊接变形控制有了显著的改善，调查数据显示，第六段钢箱梁焊接变形被完全控制。

以上步骤实施后，QC 小组组长带领小组成员进行自检，对钢箱梁安装质量进行了检查，对已拼装好的梁段进行抽样检查分析。为了更好地检验实施效果，此次检查点数仍为 2 185 个，根据《韩土公路二号桥制造细则》的要求，经检查统计，其中优良点数为 2 138 个，缺陷点数仅 44 个；统计钢箱梁拼装施工优良率达 98%。

经过本次 QC 小组活动，钢箱梁焊接变形的缺陷得到了有效地控制，质量大幅提高；对于测量过程中出现的问题也得到了有效地改善，使失误率为零；对于钢箱梁的线形和几何尺寸也达到了设计和规范的要求；工人的技能大大提高，项目部的管理制度也得到了完善，从施工技术培训到技术交底，层层把关，环环相扣，保证了整个大桥的整体制造精度。

4 巩固 QC 小组活动成果，进行成果评价，最终得以推广

这是 A 阶段的重要程序，通过开展 QC 小组活动，我们运用科学的方法分析问题、解决问题、不断创新，使小组成员增强了质量意识和责任感，做到循序渐进，努力奋进，形成了良好的氛围和求真务实的工作作风，提高了项目部全体员工的整体素质。

通过对课题的研究，项目部成员的质量意识、问题意识、革新意识、参与意识也都有了大幅提高。同时对 QC 小组成员的个人能力的提高、对 QC 知识的掌握、解决问题的信心和团队合作的精神都有很大的促进作用。

QC 小组经过努力达到目标后，要及时做好各级成果发表，使小组工作得到认可，还要做好成果的巩固和推广，不断提高 QC 小组成果的实际价值；力求通过一个成果，解决一类问题，使 QC 小组活动发挥出更大的作用，逐步提高 QC 小组的活动质量。

QC 小组，是企业质量提升的重要推手。只有质量改进、质量提升，才能使工程质量达到一个新的水平、新的高度，才能赢得顾客的满意和信任。

镇江市干线公路建设行业监管模式的探讨

陈辉方　赵淑敏　黄晔　张频频

（镇江市公路管理处 镇江 212000）

1 概 述

干线公路是除高速公路以外的普通国、省公路和主要县道，它上承公路主骨架、主枢纽，下连"毛细血管"状的农村公路，是公路网的重要组成部分，也是促进区县社会经济快速发展，服务全市"统筹城乡、改善民生、促进发展"的公益性基础设施。由于干线公路是开放式道路，对沿线土地资源的开发利用、产业的布局、经济社会的发展等方面起着直接的带动作用。

1.1 "十一五"干线公路的建设成就

回顾"十一五"时期，我国公路建设采取重点发展"两头"的战略，即加快推动高速公路网建设与实施"村村通"工程为标志的农村公路建设。经过 5 年的发展，国家高速公路网已基本建成，通村公路里程也大幅增长，而干线公路发展成为相对薄弱的环节。"十二五"时期的发展重点，已转向以普通国、省道为主的干线公路网建设。根据交通运输部公布的《交通运输"十二五"发展规划》的主要内容，"十二五"期间基础设施方面的重点任务为：要全面完善公路网规划，推进国家公路网规划建设，形成层次清晰、功能完善、权责分明的干线公路网络系统，重点建设国家高速公路，实施国、省道改造，继续推进农村公路建设。具体目标是：全国公路总里程达到 450 万千米，高速公路总里程达到 10.8 万千米，二级及以上公路里程达到 65 万千米，国、省道总体技术状况达到良等水平，农村公路总里程达到 390 万千米。

1.2 "十二五"干线公路建设计划

"十二五"期间将成为镇江市干线公路建设跨越式发展的阶段。对照基本实现公路现代化的要求，市交通运输局提出：到 2015 年，我市公路网规模要达到 7 000 km，一级以上公路里程占总里程的比例应达到 17％以上，约 1 200 km，其中：高速公路里程 200 km，干线公路 1 000 km，相比"十一五"末期，干线公路总量翻一番。

1.3 "十一五"以来干线公路建设管理的现状

从全省情况看，干线公路建设仅有部分或个别项目由交通或公路系统负责建设。目前我市干线公路的建设任务全部由各级地方人民政府承担，各辖市（区）地方人民政府成立干线公路工程建设指挥部，全面负责工程建设管理。市级公路及交通主管部门负责行业管理。

随着我市干线公路建设规模不断扩大，建设步伐不断加快，各干线公路的投资主体、建设主体和建设模式逐步向多元化发展。以 2012 年为例,我市共有干线公路建设项目 6 个,分别为:338 省道镇江段、338 省道丹阳段、238 省道扬中段、104 国道句容段、规划 S265 省道镇江段及 S231 省道镇江段,分别由镇江市交通建设投资发展公司、丹阳市交通重点工程建设办公室、扬中市 238 省道改线工程建设指挥部、句容市 104 国道建设指挥部、丹徒区 265 省道建设工程指挥部以及扬中市 231 省道建设工程指挥部作为建设单位进行建设管理,其建设模式有 BT 模式、市直管、县直管等多种。

2 行业监管的依据与举措

2.1 行业监管的依据及职责

省交通运输厅《江苏省干线公路建设管理办法》(苏交法〔2005〕65 号)文件第一章第三条规定:干线公路建设遵循"统筹规划、条块结合、分层负责、联合建设"的方针。省交通厅负责全省干线公路的监督管理工作,省交通厅公路局具体履行全省干线公路建设的行业管理职责;市交通局负责本地区干线公路的监督管理工作,市公路管理处具体履行本地区干线公路建设的行业管理职责。

镇江市公路管理处作为市级具体履行部门,负责镇江地区干线公路行业监管的日常工作,具体工作由市处规划计划及工程科负责。

2.2 行业监管的内容

行业监管工作始终遵循"监管与服务并重"的原则,监督、指导、协调好各种关系。一是认真贯彻落实上级有关方针、政策及规定,严格执行相关技术规范、规程和标准。二是负责对全市国省干线公路的建设过程(招投标、质量、安全、进度)、资金管理(省补资金拨付、设计及重、特大变更的程序)、验收管理(交工验收、竣工验收)的行业管理。三是给予项目建设管理单位必要的技术支持与业务指导。四是做好省局与建设单位沟通交流的桥梁、纽带,为省局提供工程建设的各类信息,向各建设单位传达上级主管部门的意见和要求。

2.3 行业监管的现状

行业监管应该是在公开、公平、公正的原则下,通过督查、检查、抽查、巡查和审核审计等方法,从实体和程序两方面对进入行业的事业体和事件进行监督管理,保证行业管理目标得以实现。自"十一五"干线公路建设工作开展以来,市公路管理处作为镇江干线公路建设行业的监管部门,始终将加强行业监管力度、提高行业监管效率放在工作首位,确保我市干线公路建设又好又快地发展。在上级交通主管部门的支持下,市公路管理处历年来采取多种方式强化本地区干线公路建设行业管理,取得了良好的成绩:2008 年 243 省道镇江市区段被省交通运输厅评为"江苏省五大环境友好型工程";2011 年 238 省道镇江市区段被评为"江苏省五大环境友好型工程";京杭运河大桥获"扬子杯工程奖"等。但建设管理模式的多元化,致使工程建设中仍存在一些问题:

一方面,多元化的建设主体和建设模式给我市的干线公路建设市场注入了活力,拓展了融资渠道,推动了建设发展进程。但另一方面,不同的建设主体与建设模式带来的一些弊病逐渐显现,其中最突出的问题是部分建设单位技术力量不能和工程规模相适应,管理理念相对落后。这样的情况不仅仅使干线公路建设出现程序不健全,干线公路产品质量不过关等硬伤,而且由于对干线公路建设标准执行不一,致使同一条干线公路在不同的区间建设标准呈现较大差异,甚至出现部分技术参数与我市目前及未来交通发展状况不相符的现象,直接或间接影响镇江市目前及未来的交通发展。

2.4 行业监管的举措

为强化对建设项目的行业监管、协调、指导与服务,提升工程建设品质,要求市公路管理处结合行业监管职责,实行八项制度,全面规范行业监管工作,提升行业监管工作质量。一是施工图(变更)设计预审制。对新开工项目的施工设计图,在上报省局审查之前负责组织施工设计图预审;对年内拟通车的项目组织交通安全设施专项审查;对施工过程中的重、特大变更进行审核;对施工图设计中存在的问题和不足,提出书面意见,提高设计质量,为工程建设提前做好服务。二是沟通协调例会制。对上级的要求、各项制度的落实、各种规范的执行等,或对近阶段各单位存在的问题、可取的做法等通过例会(座谈会、现场会、交流会等)的形式沟通,达成共识,相互理解、相互支持和配合。例会原则上每季度召开一次。三是管理部门联合检查制。对施工路段的安全管理、文明规范化施工的实行与安全,路政管理部门进行联合检查制。四是信息报送归口制。对于各类工程管理报表、项目管理系统的更新、履约考核的上报及上级检查存在问题的整改反馈等,统一归口市处进行审核、汇总和上报,确保数据的真实性、合理性及统一性。五是建立管理考核制。通过日常巡查、季度综合检查及与市局质监、招标及综计部门进行联合督查等方式进行监督检查,并按照《镇江市干线公路建设管理考核办法》,对各单位的建设管理实行季度考核。做到每季度有检查、有考核、有通报、有奖惩。六是问题整改、跟踪、反馈制。对各级在检查中发现的问题和不足,实行整改反馈制度,并在下次检查中核实整改情况,对于屡现不改的问题,予以全市通报。七是复杂技术服务制。对于各级在检查时发现的一般问题实行跟踪整改制。对于严重问题、关键部门、复杂技术等会同有关专家实行技术服务制。八是竣(交)工验收督办制。督促建设单位对已完工程进行交工验收,配合省局组织对具备竣工验收条件的项目进行竣工验收;对于未按程序或久拖不验的项目及时督促协调。

3 对行业监管模式的探讨

针对以上新形势,经过与上级交通主管部门的汇报与沟通,市公路管理处认为"十二五"期间,我处在做好日常干线公路行业监管工作的同时,必须加强对建设单位的指导、检查,督促其提高监督管理能力,从而提升干线公路建设水平。但由于行业监管并非工程项目直接管理,工作中还要理清"到位不缺位,补位不越位,对位不错位"的工作思路,才能与各建设单位做到和谐共建,互助双赢。面对这些新局面、新问题,市公路管理处迎难而上,积极应对,在总结多年管理经验的基础上,通过运用创新的行业监管模式,丰富了行业监管手段,加强了对各建设单位的业务指导、帮助,全面提高了全市干线公路建设水平。

行业监管模式创新的核心内容可总结为3个"不同":技术力量不同的建设单位;在不同的工程阶段;进行程度不同的行业监管。

3.1 技术力量的划分

以技术力量为标准划分干线公路建设单位可参照省交通运输厅文件《江苏省公路水运工程建设单位管理办法》(苏交规〔2012〕1号)。其中第十条规定省重点公路水运工程项目建设单位人员配备应当符合以下条件:

国家和省重点港口建设项目、省干线航道项目、普通国省干线公路项目等,其工程技术人员应当不少于总人数的 60%(船闸项目为 70%),高、中级以上专业技术职称的人员应当占工程技术人员的 60% 以上,主要专业人员配备应当满足具体项目的要求。

同时第十一条要求省重点公路水运工程项目建设单位主要管理人员资格应当符合下列规定:

(1)单位负责人熟悉工程管理有关法律规定,具有相应管理能力和经历;

(2)技术负责人熟悉掌握国家有关工程技术标准、规范和规程,具有高级以上或者 5 年以上中级专业技术职称,具备 1 个以上同类交通建设项目的技术管理经历;

(3)财务负责人熟悉掌握国家财经法规和财务制度,具有中级以上相关专业职称,具备 1 个以上交通类建设工程项目的财务管理经历;

(4)综合、计划、工程、财务等部门的主要管理人员具备相应岗位的专业技术和任职资格,分别具备 1 个以上同类交通项目的建设管理经历。

机构设置标准达到或超过以上要求的为技术力量较好的建设单位(例如句容市 104 国道建设工程指挥部,工程技术人员比例达到 69%);同理,与要求相差较大的为技术力量较弱型建设单位;有部分差距的建设单位为技术力量一般型建设单位。

3.2 监管模式的划分

一是对于市重点工程,市处全力以赴,组织相关技术及管理人员全权负责工程建设。如金桥大道(二道河—戴家门路段)城市化改造工程,市处抽调了相关管理及技术人员,全面负责项目的工程建设管理。

二是对于技术力量较弱的干线公路建设单位,除进行日常行业监管外,市公路管理处目前采取工程项目全过程参与的模式,组织技术力量完全融入该建设单位的机构设置中,主要参与工程建设的质量、进度控制环节,全过程跟踪服务,确保项目质量达标,工程进度满足要求。例如 2012 年市公路管理处成立了镇荣公路(规划中 265 省道)项目建设办公室,派驻工程管理人员进入 265 省道工程建设指挥部,承担部分建设管理工作,全面参与该项目实施过程中的质量、进度、投资及安全等管理。由于市公路管理处技术力量的加入,镇荣公路建设单位中工程技术人员的比例提升至 77%,双方联手,共同打造,着力提升丹徒区干线公路建设品质。

三是对于技术力量一般的干线公路建设单位,除进行日常行业监管外,市公路管理处将阶段性地直接参与项目建设过程。在工程实施的关键阶段或建设单位技术力量相对薄弱的环节,组织机构人员派驻现场,指导服务。2012 年市公路管理处成立了 238 省道扬中段项目建设办公室,在 238 省道扬中段沥青面层施工阶段派驻技术力量参与施工控制,对工程关键阶段的建设管理给予了支持和帮助,在受到建设单位好评的同时还保证了干线公路沥青面层的施工质量。

四是对于技术力量较好的干线公路建设单位,市公路管理处只需进行日常的行业监管工作,工作内容包括日常督查、专项检查及综合检查,同时针对不同项目的特点、进展情况等采取多种形式进行督查。对各建设项目的质量、安全保证体系运作、参建单位的履约、施工现场文明施工及内业资料、工程实体质量等情况进行检查并下发检查通报,要求建设单位及时整改反馈,确保我市干线公路建设工程质量安全长期处于可控状态之下。

4 结 语

在不同的工程阶段对不同的建设单位进行程度不同的行业监管,既丰富了我市干线公路行业监管模式,又提高了行业监管的效率,节约了行业监管的成本;在确保干线公路建设质量、提升干线公路建设品质的同时还得到了我市各建设单位的好评,可以说是一举多得,共建共赢,为我市"十二五"干线公路建设的跨越发展奠定了坚实基础。

普通公路路政养护联合巡查机制研究

王宁　嵇业超　杨骏　史小东

（镇江市公路管理处 镇江 212000）

摘　要　随着燃油税改革的推进落实，公路部门开始审视自身发展的问题。为了适应新形势，公路部门必须研究建立新的管理机制，本课题从整合公路行政管理职能、优化资源配置、提升管理效能的角度出发，提出建立普通公路路政养护联合巡查机制。通过对这一课题的研究，希望对全省公路部门优化行政管理体制有所帮助。

关键词　普通公路　路政养护联合巡查　机制

随着燃油税改革的落实到位，公路部门在思考如何适应新的形势，进一步优化工作机制，提高工作效率、节约管理成本，提升应急反应能力，更好地为社会各界及人民群众提供优质服务。我们提出了普通公路路政养护联合巡查机制的研究，希望该课题的研究对公路部门工作机制和管理模式的丰富和强化有一定的指导意义。

1　普通公路路政养护联合巡查机制的内容和目的

普通公路路政养护联合巡查机制的研究，是基于交通公路部门路政、养护管理法定义务一致、法定责任一致、管辖范围一致、巡查内容相近、职能相互交叉的特点，探索实施路政养护联合巡查，可以提高巡查效率、节约管理成本，提高应急反应能力。普通公路路政养护联合巡查机制的主要内容是：① 建立并形成联合巡查工作模式：包括巡查机构、巡查计划、考核奖惩、工作界面等；② 建立并形成联合巡查制度体系：包括巡查制度、巡查流程、工作职责、监管机制等；③ 建立并形成巡查技术标准体系：包括巡查内容、巡查方法、巡查标准、考核标准等；④ 建立并形成巡查文书规范：包括种类、格式、项目、内容、口径、要求等。

普通公路路政养护联合巡查机制的主要目的是：① 统一巡查认识：把路政养护对巡查的目的、作用和意义，统一并定格到法律、法规、规章上来，增强履行巡查职责的动力和自觉性。② 强化巡查管理：摸清路政养护巡查工作现状，认清面临的形势和任务，破解巡查管理难题，完善巡查管理制度，适应公路保护与群众出行的需要。③ 规范巡查行为：明确巡查内容、方法、要点和频率，细化巡查流程和工作界面，深化效果评价和责任考核机制，推进标准化和信息化建设。④ 保障巡查效果：路政案件和安全隐患发现及时，巡查和管理行为有序规范，巡查理念和水平全面提升，巡查作用和管理权威显著体现。

2　普通公路路政养护联合巡查机制的具体要求

开展路政养护联合巡查机制研究应当依据公路管理相关法律、法规、规章及规范性文件的规定,围绕保护路产、维护路权、维持秩序、保障权益核心职能,结合公路使用者及车辆安全出行的需要,全面规范和优化路政养护联合巡查工作。

(1)开展巡查专项检查。通过自查、互查、专项检查等多种方式,摸清巡查制度、人员、装备、路段的基本情况,梳理巡查文件、制度、规定,收集、整理正反典型案例,调阅巡查日记、台账和系统,梳理需要解决的问题。

(2)修补巡查工作缺陷。从执行、管理、监督多个层面切入,深入分析问题的直接原因与间接影响因素,深刻剖析正、反典型案例的经验教训,积极寻找解决的路径办法,研究具体的对策措施,落实整改的目标和责任。

(3)完善巡查管理机制。目前有以下4种巡查模式:一是路政、养护巡查人员并车联合巡查,优点是节约巡查成本,缺点是一旦路政或养护人员发现问题或要当场处理问题,另一方就无法正常巡查;二是路政、养护巡查人员只负责巡查,发现问题及时通知备勤的处理中队,优点是巡查及时到位,缺点是备勤处理中队时刻处于待命状态,影响工作效率;三是路政、养护巡查人员分车联合巡查,优点是路政或养护人员发现和处理问题都能够得到及时处理,缺点是没有节约巡查成本;四是采取定期联合巡查,每周集中一两天路政、养护联合巡查,共同解决问题,优点是联合巡查能共同解决问题,缺点是不能做到每日工作制。这4种模式各有优缺点,还需不断研究和探索,推动巡查工作科学、节约、高效。

目前,丹阳处试点的模式是"双重互动"式,包括以下几方面内容:一是在公路管理处内部互动,路政中队与养护人员实行同一车辆巡查,共同发现并处理问题;二是路政中队与丹阳道路养护工程有限公司互动,聘请养护保洁工为路政管理信息员,签订责任状,制定考核办法,由每个承包路段的养护保洁工及时通报路网信息;三是公路处和养护公司每月按照责任状进行考核兑现,有效地调动了养护职工的积极性,同时路政中队及时派员查处路政案件,协助养护公司维护养护作业现场秩序,实现新的条件下的管养一体化。

(4)解决巡查工作难题。立足路政、养护的自身情况,围绕巡查的突出矛盾和要求,通过试点逐步进行化解。检查巡查相关文件、制度、规定,评价合法性、可行性和执行效果,调整、修订不切实际的条款。依据巡查问题分析原因,结合辖区路政巡查需要,研究制定评价、考核、监管文件。

(5)规范巡查工作行为。依据巡查相关文件规定,重点规范日常巡查、监督巡查、考核评价、系统运用、资料填制与归档工作,做到界面清晰、频率达标、内容全面、方法得当、处置适时、监管到位、资料与信息准确。

(6)熟悉业务管理知识。路政巡查人员不仅要熟悉国家的法律法规,还要熟悉养护管理的主要内容和业务知识;养护巡查人员不仅要熟悉养护管理的业务知识,还要熟悉国家的法律法规和路政业务知识,以便在巡查工作中发现问题、解决问题。

3 现阶段对路政养护联合巡查机制的实践

该课题是践行公路部门进一步优化行政管理体制的积极探索。我们做了以下一些试点工作:

(1)建立组织,统一实施。研究成立路政养护联合巡查工作领导小组,由主要领导任组长,分管领导任副组长,各科室和基层单位负责人为组员。领导小组在路政科下设办公室,统一组织、指导全市路政养护联合巡查工作的开展。

（2）明确职责，责任分解。把路政养护联合巡查试点工作任务纳入年度工作目标，将工作责任具体落实到基层单位，明确责任，抢抓落实。

（3）联合巡查，管养一体。结合公路部门多年的管理实践，积极探索联合巡查的工作形式，通过多种形式的工作实践，让路政巡查中包含养护的内容，养护巡查中又包含路政的内容，以路政来管理养护，以养护来促进路政，不断探索找出最适合镇江公路的管理工作模式，并加以推广。

（4）建立制度，完善细节。建立健全干线公路路政养护联合巡查工作制度，明确工作流程、巡查频率、管理职责、处理处罚、考核奖惩等工作环节，让路政、养护联合巡查工作真正具有较强的可操作性，真正提升公路巡查效能。

（5）外业先行，内业显现。有了巡查制度和巡查机制，就要认真落实，按照规定的巡查频率，进行巡查。路政巡查发现有违法行为应及时处置，尽可能把问题解决在萌芽状态；发现有养护特情事件应及时以书面形式通知养护部门立即处理。养护巡查中发现的路政问题也应及时反映给路政部门，使一些动态的情况能得到及时处理。外业所做的一些工作要靠内业来显现，因此，还要加强路政管理系统特别是巡查子系统的使用，确保路政巡查信息录入适时、数据准确、事项可信，杜绝补录补登现象的发生，巡查过程记录全面，事件或问题描述准确，处理痕迹清晰，文书呼应关系成立，能及时、全面、准确的反映联合巡查的真实面貌。

4   实践中暴露的问题和解决的对策

在路政养护联合巡查的实践中还暴露出一些问题：

（1）巡查中存在"重主业、轻副业"的思想，路政人员认为路政是主业，养护人员认为养护是主业。

（2）巡查内容不全面，隐蔽部位的巡查常常会遗漏，致使违法行为的发生和发展。

（3）巡查时不执行巡查的相关规定，巡查质量不高。

（4）巡查程序不规范，重干线轻支线、重巡查轻查处、重外业轻内业。

（5）巡查质量有待进一步提高，巡查重频率、轻质量的现象屡屡发生。

我们在看到问题的同时，也思考了一些解决的对策：

（1）要树立路政养护联合巡查就是"公路巡查"的理念，扭转部分巡查人员主业和副业各有侧重的情况，公路巡查必须把路政、养护的职责都担负起来，做到双管齐下、平衡发展。试点单位丹阳处已经出台了相应的"路政养护联合巡查制度"，把联合巡查写进了年度工作目标，促进联合巡查的两项职责平衡发展。对于巡查中发现的问题要争分夺秒、紧急处置，为此，丹阳处专门出台了"路政养护联合巡查查处分离制度"，规定了在什么情况下巡查人员应该现场处理，在什么情况下应该把事件转交给中队专职处理人员和养护公司来处理，而且对处理的时效也有了明确的规定。这样就可以及时发现问题、及时处理问题，减少路政违法事件的发生和发展，降低道路安全事件发生的概率，保障公路安全畅通。

（2）联合巡查的内容不能只注意个别要点，而不注意全面。公路巡查可以说没有突出的重点，但也可以说全部都是重点。重点可以按时间节点来区分，在雨季要重视防汛抗洪、在冬季要重视防滑保障、在夏收和秋收时节要重视打谷晒场。同时公路巡查也是全路段、全方位的。路面、路肩、边坡、水沟、桥梁、涵洞、公路用地、公路建筑控制区、公路附属设施都是巡查的范围,不仅要保护路产、维护路权,还要注重路面保洁、路面病害、边坡稳定、边沟畅通,使路面处于良好的物理状态,真正围绕"公路巡查"的思想去巡查。

(3)路政巡查方法必须要严格执行巡查规定和相关制度,熟练掌握公路巡查最基本的方法"看、查、宣、动、记、安",持之以恒地贯彻落实;在本辖区内科学编制巡查路线和巡查计划,减少路段的重复巡查,达到巡查的最高效率。

(4)正确的巡查程序是巡查工作系统规范的重要保证。在巡查中干线公路的巡查频率和巡查质量往往都要高于支线的巡查频率和巡查质量,因此支线更易出现管理缺失、问题多发的情况。巡查中,把处理不了的情况转交给专职处理人员来查处,其中的衔接很关键。有时巡查很到位,处理跟不上,导致查处不及时,违法事件逐步扩大,等到再来扭转局面时就要花费起初几倍乃至几十倍的精力,才能把违法事件查处结案,所以巡查和查处要同步和及时。公路巡查不能只重视外业巡查,内业的记录和录入巡查系统也同样重要,一旦引起诉讼案件,最重要的就是巡查记录,因此巡查记录必须客观、全面、适实。

(5)巡查的质量是建立在巡查人员责任心的基础上,我们要不断加强路政人员的职业道德教育,不断加强职业道德修养,提高工作的责任心,使每一个路政养护巡查管理人员爱岗敬业。

中小城市交通问题原因分析及对策

——以镇江市为例

谢秋峰

（镇江市运输管理处，镇江 212007）

摘 要 本文以镇江市为例，分析了中小城市交通发展所面临的典型问题，从城市规划、道路网络、居民出行结构、交通管理、停车场规划建设管理、交通信息化建设等方面深入分析总结了城市交通问题的根本症结所在。本文针对这些问题提出了同步规划调整城市空间布局、产业布局和配套设施布局，构建合理的城市交通体系，提升道路网络整体效益，优先发展城市公共交通，调整城市交通结构，以差别化供给策略实现供给对需求的引导，建设智能交通系统，以信息化提升交通系统运行效能等对策。

关键词 镇江市 交通问题 原因分析 对策

在区域一体化、城市化和机动化的带动下，我国中小城市发展迅猛。但是，许多城市的道路状况滞后于城市化的发展步调，交通秩序混乱、交通拥堵、污染严重等城市交通问题已成为制约经济社会发展的关键因素之一。

镇江位于江苏省南部、长江三角洲北翼中心，是上海经济圈和南京都市圈的节点城市，东西分别向上海、南京辐射。近年来，镇江市市城市规模不断扩大，道路建设快速发展，城市道路网络结构得到了较大提升。然而，经济社会的发展也带来了车辆数量和居民出行量的激增，日益庞大的车流、人流给城市交通带来了沉重的压力，交通矛盾日益加剧。镇江市特殊的地理区位和大规模的建设时期所呈现的交通问题对中小城市的交通问题研究有着特殊的意义。为此，本文以镇江市为例，分析镇江市交通问题现状及其产生的原因，并针对具体原因提出相应的对策。

1 镇江市城市交通的主要问题

1.1 交通流量分布不均匀，交通拥堵时空分布较为集中

近年来，镇江市为了改变不合理的城市单核心格局，相继开发了南徐新城和官塘新城。但是，由于新城区商业购物等生活配套设施还不完善，老城区的大市口仍是最主要的客流集散中心。这种向心式的交通模式造成老城区交通压力较大。交通拥堵在空间上主要集中在中山路、解放路、正东路等路段，在时间上主要集中在上放学和上下班期间。据初步统计，镇江市区早高峰（7:00—8:00）出行量占全日出行总量的23.86%（见图1）；中山路、解放路、正东路高峰期的交通流量已分别达2 939 pcu/h，2 087 pcu/h，2 055 pcu/h，高峰小时V/C均超过0.80；解放路—中山东路、黄山南路—中山路、电力路—中山东路、中山东路—梦

溪路等重要交叉口高峰小时 V/C 均接近或达到 1.0。

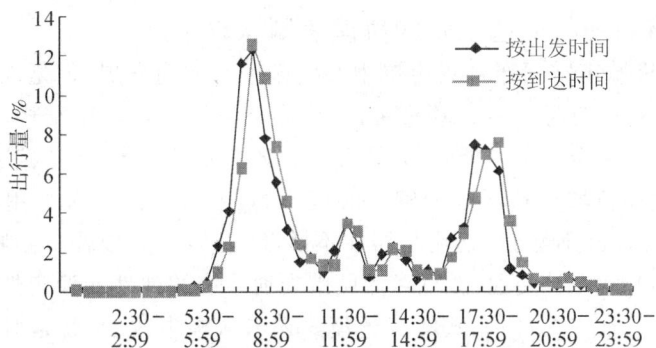

图 1　镇江市全日居民出行时间分布图

1.2　城区"停车难"问题突出，停车场地不足且分布不均衡

随着人民生活水平的提高，私家车"开"进千家万户，私家车的井喷式发展使停车问题日趋严重。目前，镇江市停车总泊位与机动车拥有量（客车拥有量）的比例约为 0.31：1，远低于国际推荐的 1.3：1 的指标，人均拥有停车场面积约 0.3 m²，低于国家规范值 0.8～1 m²，表明现有停车泊位总量不足，尤其是路外公共停车泊位匮乏。停车场的分布较不均衡，主要分布在大市口广场周边的宾馆饭店和商业办公楼，而老城区的居住小区基本没有配建停车位，公共停车场主要分布在城市外围空地或工地上，路边停车场分布在城市次干道和支路上（见图 2）。

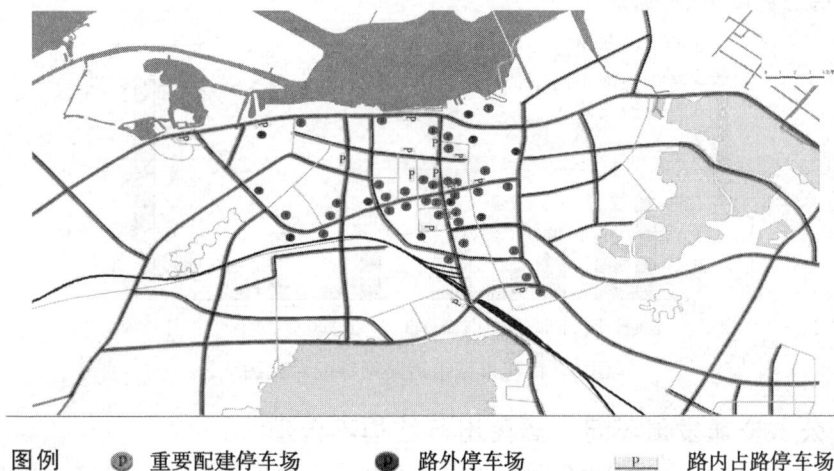

图例　ⓟ 重要配建停车场　🅿 路外停车场　🄿 路内占路停车场

图 2　镇江市主城区现状停车设施布局图

1.3　城市交通秩序混乱，交通污染严重

我国城市交通结构复杂，自行车、助力车、三轮车、公交车、小汽车等交通方式多种多样。由于机动性和速度差异较大，各种车辆混行极易导致交通秩序混乱。以镇江为例，城市道路上经常发生三轮车与助力车、公交车与社会车辆抢用道路资源，甚至出现非机动车行驶在机动车道上，机动车行驶在非机动车道上的情况。交通秩序混乱，加重了交通拥堵，也加重了城市交通污染，特别是环境污染和噪声污染。伴随着汽车进入普通居民家庭，交通污染问题越来越突出，已成为城市交通问题的重要一环。

2 问题产生的原因分析

2.1 对城市规划与交通规划的协调机制认识不足

近阶段,镇江市城市空间布局正由单中心向多中心方向发展,但是任何一种城市空间布局模式只有在满足了自身发展的基本条件时,才能发挥优化城市结构、缓解交通压力的作用。传统的单中心集聚式布局模式,会导致中心区功能过度集中,道路交通负荷激增;而在中心城区外围发展新城虽然可以分解中心区压力,但若不同步调整用地性质和功能布局,各区位单元功能设施不配套,就业与居住不匹配,非但不能缓解中心城区交通压力,还会由此产生大量的"潮汐式"交通,严重降低城市交通系统的弹性和稳定性。镇江市南徐新城的生活配套设施还未完善,向心式的交通模式还未从根本改变,就是对城市规划与交通规划的协调机制认识不足的客观反应。

2.2 城市道路网络无法满足居民出行需求

道路是居民出行的基本条件,被誉为城市的血管。镇江市道路网络存在布局不均衡、级配不合理、功能不明确等现象。主要表现在:① 中心城区道路密度高,两翼组团密度偏低,外围城区道路网体系尚未形成,西翼与主城联系通道不足;② 主干路道路网密度高,次干路和支路密度低(见图 3),造成路网通达性不佳、微循环不畅,交通干道如中山路与解放路缺少分流道路,加重了干道的交通负担,降低了路网的整体运行效率;③ 道路功能定位不明确,中山路与解放路等城市道路的交通功能与服务功能重合,道路交通混杂且数量较大;④ 缺乏过境交通线路,包括东西两翼间快速干道,过境交通和外围组团之间的联系通过中心城区,造成主城区交通压力大。

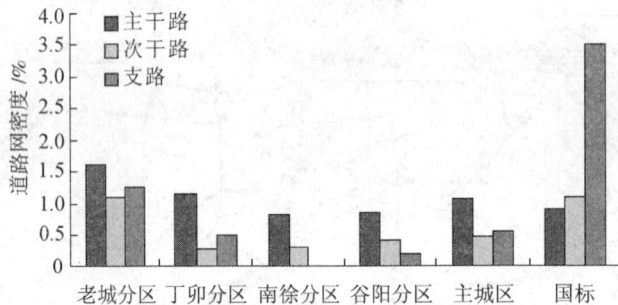

图 3　镇江市城市道路网级配对比图

2.3 公共交通发展不足,居民出行结构不合理

尽管加大了对公共交通发展的政策支持和财政投入力度,镇江市公共交通仍存在着以下问题:① 线路层次不分明,功能不明确。譬如 D2,D3 等线路,从功能设置上看属于城市主干线,但是从运营线路上看迂回严重,兼具了支线集中客流的功能。② 线路布局不均衡,部分道路重叠线路多,部分支路尚无公交覆盖。大部分线路均经过以大市口为中心的主城区,中山路、解放路、正东路线路设置过多,而第一楼街、南门大街等支路尚无公交覆盖。③ 组团间线路较长,缺乏换乘理念和机制。联系组团间的主干线、通往火车站等大型枢纽的线路过长,超过大城市公交线路的设计推荐值。④ 公共交通运营理念落后。诸如大站快车、区间车等先进的运营方式还未曾引入。⑤ 公共场站建设相对滞后。现有公交停保场、首末站不能满足车辆停放需求,影响了公交线网的合理布局和交通流的畅通有序。

2.4　城市交通管理理念落后，管理手段单一

城市交通管理包括交通需求管理和交通系统管理，前者的核心在于限制交通源，后者的核心在于均衡交通流。在交通需求管理层面，镇江市管理策略不完善，许多方面都是空白，有必要实施交通需求管理，在源头上对特定的出行方式进行合理限制。在交通系统管理层面，镇江市城区缺乏区域层面的交通分流措施，货运交通组织线路未成体系，货运交通加大了城区交通的压力；中山路、丁卯桥路沿线两侧接入口过密，未实行有效的接入管理，交通秩序混乱，行车速度低；交通控制设置不当，缺乏高效的绿波信号控制系统；重要交叉口缺乏渠化，交通标志标线不够科学规范，道路空间资源未得到有效利用。

2.5　城市停车场规划建设管理落后，停车困难加重交通拥堵

合理的停车场布局和管理措施能够引导城市居民出行结构的转变，减少交通拥堵。镇江城市停车场规划、建设、管理方式落后，对城市动态交通造成较大的影响，加剧了城市交通拥堵，主要表现为：① 机动车和非机动车停车场匮乏，乱停乱放严重，影响正常的路面交通秩序；② 缺乏必要的停车场出入口管理和诱导设施，机动车难以进入停车场，增加了交通绕行，对周围的交通和环境影响较大；③ 老城区机动车停车收费费率不合理，以停车政策引导交通出行结构的理念难以发挥；④ 次干道和支路上路边停车场较多，压缩了道路空间资源，加剧了城市交通拥堵。

2.6　对城市交通信息化重视不足，交通现代化发展受限

交通信息化是交通现代化的一项重要指标，城市交通信息化的推进，对于维持交通系统的稳定性有重要意义。现阶段，镇江市交通系统信息化程度还不高，其对交通系统稳定性的影响还未受到足够重视。交通规划、投资、基础设施建设、运营和信息化建设分属不同部门，各部门间缺乏协作和交流机制，系统接口和标准各异，信息互不共享，严重阻碍了交通系统信息化的推进，限制了交通现代化的发展。

3　镇江城市交通问题对策

3.1　同步规划调整城市空间布局、产业布局和配套设施布局

目前，城市发展和交通运输的互动关系、用地规划和交通规划一体化的重要性已得到普遍认同，各种城市空间结构理论（"核心—圈层""节点—走廊""组团群组"等）都以特点鲜明的交通系统作为引导和支撑。但是，不论何种空间模式和交通系统，要解决好城市交通问题，城市空间结构布局必须与产业布局、配套设施布局同步调整。其中，配套设施是否完整对交通系统来说尤为关键，其重点是如何在不同区位单元，实现居住和就业岗位在规模、分布和结构等方面的匹配。国内外的实践发展证明：城市功能分工不宜过于细化，否则人们忙于从一个区奔向另一个区，既浪费时间，也会造成交通拥堵，给居民工作、生活带来了诸多不便。

镇江市南徐新城的建设已接近尾声，官塘新城的建设也在加快进行，但是南徐新城因其配套设施不健全而饱受诟病。因此，完善生活乃至商业配套设施，不仅有利于提升南徐新城的城市副中心地位，而且能够有效地减少居民长距离出行，降低大市口等老城区的交通压力。

3.2　构建合理的城市交通体系，提升道路网络整体效益

合理的城市交通体系应该是由多层次、多方式的交通网络组合交织而成的多元系统。其核心是如何在资金、用地等资源受限的情况下，构建级配合理、干支分明、布局均衡的城市道路网络。这包括两个层面，一是从财政政策层面制定合理的交通资源配置策略。建立科学灵活的资金分配方法和稳定畅通的融资渠道，并在投资分配上向公共交通倾斜，注重主体交通设施和配套设施的建设投资比例关系。另一个从技术层面加强"通达性"的建设，提高次干道、支路密度，发挥次干道、支路分流作用，降低主干道交通压力；加强过境交通通道建设，降低主城区的交通压力；加强外围组团快速路的建设，促进各组团间协调发展。

另外值得关注的是：城市道路网络效益的提升，不仅包括系统的外延扩充（基础设施的新建），更加重要的是要挖掘交通基础设施的潜力，即通过道路改造提升路面质量，提高车速；通过合理的断面设计和车道划分，优化调整交通网络结构；通过实时的道路养护，提高设施完好率，保证系统功能完整合理。

3.3　优先发展城市公共交通，调整城市交通结构

城市交通结构不是一成不变的，但是只有在城市化、机动化发展的初级阶段，才具有较大弹性和可调整的余地。一旦城市化进程基本完结，形成了稳定的城市空间结构与功能布局，城市交通亦完全与之适配，交通结构就不再具有可调整的弹性。一旦贻误交通结构调整的最佳时机，就会为城市交通长远发展带来严重后患。

因此，现阶段是决定我国城市交通发展方向的关键时期。各城市应大力发展公共交通，打造与本市出行需求特征相吻合的公共交通体系，逐步改变居民出行习惯，提高公共交通的出行比例。对镇江来讲，就是要加大公共交通投入力度，设立公交发展专用资金；降低公交票价，提升公交吸引力；优化线网布局，提高公交通达性；提升服务质量，满足不同层次需求；加快公交枢纽建设，提高换乘服务效能；推行智能公交工程，提升运营管理水平。

3.4　以差别化供给策略实现供给对需求的引导

"差别化供给策略"是一种交通管理手段，它利用需求的可控性和供给对需求的能动反作用，通过改变交通基础设施的供给和服务水平来调节交通构成比例，甚至改变交通需求总量。差别化供给策略以合理利用资源为原则，从不同区域和特征人群的交通需求出发，根据各种交通方式的适宜出行距离、时间，实现供给方式、时序、规模、强度等方面的差别化，通过有选择地供给影响需求，达到以最少的资源和环境代价实现供需平衡的目的。

以镇江市为例，镇江老城区既是人口与就业岗位密度较高的地区，又有严格的文物保护要求，无法依靠大规模扩充道路来改善该地区的交通状况，但是却可以靠道路容量和停车场管理引导控制汽车驶入。完善停车场收费制度，提高老城区停车场收费费率；增加公交线路的覆盖率，提供优质公交出行服务均可有效减少社会车辆出行，改善居民出行的方式和城市的交通结构。

3.5　建设智能交通系统，以信息化提升交通系统运行效能

城市交通系统是高开放性的系统，随时会受到系统规划者、管理者以及交通参与者的人为干扰，因此，交通系统的运行稳定性很难维持，系统的运行效能自然会受到影响。智能交通系统可以充分利用交通信息，实现人流、车流和路面交通状况的实时信息互换，提高交通系统的运行效能。

智能交通系统牵涉范围较广，比较重要的包括先进的交通信息服务系统（ATIS）和先进

的交通管理系统(ATMS)。前者为出行者提供实时的交通信息,出行者根据信息确定自己的出行方式、选择路线。后者为交通管理者提供实时的交通信息,使其能够对交通进行实时控制。通过实现交通系统的全方位信息化,可以最大限度地保持交通系统的稳定性,实现交通的现代化。

4 结 语

机动化是城市发展、社会进步的客观事实和必然趋势。这种转变所产生的结果优点与缺点并存,只有用积极的态度去解决城市交通中产生的种种问题才是应有的科学态度。中小城市因其自身的规模、性质、功能以及所处的地位不同,其面临的交通问题也十分紧迫,因此,必须从长远规划,从现实入手,采取有效措施解决目前中小城市所面临的交通问题,促进城市经济又好又快地发展。

参考文献

[1] 东南大学交通学院,镇江市规划设计研究院:《镇江市综合交通规划研究报告》。

[2] 全永燊,刘莹,陈金川:《中国城市交通问题剖析及改善对策》,《城市交通》,2007 年第 5 期。

[3] Todd Litman. Land Use Impacts onTransport-How Land Use Factors Affect Travel Behavior. Victoria:Victoria Transport Policy Institute. 2005.

[4] Genevieve Giuliano. New Directionsfor UnderstandingTransportation and Land Use. Environment and PlanningA. 1989:145 - 159.

[5] 全永燊,刘小明:《新北京交通体系研究》,《城市交通》,2005 年第 3 期。

[6] 全永燊,刘小明:《路在何方—纵谈城市交通》,中国城市出版社,2002 年。

[7] 全永燊,孙明正,李先:《优先发展公共交通历程中的若干问题反思》,《城市交通》,2006 年第 4 期。

装载机水温偏高故障的解决方案

蒋小浩

（丹阳市公路管理处 丹阳 212300）

摘　要　ZL50D 轮式装载机在夏季高温时水温偏高是设备使用中经常遇到的实际问题，如何科学判断该问题存在的原因，找出解决问题的方法和路径，具有十分重要的参考价值。为此，本文从专业技术的角度，分析了故障原因，提出了解决方案。

关键词　装载机　故障　改进措施

ZL50D 轮式装载机是丹阳市公路管理处的重点设备，使用频率很高，其配套的柴油机为上柴 6135K－9a、6135K－9b，该机在夏季高温时存在水温偏高的问题（水箱里的水达到沸腾状态）。针对该问题，我处成立了由处技术中心工程技术人员和试制科试车员组成的攻关小组进行研究，终于解决了这一难题。笔者作为主要技术人员，对存在的问题进行了认真剖析，现将基本情况与大家分享。

1　故障原因

通过分析装载机各部件可以发现，装载机中的热源不外乎以下几种：柴油机工作时机体发出的热量，齿轮摩擦产生的热量，润滑油与被润滑零件摩擦产生的热能，工作液压系统和转向液压系统中多余液油能转变成的热能，液压油与管壁及零件摩擦产生的热能。这些热量的散发途径主要有：柴油机产生的热量由冷却水带入水箱散去，变矩器内涡轮与机油摩擦产生的热量通过变速器油散散去，而驱动桥和变速器内齿轮与齿轮摩擦产生的热量则通过驱动桥桥壳和变速器壳散入空气中。

我处 ZL50D 装载机上的水箱是用柴油机上的风扇吹风强制散热，液压系统的液压油散则装在水箱背面，也是通过柴油机风扇强制散热，变矩器油则进入水冷散热器与从水箱出来的水热交换后再进入变速器内。

根据以上所述，我们认为水温过高的产生原因有以下几点：

（1）柴油机油耗高，但其额定功率并不高，与国外先进机型相差较大，多消耗的油则变成了热量；

（2）通过水箱的风量不足，导致水箱与大气热交换不充分；

（3）水箱本身散热面积过小不能保证热平衡；

（4）变速器、变矩器产生的摩擦热量过大，加大了水箱的热负荷。

2　改进措施

针对上述分析的原因制定了相应的改进措施。在柴油机方面，国产柴油机油耗高这一

客观原因是无法改变的,而采用进口柴油机又使得整机成本提高太多,因此从其他方面改进。具体措施如下:

(1)加大柴油机风扇直径,由原 $\phi 670$ mm 改为 $\phi 700$ mm,增加对水箱和液压油散的冷却风量;

(2)加大水箱散热面积,经与柴油机及水箱生产厂家协调,将水箱的散热面积由 39 m² 改为 42 m²;

(3)因为变矩器油温和水温之间会相互影响,而液压油又比变矩器油温更低,因此将这两个油散互换。

3　测试结果

对一台 ZL50D 装载机分别按上述措施进行改进,并分为跑车和作业两种工况进行测试,测试结果如表 1 所示。

表 1　测试结果

测试内容		变矩器油温/℃	水温/℃	液压油温/℃	环境温度/℃	测试时间/ min
原始状态	跑车	110	100	70	37.0	180
	作业	120	100	85	39.0	50
变矩器、液压油散互换	跑车	110	95	85	36.4	180
	作业	120	100	110	34.5	60
风扇直径加大至 700 mm	跑车	105	85	65	29.2	130
	作业	120	100	80	39.0	130

由表 1 可见,变矩器油散和液压油散互换后,变矩器油温和水温均未得到改善,而液压油温反而升高很多,很明显,这一方法行不通。

在将风扇直径由 $\phi 670$ mm 加大至 $\phi 700$ mm 时,最初对 3 项温度的下降都有明显作用,但时间延长后,变矩器油温和水温仍然超标,显然还是热交换不够充分。

最后装上加大散热面积的水箱,再配以增大的风扇,水温和液压油温均得到了改善,可以满足系统的需要。

公路工程变更管理

官 群

（镇江市路桥工程总公司 镇江 212017）

摘 要 本文从施工单位角度出发，从变更项目的确定、变更费用的确定、变更台账的管理三方面简单谈一谈工程变更的管理工作。

关键词 公路 工程变更 管理

对于一个工程项目而言，工程变更几乎存在于工程施工的各个阶段，是合同管理的重要内容，对提高合同管理的质量和水平具有重要意义。只有采用科学的方法，本着合同优先、公平、合理，兼顾工程综合效益的原则，才能做好工程变更的管理工作。

1 工程变更的管理过程

下面就公路工程而言，简单谈一谈该类工程变更的管理。目前，公路工程合同双方执行的是工程量清单计价模式，高水平与高质量的工程变更管理是工程合同顺利实施与履行的基础与保证。公路工程施工单位变更管理主要包含三方面，一是变更项目的确定过程；二是变更费用的确定过程；三是变更台账的管理。这三个方面缺一不可。

1.1 变更项目的确定

1.1.1 变更的分类

对于一个工程项目而言，变更几乎是不可避免的。原因有很多方面，不仅是承包商本身的原因，也可能是建设单位、设计单位或是监理工程师方面的原因。根据《建设工程施工合同（示范文本）》及国际通用的 FIDIC 合同条款的专业解释，总结出发生工程变更的情况一般分为以下几个方面：

（1）更改工程有关部分的标高、基线、位置和尺寸；

（2）增减合同中约定的工程量；

（3）增减合同中约定的工程内容；

（4）改变工程质量、性质或工程类型；

（5）改变有关工程的施工时间和顺序；

（6）其他有关工程变更需要的附加工作。

1.1.2 收集原始资料、做好超前准备

公路工程变更是一项繁琐、耗时的工作。工程变更的管理不应在出现变更后才进行，而应在工程施工及结算过程中长期不间断地同步甚至超前进行。平时要耐心细致地收集相关资料，根据以往的经验对可能发生变更的项目，要提前准备、分析、测算成本。变更实

际发生时,要保留各类相关技术数据、监理工程师的现场确认单、会议纪要、照片等影像资料。这些原始数据对今后变更的审批、价款的测算等是不可缺少的。一个数据的缺失都会影响变更的最终审批甚至导致变更被一票否决,会对项目造成很大损失。这也要求施工单位高度重视合同管理中的变更管理工作,最好安排专人负责,自始至终,跟踪管理,长期不懈。

1.1.3 积极与业主、监理工程师沟通,寻找最佳变更方案

工程变更的管理是一项复杂而重要的工作,为保证工程变更计价的合理性与可操作性,除应遵循一定的计价原则与方法外,还应遵循一定的变更管理程序,提交至监理单位审查。在监理单位签发变更指令之前,承包商不得实施变更内容,否则实施的工程变更不予以计量。所以,监理单位的审查意见具有基础性、决定性的作用。因此,施工单位应在工程变更中重视以下两点:① 积极与监理工程师联系沟通,寻找最佳变更方案。施工现场监理工程师的经验相对比较丰富,处理的类似变更也比较多,特别是在施工单位计价人员经验不足的情况下更应该认真听取他们的意见及建议,加以借鉴。② 很多变更项目存在一定的伸缩性和不确定性,在一定条件下可变更也可以不变更,这就对施工单位合同管理水平提出了很高的要求,要求所报变更方案合理、有效、可行,对施工单位而言变更后的项目实施在某种程度上要更具有积极的作用,或能加快施工进度,或降低投资,或运用解决难点的新技术等,这样的变更才有批复的最大可能性。同时,方案的不同导致变更计价的结果不同,对整个项目的盈亏影响也不同。所以,变更方案的选取具有关键性的作用。

1.2 变更费用的确定

1.2.1 进行单价分析

对一个具体工程而言,工程量清单单价包含的内容是多方面的。在工程建设实施过程中,变更的部分可能仅仅只是一部分,由于清单单价不能清楚地反映每一项具体工作内容的费用价值,对部分内容变更可能会导致清单单价的重新确定缺少参照的依据,给工程变更费用的管理也带来了很大难度。为了避免或减少经济纠纷,我们必须加强合同管理,将允许变更的内容与方式尽量在合同中明确,规范投标报价行为,对工程量清单的每一项单价进行详细的单价分析,为工程变更单价的合理确定提供合理的对比依据。

1.2.2 确定变更单价和工程量

对于变更项目,工程量的确定相对要简单一些。比如路基土方施工中的清淤换填变更,清淤量一般都是经过三方到场实际测算得来,换填量也是根据清淤量换算得来,几乎不存在任何计算误差和争议。再如某些小型结构物的变更,涉及的钢筋、混凝土量一般都是根据变更图纸计算而来,也不存在大的误差。一般情况下,变更项目工程量的确定基本上是根据设计图纸计算、现场实测等途径得来,几乎不存在大的误差和争议。

唯有单价的确定是一个相对棘手的问题,如有些变更项目是新增项,合同工程量清单中没有该项单价,或者是工程量清单中有该项目,但是新的施工工艺或方法的运用或施工条件的改变等又使得该项投标报价时的单价已不适用于新的变更项目,等等。这些都给变更计价单价的确定带来一定难度。在这种情况下就需要施工单位、监理单位、业主单位共同协商,寻找一个对三方来说都易于接受而又合理合规的变更单价,《建设工程施工合同(示范文本)》及《建设工程工程量清单计价规范》对工程变更计价的一般情况作了必要的说明与规定。根据工程施工过程中的实际经验及理解,总结来说,在处理工程变更费用时可

根据以下 3 个原则确定：

(1) 工程量清单中已有适用于变更工程的单价,按已有的单价执行;

(2) 工程量清单中只有类似于变更工程的单价,按类似的单价经换算后确定;

(3) 如果工程量清单中没有适用于变更工程的单价,则由建设单位和承包人一起协商定价,意见不一致时,由监理工程师进行最终确定或按合同中争议的规定解决。

1.3　变更台账的管理

对施工单位而言,变更项目、方案、费用一旦确定,应及时上报变更联系单到监理工程师处,由监理工程师负责审批;负责变更管理的人员应及时、定期地与监理工程师联系沟通,跟踪联系单审批进度,确保审批后的各项变更资料第一时间交到业主手中;业主审批后要及时索回,以便及时上报变更审批单。对于监理工程师或业主否决退回的联系单,要及时沟通查找原因改正错误。除及时做好变更资料的上报工作外,负责变更管理的人员还要定期跟踪管理,并及时建立已批复和未批复变更的管理台账,包括这些变更的项目名称、部位、工程数量、单价、变更前后的对比、上报费用和批复费用以及未批复原因,等等。这样,一目了然,查找方便,给今后的变更计价工作带来方便。

2　工程变更管理的意义与要求

变更管理是合同管理的重要部分,变更管理的好坏直接影响合同管理的水平以及项目成本的控制,合理地处理工程变更能促进合同管理的深化和细化。因此,一方面要求施工单位应重视工程变更对工程造价管理的影响,加强工程变更的研究与管理,做好变更管理的基础工作;另一方面,要求变更管理人员要有高度的责任心、耐心和细心谨慎的工作态度,时刻本着对工作负责、对项目负责、对企业负责的立场,对任何一个可能发生变更的项目,都认真对待、测算分析,尽可能合理有效地确定变更费用。

施工单位必须高度重视工程变更对造价控制的影响,努力提高合同管理的质量和水平,加强对工程变更管理人员的培训,为今后的合同管理工作打下坚实的基础。

参考文献

[1] 中华人民共和国交通运输部:《公路工程标准施工招标文件》,人民交通出版社,2009 年。

[2] 中华人民共和国住房和城乡建设部:《建设工程工程量清单计价规范》,中国计划出版社,2008 年。

镇江市公路网管理与应急指挥中心建设

郝贵发

（镇江市公路管理处 镇江 212028）

摘　要　作者结合镇江市公路网管理与应急指挥中心的建设，通过分析公路网管理与应急指挥中心的功能设计和实践，对镇江公路网管理与应急指挥中心建设存在的问题进行了探讨，为镇江市公路网管理与应急指挥中心建设更趋完善提出了若干建议。

关键词　公路网管理　应急指挥　建设

1　前　言

建设人民满意的服务型政府，切实提高政府公共服务和应急保障能力，把"以人为本"理念落实到工作的每一个环节，使广大人民群众从发展中得到更多实惠，生命财产安全得到更加有效的保护，是新时期我国政府部门职能的重要发展方向和建设和谐社会的重要保障。尤其是在 2008 年特大雨雪冰冻灾害和"5·12"汶川大地震以后，从中央到地方，各级政府部门对构建公共服务与应急保障体系提出了更加迫切的要求，社会公众也对政府应对突发事件应急处置能力、管理服务水平提出了越来越高的要求。在此宏观背景下，交通运输部提出了交通要做好"三个服务"的新要求和"更好地为公众服务"的新价值观。江苏省确立了立足"三个服务"，推进"三个转变"的交通工作新思路。"构建以人为本的公共服务与应急保障体系，努力提升镇江公路为老百姓服务的能力和水平"，整合公路业务管理资源，提高路网管理能力和公众服务水平，加快镇江市公路公共服务与应急保障体系的构建已成为我市公路行业管理部门的新课题和迫切任务。

2　指导思想、建设原则及目标

镇江市公路网管理与应急指挥中心建设紧紧围绕江苏省"公路率先基本实现现代化"和"更好地为公众服务"的总体目标，立足"三个服务"，推进"三个转变"，以科学发展观为统领，以公路管理与服务应急指挥体系建设为载体，充分整合公路行业管理、服务与应急资源，改造、利用信息技术手段，加快公共服务和应急保障体系的构建完善，进一步提高公众服务水平和应急保障能力。方案的设计与建设遵循统筹规划、分步实施，结合实际、突出重点，整合资源，落实部门，统一标准，形成体系。根据"大力推进公共服务体系建设"，"加强突发事件应急处置能力建设"的要求，整合信息资源，基于公路视频会议系统和视频监控系统，搭建公路管理与服务应急指挥平台；整合行政管理资源，落实职能明确运行高效的使用部门，建立运行管理机制。通过中心的基础设施和运行管理建设，建成具有路网监控、应急指挥、信息服务和行政监督等职能的市县二级公路管理与服务应急指挥中心，实现指挥中心与处置中心、巡查车辆等执行机构联动,同时与社会资源联动衔接,逐步完善覆盖全市路网、服务社会各界的公共服务与应急保障体系,全面提高行业管理、公众服务和应急保障的能力,确保全市干线公路网运行的安全、高效、畅通、舒适。

3 镇江公路网管理与应急指挥中心的功能设计与实现

镇江市公路网管理与应急指挥分中心作为镇江市公路网管理与应急指挥体系的物理基础平台,主要实现以下功能:一是路网信息采集和运行状况监控。通过整合交通量调查点、收费站、路政养护巡查车辆收集道路交通和道路质量状况数据,根据实际需要,逐步在国省干线、桥梁公路合理布设数据采集设备。采集后的数据传送到数据中心,为路网调度、应急指挥提供第一手资料。二是公路实时图像监控。依托收费站视频监控、交通量调查点监控、养护和路政巡查车辆无线监控,并在重点路桥、重点路段合理布设监控点,实现对路网运行状况的实时监控。三是公路管理养护巡查车辆定位监管。通过运行 GPS 系统实现定位、监管目标车辆,并可以在突发事件发生后,指挥就近车辆到达现场管控。四是公路执法监督,涉及收费站、路政执法及超限治理等视频监控。五是公众信息服务,主要包括业务查询、路网信息查询、管理信息查询、路网信息发布(WEB、路网情报板)等,对公众提供各种信息咨询。六是路网调度与应急指挥。应对公路突发事件,作为应急处置公路突发事件的指挥分中心,与 110,120 等社会公众服务机构联动。结合上述功能需求可以归纳出整个中心主要涉及信息显示系统、扩声系统、摄像系统、中控系统、远程视频会议系统、信号处理系统等六大系统建设。

3.1 信息显示系统建设

信息显示系统主要是显示路网监控图像、远程视频会议图像、车载视频图像、GIS 信息、交通量信息及相关系统统计汇总数据。等离子显示技术作为一个成熟的技术,具有高亮度、高对比度、高色彩饱和度、高色彩均匀度、长寿命、平均无故障时间短等特点,还具有显示清晰、可视面积较大、显示比例可调、色彩艳丽明亮并且机体很薄(一般为 7～10 cm)等优点,目前在许多场合都有应用,具有非常好的视觉效果。镇江公路网管理与应急指挥中心信息显示系统采用了 PDP 大屏拼接显示系统作为主显示,另配置一套 60 寸的书写屏作为辅助显示系统。主显示系统采取 6×3 拼接 [5 556 mm(宽)$\times$1 569 mm(高)$\times$76 mm(厚)],离地 1 m。可以把全墙作为统一的逻辑屏来显示高分辨率的系统应用程序,实现全屏显示和分辨率的叠加,比如显示超高分辨率的大型完整的 GIS 电子地图系统,也可以将整个拼接屏作为 18 个独立的显示单元来显示,从而满足了调度指挥中心有时需要大画面高分辨率显示一幅画面、有时需要显示多路视频图像的多样化需求。交互式书写屏系统将笔输入技术、触摸技术、平板显示技术、网络技术、办公教学软件等多项技术综合于一体,将传统的显示终端提升为功能强大的人机交互设备。在不同尺寸的书写屏上,根据不同应用,可以实现书写、批注、绘画以及电脑操作。通过网络交互功能,可以实现异地数据和批注内容共享,与远程音视频会议系统完美结合。

3.2 扩声系统建设

扩声部分是整个音响系统的核心,它在整个系统中占有举足轻重的地位,除了需要还原声音以外,它工作的可靠性更是重要,特别是对于管理服务中心这样的重要部门。本方案中使用了简洁、留有充分余量的设计,以保证它能在长时间的连续工作中保持良好的工作特性。扩声系统核心采用数字音频处理器,重点实现以下功能:

（1）输入至少具有 12 路话筒/线路通道,输出至少具有 8 路通道;

（2）每路话筒/线路输入上的噪音抑制提供高达 15 dB 的噪音衰减调节;

（3）高度集成化:8 个独立的音频处理模块,每个都包含 15 段滤波器、延迟器和压缩器,提供精确的音频配置;

（4）每路麦克风输入都放置一个回声消除器以实现分布式回声消除功能;

（5）在不影响其他预置操作的情况下可以在会议进行中动态地执行 32 个预置模式选择;

（6）具有通过 RS-232 控制音量、调用音频会议模式的功能;

（7）其他扩声系统部分可使声场覆盖均匀,安装美观,采用吸顶扬声器,配置 3 只高性能的有线话筒、2 只 UHF 段频率的无线手持话筒;配置 DVD 录播机,用于播放音频节目并对现场情况进行记录。

3.3　摄像系统建设

为了召开远程视频会议及路网调度应急指挥时实现双方的视频互动,镇江市公路网管理与应急指挥中心配置了两套视频会议专用智能一体机,一个用于摄取整个指挥中心的全景视频,一个用于摄取发言者的视频,通过预置位的设置,将摄取发言者的视频实现其图像摄取与音频发言同步跟踪,充分满足了在调度指挥过程中的音视频自动切换。

3.4　中控系统建设

中控系统是整个系统的"大脑",使各个系统、各种设备作为一个有机的整体充分发挥其特性,并使非专业人员能自如地操作,简化系统的操作程序,而且即使操作有误也不会对系统造成损害。整个公路网管理与应急指挥中心使用一套集中控制系统,分别对显示系统、音频系统、视音频矩阵、各系统电源、灯光、窗帘、液晶显示屏连体升降器升降等进行控制,该系统配备无线液晶触摸屏,方便移动控制。使用中央集中控制系统只需一块控制面板——LCD 触摸屏,各种电子设备的控制便尽在掌握。轻轻一按就可以控制外部环境,如灯光的设定,还可以把来自广播、DVD、录像机等的视频播放和计算机 VGA 显示进行自动切换,或对音箱音量、平衡等进行微调控制。

3.5　远程视频会议系统建设

本会议系统将无缝融入远程视频会议系统,在调度中心区域或会商区域都能同时与省公路局或镇江市公路管理处下属养护应急基地实现基于远程视频会议的音视频互动。一方面满足了平时工作中召开远程视频会议的需要,另一方面在遇到突发情况时用于省、市、县三级远程调度指挥。该远程视频会议系统具有先进性、实用性、集成性、可扩展性、便利性、安全性、可靠性和经济性。该系统将远端分会场视频会议图像接入视频处理系统,将图像投入到屏幕墙上,并把会议摄像机采集的会议图像通过视频处理系统的矩阵传回远程视屏会议系统的 MCU 中,通过 MCU 选择现场图像传输到分会场。

3.6　信号处理系统建设

信号处理系统主要是矩阵切换器,是公路网管理与应急指挥中心的"神经中枢",在多信号或多屏幕输出的情况下,可对视频、音频、计算机信号输入输出进行管理及分配。整个系统运行效果的好坏,往往取决于信息处理系统的"神经脉络"是否通畅。现有图像信号源以 VGA 信号居多,辅以部分 AV 信号,而信号源输出也主要是 AV 信号和 VGA 信号。因此本次镇江公路网管理与应急指挥中心配置了一台 AV32×32 矩阵切换器、一台 RGB32×32 矩阵切换器,用以给 PDP 拼接屏、DLP 拼接屏、书写屏、液晶电视及远程视频会议等诸多设备提供视频输出(其中等离子拼接屏 18 路 DVI 输出或 8 路 VGA、DLP 拼接屏 4 路 DVI 或 2 路 VGA、书写屏 1 路 AV 或 1 路 VGA、液晶电视 4 路 AV 或 4 路 VGA、远程视频会议 1 路 AV 或 1 路 VGA)。

4 镇江公路网管理与应急指挥中心存在的问题及建议

镇江公路网管理与应急指挥中心虽已经建成并投入使用,但全市公路网管理与应急指挥体系建设将是一个长期性的工程。系统的设计本着统一规划、分步实施的原则,为了更好地发挥镇江公路网管理与应急指挥中心的作用,一方面需要我们继续加大路网运行监测网络的建设,另一方面结合运行过程中发现的问题进行进一步完善。

由于公路网管理与应急指挥中心仅仅是一个综合应用管理与调度的平台,目前镇江市全市重要节点路网视频监控建设仅 20 多路、交通量调查点 21 处,LED 情报板 1 块、气象检测器 1 套。整个外场数据采集点偏少,信息采集数据的准确性还有待提高,整个信息资源的整合力度也需进一步加强。这些问题导致数据汇总与挖掘无法取得有效突破,进而不能为领导决策提供更好的技术支持。

公路网管理与应急指挥中心建设的目标是要全面提升公路管理水平、提高出行服务和应急保障能力,这就要求我们在充分整合公路系统内部资源的同时,要积极做到和当地公安、高速公路、新闻媒体、广播电台及气象等其他社会服务机构的信息共享与互通。由于体制、网络规划及安全等诸多方面的原因,这项工作很难进行根本性的推进,从而很难取得很好的社会联动效应。针对此问题需组织专题研究,由上级部门牵头,才能有效地调动资源。

5 结 语

镇江公路网管理与应急指挥中心建设是"构建以人为本的公共服务与应急保障体系,努力提升镇江公路为老百姓服务的能力和水平"的一个有力举措,它的建设并投入运行有效提高了镇江市在路网监控、应急指挥、信息服务和行政监督等方面的管理水平。但一个全新的系统,势必要经过从无到有、再到逐级发展壮大的科学发展过程,这就需要更多的科技工作者提出宝贵意见。作者在此只是起到一个抛砖引玉的作用,欢迎更多的技术人员就此展开更多、更好的研究。

参考文献

[1] 江苏省交通厅公路局:《江苏省公路信息化"十一五"发展规划》,2006 年。
[2] 江苏省交通厅公路局:《江苏省市级公路网管理与应急指挥中心建设指导意见》,2009 年。

在公路调查取证中要提高
对摄入会谈法重要性的认识

蔡振宇

（丹阳市公路管理处 丹阳 212300）

摘 要 随着《公路法》《公路安全保护条例》《省公路条例》的陆续完善，社会公众法制意识的提高，针对保障公路完好、安全、畅通的民事诉讼案件越来越多。从以往的案件来看，公路调查取证受到群众方方面面的阻抗，调查取证工作极为不易。本文就如何在公路调查中引进摄入会谈法谈几点自己粗浅的看法。

关键词 公路执法 调查取证 会谈法 重要性

在构建社会主义和谐社会的主流之下，公路执法调查取证只能加强，不能削弱。在新的形势下，必须赋予其新的内涵和新的使命。

1 在公路执法调查取证中引进摄入会谈法的重要性

在众多调查取证中，公路建筑控制区的调查取证比较艰难。《公路法》第五十六条规定："除公路防护、养护需要的以外，禁止在公路两侧的建筑控制区内修建建筑物和地面构筑物；需要在建筑控制区内埋设管线、电缆等设施的，应当事先经县级以上地方人民政府交通主管部门批准。"《公路安全保护条例》第十三条规定："在公路建筑控制区内，除公路保护需要外，禁止修建建筑物和地面构筑物；公路建筑控制区划定前已经合法修建的不得扩建，因公路建设或者保障公路运行安全等原因需要拆除的应当依法给予补偿。在公路建筑控制区外修建的建筑物、地面构筑物以及其他设施不得遮挡公路标志，不得妨碍安全视距。"《江苏省公路条例》第三十一条规定："从公路边沟外缘起，没有边沟的，从公路坡脚线外缘起，国道不少于二十米、省道不少于十五米、县道不少于十米、乡道不少于五米的区域为公路建筑控制区范围。"

从上述规定来看，公路作为一种主体，神圣不可侵犯。但站在以人为本的角度看，建筑控制区内的建筑实质上也是一种主体，而公路则成了客体。因此，造成了关于主客体的争辩，群众对建筑控制区的建筑争议较多，在调查取证中不配合，造成公路执法调查取证难。而引进摄入会谈法，就是执法人员按照内在的顺序（逻辑），分析管理相对人违法事件背后的原因，弄清问题，进行有目的、有针对性的提问，但不能过分单一；然后要倾听，捕捉违法人形成违法心理问题的原因，提出质疑；最后采取必要的手段搜集证据，达到事半功倍的效果。

2 在公路执法调查取证中引进摄入会谈法的关键点

2.1 确定会谈内容的范围

摄入会谈法取证中,我们的执法动机、目的要端正,要真正解决"为谁执法,为谁服务"的问题。如果不符合立法本意,即不符合公路法律、法规授予这种权力的目的,即便在公路法律、法规范围内,也是不合法的,所产生的法律后果是应当撤销或变更具体行政行为。《行政诉讼法》将滥用职权和拖延履行法定职责都视为违法行为正说明了这一点。《公路法》第二十六条规定:"公路建设必须符合公路工程技术标准。"作为公路管理部门,我们要依照有关法律、法规、规章以及公路工程技术标准的要求,认真抓好公路建筑控制区管理,特别是对于拓宽改造工程后遗留的建筑区问题,要按照许可原始资料,针对建筑控制区违法建筑原因,认真勘察现场,对当事人提出的主张要求其提供相应的证据加以证实,没有证据或者证据不足以证明其主张的,应承担不利的法律后果。

2.2 控制会谈方向

公路执法人员在执法过程中应杜绝假公济私、公报私仇、以权谋私等不良动机。因此,我们应当从公路行政执法的全过程,与案件有关的各种情节、因素和行政执法的社会效果等方面来推定具体行政行为的目的是否违法,对此要充分尊重相关人员一致作出的认定意见。在建筑控制区的会谈法取证上,要把握好会谈方向,具体要求是:一是要加大对建筑控制区的控制频率,对苗头性问题要及时捕捉;二是要认真分析建筑控制区内原有建筑的发展趋势,深刻了解本地区地质地貌和水系等,防止公路遭受自然灾害而引起侵权现象的发生;三是要提高对公路本身的保护理念,提高对穿越跨越等公路损害的认识,尽量减少大型穿越跨越行政许可的审批。

2.3 会谈时要注意倾听

凡公路法律、法规规定了法律责任的,其立法的一条重要原则便是合理和公正原则。这里的合理和公正已不是一般意义上的合理和公正,而是通过法律形式固定下来的合理和公正,即注入了国家意志的、成为法定的合理和公正。如果行政处罚显失公正,就是违背了国家意志,即不符合立法本意,这实质上是滥用自由裁量权的一种表现形式。摄入会谈,虽然是对公路产权的一种维护,但实质上是公路沿线群众法制意识的觉醒。不可否认,公路作为一种公共产品,群众的个人利益应该服从公共利益。但随着整个社会法制意识的提高,一些群众在现实利益或者克服困难前,往往把注意力转向了公路部门,以求弥补损失。针对这种现象,我们更应该多倾听,善于倾听。

2.4 会谈方式要积极稳妥

摄入会谈法中,我们要紧紧以公路各项管理活动为载体,依靠政府力量,旗帜鲜明地宣扬公路执法,实施多部门联动,全面提升执法管理水平,做到道路标志标线设置规范、齐全、清晰、准确,路域环境整洁、美观、赏心悦目,杜绝倾倒渣土、垃圾、废弃物以及摆摊设点、堆放物品、打谷晒场、设置障碍等现象;另一方面,也要高度重视摄入会谈法中一些群众利用公路边沟排放化学污物,损坏、污染公路,影响公路畅通甚至是污染绿化、农田水利设施的其他行为,发现会谈中异常情况,要及时向专业部门报告,并努力做到迅速消除隐患。

　　引进摄入会谈法看似简单,实际上是一个极其复杂的过程,是一个公路执法由量变迈向质变的过程。公路管理面临着一些新挑战,对于我们一线执法人员,必须做好调查取证工作,针对政治文明、社会文明、生态文明的新形势,加强公路执法中人性化管理,从而推进我们工作登上新台阶。

公路品牌提升的"变"与"不变"

凌新　朱云燕

(312 国道镇江段公路管理站 镇江　212000)

摘　要　品牌是一个单位精、气、神的外在体现,是一个单位文化底蕴、行业形象的综合表现,是人们认识、了解一个单位最直接、最有效的途径。笔者通过阐述品牌进化与进步面临的"变"与"不变",提出了辩证法式的思考。

关键词　公路　品牌提升　变与不变

品牌,Brand,源自印第安语,意为烙在牲畜身上代表所有人的标志。对一个企业或者公司来说,品牌代表着实力、信誉、品质和形象。而目前人们对品牌的研究和实践更多是从经济层面来讲的,对于我们党建工作实施品牌化建设则是一个全新的课题。对一个基层党组织来说,品牌代表着党员的一种归属感、干部职工的信任度、组织的战斗力和党员的先进性。品牌是一个单位精、气、神的外在体现,是一个单位文化底蕴、行业形象的综合表现,是人们认识、了解一个单位最直接、最有效的途径。

这是一个充斥着大量品牌信息的时代,一个好的品牌,能经受时间的考验,历久弥新。对于品牌进化的过程,吉姆·柯林斯将其描述为"抽枝和剪枝","如果你在一棵树上添加足够多的新树枝(变化),并且聪明地修剪掉枯枝(选择),那么你可能使其长出生机勃勃的枝条,且它们极有机会在持续变化的环境下枝繁叶茂。"那么,在公路品牌创建之路上,如何打造一个实效性强、整体水平高的党建品牌呢?这就是本文重点阐述的内容,品牌存在进化与进步,也面临变与不变的辩证法式的思考。

1　品牌,在变化中历久弥新

将品牌概念植入党建工作,形成党建品牌,是一项有利于全面加强和改进党建工作的创新性举措。基层党组织强化"品牌"意识,努力创建符合自身发展特点的品牌,无疑对公路各项工作的推动都会起着十分重要的作用。公路品牌作为一个难测度、难量化的服务产品,与具体的实物相比,它具有"不可感知性、不可分离性、差异性、不可贮存性、缺乏所有权"等特点,给服务的输出控制及管理带来了一定的难度,这也是很多服务性行业难以突破的瓶颈。

求变一:品牌延伸激发活力

长期以来,党建品牌的固化、老化经常会困扰品牌的持续发展,当品牌选树成功,跨过成长青春期,陷入瓶颈期、停滞期,最终只会在"加强和改进"的呼声中,走向弱化和淡化,品牌提升越来越成为对公路品牌发展的严峻考验。

创意求变。品牌一经推出，面临着命名、包装、策划及宣传等一系列创意工作，其中的命名环节尤为重要。以"党员执法先锋岗"为例，312国道镇江段公路管理站（以下简称312站）成立于2007年，建站伊始，公路品牌建设作为一项重要工作提上议事日程，"党员执法先锋岗"应运而生，党员队伍作为先锋模范的代表，树立起"一名党员、一面旗帜"的品牌形象。然而，在公路品牌具体实践过程中，我们发现，"党员执法先锋岗"这一名称，一是雷同者居多，没有明显单位特色；二是局限于党员，参与群体受限，虽然我们提出"人人递交入党申请，个个都是积极分子"，但留给人们的第一印象是品牌的主体受限于党员；三是拓展提升有一定难度，关键词"党员""执法""先锋""岗"直白明了，深化推广余地不大。

思维求变。公路品牌要做到"人无我有、人有我精、人精我新"，需进一步解放思想，集思广益。在实践过程中，我们逐步探索出一套"市交通运输局、市公路管理处宏观、专项指导，312站具体分类实施"的自上而下的"头脑风暴式"运作方式，将品牌推向更大平台、更广阔空间，有利于品牌成长和精彩蜕变。例如"七彩党建"的色彩语言——红色先进、橙色服务、金色成果、绿色平安、青色廉政、蓝色关爱、紫色品质，就是在这种氛围下实现华丽转身的。

载体求变。公路品牌培塑是否成功，很大程度上载体起着决定性作用。在近些年的品牌创建中，我们通过持续创新载体，不断更新活动内容和形式，赋予品牌更舒展更深入的外延和内涵。"阳光312"便是一个很好的例子。312站作为执法部门和窗口单位，创新推出"队伍阳光""作风阳光""权力阳光"和"心灵阳光"，服务被当作一种特殊情感式的劳动，执法不再生硬而冰冷，路政管理和风细雨、润物无声。

解读求变。在实践过程中，每个时期、每个阶段的品牌解读都会有所变化，随着新的政策法规的出台实施，公路品牌也随之解读出不同的内容，被赋予更丰富、更全面的风采。我们可以理解为，品牌的解读处于随时可变状态。以"彩虹志愿者"为例，近些年来志愿者作为城市建设和社会发展的重要推动力量，为群众所熟悉，为群众所欢迎，312站从三月"学雷锋月"汲取灵感，由"七彩党建"的"七彩"联想到"彩虹"，成立了一支帮困助学、扶贫济困、助人为乐、奉献社会的志愿者队伍。可以这么说，"彩虹志愿者"是"七彩党建"品牌在创建实践的某一阶段的一种解读。

求变二：软实力提升硬实力

无论是"党员执法先锋岗""阳光312""七彩党建"，还是"彩虹志愿者"，其根本目的都要落实到促进行政执法中心工作这一作用上。公路党建品牌的创建，对单位和干部职工的影响是潜移默化的，是积沙成塔、集腋成裘的，会使整个单位焕发朝气，呈现勃勃生机，职工队伍团结奋进，务实和谐。

实施党建工作品牌化战略是一项全新的系统工程，它不仅是工作目标、工作质量、工作号召力、生命力的一次革新，更是工作理念的一次革命，是一项长期工作，必须遵循品牌培育的基本规律系统推进，不断提高党建品牌创建的"三化"标准。

一是标准化。建立统一的党建品牌要创建质量标准体系，对原则性规定予以具体化和细化，推进党建工作规范化、标准化。把党建品牌建设的各项要求具体化、部门化、责任化，真正落实到每一项服务项目、每一个工作环节和每一位工作人员的实践中。

二是个性化。党建品牌的创建和实施既要考虑普遍性，又要考虑不同地方、单位的特殊性；要突出单位特色，不能照搬照抄，注重从本单位的工作实践和先进事例中着手提炼党建品牌,做到"人无我有、人有我优、人优我特"。

三是精品化。党建品牌创建要与服务创新、提升形象相结合。"品"字的"三口"要"众口合一",是品牌创建的基本尺度,也是品牌创建区别于其他创建活动的重要标志。坚持把品牌创建与中心工作有机结合起来,对品牌创建这项重点工作,要像抓中心工作那样明确责任单位、责任人、时间进度和质量要求,进行全过程管理并强化监督考核,通过加强管理推动精品品牌创建。我们深信,品牌优势可以转化为单位跨越发展的推动力,软实力也可以内化为硬实力,为公路事业加油助跑。

2 品牌,立足服务的一贯表达

品牌精髓是品牌固有的、不可或缺的个性特征,是核心识别各要素之间的黏合剂,是核心带动各要素协同工作的中轴。偏离品牌精髓,品牌将失去根本。而公路品牌的精髓,综合起来说,就是"服务"两个字。

"立足服务,比群众的需求做得更好",这就是党建品牌的追求和核心价值理念。在近些年的实践中,我们始终围绕"服务"做文章、下工夫。创新"四个一"宣传法,通过一张联系卡、一份倡议书、一份执法套餐、一辆宣传车,拉近与群众的距离。严格执行首次违规免罚和轻微违章免罚制、首问责任制、服务限时制、走访回访制度,创新实施微笑服务法、人性化服务法、重点项目服务法等服务举措,推出驻点办公新途径,开通法律咨询服务点新办法,提供优质高效便民服务。所有的努力,体现在"忠诚勇敢、自强不息、团结向上、厚德载物"的国道精神中,体现在公路品牌里,也体现在群众的满意和笑容当中。

公路品牌好比种子,先进典型好比标杆,只有充分发挥引领示范作用,才能创造出强大的模范效应。回顾整个创建历程,我们至少收获了3个"惊喜"。

第一个"惊喜":实施品牌创建工程,不仅一开始在干部职工中引起强烈反应,而且多年来创建标准不降、热情不减,一大批服务新秀脱颖而出,好人好事如雨后春笋。

第二个"惊喜":践行品牌创建工程,路政人员与管理相对人的矛盾缓和了,对立情绪消除了,文明执法、规范执法、阳光执法、智慧执法意识明显增强,路政管理呈现出友好和谐的气氛。

第三个"惊喜":推行品牌创建工程,促进了行政执法与精神文明建设"双提升",让每位职工都有"我是国道人"的归属感,"路兴我荣、路衰我耻"的责任感和"我是国道人我自豪"的荣誉感,提升了国道的知名度和美誉度。

3 品牌,在变与不变的辩证法中优化

任何事物都有两面性。公路品牌也是一样,在运动发展中,有不变的一面,也一定有变化的一面。创建品牌的关键就是要目标明确,通过培育典型、示范引路、整体推进等多种手段,充分发挥基层党组织的政治优势、密切联系群众优势,把党员干部群众的思想行动统一到创建品牌上来,聚心凝力育品牌,创先争优出精品。

把公路品牌的理解简单化,它就像一个人,塑造品牌的过程和一个人成长的过程一样。人有性格、脾气、文化修养、动作符号,同样,品牌也有内涵、属性、文化、标志性符号。公路品牌培塑过程中面临着三岔路口,要考虑适合公路品牌自身风格和优势的领域适度延伸。

所以,我们用最简单的方式,辩证地看待品牌,揭示出公路品牌背后的规律:变与不变。具体怎么变化、怎么巩固,每个单位不一样、每个品牌的生存环境不一样、每个品牌的发展阶段也不一样,很难一一定论。但有一点,我们坚信:沿袭公路品牌变与不变的辩证思考,公路品牌塑造提升之路的大方向是不会错的。

公路行业节能减排对策研究

王 静

（江苏省镇江市公路管理处 镇江 212028）

摘 要 本文针对国家非常关注的节能减排工作，讨论了在公路规划、公路建设养护、公路管理中的节能减排对策，希望本文提出的几个观点对建立资源节约型、环境友好型公路环境有所启示。

关键词 公路 节能减排 对策

2012 年 11 月 18 日中共第十八次全国代表大会上，胡锦涛总书记报告中提出："坚持节约资源和保护环境的基本国策，坚持节约优先、保护优先、自然恢复为主的方针，着力推进绿色发展、循环发展、低碳发展。"公路行业是高能耗领域，更要贯彻执行好党的方针，做好公路行业的节能减排工作，减少公路建设带给环境的污染，给子孙后代留下天蓝、地绿、水净的美好家园。

1 公路规划中的节能减排对策

公路节能减排工作在前期规划中就要强制推行，目前我市公路规划工作都要求在工程项目的工程报告、设计文件及招标文件中进行节能减排篇章的编制，编制率为 100%，同时每个开工的项目必须通过环保局的环境影响报告。

道路条件和交通条件是影响汽车能耗的重要因素之一，道路条件主要包括道路平整度和道路平均纵坡，交通条件主要包括行车速度和道路的通行状况。在公路主体设计时考虑这些因素可以尽量减少汽车排放，降低汽车油耗。

（1）根据交通量预测结果，确定合理的车道数量，以保证道路设计年限内服务水平。高质量的服务水平使交通流能以平稳速度畅通运行，减少了汽车运行中因停车、加减速引起的能源消耗及尾气排放。因此，在公路设计中，根据交通量预测结果，合理确定车道数量，有效提高道路通行能力，保证道路设计年限内的服务水平，是实现公路交通运输中节能减排的重要前提与保障。

（2）道路的平整度与汽车燃料的消耗有直接关系。确定合理的路面结构和路基路面排水方式，保证路面设计使用年限内的平整度。路面应具有平整、抗滑、耐久的品质，并具有高温抗车辙、低温抗开裂，以及良好的抗水损害能力，以保证道路使用年限内的平整度。

（3）确定合理的道路纵坡，降低油耗。坡度的增加，会使发动机输出功率也相应增加，另外，在同样的速度下，坡度增加可能会使汽车降低挡位，从而使发动机的转速提高。公路纵坡设计合理与否，对运行车辆的速度和油耗也会产生很大影响。

（4）保证设计路段内均衡合理的行驶速度。汽车在道路上行驶时，车速不同，油耗也不同，车辆在道路上如果能以均衡合理的速度行驶，将降低油耗，因此应尽量避免由于道路原因产生的速度突变。

2 公路建设养护中的节能减排对策

公路建设养护中应充分利用现有资源，应用新技术、新工艺、新材料，节约资源，保护环境，建设生态、低碳公路。

（1）充分节约利用现有资源。尽量循环利用废旧路面。目前可以利用水泥混凝土路面碎石化技术、再生技术等将废旧路面循环利用，重新加工作为新的路面结构层继续使用。工程中的临时占地，在工程结束后要及时整理利用，对被破坏的土地要及时复垦。在工程中要对施工材料、施工工艺等严格把关，尽量减少浪费以及返工的现象。

（2）推广应用节能减排技术、产品。节能减排技术、产品能大量降低能耗，减少资源消耗、保护环境，对建设低碳公路来说必不可少。

① 温拌沥青混合料技术

温拌沥青技术是通过掺加一定量外掺剂来降低沥青的黏度，使沥青与矿料能在相对较低的温度下进行拌和及施工，达到与热拌沥青混合料相同的技术性能。传统的热拌沥青混合料生产，需要把石料加热到 180 ℃左右，沥青加热到 150 ℃左右，整个过程消耗了大量的燃料，产生了许多排放，由于热拌沥青混合料出料温度高（一般在 160 ℃左右），所以在整个运输、摊铺和碾压过程中，还会产生沥青烟和含苯致癌物质的污染。而通过温拌沥青技术，可以把沥青混凝土的出料温度降低至少 30 ℃。整个生产和施工过程中，燃料消耗和排放减少效果极其显著，再加上温拌技术可以全天候施工，特别是在低温条件下，仍能保证道路铺筑质量。据来自德国的研究数据表明：每生产 1 t 热拌沥青混凝土需消耗 8 L 燃料油，如降低拌和温度 30～35 ℃，就可节约燃料油 2.41 L/t，并可减少 30％以上的 CO_2 等气体以及粉尘的排放量。

温拌沥青主要应用在超薄面层、路面性能恢复、人口密集区城市道路罩面、沥青混合料集中厂拌再生、隧道工程路面施工、低温季节和寒冷地区的沥青路面。目前，温拌沥青技术被交通运输部在全国范围内大力推广，被交通运输部长期列为交通运输节能减排专项资金申请优先支持领域的项目之一。江苏 104 国道徐州北段改扩建工程使用温拌沥青项目等均获得了 2012 年度交通部节能减排专项资金补助。

② 冷再生技术

沥青路面冷再生技术，是将需要翻新或者废弃的旧沥青路面，经过翻挖、回收、破碎、筛分后再添加再生剂、新沥青、新集料，然后重新拌和，形成具有一定路用性能的再生沥青混合料，用于铺筑路面面层或基层的整套工艺以及道路养护维修。冷再生技术具有缩短工期、节约资源、保护环境、降低工程造价、提高道路等级等众多优点。使用冷再生技术，不需要加热环节，可节约能源，减少烟尘与废气对环境的污染；使用冷再生技术由于充分利用旧路面的集料，减少了对石料的开采，从而保护了资源，降低了工程造价；使用冷再生技术不需要对路面基层进行回填，保证了整体稳定性以及下承层的承载能力，有助于道路等级的提高。

2012 年，我市 S122 句容段公路养护大中修工程中推广乳化沥青就地冷再生与二灰碎石水泥就地再生,节约了资源,取得了良好的经济效益。沥青路面冷再生技术被交通运输部列为 2013 年度交通运输节能减排专项资金申请优先支持领域的项目之一。

节能减排方面的技术、产品还有很多,它们都能降低能耗,节约资源、保护环境,这就要求公路行业相关产业淘汰落后设备与产品,进行产业升级,为建设生态、低碳公路提供技术支持。

3 公路管理中的节能减排对策

在公路管理中充分利用信息化手段,建立各业务信息系统。建立路网管理与指挥平台,远程高效指挥处理各类路网突发事件,对公众及时发布路网信息,保障道路状况随时处于可视、可控状态。要建立节能减排体制机制,确保节能减排工作规范化、常态化。

(1)建立业务信息系统

业务信息系统的建立,实现了各业务流程网上的流转与办理,提高了业务办理的速度与效率,减少了人员办理业务耗费的人力、物力。

(2)建立路网管理与指挥平台

路网管理与指挥平台实现了全天候对沿途重要桥梁及路段进行远程视频监控,实时信息采集、掌握道路车流情况,及时对公众发布道路状况信息,减少了车辆绕行,节约了社会成本。实现路网监控和应急指挥的联动控制,在突发事件及恶劣天气时,领导远程指挥,及时处置,减少了事件对出行的影响,提高了公路为公众出行的服务能力,具有显著的社会节能减排效益。

(3)建立节能减排体制机制

以制度为手段,加强节能评估与考核,建立健全公路行业节能减排目标责任制、绩效考核制,充分发挥绩效评估的导向作用和激励约束作用。明确节能减排工作职责,建立制度规范化、组织全员化、科技引领化、资金投入常态化、宣传教育立体化、考核科学化的节能减排体系。

4 结 语

节能减排,功在当代,利在千秋。公路行业是高能耗行业,更要注重节能减排工作,在工作中不断渗透节能减排理念,完善节能减排考核制度,加强节能减排宣传,为建立绿色公路、生态公路、低碳公路不断奋进。

参考文献

[1] 李德超:《温拌沥青混合料综述》,《石油沥青》,2008 年第 5 期。

[2] 胡霞光:《公路建设与养护中的节能减排技术》,《徐州工程学院学报》,2012 年第 1 期。

[3] 卢晓红:《公路主体设计对节能减排的考虑》,《山西建筑》,2012 年第 18 期。

泰州大桥对镇江地区经济发展的影响分析

黄晔

（镇江市公路管理处 镇江 212028）

摘 要 本文从交通状况的改善加速区域经济发展进程来分析泰州长江公路大桥对镇江沿线地区发展可能产生的影响。作者认为泰州长江公路大桥的通车提高了镇江沿线地区的空间可达性，加速了沿线地区经济发展及产业结构的升级换代，并将促进沿江地区产业布局的空间重组和区域经济一体化，同时有助于镇江沿线地区思想观念的革新。

关键词 泰州大桥 镇江地区 经济发展

1 泰州大桥工程项目概述

泰州长江公路大桥位于长江江苏河段中部，西距润扬长江公路大桥 66 km，东距江阴长江公路大桥 57 km，是交通部组织编制的《长江三角洲地区现代化公路水路交通规划纲要》和江苏省规划的"五纵九横五联"高速公路网中重要的过江通道工程。泰州长江公路大桥及接线工程起自宣堡，接已建宁通高速公路，于永安洲镇三水厂下游约 1 km 处跨越长江至扬中，于扬中南跨夹江，经姚桥、孟河，止于汤庄，接已建沪宁高速公路和在建常州西绕城高速公路，全长 62.088 km，其中长江大桥长 6.821 km，夹江大桥长 2.905 km，接线长 52.362 km。工程全线采用双向六车道高速公路标准建设。项目起点至大港枢纽段 27.629 km，设计速度 100 km/h，路基宽度 33.5 m，其中长江大桥和夹江大桥桥面宽 33.0 m（不含布索区）；大港枢纽至项目段 34.459 km，设计速度 120 km/h，路基宽度 34.5 m，预留八车道建设条件。全线桥涵设计荷载采用公路-Ⅰ级。长江大桥主桥采用桥跨布置为 390＋1 080＋1 080＋390 m 三塔两跨钢箱梁悬索桥方案。夹江大桥左汊采用 85＋3×125＋85 m、右汊采用 85＋2×125＋85 m 预应力混凝土连续梁桥方案。项目概算总投资 93.67 亿元，计划建设工期五年半。

泰州大桥镇江段接线工程全长 29.315 km，工程总投资 18 亿元，由市长江大桥建设指挥部负责建设。工程全线采用高速公路标准、按双向六车道设计建设，经过扬中、镇江新区、丹阳，沿线设置扬中互通、大港枢纽、镇江新区东互通、新桥互通。从 2009 年 4 月各路基桥梁施工单位陆续进场施工，于 2012 年 9 月 27 日顺利通过交工验收，实际建设工期不足 4 年。

2 高速公路与区域经济发展的关系概述

区域经济必须在不断扩大的横向经济联系、不断与外界分工协作、不断进行商品技术与信息传递的交流中实现发展。我国区域经济发展相对独立,建立在区域分工基础上的商品交换使得区域之间的经济联系频繁而密切,高速公路建设项目有利于优化区域经济内部各生产要素,有助于更好地发展区际横向联系和协作,更好地开发资源、发挥优势、繁荣市场、满足需要,更好地解决国民经济统一性和区域经济相对独立性的矛盾,把区域优势转化为国民经济整体优势,实现区域经济效益和国民经济效益的最优结合。

交通运输业作为国民经济的一个重要部门,是区域经济组成的要素之一,与地区各部门之间有着密切联系。高速公路建设项目则是区域内最重要的基础设施之一,是建立区域经济体系的重要环节。高速公路运输以其灵活、快捷的门到门运输特点,在交通运输方面占有重要地位。高速公路建设项目提高了区域交通运输能力,为区域经济发展奠定了坚实的物质基础,为国民经济实现有效供给作出了有力保障。高速公路项目的建设使交通运输能够满足区域社会经济发展的需求,促进区域经济结构和运输能力的协调,从而促进区域经济发展。

3 泰州大桥对镇江地区经济发展的影响

泰州长江大桥处于长江江苏段中部,是交通部《长江三角洲地区现代化公路水路交通规划纲要》高速公路网和江苏省第二轮"五纵九横五联"高速公路网的重要组成部分,主要为泰州、常州、镇江之间区域交通服务,兼有连接南京、南通之间东西向交通的功能。同时,直接联系着北京至上海、上海至西安和上海至成都等3条国家高速公路,在长三角地区和江苏高速公路网中起着重要的联络和辅助作用。泰州长江大桥的建成通车,将极大地促进江苏省内纵向交通线路网络的发展和完善,进一步加强江南和江北的联系和交流。镇江市处于江苏省的南北交汇点,是江南向江北辐射、扩散的桥头堡。伴随着境内润扬大桥、泰州大桥陆续建成,江南、江北交流沟通方式进一步改变,镇江沿江地区性的巨大经济潜力将会快速显现出来,促进镇江沿江地带的快速发展。以下从高速公路的发展促进区域经济的各具体方面来试着分析泰州长江大桥通车对镇江地区经济已经或可能产生的影响。

3.1 建设本身

相关研究表明,公路建设投资系数为 2.63,即每增加 1 元的公路投资最终可以增加 2.63 元的 GDP。镇江市近年来经济的增长与高速公路的建设是分不开的,从沪宁高速建设伊始,润扬大桥接线,镇溧高速、沪宁高速扩建到目前泰州大桥接线,建设总投资接近百亿元。直接带动诸如建筑施工、建筑材料以及公路附属设施产品等相关地方产业发展的同时,建设过程中带来的大量外来劳动力人口还间接拉动了地区餐饮、旅游、服务等第三产业的发展。

3.2 沿线出行的可达性

空间可达性是指一个区域(国家、地区、城市、线状或点状基础设施)与其他有关区域(国家、地区、城市、线状或点状基础设施)进行物质、能量、人员交流的方便程度、便捷程度。空间可达性的高低,反映该区域与其他有关区域相接触进行社会经济和技术交流的机会和潜力。在经济全球化的今天,这种接触"机会"、接触"潜力"对一个地区的发展极为重要。时间距离是可达性的主要指标。时间距离的大小可准确地反映两地点或一个区域与其他所有相关区域相互作用的势态,在区域发展中这种势能就表现为区域的社会经济联系强度和一个地区对其他地区的影响的可能性的大小。

对于大港,泰州大桥使大港与泰州高港间除汽渡外又拥有一条最为直接的高速公路通道,使其与苏中、苏北的联系进一步加强,未来大港新区不但有可能成为苏南新的交通枢纽以及沟通南北的重要交通节点,同时还能将影响力扩展至浙江、安徽等省份。

对于扬中,泰州大桥结束了"江中孤岛"扬中不通高速的历史,结束苏北至扬中只能依靠汽渡过江的历史。此前从扬中至南京禄口机场,需要一个半小时车程;到镇江火车站,需要1小时;到上海,经常州上沪宁高速就需要1小时。泰州大桥开通后,扬中到泰州机场、泰州火车站仅需半小时,对接沪宁高速只需15分钟,扬中人从此出行更为便捷。

对于丹阳,泰州大桥的建成通车将更加拉近丹阳与泰州乃至苏中、苏北地区的空间距离,使丹阳不仅连接东西,更沟通南北,对外交通优势更加明显,长三角地区重要的交通节点城市的地位将更加突出。不仅如此,泰州大桥让丹阳的"金三角"——新桥、后巷、界牌大为受益,这3个镇是丹阳市的经济重镇,占丹阳市经济总量的1/3,却一直是高速公路的盲区,地方群众的出行存在一定困难,也制约了当地相关产业的发展。泰州大桥的通车缓解了"金三角"的交通压力,百姓出行更加快捷,产业间沟通更加方便。

3.3 沿线工业产业

发达的高速公路运输系统改善了沿线各地区的交通环境,加速形成了统一的市场,并且促进了不同企业之间的调整组合,促使企业不断发展新技术,推进沿线企业经营集约化、发展规模化及区域经济一体化,从而推动沿线地区工业的发展。高速公路是适应现代产业的需要而发展起来的一种重要的交通运输方式,其以快速、安全等特点为客货运输提供了优越的条件,并且高速公路沿线地区是配置和发展高新技术产业和外向型产业的适宜区位。与传统的产业布局相比,高新技术产业和外向型产业更加需要迅速、安全、快捷的交通条件,保证物流、人流和信息的畅通,直接、迅速的对外联系。为了吸引现代产业特别是高新技术产业发展,高速公路的沿线地带也迅速成为现代工业特别是高新技术产业的聚集地。

环顾长三角,各城市都在通过加快交通建设,放大区位优势,加强区域协作,提升发展竞争力,更好地推动经济转型升级。泰州大桥所带来的产业发展的乘数效应和其他关联效应是难以估量的。

作为国家级开发区,镇江大港新区目前紧抓国际生产要素区域布局加快重组的重大机遇,放大区位优势,加快集聚资源,放大效应促跨越;抢抓泰州大桥通车良机,打好招商牌,着力引进符合产业政策、投资强度、节能减排要求的资本,以及技术密集的龙头型、基地型、旗舰型项目落户,全力跻身国家级开发区第一方阵。

丹阳在泰州大桥开通的历史新机遇面前,提前谋划,借力发展,充分放大京沪高铁站区位优势,打造人气聚集、商贸业繁荣的高铁新城,推动文化科技产业园快速发展,特别是进一步推动沿江地区又好又快地发展。沿江地区是丹阳的"金三角",产业发达,发展活力强劲。泰州大桥的开通,尤其是新桥互通的设置,使沿江地区实现零距离接入高速公路网络,有效改善沿江地区的对外交通,为货物大进大出、快进快出提供支撑,为沿江地区的产业发展、大市场的建设创造区位优势和便利条件,同时还将为该区域带来丰富的人流、物流、资金流、信息流,使丹阳与苏中、苏北地区的产业分工与协作更加方便,为丹阳经济的跨越发展创造有利条件。丹阳市政府为对接泰州大桥,在产业布置方面一是规划建设沿江装备制造产业园。以发展新型装备制造产业为主导,高起点规划,高标准建设,主动对接长三角发达地区,加大招商引资、招才引智力度,充分吸引人才、资金、产业等高端发展要素,打造千亿级的特色产业园。二是规划建设滨江物流园。充分发挥对外交通优势,立足本地发达的产业基础,依托沿江装饰城、华东灯具城等专业市场,大力发展现代物流业,将滨江物流园打造成设施先进、功能完备,辐射面广、带动力强的现代化综合性物流园区。

泰州大桥通车后,扬中因地处宁镇扬和苏锡常城市圈的交会处,随着人流、物流、资金流、信息流的加速流动,扬中的岸线优势、区位优势、产业优势、生态优势也将更加凸显,一个"桥港经济"的新时代正在扬中呈现。发展"桥港经济"是扬中的必然,扬中拥有 53 km 的沿江深水岸线,目前仅开发了 1/10。泰州大桥通车后,扬中全境将实现 15 分钟上高速。桥港联动发展的条件已经具备,时机更加成熟,为深水岸线开发、主导产业集聚、经济转型升级注入强劲动力。目前,中石油、国电、圣灏、和润等大型央企、国企、民企纷纷看好扬中,先后投资兴建了一批重特大项目,高端产业和优质企业的集群度将有明显跃升。

3.4　沿线农业产业

随着高速公路的发展,农产品的储运时间大大缩短了,加速了农产品的流通和农业信息的交流,农村经济结构也逐渐向产业化、集约型发展。高速公路的发展,使得近郊果蔬种植、花卉苗木、畜产、水产和蛋禽养殖业等范围不断扩大。近郊农业主要是以城市为消费,其产品一般都有保质期和保鲜期,市场价格也时有波动。而高速公路的发展为近郊农业提供了便捷的交通条件和及时的市场信息。高速公路的发展,也为农业生产向专门化发展提供了条件。我国地大物博、农业资源丰富,然而长期以来由于受到交通条件的制约,各地的农业优势得不到充分的发挥,而高速公路的开通无疑为特色农产品的外销提供了保障,使得不同地域的农产品可以畅销全国,充分发挥出地域优势,形成具有一定规模和影响的农副产品生产基地。

准确对位泰州大桥经济需要比较优势,找准地区优势,进行高度密集分工。农业基础较好的扬中、丹阳应积极推进农业接轨,瞄准上海及南京等长三角大中城市的"米袋子""菜篮子""奶瓶子",大力发展无公害、绿色、有机农产品生产,配合长三角各城市的绿化建设,推广种植苗木、花卉。2013 年扬中市承办第八届江苏省园艺博览会,扬中市一方面加快园博园以及五星级酒店、城市综合体、商业步行街等重点工程建设,另一方面正在积极推动雷公岛、西沙岛的生态开发,借此机会推动发展具有扬中特色的花卉苗木产业及生态产业。

3.5　沿线旅游产业

高速公路是一种重要的交通载体,以其便捷、通畅、舒适和价格适中的综合优势成为许多旅游者主要选择的一种交通方式。相较于航空来说,高速公路虽不及飞机快捷,但费用却节省很多;铁路的费用相对来说较低,但行车时间耗费得也多,如果遇上黄金周之类的节假日,更是一票难求;与普通公路比较,虽然高速公路费用更多,但时间更快,费用也在接受范围之内;水路的费用虽然低,但耗时多,而且就一定地域范围来说,由于受自然条件的制约,并不是任何地方都有这种交通可供选择。所以总体来说,高速公路是一种相对主流的交通方式。而这种交通方式对于地方旅游业发展的影响也是非常明显的。

以江阴大桥为例,通车后泰州市实施"引进来"战略,大力开展服务业招商,构建"一带四区"旅游发展新格局,吸引了越来越多的上海及苏南游客,仅 2006 年就接待游客 488 万多人次,其中来自长三角地区的游客占 60% 以上。泰州大桥接线镇江段沿线的旅游资源与泰州相比更加突出。古城丹阳,文物之邦,是南北朝时期齐、梁两朝萧氏帝王故里,名胜古迹到处可见;扬中的河豚、刀鱼更是世界知名。如何在现代旅游、服务产业上打好"桥"牌,吸引更多游客,是需要充分探讨的课题。

3.6 沿线土地开发

土地往往会因为其社会属性和自然属性不同而在价格上存在很大的差异,这一点在城市道路特别是城郊高速公路的两侧体现得尤为明显。距离公路越近的土地其使用价值也越大,价格也越高。

泰州大桥的通车对促进镇江段沿线人口移动,房产业发展,土地升值,住宅供应增加,生活条件改善以及就职、就学人口的流动必将有着长远的影响。例如,针对泰州大桥建成后沿江地区接入高速公路网络,丹阳市目前正在规划建设滨江新城,对沿江四镇进行整体规划,聚集发展资源,科学规划布局,打造一座公共服务设施比较齐全、商贸业繁荣、集聚 10 万人口的丹阳副城。

3.7 沿线区域联动

所谓"联动",即发挥各自的比较优势,让生产要素在特定经济区域按照客观规律冲破行政壁垒重新集聚,产生集聚效应。以江阴长江大桥为例,2003 年按照优势互补的原则,泰州靖江与无锡江阴突破行政区划的限制,启动建设了面积达 60 km² 的江阴—靖江工业园区,创新园区的体制、模式、投资、管理方法,开创了全国跨行政区域经济合作的先河。

根据现代经济理论,长江南岸城市大体上已经进入工业化的后期,区域产业结构优化与升级迫在眉睫,而长江对岸的泰州正处于由工业化中期向工业化中后期的过渡阶段,与苏南城市之间存在一定的经济发展和技术进步落差,两岸产业发展也具有较强的互补性。在这个关键的发展时期,泰州大桥的建设将有效地推进两岸的产业整合,为两岸城市的联动开发提供了新的动力。

4 需要应对的挑战

泰州大桥的建成通车给镇江地区经济社会发展带来了机遇和挑战,在把握机遇、应对挑战的过程中必须注重把握好 4 个方面的关系。

4.1 辐射与吸附的关系

泰州大桥通车将使沿线城市同时出现相互辐射与吸附现象这两种截然相反的效应。一方面,泰州大桥的建成有利于我市部分地区承接上海、南京等发达城市转移产业、要素,但也可能导致处于产业链高端的核心环节以及资本、技术、人才等要素向强极化效应依旧十分明显的上海、南京等大城市"回流"。为此,我们应在观念、体制、政策、产业、环境等方面主动与上海、南京等城市接轨,有选择性地承接他们的良性辐射,并防止大规模流失和"有去无回"。另一方面,应鼓励我们的企业、人才依托和借助上海、南京的平台,利用其信息、科技、人才、资本及发达的生产性服务业等优势,发展壮大自己,着力提高自身的发展水平和竞争力。

4.2 当前与长远的关系

一方面应牢牢抓住这个发展良机,扩大对外开放,推动桥港联动开发,大力发展先进制造业、现代服务业和现代农业,加速在苏南经济板块中的崛起;另一方面,又应着眼于长远,高度重视资源节约、环境友好和可持续发展,尤其应加强对沿江岸线、土地、生态资源等战略资源的合理开发和保护。为此,应加强规划引导,加快编制或修订各级各类规划,实现高起点、科学、有序、高效地开发。

4.3　数量与质量的关系

泰州大桥建成通车可能出现各种发展要素和产业项目蜂拥而至的局面。一方面应进一步加大招商引资力度,积极承接国际资本及产业转移,着力提高我市经济总量,壮大实力;另一方面应加快由"招商引资"向"招商选资"的转变,坚持规模扩张与质量提升并举,增强产业发展核心竞争力,通过承接产业转移,调整优化产业结构,提升发展层级。

4.4　硬件与软件的关系

一方面应进一步完善大桥与各种交通运输方式的高效衔接和提升配套功能,全面畅通内外经济联系;另一方面着力加强服务环境、信用环境、人文环境、生态环境、平安环境等软环境的建设和改善,使泰州大桥综合效应优势叠加,释放出更大的发展潜力。

参考文献

[1] 杨继刚:《高速公路建设运营与区域经济社会发展》,人民教育出版社,2000年。

[2] 何凌,张鹏飞:《高速公路旅游现状分析及其对策研究》,《交通企业》,2006年第10期。

公路项目的建筑环境保护措施

谢达礼

（江苏省镇江市路桥工程总公司 镇江 212000）

摘 要 公路项目的建筑施工具有周期长、资源能源消耗大、废弃物产生多以及线长、结构物多等特点。因此推行以减少污染物的产生量和排放量、节约能源、降低消耗为基本宗旨的"绿色施工"，把环保施工列为现代化建设的重要内容具有重要意义。本文系统分析了建筑施工造成的各种环境污染的因素，并结合"可持续"发展观及绿色施工的概念，提出切实可行的污染防治措施。

关键词 公路 项目 建筑 环境保护 绿色施工

何谓公路？连接城、市、乡村和工矿基地之间，主要供汽车行驶并具备一定技术标准和设施的道路称公路。

何谓项目？项目是一件事情、一项独一无二的任务，也可以理解为是在一定的时间和一定的预算内所要达到的预期目的。项目侧重于过程，它是一个动态的概念，例如我们可以把一条高速公路的建设过程视为项目，但不可以把高速公路本身称为项目。

何谓建筑？建筑是人们用土、石、木、钢、玻璃、芦苇、塑料等一切可以利用的材料建造的构筑物。建筑的本身不是目的，建筑的目的是获得建筑所形成的"空间"。广义上来讲，园林也是建筑的一部分。在建筑学和土木工程的范畴里，建筑是指兴建建筑物或发展基建的过程。要成功地完成每个建筑项目，有效的计划是必需的，无论是设计还是完成整个建筑项目都需要充分考虑到整个建筑项目可能会带来的环境冲击、建筑日程安排表、财政计划、建筑安全、建筑材料的运输和运用、工程上的延误、准备投标文件，等等。

何谓环境保护？环境保护是指人类为解决现实的或潜在的环境问题，协调人类与环境的关系，保障经济社会的持续发展而采取的各种行动的总称。其方法和手段有工程技术领域的、行政管理领域的，也有法律、经济、宣传教育领域的，等等。

根据上述概念，我们就知道公路项目中推行可持续发展战略，施工阶段是重要阶段。公路项目的建筑施工具有线长、点多、周期长、资源能源消耗大、废弃物产生多等特点。公路项目的建筑施工过程中产生的粉尘、微粒和空气污染物等会造成周边生活人群的健康问题。在公路项目的建筑施工中，要严格执行 2005 年 3 月 1 日中华人民共和国建设部批准发布的《建筑施工现场环境与卫生标准》中的强制性条文，推行以减少污染物的产生量和排放量、节约能源、降低消耗为基本宗旨的"绿色施工"，把环保施工列为现代化建设的重要内容之一。

1 "绿色施工"的含义

具有可持续发展思想的施工方法或技术,可以称为"绿色施工"技术或可持续施工技术。它不是独立于传统施工技术的全新技术,而是用"可持续"的眼光对传统施工技术的重新审视,是符合可持续发展战略的施工技术。可持续发展思想在工程施工中应用的重点在于将"绿色方式"作为一个整体运用到工程施工中去,实施"绿色施工"。"绿色施工"并不仅仅是指在工程施工中实施封闭施工,使施工现场没有尘土飞扬,没有噪声扰民,在工地四周栽花、种草,实施定时洒水等这些内容,还包括了其他大量内容,它同绿色设计一样,涉及可持续发展的各个方面,如生态与环境保护、资源与能源的利用、社会经济的发展等。

2 公路项目建筑施工中的环境污染因素

公路项目建筑施工期间,各项施工活动比如建筑原材料装卸、运输、存放等不可避免地会对周围环境造成影响。环境污染因素主要为废气、粉尘、噪声、固体废物和污水等,其中以粉尘和施工噪声的影响较为突出。

2.1 公路项目建筑施工中的大气污染因素

公路项目建筑施工过程中对大气环境影响的主要为建筑粉尘对周围环境的影响。建筑施工过程中的粉尘污染主要来源于:

(1)土、石方的挖掘、堆放、清运、回填和场地平整等过程中产生的粉尘;

(2)建筑材料如水泥、白灰、沙子、沥青以及土、石方等在其装卸、运输、堆放等过程中,因风力作用而产生的扬尘污染;

(3)搅拌车辆及运输车辆往来造成地面扬尘;

(4)施工垃圾堆放及清运过程中产生扬尘。

另外,公路项目施工过程中其他废气来源于施工机械驱动设备(如柴油机等)、沥青燃烧产生的废气,以及运输及施工车辆在施工场地工作所排放的废气。此外,还有施工队伍因生活需要使用燃料时产生的少量大气污染物。

2.2 公路项目建筑施工中的水污染因素

公路项目建筑施工过程中的废水主要有施工废水和生活废水两部分。施工废水指各种施工机械设备运转的冷却水及洗涤用水和施工现场清洗、建材清洗、混凝土养护、设备水压试验等产生的废水,这部分废水含有一定量的油污和泥沙。生活废水包括食堂用水、洗涤废水和冲厕水。生活污水含有大量细菌和病原体。

2.3 公路项目建筑施工中的主要噪声来源

噪声是施工期的主要污染因素,公路项目施工过程中使用的运输车辆和各种施工机械如打桩机、挖掘机、装载机、混凝土搅拌机、水稳拌和站、沥青拌和站等都是主要的噪声源。有关资料表明,在实际施工过程中,往往是多种和多台设备同时作业,各种声源辐射后相互叠加,噪声级别将会更高,辐射范围亦会更大。此外,公路项目施工过程中各种车辆的运行,将会引起公路沿线噪声级别的增加。

2.4 公路项目建筑施工中的固体废弃物污染

公路项目建筑施工的垃圾主要来源于施工过程中产生的建筑垃圾和施工人员的生活垃圾。施工期间可能涉及河沟填埋、土地开挖、道路修筑、管道铺设、材料运输、房屋建筑等工程,在此期间将消耗一定数量的公路项目的建筑材料,如沙石、石灰、混凝土、废砖、土石方、沥青等,将不可避免地产生固体垃圾。另外,公路项目的建筑施工周期较长,施工人员工作和生活所产生固体垃圾数量也不少。

2.5 公路项目建筑施工中的有毒有害化学品污染

公路项目的建筑施工过程中一些化学产品的使用如汽油、柴油、卷材、油漆、涂料、沥青等,增加了施工中的化学污染,对现场土壤和水体也会产生污染。

3 公路项目建筑施工中的污染防治——"绿色施工"技术

公路项目的"绿色施工"是一个全方位的概念,而本文则重点总结公路项目的建筑施工过程中的环境污染防治,以减少建筑施工对周围环境的影响,从而实现"绿色施工"。针对上文列出的污染因素,现提出公路项目建筑施工中的污染防治措施,实现"绿色施工"。

3.1 公路项目建筑施工中的大气污染防治措施

(1)对施工现场实行合理化管理,沙石料统一堆放,水泥、卷材、油漆、涂料、沥青应在专门库房堆放,并尽量减少搬运环节;搬运时做到轻举轻放,防止包装袋破裂。

(2)开挖时,对作业面和土堆适当喷水,使其保持一定湿度,以减少扬尘量;开挖的泥土和建筑垃圾要及时运走,以防长期堆放表面干燥而起尘或被雨水冲刷。

(3)运输车辆应完好,不应装载过满,并尽量采取遮盖、密闭措施,减少沿途抛洒;及时清扫散落在路面上的泥土和建筑材料,冲洗轮胎,定时洒水压尘,以减少运输过程中的扬尘。

(4)首选使用商品混凝土;必须进行现场搅拌砂浆、混凝土时,应尽量做到不洒、不漏、不剩、不倒;混凝土搅拌应设置在棚内,搅拌时要有喷雾降尘措施。

(5)施工现场要设围栏或部分围栏,缩小施工扬尘扩散范围。

(6)当风过大时,应停止施工作业,并对堆存的沙、石、水泥、卷材、沥青等建筑材料采取遮盖措施。

3.2 公路项目建筑施工中的水污染防治措施

公路项目建筑施工过程中产生的生产废水和生活污水如不妥善处理,变成水体污染直接进入水体后,将会造成严重影响。公路项目的建筑施工单位可以从以下方面入手做好水污染防治:

(1)施工单位应加强对生活污水的管理,尤其做到厕所污水必须排入化粪池。

(2)施工场地产生的沙、石清洗水、混凝土养护水、设备水压试验水及设备车辆洗涤水等不得随意排入水体,应导入事先设置的沉淀池进行沉淀后方可排放。

(3)对各类车辆和设备使用的燃油、机油、润滑油等应加强管理,所有废弃脂类均要集中处理,不得随意倾倒,更不得任意弃入水体内。

3.3 公路项目建筑施工中的噪声污染防治措施

根据国家相关规定,建筑施工执行《建筑施工场界噪声限值》(GB 12523—90)的标准。在建筑施工过程中,噪声扰民是主要的污染,要达到"绿色施工"的标准,必须严格控制噪声对周围居民的影响。根据以往的经验,建议采用以下控制措施:

(1)加强施工管理,合理安排作业时间;严格按照施工噪声管理的有关规定,夜间不得进行打桩作业。

（2）尽量采用低噪声施工设备和低噪声的施工方法。

（3）作业时在高噪声设备周围设置屏蔽。

（4）加强运输车辆的管理，建材等运输尽量在白天进行，并控制车辆鸣笛。

3.4 公路项目建筑施工中的固废影响分析及防治措施

对施工现场要及时清理，建筑垃圾要及时清运，并加以利用，防止因长期堆存而产生扬尘。建筑施工期间对生活垃圾应进行专门收集，并定期将其送往附近的垃圾场进行卫生填埋处置，严禁乱堆乱扔，以免破坏景观，污染环境。

3.5 公路项目建筑施工中的防止有毒有害化学品污染措施

（1）施工现场要设置专用的沥青、油漆、油料和危险化学品库；仓库地面和墙面要做防渗漏的特殊处理；使用和保管要专人负责，防止油料的跑、冒、滴、漏，污染水体和土壤。

（2）禁止将有毒有害废弃物作土方回填，应交给具备资质能力的处置单位进行处理。

（3）易燃易爆品应单独设立专用库房。

4 结 语

公路项目的建筑环境污染已经严重危害人民群众的生活质量，需要引起足够重视。只有在环保法律法规不断健全，行政管理措施不断完善，科学技术不断进步，公众环保意识不断增强的基础上，才有可能根治危害人民群众生活质量的建筑业环境污染。

"可持续发展和环境保护"是 21 世纪的主题，在公路项目的建筑施工中施工人员必须明确这一点，从施工产生的污染源头开始，减少和消除施工污染，实现"绿色施工"。坚持以人为本就必须保护好环境，任何以破坏环境为代价的发展都是不可取的。

参考文献

［1］张健：《建筑施工环境因素分析及污染防治》，《低温建筑技术》，2007 年第 5 期。

［2］张旭东：《城市建筑施工中的环境问题及其控制对策》，《环境与可持续发展》，2007 年第 6 期。

［3］刘岩：《建筑行业环境保护与绿色施工》，《内蒙古环境科学》，2007 年第 2 期。

［4］林涛：《建筑施工中的环境污染问题与防治措施》，《福建建设科技》，2007 年第 3 期。

［5］赵升琼：《建筑施工企业绿色施工理念、原则及技术》，《集团经济研究》，2006 年第 8 期。

客车类型的选择与企业的节能降耗

吴建华

（镇江江天汽运集团有限责任公司 镇江 212004）

摘　要　随着我国社会主义市场经济的快速发展（特别是高速公路和高等级公路大规模开通）和人民生活水平的提高，对客车提出了新的要求。如何优化客车技术结构，改善客车选型水平，改善客车技术状况，兼顾客车的安全性、舒适性、服务质量和运输成本，是道路客运企业需要不断研究和探索的一个重大课题。

关键词　客车　选型　节能　降耗

1988 年 10 月，我国第一条高速公路（上海沪嘉高速公路）建成通车。近年来，国家加大、加快了交通设施的基础建设。最新普查结果显示，截至 2011 年底，我国高速公路总里程已达 4.5 万公里，超过加拿大，仅次于美国，居世界第二位。根据交通部的规划，在 2020 年前后，全国将建成"五纵七横"约 7 万公里的高速公路主干线。高速公路的大规模建成通车，对客车提出了新的要求，如何优化客车技术结构，提高客车选型水平，改善客车技术状况，兼顾客车的安全性、舒适性、服务质量和运输成本，实现车辆节能减排，是道路客运企业需要不断研究和探索的一个重大课题。

1　客车选型应考虑的因素

企业在选配客车时，应以提高客车的投资效益为出发点，综合考虑节能减排、市场需求、汽车市场和企业的具体情况等各方面因素后正确地配置企业的营运车辆。通常应考虑的主要因素为：

第一，要按照运输市场需求以及使用条件来选择车辆，特别是道路的通行能力、承载重量、坡度大小、路面质量和转弯半径等方面是影响车辆运行的因素。

第二，要考虑气候条件。根据运营地区气候变化的规律和特点，选择合适车型，以便充分发挥车辆的使用性能，延长使用寿命，提高经济效益。

第三，要按车辆的技术特性来选择。要考虑车辆的动力性、燃油经济性、车辆安全性、可靠性、操纵轻便性、乘坐舒适性和维修方便性等方面的指标及特点。选择车辆的时候要考虑节能性和排放的低污染性。

第四，兼顾维修能力和对车辆的使用经验，即考虑车辆使用的继承性。

2　做好客车选型，促进企业节能减排

车辆的选型和购置要根据车辆的用途、运行环境、使用状况等进行综合考虑。我公司

作为全国道路客运一级企业和镇江市最大的客运企业,已发展成为以公路客运为主,相关产业协调发展,资产总额近3亿元,年营业收入3.2亿元,在册员工2080人,各类车辆1016辆;每年更新车辆在100辆左右,更新资金在4000万元左右。对我公司而言,如何优化客车技术结构,提高客车选型水平,改善客车技术状况,是一项重大课题,通过多年的积累,我公司形成了一套车辆选型的标准,具体考虑因素如下:

2.1 全面掌握客车企业制造现状

道路客运企业要做好车辆的选型,首要问题是全面了解和掌握目前国际国内客车制造业的现状和技术水平。纵观我国的客车制造业现状,按照客车组件产地区分,有三类情况:第一类是完全由国产配件生产制造的,如厦门金龙、苏州金龙、郑州宇通等;第二类是引进主要总成件或者整车底盘、车身由国内生产制造的,如青年、安凯等;第三类是整车零部件进口组装生产制造的,如西沃、大宇等。

在满足车辆行驶基本条件的同时,我国生产的客车正不断向提高车辆技术含量、使用寿命、安全可靠性以及满足日益严格的环保要求的方向发展。一是应用新材料、新技术和新工艺不断提高车辆的制造质量、使用寿命和安全可靠性。二是应用计算机技术、电子控制技术,机、电、液一体化技术不断提高车辆的技术含量,如发动机采取电子控制喷射技术、电子控制变速器、前向防撞报警系统、车道偏离报警系统、道路自动限速控制系统、电子控制车身自动平衡系统、车辆行驶巡航系统、车辆故障自诊断系统等。三是应用信息技术为使用者提供更为完善的营运管理工具,如车载电话、车辆运营智能管理系统、GPS系统、行车记录仪等。

2.2 选购规模企业的产品

购买车辆要选择有一定经济实力、发展前途和生命力的客车制造企业。衡量一个企业的成长性,要了解企业信誉度及其生产和销售状况、生产线与质量控制方法、客车类型更新换代的速度、售后服务的方式等。一般来说,规模大、实力强、技术好、服务优的制造企业在工装模具方面投资大,有完整的产品制造和检验过程,能够切实保证产品质量。规模化经营、批量采购和生产使生产成本大大降低,因而能提供性价比高的产品。如宇通客车股份有限公司、金龙联合汽车工业(苏州)有限公司和厦门金龙联合汽车工业有限公司等知名企业生产的中、高档客车可作为客运企业购车的首选。

2.3 选购成熟的车型

现在不仅客车厂家多,而且各种类型的车型也非常多。有些产品(车型)产量比较少,市场份额少,产品质量的可靠性就相对较差,制造成本就高,配件供应就会出现价高货少的情况,如果听信广告和推销人员的介绍,就有可能上当受骗。有些客车厂家为了达到高等级车型,仅仅增加了发动机动力或简单提高了局部配置,而实际的技术性能、可靠性能、经济性能等指标往往都没有提高,使用中就会出现技术性能不匹配、故障不断等现象,所以车辆选型要考虑车型的成熟性,考察该种车型的市场占有份额,了解该车型用户的意见。

2.4 选择售后服务优质的企业

选择有优质售后服务的生产企业,最好在当地有特约维修或售后服务机构。目前大多数客车生产企业仅仅是依托当地原有的维修企业进行产品的售后服务,有的售后服务站设备和维修技术不完善,连最基本的地沟、举升机、故障诊断设备、拆装工具等都没有。售后服务还需了解配件供应和服务费用结算是否合理等问题。

2.5 确定客车的类型

首先,根据经营用途,即从事城间客运、城乡客运、旅游客运还是公交客运,确定客车的具体车型。如中短途客运,可选择 8～9 m 的中型高一级或者中型中级客车,因为运距不长,大多为流水发车,时间较短,不宜采用 9 m 以上的大型客车;客流量大的黄金客运长途线路上,应选择动力性好、高速、配置先进、舒适豪华的高档大型高二、高三级客车;城乡客运应选择 6～7 m 的轻型客车。其次,根据客流量的大小、承运对象的消费水平、客运实载率等选购客车。如从事的客运线路,乘客多为经济欠发达地区的旅客,消费水平较低,则应选择中级或普通中型客车;如在经济发达、消费水平很高的客运线路上,应选购中型、大型高一级以上的豪华客车,价位在 30～100 万元之间均可。

2.6 设定客车采购准入条件

目前,尽管呈现几大品牌的格局,但在关键零部件及其匹配上,我公司则推崇统一的模式。如前后桥(东风桥)、发动机(以玉柴为主)、变速箱(綦江)、缓速器(特尔佳)等关键配件上完全一致,这给公司车辆的使用、维修、配件采购等带来极大便利,也有利于降低车辆维修成本。在同质化的背景下只选择适合自己的品牌和产品,选择兄弟公司普遍认可的车型和品牌,可以保证车辆在市场运营中风险可控,管理最优化,成本最合理。经过多年的沉淀和积累,目前我公司在车辆选择上形成了独有的风格,从当初比价采购到如今综合考核下的性价比采购和品牌化采购,我们自始至终秉承风险最小的模式,车型选择呈现"两龙一通＋青年＋安凯"的品牌格局。

当然,这个品牌格局并非一成不变,每隔 2～3 年,公司会根据产品品质表现、各部分综合评分和服务满意度等因素对比,进行对车型和品牌的微调。

2.7 优化营运车辆后桥主传动比

我公司于 10 年之前已经意识到在同样的发动机、同样的变速箱、同一驾驶员、同样的实载率、同一道路运营条件,而不同的后桥主减速比的情况下,车辆的燃料消耗有明显的区别。鉴于此,公司成立了由集团分管机务技术副总为组长的后桥主减速比研究小组,组织相关技术人员对后桥主减速比进行研究,通过几年的攻关、跟踪、试用和摸索等进行调研,形成了公司"优化营运车辆后桥主传动比,降低车辆燃料消耗"应用推广方案,并且逐步进行修订和完善。在其他主客观条件都一样的条件下,不同的后桥主减速比,百车公里燃料的消耗差距在 1～3 kL,对车辆的燃料消耗产生了巨大的影响。优化营运车辆后桥主传动比,经济效益十分明显。

2.8 使用 LNG 天然气客车

我公司于 2011 年投入 3 443 万元新购入并使用 LNG 客车 77 辆。公司同时规定原则上今后对于营运里程不高于 500 km 的客运班线,在新增运力或车辆更新时,优先选择 LNG 汽车。

目前 LNG 车型运营效果良好,在高速路营运节约成本 35%,在市内营运节约成本 25%,总体而言节约成本都在 30% 左右,为此我公司规划在未来不断强化 LNG 产品的采购。当然,对 LNG 客车后续维护成本的状况正在进行数据的统计和跟踪分析,为 LNG 汽车的推广使用积累经验。

2.9　采取先进技术手段，促进节能降耗

车辆管理者应不断强化先进理论知识的学习，并根据企业自身实情和发展需要不断尝试新的技术手段和新技术成果，对新购置车辆的操作规范和操作技巧等都要不断补充。

安装"G－BOS""智驱""安节通""GPS 监控"等终端，可以有效控制驾驶员的驾驶车速，规范驾驶行为，确保经济车速行驶，对促进行车节油起到监控作用。同时，能明显降低车辆的事故频率。

使用网上安全机务系统，可以更准确的收集、分析行驶路线、车辆油耗、行驶里程等技术数据，使得管理更科学、更先进。

3　结　语

总之，客运车辆的选型是道路客运企业需要不断研究和探索的一个重大课题。选购质优价廉的客车，需要我们不断学习新的知识、新的技术，全面掌握先进的车辆技术配置，提升自己的综合技能水平，为道路运输业的安全、高效率运行提供运力保障，为建设节约型交通，完成国家节能减排目标作出更大的贡献。

发展镇江市城市快速地面公交系统初探

陈伊洋

（镇江市运输管理处 镇江 212000）

摘 要 本文通过介绍快速地面公共交通系统的构成和特点，分析镇江市公共交通系统的现状及存在的问题，探讨发展快速公共交通系统的可行性，并提出发展建议。

关键词 城市交通 快速公交系统 发展

随着城市经济的发展以及私家车拥有量及使用率的提高，城市交通的拥堵问题日益严重。大力发展公共交通，降低私家车出行，缓解城市交通拥堵已成为人们的共识。从 20 世纪 60 年代起人们就在寻求一种能综合地面常规公交和城市轨道交通二者优点的新型大运量快速交通系统。这种新型系统是利用现代化公交技术配合智能交通和运营管理，开辟公交专用道路和建造新式公交车站，实现轨道交通运营服务，达到轻轨服务水准的一种独特的城市客运系统，具有投资小、建设周期短、运量大、灵活和环保等特点。快速公交系统（Bus Rapid Transit，简称 BRT）正在成为国际城市逐步推广的新型交通方式。

1 快速公共交通系统的发展及构成特点

1.1 快速公交系统的含义和发展概况

快速公交系统，是一种介于快速轨道交通（Rapid Rail Transit，简称 RRT）与常规公交（Normal Bus Transit，简称 NBT）之间的新型公共客运系统，起源于 20 世纪 70 年代的巴西库里蒂巴市，是一种大运量交通方式。BRT 的运营、服务可以与轨道交通媲美，但其施工难度、造价及运行费用则大大低于轨道交通。在机动车发展迅速、城市交通日益拥堵、城市环境恶化的情况下，BRT 被国际公认是应对城市交通问题的有效手段。目前国内已经建设、运营 BRT 的城市有北京、杭州、厦门、常州、昆明、济南等，南京、成都、上海、深圳、石家庄、西安、沈阳、武汉、长沙、重庆等许多城市也计划筹建。

1.2 BRT 的构成

BRT 系统的构成一般有 7 个部分：① 专用道路：在城市道路上开辟公共汽车专用路或专用道，保证车辆快速通行。② 交叉口优先：在道路交叉口实施公交车优先通行。③ 新型大容量公交车辆：低地板，大开门，上下车方便，使用清洁能源，污染较低。④ 水平上下车：通过修建与公交车辆车厢底板等高的候车站台或采用低底盘的公交车辆，能够使乘客快速平稳地上下车。⑤ 车外购票系统：将售票系统置于公交候车站台内，在公交车辆进站前完成收费，从而实现快速简单的售票。⑥ 乘客信息系统：建立在完善的信息网络基础上，可以向乘客提供咨询、线路车辆预期到达时间、到站公交车载客量等信息。⑦ 车辆管理系统:用 ITS 技术对车辆进行跟踪管理,有利于节省所用的车辆燃料,提高车辆调度及事故应急处理的灵活性。

2 镇江市公共交通系统现状分析

2.1 镇江市公共交通的现状

镇江市城市公共交通发展历史近 50 年,城市公共交通在公交线网、公交车辆、公交场站设施等方面取得了较大发展。从表 1 可以看出,该市开设公交线路总数从 2006 年的 49 条增加至 2010 年的 72 条,线路长度从 715 km 增加到 1 115 km,公交车辆总数达到 832 辆,城市万人拥有公交车达到 13.2 标台。

表 1 镇江市 2006 年与 2010 年公交参数对比

指标系数	2006 年	2010 年	增减率/%
期末线路条数	49 条	72 条	47
期末线路长度	715 km	1 115 km	56
期末在册公交车数	623 辆	832 辆	34
全年客运量	8 767.3 万人次	9 203.19 万人次	—
车均年客运量	14.07 万人次	11.06 万人次	−21
日均运量	24.02 万人次	25.21 万人次	4.9
平均线长	14.59 km	15.48 km	6.1

2.2 存在的主要问题

2.2.1 公交线路网密度整体水平低,重复系数高

目前镇江市市区 90% 以上线路经过老城区,其他分区公交线路分布较少,如图 1 所示。中心区公交线网密度为 3.58 km/km^2,但相对于规划区现状总用地约 300 km^2 用地范围内,公交线网密度仍然很低。镇江市公交线路在主城区部分路段重复系数大,重复系数为 3.43;次干路和支路通过线路少,存在一定公交线路空白区;非直线系数大,达到 1.61。各公交线网指标与规范的比较如表 2 所示。

图 1 镇江市公交线网现状分布图

表 2　公交线网指标与规范对比表

类别	线网密度/km/ km²	平均长度/km	非直线系数	线路重复系数
现状	3.58	15.5	1.61	3.43
规范推荐	2.0~4.0	8~12	<1.4	<1.5

2.2.2　市区出行公交分担率不高

镇江目前虽说是带状城市,但 80% 的城市人口集聚在 60 km² 建设用地的主城,半径不大于 4 km,这一半径是非机动车出行的主要选择。近几年,电动车的无控制发展对公交系统造成巨大的冲击。同时,从 2008 年以来,小汽车保有量急剧增长以及城市道路建设增多导致部分公交线路改线或停运,公交客流进一步减少。

有关数据统计,从 2008 年开始城市公交运量逐年下降,市区公交出行分担率由 2008 年的 14.3% 下降至 2010 年的 12% 左右。因此,镇江市公交下一步的发展方向必须在"质"上做文章,通过良好的服务来提升公交的吸引力。

2.2.3　公交运行外部环境有待改善

老城区及其相邻区域道路高峰时段普遍处于拥挤状态,在中山路、梦溪路、正东路、花山路、桃花坞路等路段公交车同其他机动车辆相互干扰严重,公交车行驶路线没有得到优先保障,降低了公交吸引力。总体来说,目前镇江市道路建设滞后,道路较窄,道路网密度不均,公交服务存在薄弱地区。

2.2.4　公交运营组织水平有待提高

镇江市公交运营智能化、信息化刚刚起步,仍处于较低水平,在运力组织、实施调度、客流信息、车辆运行方面尚未建立完善的公交智能化系统,实时调度和动态运能未得到充分的发挥。

通过分析可以看到,发展大容量且快速的公交系统势在必行,通过快速公交的建设,可以促进整个公交体系的发展和城市道路系统的完善。

3　建设快速地面公交系统的适用性分析

经济的发展首先需要解决城市交通问题,而 BRT 的出现为实现公交优先战略提供了有效途径。经济实效的 BRT 系统有极强的适用性。

3.1　公交优先发展政策成为共识

无论是从国家政策还是从该市的发展需要来看,确立公共交通在城市交通中的主导地位是必需的。同时由于老城区及其相邻区域道路高峰时段普遍处于拥挤状态,现有的公交出行准点率不高,服务质量下降,不能满足市民出行需要。因此,建设快速、便捷、安全、舒适的 BRT 快速公交系统将得到市民的广泛认可,具备了坚实的民众基础。

3.2　经济前提决定 BRT 优先发展

由于轨道交通投资巨大、技术难度大、短期内难以实现,而且从全世界城市轨道交通的建设经验来看,很难保证建成后不出现经营困难、亏损严重的问题,因此轨道交通的建设更应当作长远目标来考虑。相对来说,BRT 系统成本低、效益高,较好地结合了地铁与常规公交的优点,是适合镇江市这样一个人口还没有达到足够规模、经济欠发达而客运需求又十分迫切的城市的现代公交方式。

3.3 拥有发展 BRT 的客流市场

根据《镇江市城市总体规划(2002—2020 年)》来分析,2020 年镇江市主城区常住人口将达 126 万,在各大区的分布见表 3。2020 年镇江市主城区流动人口约 19 万,将主城区常住人口和流动人口合计得到主城区出行总人口数,约为 145 万,日出行总量将达到 372 万人次(见表 4),客观上具备了发展 BRT 的客流市场。

表 3　镇江市主城区常住人口总量及大区人口分布　　　　　　　　　　万人

大区	主城核心区	南徐分区	丁卯分区	谷阳分区	大港分区	谏壁分区	高资分区
2020 规划人口	40.92	20	26.1	17.48	10	4	7.5

表 4　规划年镇江市公交出行总量表　　　　　　　　　　万人次/日

年份	交通总人口	出行总量	公交出行量
2010 年	90+10(流动)	255	51
2020 年	126+19(流动)	372	110(含轨道)

4　发展快速地面公交系统的建议

4.1 合理布局,优化网络

镇江 BRT 的建设应与城市空间形态充分结合,BRT 线路的设置既要起到支撑客流走廊的作用,又要起到引导城市发展的作用。同时 BRT 的建设不能只着眼自身,必须放在城市交通一体化的前提下考虑。城市交通是一个多元的体系,具有不同的交通模式,而且任何一种模式都不是孤立的,是相互影响和制约的。BRT 尤其离不开常规公交汇集线的支持,所以 BRT 的建设必须能够促进整个交通网络尤其是公交网络的优化,特别是换乘枢纽、中途停靠站的布局必须要经过慎重的论证。

4.2 远近结合,综合考虑

《镇江市公共客运交通规划(2006—2020 年)》的远期目标是构建以轨道交通为骨干、常规公交为主体、出租车为补充,对小汽车交通具有竞争力的公共交通体系。发展轨道交通是必然的。因此 BRT 的建设必须考虑远期轨道交通的影响,原则上近期是作为城市公交的骨干系统,远期则成为轨道交通的过渡形式,当轨道交通建设完善后,BRT 则转化为轨道交通的辅助系统。所以 BRT 的网络布局必须结合轨道交通的规划作综合考虑。

4.3 先建重点,示范推广

BRT 系统的建设应该是先建重点的示范线路,取得经验后再逐步推广。虽然在国内已有部分城市建设并运营 BRT 公交系统,但 BRT 系统还是新事物,而且不同地区有不同的情况,必须因地制宜,建设适合本市的 BRT 系统。结合镇江"一城两翼、向南发展"的城市空间发展趋势和镇江目前建设 BRT 专用道的道路条件,建议先建设南徐西路、南徐大道、丁卯桥路、镇大公路等有较长距离出行需求的 BRT 线路。

4.4 利用现状,逐步完善

尽管 BRT 是一种较为经济的新型公交系统,但对于地方财政来说仍是不小的压力。

因此,在 BRT 的建设初期应当考虑充分利用现状,先一定程度上满足 BRT 运行的基本条件,成熟后再对系统进行升级改造,这也是 BRT 灵活性的体现。比如对现有公交专用道、停靠站、交叉口进行改造,通过物理隔离强化专用道的路权专用提高停靠站的站台高度,调整交叉口的渠化等。这些措施均不需要很大的投入,但能很好改善公交运行的条件。

附　录

　　本论文集的编选工作得到了大家的鼎力支持，由于篇幅有限，以下作者的文章未能全文收录，为免遗珠之憾，特辑录文章目录如下：

既有桥梁整体顶升研究 张 璐 江苏润通交通工程监理

钻孔灌注桩施工存在的问题及防控措施 刘 凌 江苏润通交通工程监理

混凝土在道桥施工中的运用 庄 云 路桥工程总公司

软土路基的处治与施工 张 雷 路桥工程总公司

水泥稳定碎石基层的施工质量控制 严 锋 路桥工程总公司

沥青混凝土路面施工技术 何武平 路桥工程总公司

砂砾卵石土路基施工 许加强 戴 静 路桥工程总公司

对公路施工与养护问题的研究 吴 钢 路桥工程总公司

软土地基上基础的处理措施 刘 廉 路桥工程总公司

解析深基坑中支护施工的问题 刘 燕 路桥工程总公司

沥青路面平整度的影响原因及提高措施 钱 华 路桥工程总公司

路基施工需注意的几个问题 袁 芳 路桥工程总公司

水稳碎石基层施工中常见问题及控制要点 张慰伟 路桥工程总公司

淮盐高速公路盐城三标段结构物冬季施工技术措施

陈 俊 戴 静 路桥工程总公司

路桥过渡段施工技术 孟 杰 路桥工程总公司

集镇段路基开挖与填方施工工艺探讨 蔡振宇 丹阳市公路管理处

水泥就地冷再生施工的优缺点 傅文辉 镇江市四通公路工程有限公司

二灰结石施工质量控制 韩凌云 镇江市市政工程总公司

沥青路面裂缝及其预防措施 吴儒军 镇江市市政工程总公司

沥青混凝土路面水破坏及其主要预防措施 张 磊 镇江市市政工程总公司

水泥稳定碎石的施工工艺及质量控制措施 符卫国 尹银火 王榴斌 丹阳市交通局

城市道路下穿通道 PCMW 工法基坑支护施工技术简述

吴国材 江苏省交通工程集团

纤维混凝土增强机理 陈启平 段乾虔 江苏省交通工程集团

橡胶沥青 SAMI 加铺阻裂层的性能研究 解 磊 陈启平 江苏省交通工程集团

路缘石滑模施工工艺 张树峰 胡 斌 路桥工程总公司

橡胶沥青(湿法)施工技术 张树峰 陈鹏辉 戴海文 路桥工程总公司

高速公路软土地基处理方法探析 钱煜祯 路桥工程总公司

公路路基施工技术 王国进 路桥工程总公司

土质边坡稳定分析研究 单双龙 路桥工程总公司

探索工程企业成本管理的新模式 马忠宁 路桥工程总公司

工程项目管理在道路桥梁中的应用 蔡爱林 路桥工程总公司

EXCEL 在工程测量中的应用 刘 靖 路桥工程总公司

项目管理对工程施工的重要性 姜 涛 顾春娣 路桥工程总公司

高速公路测量 孙 铭 路桥工程总公司

从机械租赁的现状谈租赁公司的优势及发展前景 解 琴 靳 波 路桥工程总公司

公路工程施工现场管理应注意的问题 郭志强 江苏润通交通工程监理

公路工程的费用监理 李根娣 江苏润通交通工程监理

图书在版编目(CIP)数据

镇江公路交通科技论文选萃.2012／江苏省镇江市
公路学会编.—镇江：江苏大学出版社,2013.3
　ISBN 978-7-81130-452-7

　Ⅰ.①镇… Ⅱ.①江… Ⅲ.①公路运输－科学技术－
文集 Ⅳ.①U4-53

　中国版本图书馆CIP数据核字(2013)第047301号

镇江公路交通科技论文选萃 2012

编　　者／江苏省镇江市公路学会
责任编辑／李菊萍　朱汇慧
出版发行／江苏大学出版社
地　　址／江苏省镇江市梦溪园巷30号(邮编：212003)
电　　话／0511-84446464(传真)
网　　址／http：//press.ujs.edu.cn
排　　版／镇江文苑制版印刷有限责任公司
印　　刷／丹阳市兴华印刷厂
经　　销／江苏省新华书店
开　　本／787 mm×1 092 mm　1/16
印　　张／21
字　　数／524千字
版　　次／2013年3月第1版　2013年3月第1次印刷
书　　号／ISBN 978-7-81130-452-7
定　　价／56.00元

如有印装质量问题请与本社营销部联系(电话：0511-84440882)